資料集

昭和期の都市労働者 2

大阪：釜ヶ崎・日雇

《図書資料編》

［4］昭和7年・8年・9年①

近現代資料刊行会

凡例

一、本資料集は、一九二六（昭和元）年～一九八九（昭和六四）年に亘る昭和期を中心にして、主要都市で働く労働者と労働を取り巻く様々な社会問題に関係する資料を集成、復刻するシリーズ『資料集 昭和期の都市労働者』の第二集である。第二集では都市「大阪」の「日雇労働者」、特に寄せ場「釜ヶ崎」とそこに住まう「日雇労働者」に関する種々の資料を中心に選定・収録する。

二、図書資料編にあたる本資料集では、主に調査、概況の報告などの書籍、一部雑誌記事などを収録する。

三、第一回配本（第一～八巻）には、大正時代末および一九二七（昭和二）年～一九四四（昭和一九）年に刊行された資料を発行年月日順に収録したが、編集上やむを得ず配列が前後するものがある。

四、原則的に各資料の表紙から奥付まですべてを原寸大で収録したが、編集上縮小また一部抜粋して収録した資料もある。

五、目次・見出しの表記は、題名については表紙の表題を新字体に統一して掲載する。また、発行所・発行日は原則として奥付表記を採用したが、奥付表記のない場合などは表紙、はしがきなどの記述を採用した。なお資料本文中のあきらかな誤植でも資料性重視の立場から修正せずにそのまま掲載する。

六、本シリーズの刊行趣旨は、都市労働者と労働にまつわる様々な社会問題解決の確定に実証的歴史研究を通して寄与することである。こうした刊行趣旨から原資料中にみられる差別的語句、表現・論と思われるものについても資料表記のまま収録する。

七、最終配本に解説と収録資料一覧を収録した別冊を付す。

資料集　昭和期の都市労働者2

大阪　釜ケ崎・日雇《図書資料編》4〔昭和7年・8年・9年①〕

目次

ルンペンの生活
（大阪救護協会・昭和七（一九三二）年一月二十日）……5
昭和七年三月　大阪府失業防止委員会概要
（大阪府失業防止委員会・昭和七（一九三二）年三月〔諸言〕）……59
財団法人　大阪職業紹介所貳拾周年報（自明治四拾五年至昭和六年）（抜粋）
（財団法人　大阪職業紹介所・昭和七（一九三二）年三月十三日）……131
昭和六年報　無宿労働者
（大阪労働共励館・昭和七（一九三二）年七月五日）……159
昭和六年度　第二十一年事業報告
（財団法人　大阪自彊館・昭和七（一九三二）年八月一日）……231
自大正十二年至昭和八年　大阪地方職業紹介事務局沿革概要
（大阪地方職業紹介事務局・昭和九（一九三四）年三月）……267

◇ルンペンの生活

（大阪救護協会・昭和七（一九三二）年一月二十日）

掲載資料の原本として大阪市立中央図書館所蔵資料を使用

ルンペンの生活

大阪救護協會

はしがき

最近の一つの傾向としてルンペンといふ言葉が一般に社會的用語として流行し、我我はルンペンといふ一つの社會層に對し特殊なそして新たな關心を持つようになつて來た。要するに間斷なき社會情勢の變化が我々に彼等ルンペン群を直視しこれを再吟味することを要請したのである。この意味に於いて我々はここに大阪市立今宮保護所の記錄その他の資料を繰り廣げて彼等ルンペンのどん底に於ける生活戰線の展望を試みようではないか。

目次

一　所謂ルンペンとは

最近我々の眼前に展開しつつある一つの新しい現象——それは失業救濟事業に依り漸く救濟の手をさし延ばされてゐる失業者と深刻なる不景氣の中に辛うじて最低生活線を維持してゐる貧困者層から、救護法の實施に依りいま喜びの春に直面した要救護者層への轉形過程にある救ひの網からもれてゐる要救濟者の一つの型の顯著なる生長である。この轉落者である一群の人々、それは世間で無宿者又は浮浪者と呼ばれてゐる住むに家なく食ふに資産と定職なき放浪の人々の群れ、我々が近代的言葉でルンペンプロレタリヤ（Lumpenproletariat）と呼んでゐるところの社會群である。

元來ルンペンなる語は獨逸語のLumpen（襤褸）より出で、その有する一般抽象的な概念を信ずべき學徒に求むるならば、それは經濟的には生産行程より全く遊離しその生活の資をもつぱら救恤、施與、掠奪、拾得において得、もし何等かの機會に惠まれて若干の餘裕あればこれを最低度の享樂一杯の酒、一夜の女に蕩盡し、政治的には被支配者の最低に位し、財産的には全くの無所有者であるか若干の貯蓄を有しても消費するかあるひは單なる貯蓄のための貯蓄を行ひ、それを以つて一定の積極的目的に使用する態度をとらざるものであり、階級的にはいづれの階級からも遊離し階級的心理もなく社會の進化には全く無關心であり、心理的には無關心、放恣、ニヒリスチイクであり、個人主義的であり、自棄的、流連荒亡的であり、反對的な反抗破壞への傾向を持ち、生活態度は常に無目的、無計畫的であつて消極的、受動的であり、寄生的なる社會群であるといつてゐる。

かやうな意味の一般的ルンペンは私有財産制度の發生以來何時の時代にも、何處にも社會の腐朽物として存在した。王朝時代の文献にしばしば現はれる「浮逃」の文字はその時代からのルンペンの存在を意味し、これが例證を德川時代の大阪に採るならば當時の奉行當局は浮浪無宿の徒を取締るために長町木賃宿及びその出張所たる働人足溜所以外に於ける彼等の收容を嚴禁し、文久元年米價騰貴には無宿者を收容する「救小屋」が出現し、慶應二年米作不振には「御救小屋」が建設されこれが收容者に强制勞働を課し、同時代獨特の制度である「家請人並に家請小屋」は無宿者の發生豫防に効果少くはなかつたと我々の大阪市史は誌してゐる。

なにが彼等をさうさせたか。精神的又は肉体的缺陷者、先天的犯罪性を有するもの、政治的にも經濟的にも壓迫された被征服者、支配階級の收奪のために社會生活から逃避して生業を失したもの、生産方法の變革によつて業を失つたもの、洪水や飢饉などの天災によつて生業や産を失つたものがルンペン發生のモメントであらうと學徒は見てゐる。

かやうな一般的ルンペンはそれぞれの社會の流れに伴ふ殘滓として急激に或は徐々に發生し、沈積し、生成しつつそこに停滯的な最低の社會層を構成したところの固定的な・それ自体職業的な社會群を意味した。併しながら今日のルンペン群は現存社會制度直接の所産として新しい・一歩高められた角度から觀られなければならない。卽ち新らしい時代の所産たるルンペンの分子が打ち寄せる波のやうな勢ひで前行社會制度から移行した古いルンペン層に入りこんでその質的變化を來しつつある。現在社會制度の不可避の結果である多數の貧困者と日々增大する機構的な失業者群、これがルンペン豫備軍として新らしいルンペン群を形づくり、古きものと合して現在我々の眼前に展開するが如き尨大なる社會群にまで膨脹したのである。

二　大阪のルンペン

ルンペン群は都市特有の、都市に於いてのみ大量的に觀察し得るところの現象であり、またその數に於いて益々膨脹せんとする傾向を持ち、ルンペンに關する諸問題は都市社會事業の最重要なる問題の一つを形づくつてゐる。しからば我が大阪に於ける彼等ルンペンの現狀はどうか。

大阪の街頭明暗色を形成するルンペンの數は世界大戰に於ける恒久的な不況と近時の經濟恐慌の深化によりルンペンの原素ともいふべき失業が固定し窮乏が貧困者の間に普遍的となるに及んで漸次增加の勢ひを强め、大正十四年十月一日の國勢調査では七百七十七人を數へ、その後不景氣の深刻化にルンペン群に轉落する者がいよいよ激增し昭和五年十月一日の國勢調査では五年前に三倍して二千二百四十一人となつた。しかもこれらの數は彼等の趨勢を適確に示してゐるが餘りに過少に登錄せられて彼等の平常の全容を示してゐない嫌ひがないでもない。調査當局者の言によると國勢調査當日さすがに彼等も浮浪者なる名を恥ぢて當夜に限り簡易宿に於いて登錄を受けた者が意外に多かつたとのことである。また各種調査の數字がその調査期日の相違を考慮に入れても餘りに相違してゐる事實はこの種調査の困難を示すと同時にこれ等ルンペンの層を瞬間的に季節的に浮きつ沈みつしてゐる自由勞働者其の他と關聯性を想起せしむるであらう。ともあれ今日ではルンペン群は今日都市の裏に進行しつつある失業の波の高まりと、貧困線の輪の擴大に伴つて量的に增大してゐることは想像に難くない。大阪市立今宮保護所の宿泊者數が疾くに定員を突破し附近の空地やガード下に彼等が溢れてゐる狀態はこの間の消息を物語つてゐるといふことができるであらう。

彼等の集中するところは彼等ルンペンの巣であるといはれてゐる公園、歡樂街、密住地區で、從つて天王寺公園を擁する天王寺區と中之島、扇町兩公園を持つ北區が斷然多く、密住地區を控へてゐる西成區と東淀川區とがこれに次いでゐる。試みにさきの國勢調査の區別分布を掲げると次の如くである。

大阪市に於けるルンペン數

區別	大正十四年國勢調査	昭和五年國勢調査	集合中心地
北區	三一二	八八四	中之島公園、扇町公園
此花區	一四	一五	—
東區	一九	八六	天神橋附近
西區	—	二〇	松島方面
港區	三	九〇	九條方面、築港公園
天王寺區	二五三	四三二	天王寺公園
南區	一〇	六六	樂天地附近
浪速區	五	九五	新世界、千日前
西淀川區	—	二七	本庄方面
東淀川區	六九	二二〇	十三、中津、長柄各方面
東成區	—	四	—
住吉區	—	九	飛田方面
西成區	九二	二九三	今宮方面
計	七七七	二、二四一	

尚ほ諸種の本市天王寺、中之島、扇町三公園に於ける彼等の調査數を掲げることにする。

本市公園に於けるルンペン數

公園別	大正十四年八月二十九日 大阪市社會部	大正十四年十月一日 國勢調査	大正十五年七月二十一日 府刑事課	大正十五年九月二十六日 大阪市社會部	昭和三年七月十八日 大阪市社會部	昭和四年夏期所管各警察署	昭和五年夏期所管各警察署
天王寺	四六三	二二五	三五〇	一四三	三六八	七〇〇	一、二三八

中之島	五八二	二九六	三〇〇	二三八	三九〇	二〇〇	五一六
扇町	三一	三	一〇九	三	三五	五〇	五二

備考　右の調査のうちには嚴密に浮浪者數と見ることができないものもあり又調査の方法と調査日の季節、天候關係を考慮する必要があることは勿論であるが、これらの調査によつてルンペンの流浪性を知り又ルンペン群の動向を看取することができるであらう。

かやうに大阪の街に公園に橋下に巣食ふルンペン群は吹き募る不景氣風と失業の波に伴つて日毎に增大し都市の癌種となつてゐる。もとより社會の落伍者である彼等ではあるが救護法の網の目からも洩れてひたぶるに救ひを求むる人達である以上人の子として彼等に救ひの手をさしのばすことは種々の意味に於いて緊急の課題たるを失はないであらう。

昭和四年二月西成區東田町に市內特志家の寄附によつて設立された大阪市立今宮保護所は附近のルンペンを無料で簡易に宿泊せしめ、進んでは彼等の職業紹介、職業輔導、相談、敎化、慰安などに努めてゐるが、いまその宿泊人員を月別に見ると次の如くである。

今宮保護所宿泊人員月別表

	昭和四年				昭和五年				昭和六年			
	宿泊人員	退所人員	延人員	一日平均	宿泊人員	退所人員	延人員	一日平均	宿泊人員	退所人員	延人員	一日平均
一月	—	—	—	—	七九五	五〇八	八、四四九	二七二	九一五	五八八	一〇、〇一三	三二三
二月	—	—	—	—	七三五	四二四	八、〇七六	二七八	七九五	五〇五	八、七三二	三一二
三月	—	—	—	—	七六三	四七六	八、七八〇	二八三	八一一	五一三	九、二三七	二九八
四月	四七八	三〇三	五、一九八	一七三	七〇一	四二八	八、二六二	二七五	八三三	五三九	九、一三九	三〇五
五月	五二四	二三〇	五、七八五	一八六	七四二	四七二	八、六四〇	二七八	八一九	五二四	九、四五七	三〇八
六月	四八八	三〇一	五、七四二	一九一	七〇六	四二四	八、一六五	二七二	八八一	六〇〇	八、八四三	二九五

七月	四四一	二六四	五、八二八	一八七	七八二	四九五	八、六九六	二八〇	八〇九	五三一	八、八五五	二八五
八月	四〇五	二三一	五、四八三	一七三	六九六	四三九	八、一一一	二六一	七三五	四九七	七、七四五	二五〇
九月	四三二	二四八	五、四二五	一八〇	七六九	四九六	七、八九八	二六三	七六三	五二八	六、八二四	二二七
一〇月	四八五	二六二	六、二七六	二〇二	八一五	五三九	八、三四七	二六九	八五八	五八五	八、三一八	二六八
一一月	六二七	四一四	六、四三四	二一一	八五九	五三三	八、八五二	二九五	八三九	五四〇	八、八一四	二九四
一二月	七〇一	四四三	六、九六六	二二四	八九七	五六八	九、四三三	三〇四	八〇九	四四一	一〇、三三六	三三三
計	四、五八一	二、六九六	五三、一三七	一五七	九、二五〇	五、八〇二	一〇一、七〇九	二七九	九、八六六	六、三九一	一〇六、三〇四	二九九

更に又今宮保護所の姉妹的施設が近く東大阪に出來上らうとしてゐるが、我が大阪救護協會に於いても現狀に見て之が增設の必要を認め多數特志家の援助の下にその目的を遂行する事業の第一着手としてルンペン救護の簡易宿泊施設を提供しその救護を擴充することゝなつたことは昭和七年初頭の大阪社會事業界にとつて甚だ欣幸とするところである。

三　ルンペンへの行程

彼等のルンペン化はその近代的基調として不況——失業——貧困といふ社會的經濟的關係に基因してゐるところであるが、こゝに大阪市立今宮保護所に宿泊した人々の中五百三十九人に就いて彼等がルンペンとなつた直接的な動機を調べて見ると次の如く分類することが出來る。

怠惰放蕩	七九	家計困難	一一二	疾病	九二
老衰	一五	不具癈疾	二一	事業失敗	七
失業	二八	兩親死亡	三	精神病	三
不詳	一七九	計	五三九		

而して彼等がルンペンとなるまでに辿つて來た道程を個々人に就いて聽取したものの中、類型的なものを次に掲げて見よう。

（イ）怠惰放蕩——怠惰放蕩で身をもち崩し、職を離れ家庭を追はれ、遂には友人知己からも見放されてルンペン層に身を陷れるものは少くない。

Mといふ男の例。　九州の南端薩摩の一資産家に一粒種として生れたが戸籍面は私生兒となつてゐた。幼兒より既に僑兒の性質を帶び早くも中學三年生の時退學處分を受けた。その後近衞兵となるまで自宅で比較的眞面目に過したが、近衞兵になつてからは毎日曜日を料理屋と吉原で送り、自分への送金依賴はたび重なつたが、母親は月々百圓の仕送を厭はなかつた。かくて彼は立派な放蕩兒として故鄕に歸つたが、歸國後も放蕩は止まず家の資産を磨り減らすばかりたつた。しかし母親は若い者に有り勝ちなことだとして別に氣にも留めず、嫁の撰擇につとめた。程なく美しい新妻が迎へられ、その當座は彼の放蕩もおさまつてゐたが、やがて又放蕩癖は頭を擡げ、以前にもまして茶屋酒にひたる樣になつたので、妻は里へ逃げて歸つた。自暴自棄に陷つた彼は一ケ月も家を空けて歸らぬことがたび重なり、家の財産は次第に他人の手に渡つた。淚で意見する母を足蹴にし親類も何も眼中に置かなかつたが、その内母は彼の行末を案じながらこの世を去つた。全くの一人天下になつた彼は、母の死後一年も經たぬ間に家屋敷まで人手に渡して仕舞ひ、暫らくは忠實な下男の家に世話になつてゐたが、やがてそこを飛び出し、流れ流れて來た末が大阪の公園で、今では「飲んだくれ」で通る身となつてゐる。

（ロ）無謀なる希望——世の中には實社會を輕く視て無謀なる希望を抱き、却つて社會のどん底に陷る若者がある。

Nといふ男の例。　一見山男の如き偉丈夫。高等工業學校を中途退學し、二十六の年ニューヨークで艦船食料業を營んでゐる叔父の養子に貰はれたので、彼は遠大なる希望を懷いて渡米したが、叔父は米國人である自分の妻の姪を彼に嫁がせんとしたので、外人との結婚を好まない彼は斷然獨立して貿易業を始める心積りで日本に歸つた。しかし彼の希望は容易に達せられず、神戸の某衛生組合の集金員として働いたり、商店の外交員を求職したりしたが、結局はルンペンの群に加はり毎日屑拾ひをしてその日を暮す身と成り下つた。

（ハ） 家庭の不和――家庭内の不和のために遂にルンペンの生活に流れ込む者もある。殊に家庭の虐待に堪へかねて家を逃げ出しルンペンの群に入る年少者が少くない。

Sといふ男の例。　今年二十歳の青年。大阪に生れたが五歳の時廣島へ養子にやられた。養家は疊家で養父も亦養子だつた。彼が十二の年養父が死んでからは、祖父母の虐待に純な心を傷められ、遂に堪へかねて十七歳の春養家先を飛び出した。一年餘り岡山で出前持をやつた後、母と姉を賴つて大阪へ歸り、姉の世話で疊屋に弟子入りした。ところが二ケ月たたぬうちに廣島から養母が迎へに來て彼を連れて歸つたが、祖父母は相變らず彼につらく當つたので、再び家を逃げ出して大阪へ歸つた。しかし今度は實母にも姉にも賴らず一週間ばかり仕事を探して市內を步き廻つたが、結局無爲に綛り遂に屑拾ひになつた。今彼は自分に忍耐と孝養の念のなかつたことを深く後悔してゐるようである。

（ニ） アルコール中毒――飮酒のために身心を破壞して放縱生活に沈み行くものも少くない。

Yといふ男の例。　鹿兒島の大工の家に生れ、彼も親の業を繼いで相當好い腕を持つてゐた。十九の年大建築請負業者になる決心を抱いて大阪へやつて來た。それは一つには彼は生來酒好きだつたのでうんと酒代を儲けるつもりで上阪したのであつた。しかし飮酒は彼に貧乏と不健康を齎したに過ぎなかつた。和歌山、名古屋、靜岡と轉々し、大垣では酒のために腦病院に入院した。半身不隨の狀態で退院して大阪へ流れ歸り、天王寺公園に見すぼらしい姿を現した。今は最早やもとの好い腕も役に立たず、辻占を賣つて生活して居るが、少しでも金の餘分が出來れば忽ちこれを酒代にすることを忘れない。

（ホ）兩親の死亡——兩親の死亡が子供達を離散してルンペンの群に追ひやることがある。

Yといふ男の例。　今年四十八歳の屑拾ひをしてゐる男。和歌山の農家に生れたが幼時父母を失ひ兄に育てられた。十二歳の年農家へ奉公にやられ、五年後十七の年大阪へ出て自轉車屋の小僧を三年勤め、その後ブラッシュの仕上げ工、鍍金職工、金物屋奉公、建築手傳、仲仕と三年乃至四年づゝ勤めては轉々として職を變へ結局現在の屑拾ひに辿りついた。

（ヘ）事業の失敗・失業——事業の失敗や失業の結果自暴自棄に陥り、故郷も家も捨てて目的もなく轉々流浪のルンペンとなるものも少くない。

Oといふ男の例。　呉服屋に生れたが、彼の代となつて失敗した。彼が商賣に失敗するや妻は實家へ歸つたまま彼を顧みようともしなかつた。二十八の年來阪し、市電の運轉手になつたが、不運にも事故を起して解雇された。そこで仲仕になつて三年働いた後、北海道に渡り二百圓の貯へを携へて大阪へ歸つた。この金を資本として古物商を始めたが再び失敗して勞働者の群に入つた。そこで更に僅かの貯金を以て夜店を始めたがこれも失敗に終り、遂に自由勞働者として京阪を流浪する身となつた。今年五十七歳であるが、最早や二度と商賣をする氣はないと言つてゐる。

（ト）放浪性——村から村へ、町から町へと絶えず流れ歩く放浪性はルンペンの著るしい特徴である。この性向は先天的のものもあるが、環境に依つて培はれるものも少くない。

Tといふ男の例。　今年五十六歳の男。和歌山縣の山奥で木挽をしてゐたが、一家に流れる放浪性は兄弟姉妹をことごとく村から離散せしめ、彼も新宮・大阪、京都、大垣或は彦根と土工を稼ぎながら渡り歩く身となり、若き日の許す限り、酒と女にひたつて放縦浮浪の生活を續けた。今は保護所に老ひたる身を寄せて屑拾ひをしてゐるが、今でも尚ほ今日は神戸、明日は京都へと流浪の癖は止まぬらしい。彼には八人の兄弟があるが、まるで關係が絶たれて一人として消息の分つてゐるものはない。だが彼は兄弟の様子を知り度いとも思はず、全くの孤獨に甘んじてゐる。

（チ）家庭困窮――困窮に陷つたものの多くは故郷を捨てて未知の天地に新しい生活を求めようとする。彼等には故郷の人の目や口がいとはしくなり、知らぬ世間に逃れ度いと思ふのである。かうして故郷を捨てた彼等は何時の間にか無宿浮浪の身となつて仕舞ふのである。

Aといふ男の例。　和歌山縣の一部落に生れた。父の商賣柄からして小學校では常に他の生徒から辱められ指彈きされてゐたので、彼の心はいぢけ荒んだ。小學校卒業後父の手傳に從事したが、二十三の年まで全く他人と交際をしなかつた。父の無能、家の貧困と彼自身の强情がそうさせたのである。家の暮しは粟飯などでやつとその日を凌ぐといふ貧窮な生活であつた。彼は激しい酒亂癖を有する上に色情狂であつたため遂に勘當されて村を飛び出し、流れ流れて來た末大阪でルンペン生活に身を投じたものである。彼は前の様な職をやるよりも乞食の方がずつとましだと言つてゐる。

（リ）疾病・不具癈疾――浮浪者は皆な勞働に耐へ得る体力を持ちながら、勤勞心なきため仕事を求めず或は食を乞ひ或は漂浪して社會に寄生するといふ風に一般に想像されてゐるが、實際には疾病又は不具癈疾のため餘儀なくルンペンとなるものが少くない。

Kといふ男の例。　大阪府下の一農家に生れた。早く父を失ひ母の手一つで育てられたが、生來の無性者で、十八の年印刷屋の見習奉公に出されたが、仕事を厭つて幾度か逃げて歸つた。二十一の年母親にも死別れたが、彼は却て邪魔がなくなつたのを喜び、怠惰の上に遊びを覺えて、姉に金を無心しては遊里の巷に足を運んだ。かうしたふしだらな生活を續けてゐるうちに腦梅毒に冒され慈惠病院に入院した。退院したときは全くの白痴となつてゐた。姉だけをまだ覺えてゐたが姉は彼の來ることを拒絕した。かくして勞働力を失つた彼は軒下の塵埃箱を漁つて辛うじて露命をつなぐ憐れな身となつた。

四　ルンペンの生活

「三錢の殺人」公判といふ三段抜きの見出しの下に昭和七年一月十三日大朝紙上に報ぜられたルンペンの死をめぐる事件にもルンペンの生活の片鱗を把むことができるであらう。

「たつた三錢の爭ひから生命を落したルンペン！　その死をめぐり大阪隨一のスラム街今宮方面のドン底生活を法廷に曝け出す傷害致死事件が十二日大阪地方裁判所大野裁判長係で調べられた。被告は大阪浪速區馬淵町山本關助方木下岩雄(二七)で同區水崎町關西線ガード下で母親と兄弟三人でルンペン相手に粥屋を開いてゐたが昨年十月十五日夜ルンペン川邊音松が多數の客の前で二錢の粥一杯と漬物一錢を平げながら「食つた覺えはない」と頑强にいひ張つた揚句喧嘩となり胸を突いたところ空腹で力のない川邊はコンクリート道路に仰けに倒れ頭蓋骨折で死亡したものである。被告は「店は酒氣など一切なくただ一椀二錢の粥と一皿一錢の漬物專門に商つてゐる、お店繁昌で月收百圓以上もあるが、粥のお代りをする人は滅多になく大概一食三錢で濟まして行きます」と落伍者の徹底した底流生活の慘めさを語り「酒氣を帶びてゐた川邊が、餘りに執拗などで一寸突いたのが、飛んだことになつて誠に氣の毒です」と後悔してゐた」

(イ)　收　入

同じルンペン層でもその收入には可成り差異がある。ひたすら他人の金品惠與に賴つて乞食生活をしてゐるものもあるが、中には生業を有して一定の收入を得てゐるものがある。また巧妙な手練手管で普通勞働者の收入と同じ位の金を稼いでゐるものもゐる。生業を營むものの多くは日傭人夫であるが、屑拾、乞食なども甚だ多い。ここに今宮保護所の記錄を開いて彼等の一日の收入を見ると次の如くである。

職業別から見た收入調べ

收入＼職業	人夫	先引	仲仕	配達	雑役	辻占賣	桶屋	屑買	灰買	屑拾	乞食	其の他	計
二十錢未滿	—	—	—	—	—	九	—	—	—	二	三	—	一三
二十錢以上	—	—	—	—	一	三	—	—	—	八	五	—	一七
三十錢以上	四	一	—	—	—	二	—	—	—	三九	二	—	四八
四十錢以上	九	一	—	—	二	二	—	—	—	六	一七	—	三七
五十錢以上	六	五	—	—	一	二	—	—	—	三	一三	—	二九
六十錢以上	三	四	—	—	四	五	—	一	一	二	一	三	二四
七十錢以上	八	三	二	—	二	—	一	—	—	五	五	一	二五
八十錢以上	三	六	—	—	六	—	—	二	—	一	—	一	一三
九十錢以上	二	一	—	—	—	—	—	—	—	—	—	—	三
一圓以上	二	—	—	一	三	—	—	—	—	一	—	—	七
一圓二十錢以上	—	—	—	—	—	—	—	—	—	—	—	一	一
一圓五十錢以上	—	—	—	—	—	—	—	—	—	—	—	—	—
計	三七	二一	二	一	一九	二三	一	三	一	七六	四六	六	五三五

これによると一圓二十錢以上の收入を得てゐるものもあるが、三十錢乃至五十錢位が最も多い。

尙ほここに參考のため今宮方面で親方が買ひ取つてゐる屑物の仕切値段表を掲げて見ると次の如くである。

ウエス（大布片）	一貫	一二錢
小ボロ（小布片）	同	三錢
キ（眞鍮）	百匁	一〇錢
アカ（銅）	同	一五錢
鉛	同	四錢
クズ（青色硝子ワレ）	一貫	二錢
白ワレ（白色硝子ワレ）	同	五錢
コロ（鐵）	同	三錢
鐵板（洗面器ノ如キモノ）	同	二錢
鑄物	同	五錢
玉毛	百匁	七錢
ヤス（メリヤス）	一貫	四〇錢
小綿	同	四〇錢
角大（大綿）	同	四〇錢
傘	一本	五厘
新聞紙	一貫	一五錢
洋本	同	二錢
足袋	同	二錢
シバ（木片）	同	二錢
ロイド（セルロイド）	百匁	八錢
ゴム	一貫	五錢

（ロ）勞働時間

普通人の様な規則正しい勞働時間といふものを持たないのがルンペンの特性であるが、比較的規則的に働いてゐるものもある。例へば辻占賣は夕方から夜半迄、拾ひ屋は朝、晝、夕、夜半より各四五時間位働くのを普通としてゐる。その他は全然一定の勞働時間をもつてゐない。彼等は單調と規則正しいことを嫌つて、變つた仕事だと嬉んで働く。一般に少し働いてあとは金のある間寢て暮すといふのが彼等の通有性である。

（ハ）生活費

住居も持たず体面も要らず、飢を凌げば足るルンペンのことだから、生活費は所謂物理的生活維持費で濟むわけである。稼ぐ途が斷たれると殘食物で露命をつなぐ生活には極めて安い費用で濟むはずである。一日の生活費二十錢内外が普通であるが、五錢以下もあれば五十錢以上の相當の暮しをしてゐるものも少くない。

一日の生活費調べ

五錢以下	十錢以下	十五錢以下	二十錢以下	二十五錢以下	三十錢以下	三十五錢以下	四十錢以下	四十五錢以下	五十錢以下	六十錢以下	計
一五	一九四	一八二	三〇七	二五一	一五二	九二	一一	八五	四八	一七	一、三五四

備考　今宮を中心とする飯屋の一食の代金、大盛は約一合五勺位、お茶は主に煮茶にして多種多様である。
大盛　十錢　中盛　七錢　小盛　四錢　お茶　五錢　漬物　二錢

（ニ）　趣味嗜好

酒を飲むものは全体の半數ばかりであるが全然嫌ひのものが意外に多い。煙草を喫ふものは酒を好むものよりも更に多い。

飲酒	
全然嫌ひ	六六五
一合位	三二七
二合位	二三六
三合位	九八
五合位	二五
一升以上	一七
計	一、三六八

喫煙	
全然嫌ひ	四八三
少しばかり	五二五
非常に好き	三四六
計	一、三五四

彼等の第一の要求は矢張金錢、仕事、飯などであるようである。

一番欲しいと思ふもの

食事	三三	金錢	八四	仕事	二三	着物	二九
寢具	七	女	五	計	一八一		

一番樂しかつたこと

意外の收入があつた時	四六	仕事にありついた時	四〇
今宮保護所一週年紀念日	二四	施しを受けた時	二〇
飯にありついた時	一二	女を買つた時	八
興業物を見物した時	七	飲酒した時	五
病氣が全快した時	四	精神講話を聞いた時	四
衣服にありついた時	二	知人に逢つた時	一
クリスマスの日	一	樂々と寢た時	一
全然樂しかつた時がないもの	五	計	一八一

五 身元調べ

ルンペンの身元調べは近代的ルンペンの質的內容を窺ふに恰好の指標である。

（イ）配偶者調べ

未婚	二五九	既婚	一五	死別	九六	離婚	一一八	計	四八八

（ロ）年齢調べ

一五歳未満	一五歳以上	二〇歳以上	二五歳以上	三〇歳以上	三五歳以上	四〇歳以上	四五歳以上	五〇歳以上	五五歳以上	六〇歳以上	六五歳以上	七〇歳以上	計
四八	一二五	三三三	四一〇	三三五	二七四	二五九	二〇四	一三〇	一五八	六九	三五	三二	二、三七二

（ハ）教育程度調べ

不就學	寺小屋	尋常小學中退	尋常小學卒業	高等小學中退	高等小學卒業	中等學校中退	中等學校卒業	高等專門學校程度卒業以上	計
八一	一三	二八〇	四三六	四二	二九五	四七	一八	五	一、二一七

（ニ）前職業調べ

農業	七五	金物商	七	洗濯職	五〇	行商	三三
燒芋屋	三	料理人	一六九	いかけ屋	三	うどん屋	一五
配達	八七	研屋	二	仲仕	二九四	修業者	一〇
夕刊賣	四	石工	三	灰買	六	古物仲買	一一
左官	八	神易	七	露天商人	八二	大工	三五
帳場	三	屑物商	五	木挽	三	外交員	一一
菓子商	一五	事務員	四五	あんま	一三	關東煮	二
店員	八八	車夫	二	夜店	七	船員	八
豆腐屋	二	理髪職	二五	其の他	六三	計	一、三三四

（ホ）在阪期間調べ

一週間未満	一ヶ月未満	三ヶ月未満	六ヶ月未満	九ヶ月未満	一ヶ年未満	二ヶ年未満	三ヶ年未満	四ヶ年未満	五ヶ年未満	一〇ヶ年未満	一〇ヶ年以上	計
四六八	一二七	五三	四一	二五	三七	五八	六五	三	二七	六七	二三六	一、二二七

（へ）原籍地調べ

道府縣別	男	女	計
北海道	一一	四	一五
東京	一七	五	二二
神奈川	二四	—	二四
長崎	一〇	五	一五
埼玉	九	九	一八
千葉	一三	—	一三
栃木	一五	—	一五
三重	五一	五	五六
静岡	三二	三	三五
滋賀	六五	—	六五
長野	二八	七	三五
福島	一五	—	一五
青森	八	—	八
秋田	二六	—	二六
石川	四一	五	四六
鳥取	四七	三	五〇
岡山	六六	四	七〇
山梨	二五	—	二五
徳島	六九	九	七八
愛媛	五四	一	五五
福岡	三七	二	三九

道府縣別	男	女	計
京都	八二	五	八七
大阪	二九六	一二	三〇八
兵庫	一五六	一四	一七〇
新潟	一七	三	二〇
群馬	一〇	三	一三
茨城	二四	—	二四
奈良	九二	一三	一〇五
愛知	四二	二	四四
山口	四八	—	四八
岐阜	三九		四〇
宮城	三一	—	三一
岩手	二九	三	三二
山形	三三	—	三三
福井	二五	—	二五
富山	三九	六	四五
島根	三八	—	三八
廣島	四五	五	五〇
和歌山	一一三	四	一一七
香川	六一	一	六二
高知	五一	七	五八
大分	一七	三	二〇

佐賀	二四	一	二五	熊本	三	―	三
宮崎	二四	―	二四	鹿兒島	六八	―	六八
沖縄	四八	四	五二	樺太	四	―	四
朝鮮	二九	六	三五	臺灣	一	―	一
計	二、二四三	一七四	二、四一七				

六　ルンペンの手記

社會のどん底生活に沈倫し、その日の糧を求めて流浪する彼等ルンペンの間にも、自己の生活を顧みて絶望或は希望を詩に作り又は隨筆を書き記し、或は又戀を歌ひ自然を讃美して心を慰めてゐるものが少くない。次に彼等の手記を選んでそのまま掲げる。筆の巧拙は別として彼等の眞實の訴を聞き眞實の姿を見ることが出來るであらう。

時代の流に

M生

夢想だにもしない奈落の極底生活、嘗つてそれは過去幾年か前の秋中旬だ。未だ若かりし在學時代の事でした。大毎社主催の下に南海沿線堺大濱で全國專門學校相撲大會が擧行された。其の時だつた。確に記憶がある。當時茶臼山に自宅を持つて居た兄の家に泊つて惠美須驛から大濱に向つたが驛を出て間もなく眼についたのが今私が假寢の夢に昔日を想して居る市立今宮保護所此の附近だつた。車中の事とて瞬間だつたが…………ああぞつとした。本當にその不快さと云つたら。直覺的に與へられた印象、意氣地なしだ、だらしないあれが人間か、何と言ふ惱しい慘めな姿であらう。あれでも人間の姿か。放蕩、怠惰、無能斯うした者の群集場所だとは兄の説明を聽かない前に直覺した。恥知らず、不孝者、大きな侮辱と嫌忌の念に迎へた私は此の場面を何年かはすつかり忘れて居た。如何なる原因があるにしても、それが或は事業の蹉跌にしても假りに一時的失業の結果とは言へ、現在の私の境遇を靜かに反省する時、有爲轉變は世の常とは言へ、余りの激變さに只啞然。自己の不甲斐なさと無知とを慨歎せずには居られません。勞力に對する報酬は當然の結果だ。稼いだらパンは得られる。理性にまかして簡單に斯ふ考へた時私は必ず業成り名遂げて見せると云ふ可成り堅い決心を持つて此の極底に飛込んだ。不撓不屈「なんだ此れ位」と然し私の立てたプランは根底から裏切られた。與へられる職業が無い事に依つて而も益々經濟界の不況と社會制度の缺陷も痛感した。理想と事實との間に常に大きな間隔のある事も。然し私は今日の境遇を以つて總てを財界の不況、社會制度の缺陷だと謂ひ盡すのではない。素より放蕩、怠惰と環境の罪、それは充分理性で批判するだけの能力はあつても、感情に走りたがつた意志の爲めに今日の結果を招來したことを告白します。今一つ見逃す事の出來ない私の精神的缺陷、それはあまりにも自我主張、所謂自負心の强過ぎた事です。「俺が俺が」此の觀は常に私をして失敗に導いた事を重ねて記載します。

生活の糧は

M生

ルンペンは一体どうして食うて行くのだらう……といふ問題は、社會人の頭に一つの新しい興味を感ずることだらうと思ひます。

ルンペンの生活方法としては、第一に「拾ひ屋」を擧げなければなりません、ルンペンの九割まではこの「拾ひ屋」であるといつてもよいからであります。

「拾ひ屋」の他にも救濟事業や日傭勞働に行つてゐるものもありますが、それ等のルンペン達も、仕事のない日は「拾ひ屋」をやつてゐるのでありますからルンペン即ち拾ひ屋………といつても大した間違ひはないのであります。

「拾ひ屋」とは東京の「バタ屋」でありまして、芥箱の中に捨ててある色々な物を拾つて歩く者をいふのであります、彼等は一尺ばかりの針金の棒と大きな袋とを持つて、一軒々々芥箱の中をかき廻して歩くのであります、主としてどんな物を拾ひ出すかと申しますと紙屑、布屑、ボール紙屑、金屬屑、古足袋、古帽子、殘飯等々、種々雜多なものを拾ふのでありますが、たまには、古シャツや猿股などを拾ひ出すこともあるのであります。

それかと思ふと新家庭の芥箱にはしみの着いた寢卷や、血の着いた縮緬の××などが捨てゝあることも珍しくはないのであります。

芥箱からのぞいた大阪——といふのも少しをかしなものですが、芥箱の中にもその地方々々の色彩がはつきり現れてゐるから不思議といはねばなりません。

鐵工場の多い安治川筋や本田方面に鐵屑が多かつたり、松屋町筋に紙箱の屑が多かつたりするのはあへて珍しい事でもありませんが、道頓堀附近から堀江附近にかけては、不自然に汚された××が多かつたり、阿倍野橋以南文の里、田邊方面の住宅地街にしみの着いたハンカチが多かつたり、松島や飛田附近の芥箱には、食物や××紙が多かつたりするのも確かに面白い地方色といはねばなりません。

こんな事を書きますと、拾ひ屋は非常にボロイ金儲けをしてゐるやうに見えますが、寢卷や腰卷が毎日拾へるものでもなければ、どんな金持の花嫁さんでも、毎日縮緬の腰卷を一枚づゝ捨てゝゐたのでは、忽ち腰卷のために破産しなければならないでせうから、そんな事は三ケ月目に一度か半年に一度かしかあるものではないのであります、しからば拾ひ屋の收入はどれほどあるものか………と申しますと、お話にならないほど慘めなものであります。

紙屑十貫目を拾ひ出さうとすれば一日千四五百個の芥箱をかき廻して歩かなければならないのでありますから十貫目の紙屑を拾ひ集めるといふことは並大抵の苦勞ではないのであります、幸ひに十貫目の紙屑を拾ひ出したとしても、その報酬は僅か二十五錢に過ぎないのであります。

だからルンペン達は段々馴れるに從つて、銅とか眞鍮とか腰卷とかいつたやうな金がさの品物に目をつけるやうになつて來るのであります、しかし金がさの物は量が少いから結局一日の收入は二十錢から三十錢までの範圍に限られてしまふのであります、さうなると、一日二十錢や二十五錢では食つて行けないから、殘飯を拾つて食べたり、捨てゝないものを拾つたりしなければならないやうになるのであります。

「捨てゝない物を拾ふ」といふのは、竿に干してある着物を拾つて來たり、玄關先の靴や下駄を拾つて來たり、炊事場のアルミ鍋や眞鍮の洗面器を拾つて來たりすることをいふのであります。

それから食物について申しますと、カフエーや料理屋などの芥箱には、思ひがけない御馳走を捨てゝあることが決して珍しくはないのであります、御馳走といつてもお客の食ひあまし物であることはもちろんでありますが、肉の筋や鰯の頭ばかりをしやぶつてゐるルンペンにとつては、ぶあつに切つたビフテキの半切や鯛の荒煮なんかが彼等の味覺をよろこばせることは社會人の想像以上のものがあるのであります。

生理的欲求は

M生

性慾方面には隨分面白いことがあるだらう………との質問を度々受けますが、ルンペンは性慾にかけては非常に淡泊であります。性慾に淡泊であると申しますと皆さんの中に奇異の感を抱かれるお方もあるだらうと思ひますが「晝飯が食へなかつた」「晩飯は食はなかつた」といふ聲を聞くことの珍しくないルンペン仲間では性慾なんか考へる余裕がないのであります。鰻をたべたり卵を飲んだり、トツカピンを服用したりして、ホルモンの刺激を甦らせた時、そこに性慾の增進が證明せられるものとしましたら、性慾に關する逸話はブル階級に多くてルンペン達が性慾に淡泊であるべく余儀なくされた理由も肯定し得られるのではありますまいか。

しこれは一般的の見方でありまして、ルンペンといへども五感の働きが缺乏してゐるわけではないのでありますから、性慾が絶對に起らないとはいへないのであります、そんな場合にルンペン達は、最も經濟的な非常手段を取つてゐるのであります、經濟的な非常手段とは××であります。

金の指輪を拾つたり、お金入を拾つたりしたやうな特殊の場合には、さすがに彼等もまづ第一番に性慾の渇望を滿たしたいとみえて、今宮や天六あたりの××××買ひに出掛けるのであります。たまたま「落ち者」があつたやうな場合には彼等は一般社會人には想像もおよばないやうな明るさを表現して彼女のために驚くほどの努力を捧げるのであります。

「落ち者」とは田舍方面から出て來た女が都會の勝手がわからずに公園附近を迷つてゐるのを拾つて歸ることをいふのであります。

落ち者を拾つたルンペンは、彼女を養つて行くために、必死の智恵をしぼり最大の努力を拂つて、落ちてゐない金がさの物を拾ふために市内をうろつき廻るのであります。

そして彼等の八割までは無料宿泊所（刑務所）へ送られるやうな犯罪を構成するのであります。

しかしルンペンに拾はれるやうな落ち者は、殆ど低能者か唖者か或はどこかに大きな缺點のある女に限られてゐるのであります、そして彼と彼女の同居生活は、長くて一ヶ月、短かくて二日目ぐらゐにいつも彼が彼女から逃げられることによつて解決がつけられるのであります。

如是我觀　F生

人生は藝術だ大地の耕作だ
只念々を蕭々培ひ莊嚴して行く
其處にほんとうに人生の聖光がある
作物は雑草と同じ畑では到底育たない
でも餘り捻ねくると造花のやうに力が無くなる
「スネナイ」で甘やかさないで此の生々しい自然に
育まれつゝ淨化と伸展とを則したいものだ
苦の聖化！
大地は斯く叫ぶ

母性愛　Y生

極底に聴く母の聲
人生が眞暗い極底に
呻吟する時
其の苦界から救ふは誰ぞ
唯だ咽び泣く母の聲
その醫すべき術を知るは
おゝ！！
無限に延びる母性愛

希望　H生

もろ足確と大盤石を
踏みしめ
雙手を高く
大空に擧げ
胸を張り上げ
呑吐する呼吸
奮然此の意氣
希望の彼方へ

すみれ　K生

机の上の菫花
彼の人が此の机の上に飾つて呉れた
悲しい悲しい菫花
苦しい私の此の胸が
お前の心に通じてか
毎日毎日ふるへてる
悲しい悲しい菫花
でもお前は何も知らないんだ
だからいゝんだ泣かずとも
假令彼女が私を裏切つても
私はお前を愛します
でも矢張りお互に
寂しく散つて行くんだね
私の悲しい菫草

彼の君　K生

若しも彼の君今日此の日
この日を此處に來ますなら
如何に樂しい今日ならむ
あゝされど遂ひに私は一人だ
憂ひは冷たい床に湧く
弱い男だ
捨てられて
泣いて
それでもお前は男か

だが本當に美しかつた
あゝ思出の悲しさに
閉じても眠れぬ眼は
何時か涙にあらはれて行く
憎い女のいとしさに

和　歌

大連にて　Y生

憧れの都も寂し金もなく
　知る人もなく唯に悲しき

寂しさは寂しき方にさまよへり　M生
　この悲しみの堪へ難きかな

許しませ親に背きて三十路行く　S生
　今なほ君を夢にみること

何が爲め生きんとすなる命ぞと　F生
　思ふ心のまた強く湧く

勞働川柳　Y生

勞働が嫌で出て來て勞働し
勞働の口を嫌がる自由人
勞働は神聖にして暮し兼ね
勞働者公園に來て寢ると雨
神聖が苦笑して着るナッパ服
勞働者空を見上げて晝食を拔き
汗と血で滿期にたまる五拾圓

俳　句

天王寺附近を過ぎて　SK生
佛法の最初の寺の若葉かな

四ツ橋附近を過ぎて　同
橋いくつも渡りて夕涼み

茶臼山普茶料理を回想して　M生
新芋や草の酒あり茶臼山

七　ルンペンに關する文献

一　本文献は極めて性急になされたもので勿論完全を期し難い。また、要救護者、乞食、浮浪者その他類似の對象を取扱つたものも近代的のルンペンに關係ありと思推するもののみを取り上げることとした。

二　文献（A）に於いては主として社會事業關係諸雜誌に掲載せられたものを、（B）に於いては官廳報告、その他單行本として出版されたものを、（C）に於いては雜誌、新聞に現はれた記事論稿を拾ひ上げたに止まる。

A

			昭和年月
東京に於ける浮浪者に就いて	草間八十雄	社會事業	三・九
淺草公園に於ける浮浪者の調査報告	草間八十雄	同	三・一一
老齢失業者とその對策	安積得也	同	六・八
ルンペン・プロレタリヤ存在の根據に就て	金田日出男	同	六・七
ルンペンの種々相とその對策	高木武三郎	同	六・七
ルンペン・プロレタリヤの見方	城森弘	同	六・一
ルンペン物語	山口舜三	共存	六・一
ルンペン共濟會生る（社會情報）		同	六・二
自由勞働者の衣食住	白井清造	共榮	六・二
東京の浮浪者と乞食	草間八十雄	同	六・八
ルンペン分類と對策	高橋元一郎	同	六・九
日本歴史社會相に現はれたる浮浪人概觀	同	同	六・一一
浮浪者と乞食	内田親雄	社會福利	五・六

ルンペン考	君塚貞	社會福利	六・三
失業浮浪群は何處へ行く	畑野喜一郎	同	六・三
ルンペンと宗教	瀬川八十雄	同	六・三
ルンペンと思想	尾形榮造	同	六・三
ルンペンはどうしたらよいか	高橋元一郎	同	六・三
ルンペンに就いて	金田日出男	同	六・三
ルンペン君の語る	壚田章	同	六・三
ルンペンの日常生活	高木武三郎	同	六・三
ルンペンプロ物語	李覺鐘	同	六・三
ルンペンの詩	風見三郎	同	六・三
浮浪人奇譚	水木淳一	同	六・三
街のルンペンと私	毛利藤江	同	六・三
ルンペン座談會		同	六・三
ルンペン宿の研究	伊藤學位	同	六・九
救護法とルンペン	白井清造	同	六・一〇
救護法とルンペン	高木武三郎	同	六・一〇
浮浪者の稼ぎに就いて	工藤英一	社會政策時報	四・三
ゴンドラ村生活抄	工藤英一	同	六・三
時期により見たる浮浪者の生活種々相	杉田安太郎	社會事業研究	四・一
浮浪者の教化と就職	杉山元治郎	同	四・五
考へさせらるゝ一つの問題	酒井利男	同	六・一
無言のルンペンは何を語る	永田清美	同	六・三
浮浪人の心理學的一考察	竹中勝男	同	六・五

ルンペンの宿聖勞修道院	石井徳馬	保護時報	六・二
ルンペンを語る	SK生	同	六・三
ルンペン少年の救護	芳川顯雄	同	六・六
ルンペンプロ物語	李覺鐘	朝鮮社會事業	六・二
ルンペンと農村の因果關係	高木武三郎	同	六・九
浮浪釋放者の保護問題	近藤亮雅	保護時報	五・二
街頭少年の研究	新堀哲岳	同	五・七
ルンペンの一夜と雨	KT生	我が子	六・一一
徳川時代に於ける無宿者救濟施設	松井精一	大大阪	五・二
無宿者保護所の増設	高木貞治	大大阪	六・七

B

本市に於ける無宿者	大阪市社會部	一・四
本市に於ける社會病（社會部報告第一二一）	大阪市社會部	五・八
今宮保護所の記錄（社會部報告第一三九）	大阪市社會部	六・五
無料宿泊所止宿者に關する調査（社會部調査資料一一）	東京府社會課	六・五
淺草公園を中心とする無宿者の調査	東京市社會局	六・八
浮浪者に關する調査	東京市役所	五・
兒童連行の乞食に關する調査	東京市役所	五・
浮浪者の種々相	東京市統計課	五・一二
ホボ（無宿者に關する社會學的研究）	東京市役所	五・三
日傭勞働者の日記　その一、その二	東京市役所	四・

Dawson; The Vagrancy Problem. 1910

Nels Anderson; The Hobo, The Sociology of the Homeless Man. 1923

日稼哀話	吉田英雄	平凡社	六・三
殘飯を睨める顏	工藤英一	青山堂	六・六
ドン底線	田中千代		六・
浮浪者の群から	伊藤佐太郎	ルーテル社	
天國の記錄	下村千秋	中央公論社	六・八

C

ルンペンと雲助	村島歸之	經濟往來	六・八
社會遊離群の社會的意義	石濱知行	大阪朝日	六・五
ルンペン行狀記	本川五十九	サンデー毎日	六・二
歳末ルンペン風景	草間八十雄	週間朝日	六・三
如何に浮浪者を處遇すべきか		法律新聞	一〇・六
ルンペンへの期待過重	宮本顯治	大學新聞	六・四
ルンペン取材の社會的意義	小宮山明敏	同	六・二
內外に流行するルンペン映畫	佐々元十	同	六・六
梅雨期に於ける日傭勞働者	草間八十雄	同	五・六
ルンペンの戸籍調べ(言語學的散步)	小谷惠一郎	獨語研究	六・一〇
ルンペン社會群に就いての一考察	石濱知行	新潮	六・五
ルンペン物語	草間八十雄	同	六・五

ルンペン文學の指標	新居格	同	六・五
ルンペンその實体・その定義・その文學	下村千秋	同	六・五
ルンペン論	Q、P、Q	同	六・五
ルンペン・バタヤの生活戰線	下村千秋	改造	六・四
兩腕を差し延べて（或る若きルンペン手記）	下村千秋	中央公論	六・五
淺草三重奏	小池夢坊	同	六・六
地下の合唱	下村千秋	婦人公論	六・七
淺草恐慌風景	鈴木清次郎	改造	六・九
嵐・西へ西へ	下村千秋	改造	六・一〇
東京暗黒街探訪記	葉山嘉樹 里村欣三	改造	六・一一
慾望	武田麟太郎	同	六・一二

八　ルンペン用語

彼等ルンペン群はその生活慣習に端緒するルンペン特有の隱語——流行語——略語——倒錯語を持つてゐる。かやうなルンペン用語は我々の關心を新たにしてゐるルンペン群の生活體樣を間接に反映し、彼等の生活解剖に缺くことのできない一つのメスであるといはなければならない。こゝに最近大阪市社會部が調査した大阪に於けるルンペンの用語を掲げることにする。

自然關係

アオチ　風
アオチガキツイ　寒い
アオリ　風
アカ　火・火災
アヅマ　「東京」
アサバ　朝
ウスイ　寒い
エンコウ　公園
オカイチ　「市岡」
オダチ　風
ガード　「釜ケ崎」
カガミ　月
ガセ　惡天候
カミン　星
ガングレ　曇・暗夜
カンジ　時間
カンジマ　「四貫島」
クヤナ　雷
ゲツショ　朝
ケバ　太陽

コゴト　風
コボレ　雨
ゴヤ　「名古屋」
サイジョウ　「西九條」
ザカ　「大阪」
サミダレツキ　霜
サワギ　風
サワリ　朝
シヲマチ　時刻
ズイ　雨
スイセン　海
スイバレ　雨
スイメン　雪
ゼカ　風
タヒヒ　汐時のよいこと
チク　「築港」
テツ　「大阪驛」
テツカリ　光り
テラ　火災
テラン　月
テンガヤク　雨天
テンガイ　空
ドエ　「東京」

ドンキョウ　「京都」
ナチ　星
ナミノハナ　汐時のよいとき
ナリ　雷
ニチテン　晴天
ネパ　粘土
ハクスイ　雪
ハクスイバレ　雪降り
ハマ　「横濱」
ハマ　「築港」
バレ　晴
ハングリ　暗夜
フケ　深夜
ベコ　「神戸」
ヘドロ　泥土
マク　夕方
マグレ　夕方
ミナミ　「今宮」
ヤバイ　「大阪」
ヤミ　夜
ヨナ　夜
ヨリ　晴天
ヨリビ　晴天

ラク　「京都」
ランプ　太陽
ワク　暑い
ワンワン　「關西線ガード」釜ケ崎西方の

身體關係

エダ　足
エンコ　手
オカ　顔
ガリガカマツタ　妊娠した
キクラゲ　耳
ギラ　目
キンピン　性器(女)
ケソ　足
ゲソ　足
ゲン　性器(女)
サイク　性器(女)
十六　小便
ジャクロ　禿頭
スコ　頭
タコ　耳
チョウチン　腹
トウロク　性器(男)
ナベ　尻
ハンスケ　頭
ピイ　性器(女)
ビイドロ　目
ペテン　頭
ホネ　齒
メン　顔
ヤチ　性器(女)
ヨシコ　性器(男)
ラクダ　腹
ラツ　顔
レツテル　顔
レンコン　鼻
ロツプ　懐
ロツプク　腹

人稱關係

アツタモン　馬鹿
油虫　怠け者
イヤキチ　嫌な奴
エダ　娘
エム　男
オイツイ　好かん奴
カリマ　子供
ガチ　友達
ガリコ　子供
ガリ　子供
ガリ廻し　子守
蛙切り　水呑百姓
カングレ　盲人
ガンコツ　衰弱者
キアニ　兄又は姉
キクラパー　聾者
ギシユ　社會主義者
クノイチ　女
ケタオチ　阿呆
ゲンキヨ　俳優
コツ　同類・仲間
ゴナスケ　情婦
サンタク　多數人
サンバ　母
シタバ　妻・女將

シヤイ	醫者
シヤリマ	女中
ジン	人
スメ	娘
セイガク	學生
ソガ	中年婦人
ダイキヨウ	兄弟
タコ	僧侶
ダチ	友達
チヨンガー	子供
ヂヨガ	女學生
チヨタ	田舎者
ツエ	子供
テンナゴ	美人
デンシヤモ	田舎者
テンプラ	僞學生
ドウロク	親方
トコスケ	男
トツパ	無茶者
トヒ	人
トントン	仲間
ナゴ	女
ナゴデン	不良少女
ナヲスケ	婦人
ネスツポ	素人
ニヤ	兄
ノツヤ	剛情者
ハクイ	金満家
ハコ	娘
ハス	男
バゾク	夜店ゴロ
八時二十分	馬鹿
バナ	女
バラケツ	不良少年
バンキ	母
バンタ	妻
ピイ	女
ヒコーキ	親方を度々變へる者
ビリ	女
ヒンカマル	金持
ピンコロ	男一人
フランテン	浮浪者
ブンパイ	新聞配達先
ヘナチヨコ	小僧上り
ボレ	老人
マイチン	女
マイナスクール	女學生
メシタ	弟又は妹
メンヤク	顔の美しくない者
メンチク	老婆
メンハクイ	美人
メンヤ	玄人
ヤク	美しくない者
ヤサ	世帯
ヤサ持ツトル	世帯持ち
ヤヂ	父
ヤチ	娘・女
ヤチボテ	姙娠
ヤンバ	母
ヨボ	朝鮮人
レコ	情婦
レツ	友達
ロク	婿
ロクマ	易者
ワカ	青年
ワニ	妻

被服關係

ウスゲソ　草履
ウスベラ　絹物
ウリビラ　袢天
エンコブクロ　手袋
オカイコ　絹物
オニズラ　蚊帳
オリヒラ　袴
カクビラ　蒲團
カクラン　夜具
ガネ　眼鏡
カラス　靴
カンタン　枕
ギオン　單衣
ギオンビラ　帷布
クギヌキ　袷せ
グラ　手袋
グル　帶
ゲソ　下駄
ゲソブクロ　足袋
ゴウショウギ　他所行の着物

コマ　小間物
コンニャク　蒲團
コンブ　帶
シリキレ　襦袢
ジンキチ　絹物
ジンゾー　指輪
スイ　手袋
スイビラ　手拭
スベラ　手拭
スベリ　羽織
セタン　袷せ
ソル　帶
ダイモン　衣類
タマビラ　股引
ダンビラ　洋服
チリビラ　足袋
チユウベー　ポケット
テンガイ　傘
ドテ　ボタン
トバ　着物
トマビラ　衣類
ドレ　兵兒帶
ナゲシ　帶

ナンベラ　蚊帳
パー　厚司などの隠し
ハネ　羽織
ハネラニ　衣類
ハラヤ　ポケット
ハンビラ　襦袢
ビク　靴
ビクマキ　首巻
ビタ　足袋
ヒラ　帽子
ビラ　着物
ビラシメ　帶
フゴ　股引
ペテン　帽子
ベラ　着物・前垂
ベラスケ　衣類
ホクエンノカミナリ　着物の着替へのないこと
ボタン　綿入
マタゲ　褌
三日月　櫛
メンチ　縮緬
モータン　反物
モリコ　蝙蝠傘

モンタ　反物
ヤチベラ　湯巻
ヤンタン　ネル
ヨウゲソ　靴
ヨウビラ　洋服
ヨウラン　洋服
ヨシコビラ　襌
ヨシコベラ　襌
ヨシビラ　單衣
ラツビラ　腰巻
ラン　羽織
ランカザル　着飾る
ランバリ　衣服
ロツプク　足袋

飲食關係

アカ　酒
アカダメ　コーヒ
アカモノ　果物
アテ　肴
アマシヤリ　ぜんざい

石垣を積む　握飯を食ふ
インキヨ　酒がないこと
インコバン　握り飯
ウグイス　青菜
宇治　おやつ
ウチ　粥
エンソ防害　米の無いこと
エンソウ　煙草
エンタ　煙草
オサト　酢
オモヤ　酒があること
カラカサ　地芋
キタヤマ　空腹
キス　酒
キスケズル　酒を飲む
キスグラシ　酒に酔ふこと
キスグレ　酔拂ひ
キスヒキ　酔拂ひ
キスヒク　酔拂ふ
キスノム　酒を飲む
キユベ　金魚
金魚チヤブ　水を飲んで空腹を満たすこと

クサミ　葱
クサヒキ　喫煙
雲ハル　煙草を飲む
クリカラ　麥
ゲス　味噌
ケズリ　酒
コクラ　麥
サゲナワ　うどん
サツマ　砂糖
シナ　甘栗
シヤリ　飯
シヤリツク　飯を食ふ
シヤリメン　米の飯
シユン　晝飯
シヨジヨ　梅干
シンカ　菓子
シンシロ　ぼた餅
スイ　水
スイグレ　酔拂ひ
ズケ　殘飯
セツダカワ　牛肉
ダイ　肴
タケノカワ　握り辨當

タチ　魚
チヤブ　飯
チヤブハリ　食事
チヤブ代　食費
提灯ガ破レル　空腹を訴へる
提灯張替へ　飲食
提灯ハル　滿腹する
チヨンペイ　酒
チンハリ　飯を食ふ
テツ　河豚
テツポウ　無錢飲食
テマリ　小芋
テンダイ　餅
ドウジボ　薩摩芋
ドウヂ　地芋
トザキヤ　關東煮屋
トペン　辨當
ナガシヤリ　うどん
ナカツギ　晝飯
ナミノハナ　鹽
ナンバ　葱
ヌケカス　殘飯
ノウチヤブ　食もなく金もないこと

ノリキレタ　空腹である
パイイチ　酒を飲むこと
ハイク　旨い
ハチマン　關東煮
ハト　豆
ハリウツ　飲食する
ヒチフダ　大根
ヘソツク　飲食する
ベツコウ　燒豆腐
ボタン　副食物
ホヤク　飲食する
ホヤキモン　食物
マイクニツツパレ　滿腹セヨ
前倉ヤル　食事をする
マツノカワ　牛肉
ムラサキ　醤油
モサカマル　滿腹する
モサケル　空腹である
モサコケル　空腹である
モサドツポ　滿腹
モツソ　麥飯
モー　昆布
モヤ　煙草・煙草屋

モヤハル　喫煙する
モヤヒク　喫煙する
モロノウ　漬物
ヤス　果物
ヤスケ　すし
ヤタ　紅茶
ヤハタ　關東煮
ユカ　米
ヨウキス　洋酒
ヨウシヤリ　洋食
ルビール　ビール
ローソク　刑務所の飯
ワービン　味噌

住居關係

アワビ　鍵
アンコウ　小便器
オカルバ　二階
オカン　野宿
カジ　便所
カンタン　寢ること

クスボル　ある一箇所に集食ふ
ケズム　立退く
ケラタッチ　保護所にゐる連中
サガリ　勞働下宿で前借すること
ザゴ　崖
巣　住家
スカシ　障子
セブル　寢る
センコウテイ　ごまかして宿泊すること
タンカ　戸
ツメ　厠
デンデン　野宿
トウロクハラス　小便所
トバ　家
ドヤ　木賃宿
ドヤズミ　宿屋住ひ
ドヤセン　宿賃
ノゾキ　窓
ハク　宿泊所
ハチノス　窓
ハンバ　勞働下宿
ビカワ　便所

ヘガバラシ　大便所
ヘヤ　小屋で衣食すること
場所
ボクチン　木賃宿
マドモチ　部屋主
ムスメ　土藏
ヤサ　家
ヤサカマツ　一軒借つてゐる
屋根代　宿泊料
ロテン　公園などで寢ること

商賣關係

アラネタ　新製品
ガセ　僞物
カモ　善い客
キヤー　客
キヤーサン　お客さん
グドー　商賣道具
コバイヤ　古着屋
コロビ　露店
ゴンパチ　拾屋

ジンウスヒ　人が少ない
ジンコイ　人が多い
シリ　駄目
タタキ　せり賣り
チョウフリ　符牒
ツキナミ　夜店
土ワリ　夜店の場割
テキヤ　香具師
天屋　露天店
ナン　品物
ネタ　商品
ネタバイ　商賣する
バイ　商賣
バイジン　商賣人
バタ屋　ゴミ箱をあさる人
拾ひ屋
ホンソリ　食物か何かをかき集めること
マゴヘ　餅屋
メンチョリ　帳面
ムカン　買ふ
ヤアサン　夜店商人
ヤクジン　惡い客
ヤリ　家店

ヨナ　夜店
ヨロク　利益
ラサ　新しきもの
ルフ　古いもの

勞働關係

アガリ　會計
アガガル　仕事を仕舞ふ
アブラムシ　なまけ者
アマ　女人夫
アララ　賃銀の歩增
アラトリ　强制的に頭をはねること
イチカモチ　天秤で物を擔ぐ仕事
ウケトリ　出來高給
ウモスケ　雇主
ウロウロ　人數を合はせるために名義上雇ひ實際上使用しない人夫
園助　公園又は花壇人夫
オールナイ　徹夜すること
オカル　梯子
オモチヤ　道具
オヤジ　人夫頭
カタ　肩仕事
カチンボウ　天秤で物を擔ぐ仕事
カモジ　建築現場で用ひる下繩
ガリコ　新參者
カンカンムシ　船舶を修繕又は掃除する人夫
カンコドリ　仕事の少ないこと
クサビ　夫婦又は親子が同一作業に就勞すること
クスボリ　一定の紹介所內の古顔
ケタオチ　充分な筋肉勞働の能力がない者
ケツワリ　仕事を中途でやめる事
ケレンケレン　古煉瓦についてゐるコンクリートを落す仕事
ケン堀リ　一間いくらときめて堀ること
ゴウヘ　進め・初め
ゴウナ　女工
ゴツトン　仕事
コ廻リ　一日の量をきめて請負ふ仕事
コヤク　仲仕を手助けする仕事
サイラモチ　杭打ちの梶取をすること
サシモチ　重い物を二人で擔ぐ仕事
潮待チ　手頃の仕事を待つこと
シンネコ　男女混合でやる仕事
スコ　スコップ
スヤキ　一定の作業に慣れてゐない者
ゾーモンダ　象をもんだように疲れた
タコツキ　蛸紐を曳いて地を固める仕事
タビ行キ　宿泊せねばならない遠方の仕事に行くこと
タリマン　船舶掃除夫
單價　一日賃銀の標準
ダンブル　船舶掃除夫
チクヤ　口入屋
チヨイ　馘首
チヨイスル　一休みする
ツレコシ　長期間連行する人夫
テツポウ　長所に肩で物を運ぶ仕事
デツコ　荷を下らせと命ずること
デツチ　仲仕の補助として小車を曳く仕事

テビキ　小車を曳く仕事
ドウトル　仕事場でさぼる
トバン　口入屋の番頭
トビ　足場を作り高所でやる仕事
トロ　トロッコ
ドンタク　安息日
ナンキン虫　小言の多い雇傭主
ニコイチ　一回に二個荷物を運ぶ仕事
ニサ　荷物
ハイザイ　衛生人夫
ハイスケ　一荷いくらで物を運ぶ仕事
バイスケ　籠
ハシケ　狭い桟橋を荷物を擔いで渡る仕事
ハシゴ　梯子段を荷物を擔いで上る仕事
ハリ持チ　大勢が物を擔ぎ運ぶ仕事
バンヲカケル　呼ぶ
ヒト買ヒ　人夫を募ること
ヒトクリ　世話役
ヒンデンフ　死人の運搬を專門とする人夫
プクイチ　一休みすること
ブースケ　日傭人夫
ペンキ工　ペンキ塗工
ペンヤ　船舶掃除雑役
ボンビキ　甘言を用ふる人夫募集員
マン棒　數取り
水切リ　水揚げ
メンキセ　人數を調べること
ヨツコデヤル　共同でやる
ヨリバ　紹介所

歡樂關係

イカケ　男女二人連れで歩く事
イボ　女給
エタナゴ　女給
エンコ　接觸
エンコヅケル　手を握る
オカマ　男淫賣
オンバスル　男女をとりもつ
カイナ　仲居
ガゼ　淫賣婦
ガゼビリ　淫賣婦
シマ　「松島」
カツコウガヘ　散髪
カニシヤ　劇場などに女を釣りに行くこと
ガマエル　接觸する
キス廻シ　仲居
クキヌキ　藝妓
クヤナ　怨むこと
ケアイ　接觸
ケンキヨ　劇場・寄席
ケンジル　見る
サテン　喫茶店
セカイ　「新世界」
シヤゲイ　藝者
ジヨウ　「九條」
ジヨウク　「九條」
シロイモジ　淫賣婦
ズンブリ　風呂
ズンボリ　風呂
ズンボリヤ　風呂屋
タカモノ　見世物
タカマチ　祭

ターコ	女給
ダルマ	淫賣婦
タレコム	戀する
タレル	惚れる
ツクリ	「玉造」
ドカツ	活動寫眞
トンボリ	「道頓堀」
ナヲ	娼妓
ニチマヘ	「千日前」
ノージ	「天王寺」
バイ	淫賣婦
パイスケ	淫賣婦
パツサン	散髪
バリ	待合
ハル	情交
ビタ	「飛田」
ビタ	女郎屋
ビリ	女郎
ビリツク	關係する
ビリツリ	女郎買ひ
ビリヤ	女郎屋
フエカー	カフェー
フエナゴ	女給
ヘグ	接觸
ヘケ	娼妓
ペテガリ	散髪
ホーエー	緣日
ポンヒキ	高等淫賣の客引
ポンビリ	高等淫賣
ヤチギル	接觸する
ヤチケル	接觸する
ヤチヒク	接觸する
ヤチモロ	淫婦
ヤテヘグ	私通
ヤワタ	娼妓
ユーレン	戀
ヨタカ	淫賣婦
ロクマ	占ひ
ワリゴト	遊戯場

犯罪關係

アイチヤン	掏摸
アカイトコロ	警察
アカバレタ	血が出る
アジ	持ち逃げ
アブレル	仕損じる
アラシ	巡査・刑事
イタヅラ	賭博
ウタフ	白狀する
ウチヤ	博徒
ウネツトル	賭博に勝つてゐる
ウハ	見張
エンマ帖	刑事巡査の手帖
オケタ	賭博に負けたこと
オサエ	强盜
オトシマエ	解決
オモヤ	刑務所
オツチヨコチヨイ	路傍賭博
オ迎ヒ	召喚狀
オモチヤ	賭博道具
ガイシ	少女誘拐
ガサ	非常警戒
ガチヤ公	巡査
ガチヤバコ	留置場
カボ	賭博
カマル	入獄する
咬マレテ來タ奴	前科者

ガミバル　見張る
勘平　窃盗
キスグレ　泥棒
ギリ　盗み
ギリ公　ちぼ
キリユノシヤ　すり仲間
ギリス　窃盗
ギロ　見張
行司　賭博
クスネル　胡魔化す
口入屋　警察署
クリ　警察官
クリコー　巡査
クロメル　行方を晦ます
ケツヲマクル　談じ込む
ゴイスル　帰る
ゴウリキ　賭博の世話人
ゴテ　賭博
ゴロマ　喧嘩
ゴロマク　喧嘩する
サクラ　人を誘惑するために使ふおとり
サツカマル　留置場

サツ　警察
サルキ　巡査に密告する者
シキ　賭博場
ジケイ　刑事
ジケイカマル　刑事が尾行する
シゴトシ　詐欺師
シブロク　監房
シヤメン　刑務所を出ること
シロク　刑務所
白鷺　夏服の警官
ズラグル　逃げる
タイイン　刑務所を出る
高町追　夜店荒らし
タカル　強奪する
タギツ　盗む
タタキ　強盗
チヨイ指シ　抜荷して品物を盗む
チヨロマカス　盗む
地雷也　文句を付けて金を借る者
チル　逃走する
ヅキガマワル　手當される
ツヂ　非常警戒

ヅラカル　行方をくらます
朝鮮　刑務所
デカ　刑事
デチル　殴打する
手ナグサミ　盗むこと
テラ　賭博の場銭
テンゴ　賭博
テンゴシ　博徒
デンデン　家出
ドサ　踏み込まれること
ナゴコマス　私通
ナデル　殴打する
七日　強盗
ニンコロ　巡査
ニンヤクノヤサ　警察署
ネル　入獄する
ノザル　悪事を警察に密通する者
ノビ　強盗
早イコトイテシマフ　盗む
ハコ　留置場
ハシ　拘留
ハナクソ　賄賂

バラス　殺す
バラシ　巡査のふみ込み
パラレタ　警察へ連行された
バンコ　交番所
ハリ　賭博の見張人
ハリダシ　金錢強要
ヒキ　裁判所
ヒゲ　警察官
病院　刑務所
ヒンブリ　金をゆすること
ブウ　賭博
フケ　空巣
フケル　逃げる
ブショウシ　博徒
ブショウスル　賭博する
ブリ　恐喝
ブリカケル　無心を吹掛る
ベテン　詐欺
ボカン　留置場
ホーカムリ　強盗
ホンケ　刑務所
ボンナカ　賭博常習者
マツチヤン　掏摸

ムシ　入獄
モサ　掏摸
モリ　刑事
モーリン　巡査
ヤキヤ　泥棒
ヤバイ　危険
ヤバイサカイチレ　危険だから逃げろ
ヨセ　板場
ヨナシ　窃盗

金錢關係

アイノリ　二圓
アオタ　無錢
アズマヤ　三圓五十錢
アブレ代　違約金
アラ取リ　頭はね
ウカス　質受する
ウスイ　金の無い
圓助　二圓五十錢
オヂサン　質屋
オケラ　一文無し

オンテ　五圓
オンリヨウ　借金
ガイキン　銀貨
ガミ　損失
ガン　損失
グツク　入質する
グニモム　入質する
グニヤ　質屋
下駄ヲ履ク　入質する
毛谷村　口錢
ゲンコ　五錢
五ソマル　五圓
コバン　二圓五十錢
コロス　入質する
サイフ　七圓
サバケン　儲からない・融通がつかない
シケ　無一文
十五ハイ　十五圓
シユウ六　六錢
十六銀行　質屋
ジヨカン　勘定
スイチ　無一文

タカル　小遣などをねだる
テカケノ子　四圓五十錢
デズラ　賃銀
鐵砲　借り倒し
出船　質受け
天神　二圓五十錢
トシヤ　銀行
ドヤヒン　宿泊料
ナマ　現金
ネカス　入質する
ノリヒン　車賃
ハイドウ　口錢
バコツリ　賽錢箱
パス　借ること
ハンドウ　八圓
ヒカワイ　貧乏人
ヒン　金錢
ヒンガマリ　金持
ヒンカマル　金が這入る
ヒンクヤ　貧乏人
ヒンシケ　無一文
ヒンネカ　金錢
ピン張り　頭はね
ヒンボリ　金錢の無心
フランテン　無一物者
ホリコミ　一圓
ポンシヤツプ　入質
ホンソウ　小遣の調達に走ること
マク　六圓
マゲル　入質する
滿月　一圓五十錢
味噌丸　三圓
味噌半　三圓五十錢
ミツマル　三圓
ミナト　質屋
メセン　紹介料
モヤセン　煙草錢
ヤナギ　三圓三十錢
ヨソ　四圓
四ツ　四圓
ヨロク　儲け
ワラヂセン　小遣

交通關係

ウキス　汽船・ボート
オートン　自動車
グル　車
ゲンジ　荷車
コロヒキ　人力車夫
コロヤ　人力車夫
シヤデン　電車
シヤデンケル　電車に乘る
シヤテンバ　停車場
タテバ　人力車置場
タンバコ　電車
ツナギ　電話
デツチ　丁稚車
ナガシクム　旅行する
ナガハコ　汽車
ネコ　丁稚車
ノリキン　旅行
ハコ　汽車・電車
ハヤグル　自轉車
ハヤナシ　電話

ピリ　旅行
ビタテル　旅行する
マクリ　車夫
ヨークル　自動車

物品關係

アカ　燐寸
アテコスリ　燐寸
イワ　錢入
カニ　鋏
カヘル　蟇口
カルタ　簞笥
ギラ　金屬
ケーチャン　時計
ゴボウ　筆
サシ　錢入
ジライヤ　鞄
シャリク　鎖
シンロ　時計
ジンキチ　合財袋
スコ　時計
スリク　藥
ゾウケ　短刀
チカリ　時計
ケーチャン　時計
テコ　茶腕
デフ　筆
テラ　純金
テラブクロ　提灯
ドテ　金屬
トロ　油
馬關　鞄
ハジキ　ピストル
ハッパ　ダイナマイト
バラシ　刀物
バンカ　鞄
ハンスケ　時計
ピツ　鉛筆
ヒツジ　紙
ブリ　庖丁
ヘーチャン　時計
ヘンズリ　蠟燭
ボーズ　燐寸
マキドウ　胴巻
ネンマン　萬年筆
マンヂュウ　時計
モサ　錢入
ヤ　匕首
ヤドス　刀
與市兵衞　合財袋
ヨコボリ　齒楊子
ヨスミ　風呂敷
ヨボ　風呂敷
四ツ　風呂敷
ロップク　財布
ワッパー　時計の鎖

其の他

アイツキ　挨拶
アサル　尋ねる
アタメン　初對面
アラメン　初會
アンスル　一歩讓る
イソイ　危い
イテンボ　猿

インチキ　偽物
インナ　寺院
ウシノリ　遅いこと
ウツ　頼む
ウロ　道路
オダアゲル　メートルを揚げる
カイダイ　大きい
カマル　來る
クヤナ　惡い
ケイビ　犬
ケイラン　鷄
ケシ　不可
ケタシアヒ　喧嘩
下駄ヲ預ケル　念を押す
ケル　飯る
ゲンスケ　思ふようにならない事
ケンジ　事件
ゴウショウ　上陸
ゴテル　不平をいふ
コマ　話
ゴリ　無理
サーチー　小さい
サクカ　不首尾

シケ　物事のらまく行かないこと
シナノヤ　宮・森
ショウヒン　猫
ショナイ　内密
ジンギ　挨拶
シンヲトル　小使する
ズラスナ　口外するな
スリ　馳
ゾッポイ　脊が高い
ゾル　疲れる
チマ　街
チャーチー　小さい
ツウ　嘘
ツウツウ　嘘で固めること
ツバメ　速いこと
ヅラカル　逃げる
テツカリ　電氣
テレンパレン　嘘八百
テン　心配ない
テンカン　上首尾
テンプラ　表面と内部と相異にしてゐること
ドウヅ　寺院

ドグロマク　あぐらをかく
トッポイ　大きい
トントン　嘘
トンボ　尻を割ること
ナガス　徘徊する
ナシヤ　顔なじみ
ナショウト　内密
ナツシヤ　話
バイシー　嘘
ハクイ　良い
バボク　植木
フクロ　路次裏
ブンシン　新聞
ヘゴスケ　粗雜
ヘネル　輕蔑する
マブ　正しいこと
マブテン　良いことが重なること
マルマル　全部
メングレ　顔見知り
メンツウ　挨拶
モサ　度胸・もめごと
ヤクマチ　惡口

ヤバイ　危険
ヨナカマル　夜店をうろつく
ラクダ　同伴で歩くこと
ラツパ　嘘
ワタイリ　野暮なこと
ワタリ　挨拶
ワルマチ　悪口

昭和七年一月十九日印刷
昭和七年一月二十日發行

大阪市救護協會

印刷者　中井藤藏
大阪市此花區大開町一丁目一四〇

印刷所　大阪進光
大阪市此花區大開町一丁目一四〇
電話土佐堀 一七[illegible] 一一[illegible]

◇昭和七年三月　大阪府失業防止委員会概要

（大阪府失業防止委員会・昭和七（一九三二）年三月［諸言］）

掲載資料の原本として大阪府立中之島図書館所蔵資料を使用

昭和七年三月

大阪府失業防止委員會概要

大阪府失業防止委員會

目次

緒　言

大阪府失業防止委員會は大正十四年設置以來、大阪府下における失業の防止並救濟に關し、知事の諮問に應じて意見を開陳し或は決議を以て當局に建議するの外、特に知事の委囑を受けて失業の防止並救濟に關し必要なる事項を調査する等各種の事業を行ひ、殊に昭和五年八月以降は、毎月定例會議を開催して失業對策の攻究審議に努力せり。

この小册子は、この間における本委員會の事業概要を記述編纂せるものにして將來における我國失業問題の對策攻究上に一個の資料を提供し得るものと信ず。

昭和七年三月

一、委員會の設置

歐洲大戰後の反動に依り頓に沈衰期に入りたる我國經濟界は大正十二年九月未曾有の關東大震災の影響に依り一層深刻なる打擊を受け大正十四年に入りては對外貿易は益々逆調を辿り各方面に於ける事業の整理縮少相亞ぎ、產業は著しき不況に陷りたる爲め勢ひ勞働者の過剩を生し、東京大阪兩市の如き大都市にありては業を失ひ職に離るゝもの及び學校卒業者の未就職者は街頭に溢れ、深刻なる失業狀況を呈し殊に日傭勞働に依て糊口を凌ぎし者にありては生活上窮迫に陷れるもの夥しき數に上りこの情勢にして冬期の所謂季節的失業期に逢着せんか、更に失業勞働者の生活の逼迫を增し延ては社會的不安を釀成するの憂なきを保し難き狀態にありしを以て、大阪府に於ては之れか對策を事前に講するの極めて緊急なるを認め、全國に卒先し失業防止並に失業者保護に關する機關として大正十四年十月五日本委員會を設置せられたるものなり。

二、委員會の概況

十月五日設置せられたる本委員會は規則第三條に依る委員を（一）雇傭者の利益を代表すと認むるもの（二）勞働者（工場

勞働者自由勞働者鮮人勞働者）の利益を代表すと認むるもの（三）俸給生活者の利益を代表すと認むるもの（四）職業紹介機關の代表者（五）本事業に關係ある官公吏（六）特に學識經驗ある者の中より愼重詮衡の上同月七日知事より大阪汽車製造株式會社々長長谷川正五氏外二十五名委囑せられ幹事には當時の大阪府社會課長山崎巖氏外二名委囑同月十二日第一回委員會を府立實業會館に於て開催せり、爾來本委員會は別項記載の如く昭和七年二月迄委員會を開催すること二十六回特別委員會十一回に及び失業防止並に救濟に關する各種の知事諮問案協議案に對し答申可決せる外、關係事項に關し決議建言し失業問題失業救濟事業に關する諸調査（委員委囑）を實施し或は必要に應じて府下各團体施行の失業救濟事業の連絡統制に當れり。

然るに昭和四年十月政府は社會政策審議會の答申に基き六大都市關係府縣に失業防止並救濟の爲め有効なる事業の選擇促進、施行時期地域方法其他を講究する爲め事業調節委員會の設置を慫慂せられたるを以て大阪府に於ては本會の委員を增囑し事業調節委員會に代ふることゝせられたり。

三、委員會日誌

大正十四年十月五日　設置

十月七日　委員委囑（大阪汽車製造株式會社長長谷川正五氏外二十五名）

十月十日　幹事委囑（大阪府社會課長山崎巖氏外二名）

同　年十月十二日　第一回委員會開催
諮問案一、近く府市に於ては失業者救濟の爲め土木事業を實施せんとす右の目的を達成せしむる最も有効適切なる具体的方法如何
二、自由勞働者に對する共濟的施設如何
三、自由勞働者殊に其の無宿者の失業救濟の爲め最も適切なる方策如何
協議案　現在以上に失業者を增加せしめさる爲め雇傭者並勞働者に勸說の件
右四件審議の上特別委員に附託
同　年十月十九日　特別委員會開催（諮問案第一號審議）
十月二十一日　同　（諮問案第二號第三號審議）
十月二十三日　同　（諮問案第一號審議）
十一月七日　委員會開催
十月十二日諮問案第一第二第三號に對する答申可決
同　年十一月十八日　特別委員會開催（協議案審議）
十二月十日　委員會開催
二月四日　同
協議案に對する決議並に諮問案「俸給生活者の失業防止並に救濟に關する適切なる方策如何」につき審議
同　十五年三月三十日　失業問題に關する調査委囑　委員川村保太郎外一名

同　　年十一月二十四日　　委員會開催

前記諮問案の外左記諮問案を審議答申可決

諮問案「府市に於ては本年度冬期に於て日傭勞働者失業救濟の爲め土木事業を實施せむとす、前回實施の實蹟に鑑み勞働者選定の標準雇傭の方法所遇の方法其他に關し考慮すべき事項如何」

昭和三　年三　月　二十七日　　委員會開催

諮問案「本邦在留鮮人勞働者の失業防止並に保護に關する適切なる方策如何」につき審議

同　　年六　月　二十一日　　委員會開催

諮問案「俸給生活者の失業防止並に救濟に關する適切なる方策如何」に對する答申可決

同　　年七　月　二十四日　　各委員大阪市鶴橋長柄今宮方面在居朝鮮人の失業狀態實地視察

同　四　年十　月　十　二　日　　委員增囑（大阪市長關一氏外三名）

同　　　十　月　十　四　日　　幹事增囑（大阪府地方課長永井浩氏外二名）

同　　　十　月　十　五　日　　委員會開催

諮問案「大阪府管內現在勞働者の需給の狀況に鑑み公私起興事業を如何に調節するを適當とするや若し新規事業起興を要すとせば失業防止上必要なる事業の種類及其程度等に付意見承知致したし」に付審議の上特別委員に附託

同　　年十　月　十　五　日　　特別委員會開催

引續き午後より前記諮問案審議答申可決

同　五　年三　月　廿　五　日　　失業救濟事業に關する調査委囑（委員後藤田正毅外七名）

同　年四月七日　幹事増嘱（大阪府會計課長佐野利平氏外三名）

六月十七日　委員會規則改正（第三條委員定員の増加）

六月十七日　委員増嘱（大阪商工會議所會頭稲畑勝太郎氏外三名）

六月二十日　委員會開催

諮問案一、昭和五年度失業救濟事業實施方法に關する件

二、俸給生活者及一般勞働者の失業救濟に關する件

右二件審議特別委員に附託

同　年七月十七日　特別委員會開催

前記諮問案に對する答申審議

同　年八月九日　定例委員會開催

本月より毎月十日を定例日とし定例委員會を開催する事となれり

前記諮問案に對する答申可決

同　年九月五日　委員増嘱（大阪市電氣局長平塚米次郎氏外二名）

九月十日　定例委員會開催

十月八日　同

十一月十日　同

議案　昭和五年度失業救濟事業施行の件　可決

同　年十二月　十　日　定例委員會開催
諮問案　失業救濟事業の賃銀に關する件　審議特別委員附託
議案一、昭和六年度大阪府失業救濟事業の件　可決
　二、昭和五年度追加失業救濟事業施行の件　可決
同　六　年一　月　八　日　特別委員會開催(前記諮問案審議)
　　一　月　十　日　特別委員會開催(　同　)
　　一　月　十　日　定例委員會開催
議案一、昭和五年度大阪市追加失業救濟事業の件　可決
　二、昭和五年度堺市追加失業救濟事業の件　可決
同　年二　月　十　日　定例委員會開催
決議一、城東線高架鐵道事業に關する件　緊急決議
　二、勞働紹介所増設に關する件　同
同　年三　月　十　日　定例委員會開催
議案　大阪市失業救濟事業施行の件　可決
同　年三　月　二十日　失業救濟事業に關する調査委囑　委員杉山元治郎外九名
　　四　月　十　日　定例委員會開催
諮問案「本年度失業救濟事業として施行せらるゝ國道改良事業並城東線高架鐵道事業と本府下各公共團体施行の失業救

濟事業との連絡統制に關する適切なる方法如何」に付審議特別委員に附託

同　年四　月　十七日　委員増囑（内務省大阪土木出張所長阪本助太郎氏外一名）

　　四　月　三十日　特別委員會開催

前記諮問案に對する答申審議

同　年五　月　九　日　定例委員會開催

前記諮問案に對する答申可決

議案　大阪市失業救濟事業追加の件　可決

同　年六　月　十　日　定例委員會開催

議案一、職業紹介所の設置なき郡部施行地に於ける町村失業者の雇傭方法に關する件

二、雨期に於ける失業勞働者の授職救濟に關する適切なる方法如何

三、堺市昭和六年度失業救濟事業施行承認の件

右三件可決

同　年七　月　十　日　定例委員會開催

諮問案「失業救濟土木事業使用勞働者の指名人夫減少に關する件」に付審議特別委員に附託

同　年八　月　十　日　特別委員會開催

前記諮問案答申審議

同　年九　月　十　日　定例委員會開催

議案　堺市昭和六年度追加失業救濟土木事業施行の件　可決

同　年十一月十日　定例委員會開催

諮問案「大阪堺兩市に於ける失業登錄更改の可否並方法に關する件」審議特別委員に附託

議案　大阪市昭和六年度追加失業救濟事業の件　可決

同　年十一月十四日　特別委員會開催

前記諮問案の答申審議

同　年十二月十日　定例委員會開催

前記諮問案に對する答申可決

議案　年末年始に於ける失業勞働者使用增加計畫案　可決

同　七年一月十日　定例委員會開催

議案　大阪市失業救濟事業施行承認の件　可決

同　年二月十日　定例委員會開催

議案　大阪府昭和七年度新規失業救濟事業施行承認の件　可決

四、委員會議事

諮問案（大正十四年十月十二日委員會）

一、近ク府市ニ於テハ失業者救濟ノ爲メ土木事業ヲ實施セントス右ノ目的ヲ達成セシムル最モ有効適切ナル具体的方法如何

（說明）今回府市ニ於テハ失業者救濟ノ目的ヲ以テ土木事業ヲ實施スルノ計畫ナルカ右ノ計畫ヲシテ最モ適切ナラシムルニ付勞働者ノ雇傭標準並雇傭方法其他ニ關スル具体的意見ヲ求ム

二、自由勞働者ニ對スル共濟的施設方案如何

（說明）自由勞働者ハ其ノ生活ノ基礎極メテ薄弱ナル者多ク殊ニ目下ノ如キ不況時ニ於テハ數日ノ失業ニシテ直チニ困窮ニ陷ルカ如キモノ多シ依テ此際適當ナル共濟施設ヲ設ケ之カ救濟ノ途ヲ講スルノ必要アリト認メラル右ニ關シ適切ナル方法ヲ求ム

三、自由勞働者殊ニ其ノ無宿者ノ失業救濟ノ爲メ最モ適切ナル方策如何

（說明）現在ニ於ケル自由勞働者殊ニ其ノ無宿者ノ失業ハ漸次深刻ノ度ヲ加ヘ殊ニ現狀ヨリ推移シテ冬期ノ季節的失業期ニ入ルコトハ誠ニ懸念ニ堪ヘサルモノアリ之カ對策ニ關シ具体的意見ヲ求ム

協議案（同上）

現在以上ニ失業者ヲ增加セシメサル爲メ雇傭者並勞働者ニ勸說ノ件

（說明）財界ノ不況ニ伴ヒ現時ノ失業ハ誠ニ廣汎ニシテ且ツ深刻ナルモノアリ從ツテ之カ救濟策ニ關シテハ現ニ各方面ニ亘リ種々攻究セラレツヽアルモ將來現在以上ニ多數ノ失業者ヲ生スルカ如キ事アラムカ其ノ解決ヲシテ益々困難ナラシムルノ虞アルヲ以テ此際本委員會ニ於テ雇傭主並勞働者ニ對シ現在以上ニ失業者ヲ增加セシメサル

爲メ特ニ最善ノ方途ヲ講セラル、樣勸說シ度シ

右ニ對スル答申及決議

答申（諮問案第一號）

大正十四年十月十二日諮問相成候失業救濟ノ爲府市ニ於テ行フ土木事業ノ目的ヲ達成セシムル適切ナル方策ニ關スル件愼重審議ヲ遂ケ左記ノ通及答申候也

大正十四年十一月七日

大阪府失業防止委員會長　中川望

大阪府知事　中川望　宛

記

一、勞働者選定ノ標準

（一）雇傭勞働者ノ選定ニ當リテハ地方勞働者ノ事業施行地集中ノ弊ヲ防止スル爲メ三ケ月以上大阪府下ニ居住セル者ニシテ且現ニ失業シ生活困難ナル男子ヲ雇傭スルノ方針ニ依ルコト

（二）雇傭勞働者ノ年齢ハ十八歳以上五十歳未滿ヲ標準トシ其他体力强健ナルモノ或ハ特種ノ事情アル者等ニ對シテハ特ニ斟酌ヲ加フルコト

（三）扶養義務者ニ對シテハ雇傭ニツキ特ニ優先ノ方法ヲ講スル等適當ナル考慮ヲ加フルコト

二、勞働者雇傭ノ方法

（一）勞働者ハ凡テ職業紹介所ヲ通シテ直接雇傭ノ方法ニ依ルコト

（二）前項ノ目的ヲ達スル爲メ職業紹介所ニ於テ豫メ一定ノ日時ヲ限リ前記勞働者選定ノ標準ヲ知ルニ足ルベキ樣式ヲ以

テ被傭希望者ノ登錄ヲ行フコト

三、勞働者所遇ノ方法

(一)賃銀ハ作業ノ難易ニ依リ一日一圓以上二圓以下タルコト

(二)賃銀支拂ハ各紹介所ニ於テ立替拂ノ方法ニ依ルカ若ハ雇傭主ニ於テ即日拂ノ方法ヲ講スルコト

(三)工事施行地カ交通不便ノ場所ナルトキハ殊ニ宿泊設備食事供給等ニ付考慮スルコト

四、其他

(一)工事ハ之ヲ請負ノ方法ニ依ラス府市ノ直營トスルコト

(二)府市公營事業ニ從事スル勞働者ハ職業紹介所ヲ中心トシテ勞働者相互福利增進ヲ目的トスル自治ノ共濟團体ヲ組織スルコト

(三)此際本事業ノ爲メ勞働者ノ事業施行地集中ヲ防止スル爲メ特ニ隣接府縣知事並朝鮮總督ニ對シ本委員會ノ名ヲ以テ勞働者ノ出稼移動抑止ノ方法ヲ講セラレ度旨照會ヲ發スルコト

前記第四項第三號ニ依ル照會

大正十四年十一月十九日

大阪府失業防止委員會長　中川望

京都滋賀愛知三重和歌山奈良兵庫岡山各府縣知事宛

朝鮮總督府政務總監宛

出稼及移動勞働者抑止ニ關スル件

今回大阪府市ニ於テハ失業者救濟ノ目的ヲ以テ土木事業ヲ實施セラル、コト、相成候處右ハ豫メ御承知ノ通現ニ大阪市ニ在住セル失業者ノ救濟ヲ目的トスルモノニ有之從ツテ之カ爲ニ地方勞働者ノ集中ヲ招クカ如キコトアラムカ所期ノ目的ニ反スルノミナラス都市ニ於ケル失業問題ヲシテ益々困難ナラシムルノ憂有之候ニ就テハ本委員會ハ今回知事ノ諮問ニ應シ別紙ノ通答申有之候ニ付事情御了承ノ上此際該事業ニ從事スル目的ヲ以テ市ヘ出稼或ハ移動セントスル勞働者ニ對シテハ極力抑止ノ方法ヲ講セラレ候樣特ニ御配慮相煩度及照會候也

答申　（諮問案第二號及第三號）

大正十四年十月十二日諮問相成候自由勞働者殊ニ其ノ無宿者ノ失業救濟並自由勞働者ニ對スル共濟的施設ニ關スル件愼重審議ヲ遂ケ左記ノ通及答申候也

大正十四年十一月七日

大阪府失業防止委員會長　中川望

大阪府知事　中川望　宛

記

一、府市ニ於テハ公益勞働紹介所ノ組織並ニ其ノ運用ニ關シ一層ノ改善ヲ行ヒ之カ增設ト相俟チテ自由勞働者ニ對スル勞働紹介ノ完全ヲ期スルコト

二、自由勞働者保護ノ目的ヲ以テ速カニ勞力供給請負業ノ取締ニ關スル法規ノ制定ニツキ當局ニ於テ適當ノ方法ヲ講セラレタキコト

三、失業無宿者ニ對シテハ適當ナル宿泊設備ヲ攻究スルト共ニ浮浪怠惰ノ徒ニ對スル收容並ニ强制勞働ノ法規又ハ施設ニ

闘シ考慮セラレタキコト

四、自由勞働者ノ共濟的施設トシテハ此際應急ノ處置トシテ現行大阪市勞働共濟會ノ事業ハ時宜ニ適スルノ施設ト認ムルヲ以テ市ハ其ノ趣旨ノ徹底擴張ニ付充分留意セラレンコトヲ望ム尚市ノ施設ト離レ廣ク相當調査研究ヲ要スルモノアルヲ以テ將來本委員會ニ於テ更ニ審議セラレンコトヲ望ム

決議（協議案）

本委員會ハ失業防止並失業者保護ノ緊要ナル現狀ニ鑑ミ雇傭者並勞働者ニ對シ左ノ諸方策ノ實行ニツキ適當ニ考慮セラレムコトヲ望ム

一、雇傭者ニ於テ事業縮少ノ止ムヲ得サル場合ニ於テハ其ノ實情ヲ明示シテ雇傭勞働者ト協議シ相互ノ理解ト互讓ニ基キ失業者ヲ生セシメサル爲最善ノ方策ヲ講スルコト

二、失業防止及失業者保護ニ闘シ雇傭者並勞働者相互ノ理解ヲ圓滑ナラシムル爲特ニ適當ナル常設的施設並其ノ運用ニ付攻究スルコト

三、解雇ニ當リテハ失業ノ個人的並社會的影響ノ重大ナルニ顧ミ少クトモ一定期間ヲ置キ之ヲ豫告スルト共ニ其ノ保護ニ闘シ職業紹介所其他適當ナル施設ト充分ナル聯絡ヲ圖ルノ途ヲ講スルコト

四、解傭手當基金及業失救濟基金ノ設置ニ付攻究スルコト

大正十五年二月四日

大阪府失業防止委員會

前記決議ニ依ル勸說

謹啓

現下財界の不況に伴ひ失業益々深刻の度を加へ従つて之か防止並救濟に關しては既に種々御攻究相成居候處將來引續き多數の失業者を生するか如き事あらむか其の影響の及ぶ處洵に寒心に堪へさるもの有之候

本會は之等の現狀に鑑み現在以上に失業者の增加せしめさるのみならす將來に於ける失業の防止並其保護に關し別紙の通決議候條特に御高慮相煩度此段得貴意候

大阪府失業防止委員會長　中川望

工業懇話會々員宛
日本勞働總同盟宛
日本勞働組合評議會大阪地方評議會宛
日本勞働組合聯合會宛
純向上會宛
日本勞働組合關西聯合會宛
官業勞働總同盟宛

諮問案（大正十五年二月四日委員會）

俸給生活者ノ失業防止並救濟ニ關スル適切ナル方策如何

（說明）近年我國ニ於ケル俸給生活者ノ失業ハ漸次深刻ノ度ヲ加ヘ其ノ及フ處誠ニ懸念ニ堪ヘサルモノアリ之カ對策ニ關シ具体的意見ヲ求ム

諮問案（大正十五年十一月二十四日委員會）

府市ニ於テハ本年冬期ニ於テ日傭勞働者ノ失業救濟ノ爲土木事業ヲ實施セムトス前回實施ノ實蹟ニ鑑ミ勞働者選定ノ標準雇傭ノ方法所遇ノ方法其他ニ關シ考慮スヘキ事項如何

右ニ對スル答申

答申（大正十五年十一月二十四日諮問案）

大正十五年十一月二十四日諮問相成候失業救濟ノ爲府市ニ於テ行フ土木事業實ノ施件愼重審議ヲ遂ケ左記ノ通及答申候也

大正十五年十一月二十四日

大阪府失業防止委員會長　中　川　望

大　阪　府　知　事　中　川　望　宛

記

一、勞働者選定ノ標準　雇傭ノ方法所遇ノ方法其他ニ關シテハ前年十一月七日答申ノ通

一、朝鮮人勞働者ニ付テハ特別ノ考慮ヲ拂フコト

答申（大正十五年二月四日諮問案）

大正十五年二月四日諮問相成候俸給生活者ノ失業防止並ニ救濟ニ關スル件愼重審議ヲ遂ケ左記ノ涌及答申候也

昭和三年六月二十一日

大阪府失業防止委員會長　力　石　雄　一　郎

大　阪　府　知　事　力　石　雄　一　郎　宛

記

一、海外發展策ヲ充實シテ有爲ノ人材ヲシテ海外進出ノ機會ヲ得セシムルコト
一、移住組合ノ普及充實ヲ圖リ移住者ニ對スル國家的保護策ヲ確立スルコト
一、教育政策ヲ改善シテ教授科目ト實社會トノ關係ヲ密接ナラシムルコト
一、調査機關ヲ設置シテ失業狀態ノ調査ヲ行フコト
一、失業者ニ對シ職業換轉ノ便ヲ與フル爲メ職業輔導機關ヲ充實スルコト
一、俸給生活者ノ爲メ專門ノ國立職業紹介所ヲ設置スルコト
一、採用者側ノ覺醒ヲ促シ採用ニアタリテハ學校別ニ依ル待遇上ノ差別撤廢ヲ勸奬スルコト

諮問案（昭和三年三月二十七日委員會）

本邦在留鮮人勞働者失業防止並ニ保護ニ關スル適切ナル方策

（說明）鮮人勞働者ノ移入甚タ盛ニシテ其ノ約四分ノ一ハ大阪府下ニ住シ其七割以上ハ不就職者ナルノ有樣ニテ彼等ノ失業防止並ニ保護ハ緊急ナルモノト認ム依テ之カ對策ニ關シ意見承リ度シ

右答申未了

諮問案（昭和四年六月十五日委員會）

大阪府管內現在勞働者ノ需給ノ狀況ニ鑑ミ公私起興事業ヲ如何ニ調節スルヲ適當トスルヤ若シ新規事業起興ヲ要ストセハ失業防止上必要ナル事業ノ種類及其程度等ニ付意見承知致シタシ

答申

昭和四年十月十五日諮問相成候失業救濟ノ爲ニ行フ公私事業ノ調節起興等ニ關スル件愼重審議ヲ遂ケ左記ノ通及答申候也

昭和五年十月十五日

大阪府失業防止委員會長　柴田善三郎

大阪府知事　柴田善三郎宛

記

現時ノ失業狀態ニ鑑ミ左記要項ニ依リ之カ防止並救濟ノ措置ヲ行フヲ必要ト認ム

一、民間ニ於ケル事業經營者ニ於テハ此際一層勞資協調ト努メ現在從業者中ヨリ失業者ヲ生セシメサルコト

二、民間ニ於ケル事業中土木建築事業等施行ノ場合ハナルヘク失業者救濟ノ目的ニ副フヘク勞働者ノ雇傭ニ對シ特別ニ考慮ヲ拂フコト

三、府市ニ於テハ失業者調査ノ結果ニ基キ之カ救濟ノ爲必要ナル事業ヲ起興スルコト

四、失業救濟ノ目的ニ副フ起業ニ對シテハ經營主体ノ公私ヲ問ハス速カニ事業認可、起債ノ許可等諸般ノ手續ヲ了スル樣取リ計ハレ度コト

五、府市ニ於テハ下級給料生活者ノ失業者ニ對シ授産又ハ職業輔導其他適切ナル方策ヲ講スルコト

六、雇傭ニ當リテハ失業者ノ生活狀態ヲ顧慮シ其ノ困難ナルモノニ對シテハ特ニ注意ヲ拂フコト

七、失業救濟事業ノ施行ニ當リテハ他地方ヨリノ勞働者ノ集來ヲ防止スルカ爲適當ナル方法ヲ講スルコト

諮問案（昭和五年六月二十日委員會）

一、昭和五年度失業救濟事業實施方法ニ關スル件

（說明）大阪府市ニ於テハ昭和四年度事業トシテ別表ノ通土木事業ヲ實施シ現ニ繰越施行中ナルモ失業狀態ノ現況ニ鑑ミ之カ防止並救濟ノ爲本年度ニ於テハ府市公營事業ヲ實施スル外更ニ官營事業並ニ一般民間事業ヲ調節シテ適切ナル事業實施ノ必要アリト認ム之ニ對スル適當ナル方策如何

二、給料生活者及一般勞働者ノ失業救濟ニ關スル件

（說明）現ニ施行セル失業救濟土木事業ハ主トシテ日傭勞働者ノ救濟ニシテ現下ノ失業狀態ニ鑑ミルモ給料生活者並ニ一般勞働者ノ救濟ノ爲土木事業以外ノ事業ヲモ施行スルニ付適當ナル方策如何

昭和五年度大阪府失業救濟土木事業計畫

繰越新規起與既定事業別	事業種類	事業費	勞力費	勞働者使用延人員	施行期間	一日平均使用人員	同上內譯 熟練	同上內譯 不熟練	備考
繰越	國道二號線阿部野堺線道路改良工事	八二一、〇四四円	一九四、八三四円	九七、三九〇人	自四月至一月	三三五人	一四三人	一八二人	客年十二月ヨリ實施本年ヘ繰越ノ分
新規起與	寝屋川神崎川河川改修工事	九八五、九〇三	五三四、一六九	二七七、一七一	自七月至三月	一、〇二一	一八七	八三四	
既定事業	國道二號都市計畫路線路面鋪裝工事	六二八、五〇七	六六、五四四	三四、一一三	自四月至十二月	九四			
同	淀川芦刈工事	八、二〇〇	六、〇〇〇	三、〇〇〇	七月	一〇〇			
同	大阪池田線道路築造工事	一三三七、八〇〇	二八四、九一三	一三一、一五三 一一八、〇三七（本年度分）	自八月至五月	四三七	一八九	二四八	
同	大阪箕面線道路工事	二七、八七六	一五、二〇五	七、六〇三	自十一月至一月	八四			

同	半町歌島線 同	一九、九七三	一〇、八九四	五、四四七	自十一月 至二月	四五		
同	天下茶屋藤井寺線 同	一一、二九三	六、一六〇	三、〇八〇	自十一月 至一月	二四		
計		二、七一〇、五九五	一、一二八、七一九	五四五、八四〇	一	一、四九四		

昭和五年度大阪府小額給料生活者授職事業計畫

繰越新規起興既定事業別	事業種類	事業費	就業手當	授職延人員	事業施行期間	一日平均授職人員	備考
新規起興事業	給料生活者授職事業	五六、三九五円	五〇、一三〇円	二四、三〇〇人	自昭和五年八月 至同六年三月	一〇〇人	
	（社會調査及工場衛生調査事務）						

右授職施設ノ外給料生活者ノ失業緩和ノ爲民間事業ニシテ失業緩和ニ寄與スル土木建築事業ノ認可又ハ許可ニ關スル事務促進ノ目的ヲ以テ警察部ニ於テ豫算三二、四六六圓土木部ニ於テ豫算七、三一五圓計三九、七八一圓ヲ以テ技手六一、書記一一、助手二名計七三名ヲ臨時採用スルノ豫定ナリ

昭和五年度大阪市失業救濟土木事業計畫

繰越新規起興既定事業別	事業種類	事業費	勞力費	勞働者使用延人員	施行期間	一日平均使用人員	同上内譯 熟練	同上内譯 不熟練	備考
繰越事業	高速鐵道事業	六、八七三、三七五円	九八五、〇六五円	三二八、四七〇人	自四月至三月	九〇〇人	三一三人	五八七人	
同	第五回失業救濟土木事業	一一七、一七八	四五、五四三	二五、九八四	自四月至五月	四二五	七四	三五一	
同	同上追加工事	—	四、二八一	二、四〇九	自六月一日至同月廿日	三一	七	二四	勞力費ノミ追加
新規起興	第六回失業救濟土木事業	三三六、〇三三	九一、三四六	四九、一二六	自六月至三月	一六二	二〇	一四二	
同	第七回失業救濟土木事業	八〇五、〇五六	二八一、八六三	一六三、八七三	自八月至三月	六七〇	一六	六五四	
同	高速鐵道事業第二次事業	五一四三、八〇〇	四〇五、八三三	一三六、一三六	自十月至三月	七四八	二九一	四五七	
既定事業	都市計畫第三期下水道工事	五一〇、六一五	二〇一、六六三	一一三、〇五五	自四月至三月	三〇七	三四	二七三	
同	第一次都市計畫道路事業	三一六、五〇〇	六六、三八三	三五、九八五	同	九八	一七	八一	
計		一三、九九二、五四六	二、〇八一、九八四	八五三、〇三七	—	二、三三七			

右ノ諸計畫ノ外本市ニ於テハ本市施行ノ諸工事ニ可及的失業者ヲ使用スル方針ヲ採リ本年度ニ於テハ一日平均五五〇人以上ノ職業紹介所供給人夫ヲ使用スル見込ナリ

昭和五年度大阪市小額給料生活者授職事業計畫

繰越新規起與既定事業別	事業種類	事業費	就業手當	授職延人員	事業施行期間	備考
繰越事業	給料生活者授職事業	一三、三一〇円	一〇、二〇〇円	六、八〇〇人	—	本事業ハ前年度ノ繰越事業ニテ施行期間ハ不定ナリ

昭和五年度堺市失業救濟土木事業計畫

繰越新規起與既定事業別	事業種類	事業費	勞力費	勞働者使用延人員	施行期間	一日平均使用人員	同上内譯 熟練	同上内譯 不熟練	備考
繰越事業	道路新設工事	三六、九二七円	四〇、六五〇円	三三、六一三人	自四月 至八月	一五六人	三人	一二四人	昭和四年度ニ於ケル事業費二、八七〇円、勞力費四九二円、勞働者使用人員熟練工九二人、不熟練工一五〇人ヲ引去リタル繰越事業トス
新規起與	道路新設工事	七三、六一二	四三、二七三	二六、七六三	自九月 至十二月	二三九	三〇	一九九	
同	道路新設工事	四二、五一一	三、三七九	二、〇〇七	自十一月 至十二月	三五	六	二九	
同	路面舗装工事	四、五四二	一、三四〇	七九七	自十一月 至十二月	一四	三	二	
同	道路新設工事	三〇、八三三	四四、七一九	二五、八一七	自一月 至三月	一〇三	七八	二五	
同	學校建築工事	一八〇、四五〇	三九、〇一六	二〇、三五七	自十月 至三月	一一八	四九	六九	
計		六一八、八七四	一七二、三七七	九九、三七四	—	六六二	—	—	

本計畫中一日平均使用人員ハ失業者ノ狀態ト職業紹介所ノ供給關係ニ依リ調節實施スルモノトス
尙不熟練工及熟練工ノ內約二割ハ職業紹介所ノ供給ニ依リ使用スル豫定トス

答申

昭和五年六月二十日諮問相成候昭和五年度失業救濟事業實施方法並給料生活者及一般勞働者ノ失業救濟ニ關スル件右愼重審議ヲ遂ケ左記ノ通及答申候也

昭和五年八月九日

大阪府失業防止委員會長　柴田善三郎

大阪府知事　柴田善三郎宛

記

昭和五年度失業救濟事業實施方法ニ關スル件

一、現下ノ失業狀態ニ鑑ミ府市ニ於テ行フ失業救濟土木事業計畫ハ之ヲ適當ト認ムルモ尙左記事項ニ留意スル必要アリ

(一)使用人員中失業登錄者ノ使用ハ一日平均二千人ヲ下ラサルコト

(二)不熟練勞働者ヲ出來得ル限リ多數使用スルコト

(三)不熟練勞働者ノ使用ニ當リテハ就勞ノ機會ヲ均等ナラシムル爲メ循環ノ方法ニ依ラシメ指定雇傭ノ割合ヲ適當ニ制限スルコト

(四)事業ノ施行ニ付テハ各季節ニ依ル失業者數ノ變動ニ應シ適當ニ調節スル樣特ニ考慮スルコト

二、各官署ニ於テハ官營事業ノ施行ヲシテ失業救濟ノ目的ニ適合スル樣特ニ考慮ヲ拂ヒ努メテ失業登錄者ヲ雇傭スル樣勸奬スルコト

三、一般民間事業ニシテ日傭勞働者ヲ雇傭スル場合ハ努メテ職業紹介所ヲ利用シ失業登錄者ヲ採用スル樣勸奬スルコト

四、官公營並一般民間事業中認可又ハ許可ヲ要スル事業ニシテ失業者救濟ノ目的ヲ達スルニ適當ナルモノハ其ノ認可又ハ許可ヲ速カニ之カ調査研究ヲ遂クルコト

五、日傭勞働者ニ對スル共濟施設ノ實施ヲ期シ速カニ之カ調査研究ヲ遂クルコト

六、歸農者ニ對シテハ耕地ノ斡旋其他適當ナル施設ヲ講スルコト

七、內地人及朝鮮人勞働者ノ都市集中ヲ防止スルタメ適當ナル施設ヲ講スルコト

給料生活者及一般勞働者ノ失業救濟ニ關スル件

給料生活者ニ對シテハ左記ノ方法ヲ講スル必要アリト認ム

一、小額給料生活者授職事業ヲ一層擴張スルコト

二、前項ノ事業ニ對シテハ左記事項ヨツキ特ニ考慮セラル丶コト

(一)國庫補助ノ範圍ヲ擴張スルコト

(二)立替資金ノ增額ヲ圖ル等運用上適當ノ方法ヲ講スルコト

(三)水利組合耕地整理組合衛生組合同業組合其他公共團体ニ對シテハ努メテ本施設ヲ利用スル樣勸奬スルコト

三、市ニ於テハ此際各種ノ調査及整理事務ノ爲失業者ヲ臨時採用スルコト

四、官公署及公共團体ニ於テハ此際失職者ヲ出サヽルコト
五、本人ノ技能性質身元等ヲ保證シ且ツ就職紹介ニ關スル各種ノ調査研究ノタメ職業紹介法ニヨル委員會ノ外別ニ職業紹介所ニ會社工場ノ人事關係者ヲ加ヘタル特殊ノ機關ヲ設クルコト
六、壯年者ノ海外移民ヲ奬勵スルニ付各種ノ方法ヲ講スルコト
七、職業指導ノ機關ヲ設クルコト
八、給料生活者ニ適スル内職ヲ授クル方法ヲ講スルコト
一般勞働者ニ對シテハ左記方法ヲ講スル必要アリト認ム
一、府市ニ於テ失業救濟土木事業以外左記ノ如キ事業ヲ起工スルコト
(一)大阪市ニ於テハ此際小學校建築ノ如キ既定計畫事業ニシテ未着手ノ事業ヲ速カニ施行スルコト
(二)公營住宅學校其他ノ事業ヲ積極的ニ起工スルコト
二、一般勞働者ノ失業救濟ニ適當スル事業ニシテ認可又ハ許可ヲ要スルモノハ速カニ認可又ハ許可ヲ與ヘ出來得ル限リ事業ノ施行ヲ促進スルコト
三、失業緩和ノ一方法トシテ今後ノ採用ニ限リ當分幼年勞働者雇傭ノ制限年令ヲ繰上ケ以テ壯年者ニ就職ノ機會ヲ與フルニ付適當ナル方法ヲ講スルコト
四、適當ナル内職ヲ調査シ授職ノ方法ヲ講スルコト

議案（昭和五年十一月十日定例委員會）

昭和五年度追加失業救濟事業件行ノ件

一、大阪府阿倍野堺線路面鋪装工事及警察練習所改築工事

二、大阪市第八回失業救濟土木事業

事業計畫

（大阪府）

救濟事業既定事業別	事業種別	事業費	勞力費	勞働者使用延人員	同上ノ内要救濟人夫使用延人員	施行期間	一日平均使用人員	同上内譯 直傭人夫	同上内譯 要救濟人夫	備考
既定事業	都市計畫阿倍野堺線路面鋪装	二六五、四七三円	四三、〇〇八円	二四、五四七人	二〇、八六五人	自十一月至三月	一六三人	二五人	一三八人	一部（アスファルト工事）ハ請負施行
同	警察練習所改築工事	一九五、六〇〇	一九、八〇〇	七、三〇〇	一、八二七	自十一月至六月	三〇	二一	九	
計	—	四六一、〇七三	六二、八〇八	三一、八四七	二二、六九二	—	一九三	四六	一四七	

（大阪市）

救濟事業既定事業別	事業種別	事業費	勞力費	勞働者使用延人員	同上ノ内要救濟人夫使用延人員	施行期間	一日平均使用人員	同上内譯 直傭人夫	同上内譯 要救濟人夫	備考
救濟事業	第八回失業救濟事業鯰江川改修	六八〇、八四七円（三三二、七七八）	二〇二、九三三円（五三、五九四）	一一三、九七八人（二九、三〇五）	一〇七、三三九人（二七、八三九）	自五年十一月至七年三月 二ケ年度	五年度 一九四人	一〇人	一八四人	括孤内ハ五年度分

右原案即日承認可決

議案（昭和五年十二月十日定例委員會）

一、昭和六年度大阪府失業救濟事業施行ノ件

大阪府昭和六年度失業救濟事業計畫概要

(一)勞働者ニ對スル事業

新規既定繰越事業別	事業種類	事業費	勞力費	勞働者使用延人員	同上ノ内要救濟人夫使用延人員	施行日數	一日平均使用人員	同上内譯 直傭	同上内譯 救濟	備考
新規事業	大阪池田線道路築造	二〇五、三七八円	八九、七八二円	四六、六五八人	三五、七〇九人	二〇〇日	二三四人	五五人	一七九人	
同	大阪奈良線道路築造	二三九、〇一八	九六、二一五	五二、二一七	四〇、〇八九	二〇〇	二六一	六一	二〇〇	
同	國道二號線 同	一、〇六四、三五八	三六九、四九二	一六九、四六二	一一三、六九〇	三六五	四六四	一五三	三一一	
同	高槻枚方線 同	三三五、五〇四	一一二、一七五	五八、一八〇	四八、八六二	二〇〇	二九一	四七	二四四	
同	木津川改修工事	二六八、〇三三	一六八、五四九	九三、四四三	五一、一三〇	三六五	二五六	一一六	一四〇	
同	狭山池用水改良工事	一八〇、〇〇〇	六三、三七七	三五、二二七	二九、五六〇	一八〇	一九五	一六四	三一	
小計	—	二、一八二、二九〇	八九八、五九〇	四五五、一八七	三一九、〇四〇	三六五	一、二四七	三七三	八七四	
新規事業	水上警察廳舍建築工事	一二五、九九四	二七、七八二	一一、三二二	五、〇〇〇	一八〇	六三	—	—	
同	今宮中學校建築工事	三九九、二〇六	四八、〇〇〇	二三、五〇〇	九、六六〇	三六五	六四	—	—	

小計	—	五二六、二〇〇	七五、七八二	三四、八一二	一四、六六〇	三六五	九五	—	—
合計	—	二、七〇七、四九〇	九七四、三七二	四八九、九九九	三三三、七〇〇	三六五	一、三四三	四二八	九四
既定事業	都市計畫大阪池田線道路築造	八一四、三七九	一〇六、八〇〇	五三、四〇〇	四〇、〇五〇	三六五	一四六	三六	一二〇
同	同大阪枚岡線道路築造	一六五、一三四	四八、〇〇〇	二四、〇〇〇	一八、〇〇〇	一八〇	一三三	三三	一〇〇
同	同國道二號線道路築造	一〇〇、〇〇〇	一二、〇〇〇	六、〇〇〇	四、五〇〇	一八〇	三三	八	[illegible]五
同	同大阪奈良線道路築造	一〇九、〇二六	三二、二〇〇	一六、一〇〇	一二、〇七五	一八〇	八九	二三	[illegible]七
小計	—	一、一八八、五三九	一九九、〇〇〇	九九、五〇〇	七四、六二五	三六五	二七三	六九	二〇四
繰越事業	神崎川改修工事	一二七、三七七	四九、一一五	二八、〇三八	二三、二〇四	六〇	四六七	七七	三九〇
總計	—	四、〇二三、四〇六	一、二二二、四八七	六一七、五三七	四三一、五二九	三六五	一、六九二	五一〇	一、一八三

(二)給料生活者ニ對スル事業

新規繰越事業別	事業種類	事業費	就業手當	授職延人員	施行日數	一日平均授職人員	備考
新規事業	小額給料生活者授職事業	七五、七五〇円	六九、五四〇円	三六、六〇〇人	三六六日	一〇〇人	

二、昭和五年度追加失業救濟失業施行ノ件

（一）大阪市第九回失業救濟土木事業

（二）大阪市今里片江土地區劃整理組合失業救濟事業

事業計畫

（大阪市）

救濟事業既定事業別	事業種別	事業費	勞力費	勞働者使用延人員	同上ノ内要救濟人夫使用延人員	施行期間	一日平均使用人員	同上内譯 直傭人夫	同上内譯 要救濟人夫	備考
救濟事業	第九回失業救濟事業（道路修築小公園建設水路浚渫修築）	三五九、九〇〇円	一四五、五八六円	八一、九七七人	六六、〇〇七人	自十二月十五日 至五月卅一日 一〇七日間	七六六人	一四九人	六一七人	

（今里片江土地區劃整理組合）

救濟事業既定事業別	事業種別	事業費	勞力費	勞働者使用延人員	同上ノ内要救濟人夫使用延人員	施行期間	一日平均使用人員	同上内譯 直傭人夫	同上内譯 要救濟人夫	備考
救濟事業	土地區劃整理事業（道路築造、水路堀鑿下水暗渠橋梁護水路池沼埋立工事）	一四三、四〇一円	四二、三四六円	二六、四七五人	一五、四七五人	自二月 至八月 二〇〇日間	一三二人	五人	一二七人	

右二件原案即日承認可決

諮問案（昭和六年一月十日定例委員會）

失業救濟事業ノ賃銀ニ關スル件

右答申未了

議案（昭和六年一月十日定例委員會）

一、昭和五年度大阪市追加失業救濟事業ノ件

事業概要

事業種類　都市計畫下水道處理事業

事業費　壹千七百萬圓

工事費　壹千五百貳拾五萬貳千八百三拾八圓

施行期間　昭和五年度ヨリ同十年度ニ至ル六ヶ年間繼續事業

自昭和五年十二月十五日　至同十一年三月三十一日

勞力費　四百三拾五萬千五拾五圓　事業費ニ對スル割合二五、五九％

國産材料費　七百四拾貳萬五千六百七拾一圓　同　四三、六八％

勞働者使用延人員　貳百六拾參萬四千參拾五人　熟練工九三八、七〇二人　不熟練工一、六九五、三三三人

一日平均使用人員　壹千參百拾壹人（六ヶ年間平均）

施行方法　直營及請負

（昭和五年度分概要）

事業費豫算	勞力費豫算	勞働者使用延人員	同上ノ内要救濟人夫使用延人員	施行期間	一日平均使用人員	同上内譯 要救濟人夫	同上内譯 直傭人夫	備考
一、二九〇、〇〇〇円	二五九、三一五、四〇円	一六一、四三五、八人	一〇九、六六七人	自十二月十五日 至三月卅一日	八八六、八人	六〇二、五人	二八四、三人	

二、昭和五年度堺市追加失業救濟事業ノ件

事業概要

事業種類　下水改良、惡水路改修、河川浚渫工事

事業費　六萬八百參拾七圓

勞力費　貳萬九千參百七圓

施行期間　自昭和六年一月十五日　至昭和六年五月二十四日　施行方法　直營

勞働者使用延人員　壹萬九千六百七十壹人　（熟練工　四、三五人　不熟練工　一五、二八六人）

一日平均使用人員　百五拾壹人三　（熟練工　三三、七三人　不熟練工　一一七、六人）

事業種類	事業費	勞力費	勞働者使用延人員	施行期間	一日平均使用人員	同上内譯 熟練	同上内譯 不熟練	備考
下水渠改良工事	三、一八三円	九、五九五円	六、六七四人	自二月一日 至五月二十四日	五九人	二人	四八人	堺市東湊町西湊町出島町
惡水路改修	二、二〇六	七八四	五六九	自一月二十日 至二月末日	一五	二	一三	三寶江川橋筋

同	四、二七二	一、〇二四	六二八	自一月十五日 至二月末日	一四	五	九	大賀南新公園
下水渠改修	四、〇六四	一、八二五	一、二六〇	自一月十五日 至三月十日	二三	四	一九	瓦町
河川浚渫工事	一七、二九七	一六、〇八九	一〇、五五〇	自一月十五日 至五月二十四日	八一	二〇	六一	
事務費	八一六							
計	六〇、八三七	二九、三〇七	一九、六七一	—	一五一、三	三三、七	一一七、六	

右二件原案即日承認可決

決議（昭和六年二月十日定例委員會緊急決議）

一、城東線高架鐵道事業ニ關スル件

上申

昭和六年度大阪鐵道局施行計畫ニ屬スル城東線高架鐵道事業ニ使用スル勞働者ハ大阪市ニ於ケル失業者ノ現況ニ鑑ミ主トシテ大阪市立職業紹介所ニ於テ登錄シタル失業者ヲ採用スル樣特ニ御配意相煩度右本會滿場　致ノ決議ニ基キ上申候也

昭和六年二月十七日

大阪府失業防止委員會長　柴田善三郎

鐵道大臣　江木翼宛

二、勞働紹介所增設ニ關スル件

大阪市立京橋職業紹介所ニ於ケル求職者ハ現在一日三千名以上ノ集合ヲ見紹介上多大ノ混雜ヲ來セルノミナラス之レカ取締上遺憾ナルコト不尠サル狀況ニアルヲ以テ此際同所ノ設備ヲ改善スルト共ニ速カニ紹介所ヲ增設シテ一ケ所當リノ取扱人員ヲ減少セシメ以テ紹介事務並ニ取締上遺憾ナキヲ期セラル、樣相當考慮スルノ必要ヲ認ム

右決議ス

昭和六年二月十日

大阪府失業防止委員會

議案（昭和六年三月十日定例委員會）

大阪市追加失業救濟事業施行ノ件

（大阪市第十回失業救濟土木事業）

事業概要

事業種類	路面鋪裝工事	施行方法	直營
施行箇所	電路福島櫻島線外十五箇路線		
事業費總額	參拾九萬參千參百拾七圓	五年度六二、七六六圓	六年度三三〇、五五一圓
工事費	參拾六萬七千四百四拾貳圓	五年度六〇、二七〇圓	六年度三〇七、一七二圓
勞力費	拾壹萬參千九百七圓貳錢	五年度一八、六八三圓七〇	六年度九五、二二三圓三貳

國産材料費	貳拾參萬九千九百九拾七圓七拾八錢			
事業費總額ニ對スル割合	勞力費三一、〇%	國産材料費　六五、三%	合計九六、三%	
勞働者使用延人員	六萬壹千六百拾九人五	五年度一〇、二二三人貳	六年度五一、三九六人三	
內　譯	熟練工　一〇、九二五人五	不熟練工　五〇、六九四人〇		
施行期間	自昭和六年三月十一日 至同七年三月三十一日	二ケ年繼續事業	三七七日間	
一日平均使用人員	昭和五年度　四八七人	熟練工　七八人	不熟練工　四〇九人	
	昭和六年度　一四〇	熟練工　二五	不熟練工　一一五	
平均賃銀	熟練工　二圓五五錢 二圓八二錢	不熟練工	甲人夫　一圓八〇錢 乙人夫　一圓五〇錢	

右原案即日承認可決

諮問案（昭和六年四月十日定例委員會）

本年度失業救濟事業トシテ施行セラルヽ國道改良事業並城東線高架鐵道事業ト本府下各公共團体施行ノ失業救濟事業トノ連絡統制ニ關スル適切ナル方法如何

答申

昭和六年四月十日諮問相成候失業救濟事業ノ連絡統制ニ關スル件右愼重審議ヲ遂ケ左記ノ通及答申候也

昭和六年五月九日

大阪府失業防止委員會長　柴田善三郎

大阪府知事　柴田善三郎　宛

記

本委員會ニ於テ之カ統制ヲ圖リ左ノ通實施スルノ要アリト認ム

一、失業狀態ノ現況ニ鑑ミ就勞機會ノ均等ト事業ノ調節ヲ圖ル爲メ使用人員使用方法職業紹介所ノ供給數等本會ニ於テ調節スルコト

二、事業施行團体ハ本委員會ト連絡ヲ圖リ事業成績勞働者使用成績等ヲ本會ニ報告シ本委員會ニ於テ之カ統制ヲナスコト

議案（昭和六年五月九日定例委員會）

大阪市失業救濟事業追加ノ件

（葬儀所設置及整理事業）

事業概要

事業種類	葬儀所設置及整理事業（平野葬儀所外二ケ所）		
事業費	拾五萬圓		
勞力費	貳萬五千七百〇四圓	事業費ニ對スル割合	一七、一％
國産材料費	五萬九千四百九拾六圓	同上	三九、六％
勞働者使用延人員	壹萬貳千五百九拾六人	熟練工 四、五四〇人	不熟練工 八、〇五六人
施行期間	自昭和六年六月一日	至同七年三月末日	三〇五日間
一日平均使用人員	四十一人	熟練工 十五人	不熟練工 二十六人

施行方法請負

右原案即日承認可決

議案（昭和六年六月十日定例委員會）

一、職業紹介所ノ設置ナキ郡ノ施行地ニ於ケル町村失業者ノ雇傭方法ニ關スル件

右ハ左ノ通可決

一、雇傭スヘキ失業者ハ失業救濟事業ノ施行地關係町村居住者ニ限定スルコト

二、失業者ノ認定ニ付テハ居住地所轄警察署長並ニ町村長ノ證明ヲ經登錄ヲナスコト

三、前記失業登錄者ハ職業紹介所登錄者ノ就業割合ニ準シ循環雇傭ノ方法ニ依リ之ヲ使用スルコト

二、堺市昭和六年度失業救濟事業施行承認ノ件

（道路新設並路面鋪装工事）

事業概要

事業種類　三寶淺香山線　路面鋪裝工事　三寶向陽線　路面鋪裝工事

湊汐穴線　道路新設並路面鋪裝工事

事業費　參拾六萬四千六百參拾圓

勞力費　八萬八千五百參拾貳圓八拾貳錢　熟練工　三二、一三八圓一五　不熟練工　五六、一九四圓八二

國産材料費　拾四萬七百貳拾七圓八錢（事業費ニ對スル割合二四、三％）

勞働者使用延人員　四萬九千七百拾七人（事業費ニ對スル割合三八、六％）
熟練工　一二、九四二人
不熟練工　三六、七七五人

施行期間　自昭和六年七月一日至同七年三月三十一日　二百七十五日間

一日平均使用人員　百八十一人　熟練工　四七人　不熟練工　一三四人

一日平均賃銀　熟練工　二圓乃至二圓五十錢　不熟練工　土工壹圓八十錢　人夫壹圓五十錢

事業費財源　市債、受益者負擔金、都市計畫特別稅

施行方法　直營施行

右原案即日承認可決

三、雨期ニ於ケル失業勞働者ノ授職救濟ニ關スル適切ナル方法如何

右ハ左記ノ通可決

雨期ニ於ケル失業勞働者ノ授職救濟ニ關シテハ事業施行團体ト職業紹介所トノ連絡ヲ一層密接ナラシメ最善ノ方法ヲ講スルコト

諮問案（昭和六年七月十日定例委員會）

失業救濟土木事業使用勞働者ノ指名人夫減少ニ關スル適切ナル方策如何

答申

昭和六年七月十日諮問相成候失業救濟土木事業使用勞働者ノ指名人夫減少ニ關スル件愼重審議ヲ遂ケ左記ノ通及答申候也

昭和六年九月十日

大阪府失業防止委員會長　柴田善三郎

大阪府知事　柴田善三郎　宛

記

失業救濟事業ニ使用スヘキ勞働者ハ事業ノ本旨ニ鑑ミ出來得ル限リ直傭又ハ指名人夫ノ數ヲ減少スルノ方針ヲ採リ使用勞働者ノ三割ヲ超ヘサル様努ムルコト

但シ事業ノ性質上右ノ標準ニ據リ難キ場合ト雖モ事業認可當初ニ於ケル熟練（直傭人夫指名人夫ヲ合シタルモノ）不熟練ノ割合ヲ嚴守スルコト

議案（昭和六年九月十日定例委員會）

堺市昭和六年度追加失業救濟土木事業施行ノ件

（河川浚渫並水路改良工事）

事業概要

事業種類　河川浚渫並水路改良工事

事業費　拾壹萬壹千〇拾五圓

工事費　拾萬七千四百拾七圓

勞力費	七萬參千參百九拾圓	熟練工　二一、五〇八圓 不熟練工　五一、八八二圓　事業費ニ對スル割合　六六％
國産材料費	貳萬五千參拾壹圓	事業費ニ對スル割合　二三％
勞働者使用延人員	四萬七千貳百貳拾六人	熟練工　八、六〇三人 不熟練工　三八、六二三人
施行期間	自昭和六年九月　至同七年三月　貳百拾參日間	
一日平均使用人員	二二五人　熟練工　四一人　不熟練工　一八四人	
施行方法	直營　河川浚渫　請負　水路改良	
國庫補助額	參萬六千六百九拾五圓　勞力費ノ二分ノ一	
起債額	七萬四千參百圓	
同償還方法	昭和七年度ヨリ十八ケ年賦	
償還財源	市税其ノ他ノ收入	

右原案即日承認可決

諮問案（昭和六年十一月十日定例委員會）

大阪堺兩市ニ於ケル失業登錄更改ノ可否並方法ニ關スル件

（説明）大阪堺兩市ニ於ケル勞働者ノ失業登錄ハ昭和五年八月更新同年十二月更ニ追加登錄ヲ實施セシモ相當ノ期間ヲ經過シ既ニ多數ノ無効登錄ヲ生シ之カ整理ヲ要スルト共ニ新ニ失業セルモノニシテ救濟ヲ要スルモノアルヲ以テ登錄更改ノ可否並ニ更改ヲ要ストセハ之レカ適切ナル方法ニ付意見承知致度

答申

十一月十日諮問相成候大阪堺兩市ニ於ケル失業登錄更改ノ可否並方法ニ關スル件右愼重審議ヲ遂ケ左記ノ通及答申候也

昭和六年十二月十日

大阪府失業防止委員會長　柴田善三郎

大阪府知事　柴田善三郎宛

記

失業登錄ハ更改ノ必要ヲ認ムルモ此ノ際ハ既登錄ノ精査ヲ行ヒ之ヲ整理スルト共ニ大阪府下ニ於テ新ニ失業シ救濟ヲ要スル者ニ對シテハ隨時登錄ヲ實施セラレ度

(一)既登錄ノ整理

登錄紹介所別ニ一定ノ場所及日時ニ集合セシメ本人登錄原簿登錄票ノ對照檢査ヲ一齊ニ行ヒ登錄ヲ整理シ有効登錄ヲ確定スルコト、無効トスベキ登錄ハ返納、不正行使其他ニ依リ沒收シタルモノ及特別ノ事由ナク月内一回モ交付紹介所ノ紹介ヲ受ケサルモノニシテ整理後ノ登錄票有効期間ヲ昭和七年三月限リトスルコト

(二)隨時登錄

一、取扱紹介所　大阪市立京橋勞働紹介所及堺市立職業紹介所

二、周知方法　大阪市立各勞働紹介所及堺市立職業紹介所ニ掲示スルコト

三、被登錄者資格

イ、滿十八歲以上ノ健康者ニシテ所要ノ會話ニ通シ紹介所長カ日傭勞働ニ從事セシムルヲ適當ト認メタル者

ロ、市内ニ六ケ月以上居住シ現ニ失業セル爲メ生活困難ナル者

四、登錄手續

イ、登錄ヲ受ケントスル者ニ對シテハ所定ノ登錄申込書（別紙樣式）ノ各事項ヲ明細ニ記入セシメ本人最近ノ寫眞（手札形上身三分ノ一）二枚並市內ニ本籍ヲ有スル者ハ戶籍謄本其ノ他ノ者ハ市內寄留證明書若クハ解雇證明書又ハ之ニ類スル證明書ヲ取扱紹介所ニ提出セシムルコト

ロ、紹介所ニ於テハ前記ノ手續ヲ了セル申込書ニ本人ノ寫眞ヲ貼付シ所轄警察署長宛之カ調査方ヲ要求スルコト

ハ、警察署長ハ取扱紹介所ヨリ送付ニ係ル申込書ニ付記載事項ヲ本人ニ對シ精査ヲ遂ケ要救濟ノ適否ヲ決定シ證明ノ上之ヲ紹介所ニ還付スルコト

ニ、紹介所長ハ警察署長ノ證明濟ノ申込書ニ限リ之ヲ登錄原簿ニ登載登錄票ヲ交付スルコト

五、登錄ノ有効期間

隨時登錄シタル登錄票ノ有効期間ハ發行ノ日ヨリ六ケ月間トス

登錄申込書（樣式）　職業紹介所

登錄申込受付年月日		受付番號	
勞働手張交付年月日		交付番號	
希望勞働紹介所			
本籍			
現住所			

氏名（振假名付）印			印
生年月日		學歴	
失業前ノ職業		失業ノ期間	
同居家族ノ状況			

寫眞

摘要

記入心得
イ、氏名ニハ振假名ヲ付スルコト
ロ、同居家族ヲ有スル者ハ氏名年齢職業收入申込者トノ續柄ヲ記入スルコト
ハ、失業前ノ職業ハ日傭勞働者トナリタル以前ノ職業ヲ記入スルコト
ニ、失業期間ハ登錄申込前一ケ月間ノ失業日數ヲ記入スルコト

右ノ者本市ニ昭和　　年　　月　　日以前ヨリ居住スル者ニシテ現ニ失業シ生活困難救濟ヲ要スル者ナルコトヲ證明候也

昭和　　年　　月　　日

所轄警察署長　何　　某　印

議案（昭和六年十一月十日定例委員會）

大阪市昭和六年度追加失業救濟事業ノ件

（都市計畫第三期下水道事業
第十一回失業救濟土木事業）

事業種類	都市計畫第三期下水道事業（起債事業）	第十一回失業救濟土木事業（補助事業）	計
工事種別	下水道築造	路面鋪裝、道路修築、水路埋立、小公園建設、水路浚渫及修築	
事業費總額	七七四、〇〇〇圓	八二六、八二四圓	一、六〇〇、八二四圓
工事費總額	五五九、五五四圓	七七九、七二九圓	一、三三九、二八三圓
勞力費總額	二五六、四三二圓八五九	二九九、〇三七圓六〇〇	五五五、四七〇圓四五九
勞働者使役數（一日平均）	一七五、八〇六人（一、四四一人）	一八八、〇七八人（一、五四二人）	三六三、八八四人（二、九八三人）
內譯 不熟練工（同）	一五一、六七六人（一、二四三人）	一五六、一八九人（一、二八〇人）	三〇七、八六五人（二、五二三人）
內譯 熟練工（同）	二四、一三〇人（一九八人）	三一、八八九人（二六二人）	五六、〇一九人（四六〇人）
工事施行期間	自昭和六年十二月一日 至同七年三月三十一日	同上	
工事執行方法	直營	同上	

備考一、都市計畫第三期下水道事業ハ從來準救濟事業トシテ施行セルモ十二月以降救濟事業トシテ施行セシムルモノニシテ之ニヨリ增加スヘキ登錄勞働者ノ使役數ハ一日平均約五百名ノ見込ナリ

二、前記兩事業ニ於テ使用スル勞働者使役數ノ中失業登錄者（紹介所利用）ハ下水道事業ニ於テ約九〇〇名土木事業ニ於テ約一二〇〇名計約二、一〇〇名ノ一日平均使用見込ナリ

右原案即日承認可決

議案（昭和六年十二月十日定例委員會）

年末年始ニ於ケル失業勞働者使用增加計畫案

失業救濟事業ノ登錄者使用數ハ年末年始ニ於テ特ニ增加セシメ以テ救濟ノ徹底ヲ期スルハ適當ト認ムルヲ以テ本年十二月十五日以降一ケ月間ハ既定失業救濟事業計畫ニ於ケル登錄者使用豫定ノ上更ニ左記ノ通之カ增加方各事業團体ニ要望セムトス

記

施行團体別 使用人員	昭和六年十二月中失業登錄者使用豫定（一日平均）	自昭和六年十二月十五日 至同七年一月十四日 失業登錄者使用增加數（一日平均）	計	備考
內務省土木出張所	四〇三人	一一七人	五二〇人	內譯別紙ノ通
鐵道省改良事務所	一六八	六二	二三〇	同
大阪府	一、三二六	八六九	二、一九五	同

	大阪市	堺市	合計
	二、〇七六	二八一	四、二五四人
	三四〇	三八	一、四二六人
	二、四一六	三一九	五、六八〇人
	同	同	

事業別内譯

施行團体 ＼ 事業別	大阪府
救済事業 大阪池田線	三三人
同 大阪奈良線	六一
同 國道二號線	七六〇
同 枚方高槻線	三六五
同 木津川護岸	三一八
同 大阪奈良線國分付	一三〇
準救済事業 大阪池田線	一七〇
同 大阪枚岡線	二三二
同 國道二號線	三六
同 大阪奈良線	八〇
同 國道十六號線	一〇
計	二、一九五人

施行團体 ＼ 事業別	大阪市
救済事業 第七回	四〇人
同 第八回	一二〇
同 第九回	一二二
同 第十回	一三五
同 第一次高速	二四九
同 第二次高速	二八七
同 第三期下水道	一五二
同 下水處理	四八
同 葬儀所設置	五〇
準救済事業 寝屋川改修	一三六
同 第一次道路	一二八
同 同上新規	六二
同 配水管敷設	一八七
同 其他諸工事	七〇〇
計	二、四一六人

施行團体 ＼ 事業別	堺市
救済事業 三寶淺香山線外一路線	二八一人
準救済事業 濾過地增設工事	三八
計	三一九人

內務省土木出張所（國道十六號線）　五二〇人
鐵道省改良事務所（城東線高架鐵道工事）　二三〇人

右原案即日可決

議案（昭和七年一月十日定例委員會）

大阪市失業救濟事業施行承認ノ件
（第三次高速鐵道事業）

事業概要

事業種類　高速鐵道建設工事
工事區間　自心齊橋停留場南端　至難波入堀川東岸　〇、五八三哩
　　　　　自大國町停留場南端　至省線關西本線南側　〇、三〇〇哩
事業費總額　九百四拾參萬七千四百圓
勞力費　壹百壹萬壹千八百三拾六圓　（事業費總額ニ對スル割合　一〇、七％）
　熟練工　五拾四萬七千六百拾壹圓　不熟練工　四拾六萬四千七百七拾五圓
國産材料費　四百拾六萬九千百四圓　（事業費總額ニ對スル割合　四四、二％）
勞働者使用延人員　五拾萬六千八百七拾貳人
　熟練工　貳拾四萬八千六百六拾四人　不熟練工　貳拾五萬八千貳百〇八人

施行期間　自昭和七年一月十五日　至同八年三月三十一日　四四貳日間

一日平均使用人員
昭和六年度　昭和七年度繼續事業
昭和六年度　六三一人　熟練工　三一六人　不熟練工　三一五人
昭和七年度　一、二五六人　熟練工　六一五人　不熟練工　六四一人

工事執行方法　請負

平均賃銀　熟練工　二圓二拾錢　不熟練工　一圓八拾錢　（歩増ヲ含ム）
歩増ヲ控除シタル平均賃銀　熟練工　一圓六拾錢　不熟練工　一圓三拾壹錢

年度別内譯

種別／年度別	事業費	勞力費	同上内譯 熟練	同上内譯 不熟練	勞働者使用延人員	同上内譯 熟練	同上内譯 不熟練	施行日數	一日平均使用人員	同上内譯 熟練	同上内譯 不熟練
六年度	三、七五七、五〇〇円	九七、一二〇円	五三、五一五	四三、六〇五	四八、五五〇人（一四、二八〇）	二四、三二五	二四、二二五	七七日	六三一人（三一六）	三一六	三一五
七年度	五、六七九、九〇〇	九一四、七一六	四九三、五四六	四二一、一七〇	四五八、三二二（二三九、一九六）	二二四、三三九	二三三、九八三	三六五	一、二五六（六二八）	六一五	六四一
計	九、四三七、四〇〇	一、〇一一、八三六	五四七、〇六一	四六四、七七五	五〇六、八七二（二五三、四七六）	二四八、六六四	二五八、二〇八	四四二	一、一四七（五七四）	五六三	五八四

備考　勞働者使用人員欄括孤内ハ職業紹介所ニ依ル人員ナリ

右原案即日承認可決

議案（昭和七年二月十日定例委員會）

大阪府昭和七年度新規失業救濟事業施行承認ノ件

一、道路築造路面改良河川改修學校建築工事

二、小額給料生活者授職事業

事業概要（其ノ一）

事業種類　道路築造路面改良工事（府縣道大阪池田線外五線）

河川改修工事（神崎川改修工事）

學校建築工事（天王寺師範學校外二校）

事業費總額　參百五拾參萬七千六百九拾四圓

道路工事　百七拾四萬八千二拾九圓　河川工事　八拾八萬九千八百三拾八圓

建築工事　八拾九萬九千八百二拾七圓

勞力費　八拾四萬九千六百參圓

道路工事　四拾五萬貳千六百七拾四圓　河川工事　貳拾七萬九百貳拾七圓

建築工事　拾貳萬六千貳圓

勞働者使用延人員　四拾九萬貳千五百貳拾五人（内要救濟人夫　三四八、五九三人）

道路工事　貳拾六萬七千七百七拾八人（同　一九六、六五九人）

河川工事　拾五萬參千九百壹人（同　一〇五、七一四人）

建築工事　七萬八百四拾六人　（同　四六、二二〇人）

施行期間　自昭和七年四月　至同八年三月　三六五日間

一日平均使用人員　壹千參百四拾九人　（内要救濟人夫　九五五人）

道路工事　七百三十三人　（内要救濟人夫　五三八人）

河川工事　四百二十七人　（同　二九三人）

建築工事　百九十五人　（同　一二七人）

執行方法　道路河川工事　直營　建築工事　請負

事業概要（其ノ二）

事業種類　小額給料生活者授職事業（乳兒死亡調査、朝鮮人生活狀態調査、工場調査）

事業費　七萬五千五百六拾圓

就業手當　六萬九千參百五拾圓

授職延人員　參萬六千五百人

施行期間　自昭和七年四月　至同八年三月　三六五日間

一日平均授職人員　百人

事業別內譯

種別	事業種類	區間	事業費	勞力費	勞働者使用延人員	同上ノ内要救濟人夫使用延人員	施行日數	一日平均使用人員	同上内譯 直傭	同上内譯 要救濟
道路工事	大阪池田線道路築造	豊能郡豊中町 櫻井谷村麻田村 北豊島村	三七九、七一三円	一〇一、四一六円	五八、一九九人	四二、九三九人	二八〇日	二〇八人	五六人	一五二人
同	大阪奈良線(一) 同上	南河内郡志紀村 同 柏原町	三四二、六五九	一一五、四七一	六五、八五七	四八、二二三	二五〇	二六五	七二	一九三
同	大阪奈良線(二) 同上	南河内郡柏原町 中河内郡堅下村 同 國分村	二三九、六九九	四八、二三〇	三〇、二〇六	二一、四九四	二五〇	一二一	三六	八五
同	大阪枚岡線 同上	中河内郡布施町 高井田村楠根町 意岐部村	三八八、五九四	八二、四九〇	四八、八五七	三六、七五九	二五〇	一九五	四八	一四七
同	大阪住道線 同上	北河内郡諸堤村	二六七、八五九	七二、二八四	四四、〇四五	三二、八一六	二〇〇	二二〇	五六	一六四
同	大阪箕面線路面改良	豊能郡豊中町 櫻井谷村箕面村	一三九、五〇五	三二、七八三	二〇、六一四	一四、四二九	一八〇	一一四	三四	八〇
小計			一、七四八、〇二九	四五二、六七四	二六七、七七八	一九六、六五九	三六五	七三三	一九五	五三八
河川工事	神崎川改修工事	西淀川區西州町 仝 布屋町 仝 中島町	八八九、八三八	二七〇、九二七	一五三、九〇一	一〇五、七一四	三六〇	四二七	一三四	二九三
建築工事	天王寺師範學校建築	—	二五四、九七四	三七五、五〇〇	二一、〇一五	一三、六三〇	三六五	五八	二三	三五
同	八尾中學校建築	—	三四四、二一七	四六、五〇三	二六、一八五	一七、〇七〇	三六五	七二	二五	四七
同	夕陽丘女學校建築	—	三〇〇、六三六	四二、〇〇〇	二三、六四六	一六、五二〇	三六五	六五	二〇	四五

小計			八九九、八二七	一二六、〇〇三	七〇、八四六	四六、二二〇	三六五	一九五	六八	一二七
合計			三、五三七、六九四	八四九、六〇三	四九二、五二五	三四八、五九三	三六五	一、三四九	三九四	九五五

種別	事業種類	事業費	就業手當	授職延人員	施行期間	一日平均授職人員
小額給料生活者授職事業	乳兒死亡、朝鮮人生活狀態、工場各調査事務	七五、五六〇円	六九、三五〇円	三六、五〇〇人	自四月至三月 三六五日間	一〇〇人

右原案即日承認可決

五、委員會調査事項

本委員會に於ては知事の委囑に依り左記事項に付夫々調査をなし其結果を報告せり

失業の犯罪に及ぼす影響

大阪府下に於ける解雇手當の實施狀況

失業期間中に於ける生活調査

委員　川村保太郎

同　坂本孝三郎

失業救濟土木事業仕拂賃銀の適否　同　後藤田正毅

失業救濟事業の共同宿泊所に及ほせる影響　同　八濱德三郎

失業救濟事業の朝鮮人渡來に及ほせる影響　同　廋錫祐

智識階級失業救濟事業の實施成績　同　松村義太郎

日傭勞働者以外の失業救濟施設調査　同　坂本孝三郎

同　西尾末廣

同　川村保太郎

失業救濟事業施行前後に於ける日傭勞働者求職狀況

失業者歸農の狀況及之か農村に及ほせる影響　同　山岨一郎

失業救濟土木事業に對する勞働紹介に就て改善を要すへき具体的意見　同　杉山元治郎

過去一ヶ年間に於ける土木事業の勞働賃銀狀況　同　山岨一郎

熟練勞働者の失業救濟施設に對する意見　同　後藤田正毅

同　西尾末廣

同　坂本孝三郎

同　川村保太郎

日傭勞働者失業救濟施設實施に關する具体案　同　八濱徳三郎

大阪市に於ける失業者移動の狀況　同　遊佐敏彦

今後給料生活者授職施設實施に關する具体的方策　同　松村義太郎

經濟界の不況か鮮人の渡來に及ほせる影響　同　庾錫祐

六、委員會經費

本委員會の經費は設置以來府費失業防止調査費を以て支辨せられ毎年壹千五百圓乃至三千圓の豫算に依り主として會議費、調査費、委員手當に支出せり。

但し昭和五年六年兩年度は別に國庫より各六百圓宛の補助金を交付せられたり。

七、大阪府失業防止委員會規則

（大正十四年十月五日制定 昭和五年六月十七日改正）

第一條　大阪府失業防止委員會ハ失業防止並失業者保護ニ關シ知事ノ諮問ニ應シ意見ヲ開申ス

本委員會ハ關係事項ニ關シ知事ニ建議シ且失業防止並失業者保護ニ關スル施設ヲ攻究スルコトヲ得

第二條　本委員會ノ會長ハ大阪府知事之ニ當ル

第三條　本委員會ノ委員ハ四十人以內トシ使用主及勞働者ノ利益ヲ代表スト認ムル者並官公吏其ノ他學識經驗アル者ノ中ヨリ知事之ヲ委囑ス

第四條　會長ハ會務ヲ總理ス

會長事故アルトキハ會長ノ指名スル委員其ノ職務ヲ代理ス

第五條　本委員會ニ幹事若干名ヲ置キ知事之ヲ委囑ス

幹事ハ會長ノ命ヲ受ケ庶務ヲ掌理ス

第六條　本委員會ニ書記若干名ヲ置キ會長之ヲ命ス

書記ハ會長ノ命ヲ受ケ庶務ニ從事ス

八、大阪府失業防止委員會名簿（イロハ順）昭和七年二月現在

會長	大阪府知事	齊藤宗宜
委員	大阪商工會議所會頭	稻畑勝太郎
	大阪汽車製造株式會社長	長谷川正五
	財團法人大阪職業紹介所長	八濱德三郎
	大阪府學務部長	蜂須賀善亮
	日本勞働總同盟大阪聯合會長	西尾末廣
	日本ペイント株式會社長	小畑源之助

委員

大林組社長　大林義雄
南海鐵道株式會社專務取締役　岡田意一
大阪府警察部長　金森太郎
大阪市助役　加々美武夫
大阪工業會長　片岡安
官業勞働總同盟主事　川村保太郎
住友本店勞働課長　津田秀榮
中山太陽堂主　中山太一
大阪市社會部長　山口正
大阪市京橋職業紹介所長　山岨一郎
大阪市中央職業紹介所長　松村義太郎
大阪鐵道局長　前田穰
大阪遞信局長　前田直造
鐵道省大阪改良事務所長　古川淳三
立憲勞働黨總理　後藤田正毅
大日本紡績聯合會長　阿部房次郎
大阪地方專賣局長　有用靖

委員

大日本勞働組合總聯合關西聯合會長　坂本孝三郎
大阪府內務部長　坂間棟治
內務省大阪土木出張所長　阪本助太郎
大阪地方職業紹介事務局長　遊佐敏彦
共護會長　廋錫祐
陸軍造兵廠大阪工廠長　三木善太郎
鐘淵紡績會社參與　三宅鄉太
大阪府土木部長　三輪周藏
大阪朝日新聞社專務取締役　下村宏
大阪市土木部長　島重治
大阪市電氣局長　平塚米次郎
大阪每日新聞社長　本山彥一
堺市長　森本仁平
大阪市長　關一
全國農民組合長　杉山元治郎

幹事

大阪府會計課長　西田傳三郎

幹事

大阪府社會課長	大谷繁次郎
大阪府工營課長	和田重辰
大阪府道路課長	與田喜知藏
大阪府工場課長	山本義章
大阪府議事課長	中島清二
大阪府地方課長	永井浩
大阪府特高課長	菊池盛登
大阪府總務課長	森下重格

九、會長、委員、幹事の異動

會長

大阪府知事	中川望	自大正十四年十月	至昭和二年五月
同	田邊治通	自昭和二年五月	至昭和三年五月
同	力石雄一郎	自昭和三年五月	至昭和四年七月
同	柴田善三郎	自昭和四年七月	至昭和六年十二月

大阪府知事	齊藤宗宜	自昭和六年十一月	至現在

委員

大阪汽車製造株式會社長	長谷川正五	大正十四年十月委囑	至現在
大阪職業紹介所長	八濱德三郎	同	同
日本勞働總同盟組織部長	西尾末廣	同	同
日本ペイント株式會社長	小畑源之助	同	同
大林組社長	大林義雄	同	同
南海鐵道株式會社專務取締役	岡田意一	同	同
大阪市助役	加々美武夫	同	同
大阪工業會長	片岡安	同	同
官業勞働總同盟主事	川村保太郎	同	同
大阪府內務部長	吉村哲三	同	昭和二年十一月解囑
共護會長	廋錫祐	同	至現在
住友本店人事部第二課長	津田秀榮	同	同
中山太陽堂主	中山太一	同	同
大阪遞信局長	野本正一	同	大正十五年八月解囑

日本勞働組合評議會中央委員長	野田律太	大正十四年十月委囑	昭和二年八月解囑
大阪市社會部長	山口正	同	至現在
大阪市中央職業紹介所長	松村義太郎	同	同
大阪市京橋職業紹介所長	松家岩吉	同	昭和二年二月解囑
立憲勞働黨總理	後藤田正毅	同	至現在
大日本勞働總聯合關西聯合會長	坂本孝三郎	同	同
陸軍造兵廠大阪工廠長	三輪時雄	同	昭和五年八月解囑
鐘淵紡績株式會社大阪工場長	三宅鄕太	同	至現在
大阪朝日新聞社專務取締役	下村宏	同	同
大阪地方專賣局長	島田毅一	同	昭和二年十月解囑
大阪地方職業紹介事務局長	久田宗作	同	昭和二年四月解囑
大阪毎日新聞社長	本山彥一	同	至現在
大阪遞信局長	田邊隆二	大正十五年八月委囑	昭和二年六月解囑
大阪府學務部長	上田莊太郎	大正十五年九月委囑	昭和四年七月解囑
大阪市京橋職業紹介所長	山岨一郎	昭和二年二月委囑	至現在
大阪地方職業紹介事務局長	齊藤亮	昭和二年四月委囑	昭和四年十一月解囑
大阪遞信局長	平塚米次郎	昭和二年六月委囑	昭和四年七月解囑

大阪地方專賣局長	福井乙丸	昭和二年十月委囑	昭和五年四月解囑
大阪府內務部長	小栗一雄	昭和二年十一月委囑	昭和三年五月解囑
同	牛島省三	昭和三年五月委囑	昭和三年七月解囑
同	木島茂	昭和三年七月委囑	昭和四年七月解囑
同	半井清	昭和四年七月委囑	昭和六年一月解囑
大阪府學務部長	鈴木登	同	同
大阪遞信局長	牧野實一	同	昭和六年五月解囑
大阪市長	關一	昭和四年十月委囑	至現在
大阪市助役	兒玉孝顯	同	昭和七年一月解囑
大阪府土木部長	牛島航	同	昭和五年七月解囑
大阪鐵道局長	村上義一	同	昭和五年五月解囑
大阪鐵道局長	中山隆吉	昭和五年五月委囑	昭和六年九月解囑
大阪商工會議所會頭	稻畑勝太郎	昭和五年六月委囑	至現在
大日本紡績聯合會長	阿部房次郎	同	同
大阪府警察部長	藏原敏捷	同	昭和五年八月解囑
全國農民組合長	杉山元治郎	同	至現在
大阪地方職業紹介事務局長	遊佐敏彦	同	同

陸軍造兵廠大阪工廠長	三木善太郎	昭和五年八月委嘱	至現在
大阪地方專賣局長	有田靖	同	同
大阪府土木部長	澁江武	同	昭和七年一月解嘱
大阪府警察部長	大竹十郎	同	同
大阪市電氣局長	平塚米次郎	昭和五年九月委嘱	至現在
大阪市土木部長	島重治	同	同
堺市長	森本仁平	同	同
大阪府內務部長	坂間棟治	昭和六年一月委嘱	同
大阪府學務部長	蜂須賀善亮	同	同
內務省大阪土木出張所長	阪本助太郎	昭和六年四月委嘱	同
鐵道省大阪改良事務所長	木村芳人	同	昭和六年七月解嘱
大阪遞信局長	淺野平二	昭和六年五月委嘱	昭和六年六月解嘱
大阪遞信局長	香西俊雄	昭和六年六月委嘱	昭和七年一月解嘱
鐵道省大阪改良事務所長	古川淳三	昭和六年七月委嘱	至現在
大阪鐵道局長	前田穰	昭和六年九月委嘱	同
大阪遞信局長	前田直造	昭和七年一月委嘱	同
大阪府警察部長	金森太郎	同	同

大阪府土木部長	三輪周藏	昭和七年一月委囑	至現在

幹事

大阪府社會課長	山崎巖	大正十四年十月委囑	大正十五年四月解囑
大阪府特高課長	三橋孝一郎	同	大正十五年一月解囑
大阪市社會部事業課長	里村安次郎	同	昭和三年九月解囑
大阪府社會課長	森下重格	大正十五年七月委囑	昭和貳年八月解囑
大阪府特高課長	宮野省三	大正十五年一月委囑	昭和二年六月解囑
同	田中省吾	昭和二年六月委囑	昭和七年一月解囑
大阪府社會課長	大谷繁次郎	昭和二年八月委囑	至現在
大阪府地方課長	永井浩	昭和四年十月委囑	同
大阪府議事課長	中島清二	同	同
大阪府總務課長	穴澤好松	同	昭和六年一月解囑
大阪府會計課長	佐野利平	昭和五年四月委囑	昭和七年一月解囑
大阪府工場課長	岩上夫美雄	同	同
大阪府道路課長	與田喜知藏	同	至現在
大阪府工營課長	和田重辰	同	同

大阪府總務課長　森下重格　昭和六年十一月委囑　至現在
大阪府特高課長　菊池盛登　昭和七年一月委囑　同
大阪府工場課長　山本義章　同　同
大阪府會計課長　西田傳三郎　同　同

◇財団法人　大阪職業紹介所貳拾周年報（自明治四拾五年至昭和六年）（抜粋）

（財団法人　大阪職業紹介所・昭和七（一九三二）年三月十三日）

財團法人

大阪職業紹介所貳拾周年報

（自明治四拾四年　至昭和六年）

創業時代ノ大阪職業紹介所

大阪職業紹介所

理事

森 平兵衛

金澤利助

筒井民次郎

青木庄藏

上念政七

八濱德三郎

加藤德次郎

財團法人 大阪職業紹介所貳拾周年報（自明治四拾五年 至昭和六年）

第一　沿革

明治四十二年時の內務省床次地方局長は東京大阪の二大都市に公設職業紹介所の必要を感じ兩市當局に對し其の設置を奬勵せるも大阪市に於ては容易に之が設立を觀るの運びに至らざりしかば時の市會議員青木庄藏は大に之を遺憾なりとし之が設立の急務を岡島千代造外數名の同志に諮り折しも八濱德三郎が先年神戶に於て布敎の傍ら職業紹介所を經營し其後東京に移りて之が研究に從事せる由を聞き同人を招きて之が經營の任を託する事となりたれば明治四十四年十二月その設立趣意書を發表し大阪職業紹介所の名の下に全市に數箇所の職業紹介所を創立せんことを計畫し先づ南區惠美須町懲兵屯所跡に地をトし之が設立に着手するや偶々同所は舊今宮村共有の寶庫（御眞影を奉安せる）に隣せしかば這般の地域に勞働者を出入せしむるは皇室に對して不敬なりとの附近一帶の住民の反對運動に加ふるに斯業の如き益々勃興するに於ては營業上の一大脅威なりとの口入業者、木賃宿業者等の反對運動も頗る猛烈なりしを以て關係官公署に於ては此等反對運動の調停は愚か斯業の許可さへも逡巡し一時は實現の程も危まれたれども遂に萬難を排し翌四十五年二月財團法人の許可を受け現所在地たる舊懲兵屯所跡を大阪市より借入れ同所の建物に大修繕を加へ別に宿泊所を增築し同年六月一日より職業紹介並に宿泊救護事業を開始し超へて大正八年五月更に事務所及び宿泊所を改築し今日に及べり是れ本法人沿革の大要なり。

第四　沿革資料及文献

一　大阪職業紹介所設立始末

人は自然に社會的性情を備へ居るが故に、寂寞なる農村の生活を厭ひ、繁華なる都會の生活を好む、殊に農産の進歩が人口の増加に伴はざるに當りては農民は其の土地を失ひ生計に困難を感ずるが故に、賃銀勞働者と變じて都會に集中するに至るべし、最近の調査に依れば獨逸にては全國民の五割七分、英國にては七割九分が、小區域の都市に集中すと云ふ、是れ文明社會の趨勢にして人力の左右すること能はざる所なり、我邦に於ても此種の趨勢の著しきことは今改めて述ぶるの要なからん、都市の膨脹は諸種の社會問題を誘起せしむ、若し一朝商工業の不振に依りて、勞働の需要と供給との平均を失はんか、忽ち世を擧げて飢餓の慘境に陷らしむ、假令ひ平時と雖も需要と供給と相調和せざる爲め窮境に陷る者亦決して鮮少ならざる也、斯る狀態を其儘に放任するに於ては、彼等は自暴の極に馳せ浮浪無賴の徒と化して社會に危害を加ふるに至らん、然らば之が救濟の方法果して如何、予が謂ゆる職業紹介事業の必要茲に有り。

我國の職業紹介所卽ち通稱雇人口入屋の數は頗る多く、我大阪市のみにても昨年末に於て其數三百五十戸内百六十三戸は藝娼妓酌婦の仲介、百七十戸は下女下男及び勞働者の紹介、十七戸は身元保證業者の多きに亘ると雖も、彼等は單に目前の營利を主眼として、雇主被傭人の利害をば何等眼中に置かざるが故に、幾多の弊害の隨伴せるものある也、卽ち或は過分の紹介手數料を徴收し、或は手數料を利するの目的を以て被傭人に對して頻繁に紹介を爲し、或は職業紹介の外に金貸業宿泊業飲食店等を密に兼營し、若くは此等の營業者と共謀して被傭人の膏血を絞るの行動を爲し、將た或は契約の背叛を勸誘する等其他幾多の之に類する弊害は此の雇人口入業者に於て從來既に明に認められたる事實なり、之を海外の事例に徴するに各國何れも國家若くは慈善團体の經營に係る職業紹介所の設けなきは無く、此等諸邦の中にても最も盛大なるは獨逸にして、苟くも商工業地として認めらるゝ都市には、此種の事業の設立せられざるはなく其數凡そ二百を算すと云ふ、獨逸に亞きて最も隆盛なるは英國にして二百五十の紹介所を有し、一ケ年約二百萬圓の經費を支出し四十餘萬人の失業者に職を授けつゝある也、佛國、丁抹其他の諸邦に於ても職業紹介所の設けなき所は無く、生産事業の發達に連れて愈々その必要を認めらるゝに至る、我大阪市は巴里、伯林、東京に亞ぎ倫敦、紐育、維納よりも人口稠密せる、世界中第四位の大都會なるに、一の公益的職業紹介所の設けなきを慨し、市會議員靑木庄藏は之を岡島千代造、岡島伊八、中村伊三郎、金澤利助、森平兵衛等に諮りて其の贊同を得しかば、明治四十五年一月遂に左の設立趣意書を發表し、現在の南區惠美須町二丁目七十一ノ一及び七十二ノ一の市有地一百六十餘坪の無償借用の許可を得、其の建物八十坪の拂下を受け之に大修繕を加へ更に三十坪の寄宿舍を增築し、明治四十五年六月一日を以て業務を開始し、維持會員及び贊助員諸氏の援助は勿論廣く有志諸彦の贊助の下に一年間の歳月を經過して、玆に第一期の報告書を出版するに至れるは實に吾等の感謝に堪へざる所也。（大正二年五月）

二　大阪職業紹介所設立趣意書

當今經濟狀態の變革は動もすれば中產階級の民をして其產を傾かしめ、細民をして其業を失はしむ、刻下大阪市內に流浪せる失業者浮浪人の數は無慮數千人を下らざるべし、彼等の多くは身体に疾病的故障ありて普通の勞働を取ること能はざるが爲め、自然に生存競爭場裡の落伍者たらざるを得ざる也、彼等は窮乏の餘に竊盜罪を犯すか、乞丐の群に身を墮すか、或は自から死を招くか、此三者中の一を擇ばざるべからざるの悲境に陷れるなり、浮浪人の多くは飢餓凍餒の爲めに自暴自棄して犯罪の危險性を有するに至る、是れ實に國家の患の存する處なれば社會政策上特に注意を要する所也。曩に畏くも仁愛に富ませ給ふ　聖上陛下は彼等の窮狀に深く御軫念あらせられ、內帑の金貨百五拾萬圓を御下賜あり、無告の窮民をして其賴る所あらしめよと宣ひき、苟も臣民たる我等は特に聖旨に畏みて窮民の救恤に盡瘁し、今後聖慮を煩し奉るの機會を絕滅せんことを期せざるべからず。

然れども窮民に金錢又は物品を施與するは彼等をしていよ〱乞丐根性を增長せしめ、獨立心と德義心とを減殺せしむる虞あるが故に、理想的の救民救助法としては輓近泰西諸國に行はるゝ職業紹介事業に如くはなし、即ち職業紹介事業は失業者に金錢を施す代りに職業を與へ、彼等をして自ら助けしむる一種の慈善事業たるなり、職業紹介業は英語にて「エンプロイメント、エキスチエンジ」と云ひ、之を邦語に俗譯すれば桂庵即ち雇人口入業なり、我國の桂庵は營利を主眼として個人の營む所の事業なれども泰西の職業紹介所は營利を度外に置き經濟界の利益を主眼として失業者に職業を紹介すると共に、企業家のために所要の使用人を供給せんと努むる公益事業にして、多くは市町村の直接經營に係れるものなり、西曆一千八百八十七年の慈善大會に於ける研究に依れば、二萬七千九百六十一人の窮民中殆ど其半ばは救助よりも職業を與ふる必要あるものなりと云ふ。

救助よりも勞働を與ふる必要あるもの　四〇・四%
連續救助の必要あるもの　一〇・三%
一時救助の必要あるもの　二六・六%
救助すべからざるもの　二二・七%

然るに從來の慈善事業にては斯る區別を誤り、濫りに金錢若くは物品の施與に重きを置きしが故に徒らに惰民を養成し反て彼等に不道德を教ふるに與らざる結果を生ぜし也、諺に云ふ「窮民を絕滅せんと欲せば先づ彼等をして勤勞せしめよ」と實に勤勞以外に彼等を救濟するの途あらざる也、既に獨逸、佛蘭西、英吉利、丁抹、北米合衆國等に於ては各都市到る處に公設職業紹介所を設け驚くべき効果を擧げつゝあるなり、我政府も茲に觀る所ありて大に該事業の設立を奬勵せられために東京市に於ては市内に公立私立の職業紹介所十個以上を見るに至れり、我等も同志と共に先づ大阪市内に二箇所の模範職業紹介所を創立し、無料を以て諸般の職業及勞働を紹介し特に一百名を容るゝに足る寄宿舎を設けて勞働者を宿泊せしめ、之を慰撫監督し以て幸福なる生涯を送らしめん事を期す、其主任者として多年細民の研究に從事し、失業者に對して熱き同情を懷ける八濱德三郎氏を迎ふる事となりたれば、茲に我儕の企圖する所を世に公にし、廣く有志諸彥の賛助を仰がんと欲す、冀くは上は　陛下の聖旨を奉み下は同胞の窮乏を憐み、以て臣民としての本分を盡されん事を。

明治四十四年十二月

發起人　岡島千代造
青木庄藏
岡島伊八

金澤利助
中村伊三郎
森平兵衛

三　附屬勞働寄宿舍

木賃宿の弊害はナカ〳〵激しい。二十歳以下の犯罪者の十中八九は木賃宿で惡化された者である。貧民の過半は木賃宿の生活を送つた者である。監獄が惡事修練の場所であると同樣に、木賃宿は惡事を見聞するに屈竟の場所である。故に當所附屬の勞働下宿は此等の青年を收容して、大に道德的感化を與へて見たい仕組である。次に機械工業の發達に連れて作業上の危險が殖へ、勞働者の負傷疾病の場合も大に增して來た其の上に、雇主と被傭人の間に主從的溫情が破壞され、往時のやうに雇主が被傭人を保護するの義務が無いと云ふ工合になつて來たから、當所は青年以外の勞働者をも收容して彼等の保護を以て任ずる決心である。當所には法話とか講話とか云ふやうな事は一回も催した事は無い。當所の精神教育の方針は「清潔」の二字である。泰西の諺にも「清潔は神聖に近い」とあるやうに清潔は衞生上有益であると共に道德上にも有益である。「耳から」でなく「眼から」である。故に一日一回の入浴は規則として守らせて居る。便所と浴室と夜具の三つを以つて彼等を教育して居る考である。

宿泊料は一泊五錢で、食事は一切外で喰べる仕組である。晝間は何等の理由があつても在宿を許さない。朝は五時の振鈴と共に一同床を離れ、五時半には一人も殘らず仕事に出掛ける。晩の五時にならねば泊めない。全く軍隊的である。故に怠惰なものは迚も宿泊する事が出來ない。今まで不規律な生活に慣れた者に規律ある生活の習慣を付けるのが當所唯一の目的である。昨年八月一日開業の日から本年四月三十日までの收容延人員は一萬三千三百七十人で目下の收容人員は一晩七十人である、當所は宿泊希望者頗る多く毎晩八時には滿員であるから地方出の堅氣な勞働者に限り宿泊を許可して居る。（大正二年五月）

四　大阪職業紹介所參觀記

今宮は新世界前惠美須停留所で電車を降りて西へ二丁、又二丁ほど紀州街道を往けば、東側屋上に「男女職業無料紹介所」の屋根看板が高く掲げられ其の軒下には「勞働下宿」の大看板が掛けてある、表面の掲示板には「人夫入用」、「職工入用」などの廣告が何十枚となく貼出されてある。男女の入口は左右に別れ「男紹介部」「女紹介部」の暖簾が掛けてある、店の間も衝立を中に男女を隔て、控室も應接室も男女席を異にしてある、店の正面の帳場には番頭然と事務員が控へ、其兩脇に長さ一間程の受付臺を列べ、數人の求職者が求職申込用紙に姓名、原籍、年齢、保證人の住所、姓名、職業及び希望の職業、給料などを記入して居る、既に男の控室には老若十數人の求職者が待合せ、新聞を讀むもの、莨を喫すもの、談話に耽るもの、ナカ〳〵騷々しい、女の控室にも束髪、島田、銀杏返しの影が看へて居る、中央の一室が應接室で求職者を順々に呼入れ、主事が求職申込用紙に照して綿密に質問を試みる、其の過半は保證人の確實でないために謝絶される、職工日雇は保證人を要しないけれども、其の他は市内に一戸を構へた確實な保證人を要する規定である、主事が確實と認めた者は、求職申込用紙と雇入申込用紙とを照合せ、或は奬勵を與へ、或は戒飭を加へ、懇ろに彼等の決心を促してゐる、幸に求職者の資格が雇主の雇入條件に合格すれば、之に紹介狀を與へて雇主の許に赴かせる、電話のある所へは一應電話で交渉を遂げ然る後に紹介狀を與へてゐる、雇主の方から雇入の通知が來れば直に人を派して保證人の身元を取調べ、確實と認むれば保證書を差入れ、引續き本人の身元を取調べるため原籍へ照會するさうである、電話で雇入申込をするものが多いと見へ電話はチリンチリンと掛り通しである、室內には大阪市內諸工場の場所、勞銀、勞働時間、下宿料の一覽表を揭げ勞働者の參考に備へて居る、執務時間は午前九時から午後五時まで日曜日の他は何日でも執務してゐる、附屬の勞働下宿は二階建一棟と平家建一棟とで約一百名を泊めることが出來る寄宿舍の二階からは天王寺公園や新世界が手に取るやうに見へる晚などは通天閣のイルミネーションで晝のやうに明るい、蒲團は極上等で紺の香が高い、浴室は十人位は一度に浴ることが出來る、便所はペンキ塗で清潔である、何處も彼處も掃除が行屆いて塵一本も目に付かない、彼れ是れする中に勞働者は三々五々疲れた足を曳いて歸つて來る、來るは、來るは法被股引の人夫も來る、洋服の職工も來る、縞の羽織の店員も來る、皆表の受付で一泊五錢の料金を拂ひ、先を爭ふて湯に飛び込む、此の室も彼の室も見る／＼滿員になつて仕舞ふ、後から來たものは皆謝絕されて居る、寄宿舍の方では新聞を讀むもの、將棋盤に向ふもの、歌を謠ふもの、隨分陽氣である、折々はドツと高笑の聲も擧がる、午後九時が門限で十時が就眠時間後は一切談話を許さぬさうである、表の受付では棟梁風の男が來て翌日の人夫雇入の談判をしてゐる。此處では一日二日の臨時人夫の雇入申込にも應ずるさうである、やがて門口を出づれば「御宿一泊五錢」「酒を飲まぬ堅氣なお方は誰でもお泊め申します」と書いた大提灯が暗の往來を照して居る。（明治四十五年七月參觀者誌）

職業紹介事業

八濱徳三郎

左の一篇は大正五年仍ち今を去る約十五年前の起草に係り北野職業紹介所第一年報の卷頭に掲げたるもの當時に在りては職業紹介事業は極めて幼稚にして其の數僅に指を屈するに足らず隨つて本事業に關する文獻また見るべきもの無かりし時代なれば今更めて本稿を閲讀するに其の載すべきを載せず取るべきを捐て議論明晰ならず引照また誤謬少からず闕誤の嫌ひ漏略の憾み頗る多く到底之を改刪修飾するに非ざれば江湖識者の清覽を瀆すこと能はざるや論なきも當年に於て夙に本事業の國營を提唱し聯絡統制の必要を主張せるが如きは聊か愛惜の情なきに非ず一般社會の進歩は流丸の如く駸々として進み其の底止する所を知らざるに獨り本事業に在りては其の現狀果して如何ぞ是れ予輩が匣底を探りて再び本稿を茲に掲載する所以なり讀者幸に咎むる勿れ。

一千八百八十四年獨逸帝國議會に於て社會主義取締法の討議せらるゝに際し宰相ビスマルクは勞働權卽ち失業の際各人は職業を請求する權利ある事を承認し且つ其の根據を普國憲法に求めて之を辯護せりと云ふ此は貧富の懸隔愈々甚だしく四民平等の思想益々勃興し將に階級鬪爭の端を開かんとするを憂ひ之を未然に防がんと欲せる偉大なる愛國者の主張なりと雖も之を彼の勞銀の標準を定め其の標準額に滿たざる時は公共團体より其の不足額を補助すと云ふギルバート條例の結果に徴するも或は佛國革命後に起されたる國立勞働場の成績に照すも勞働權の承認に依りて失業問題を解決せんと欲するは頗る困難なりと謂はざる可らず何となれば自己の行爲に對する責任を解除せらるゝに於ては怠慢と不注意に陷り易きは人類の弱點なればなり果して然らば失業問題に對し國家は之を傍觀して可なり乎或は他に

(36)

適當なる手段を施して之を保護するは國家の義務にはあらさる乎是れ予が本論を草し江湖識者の示教を仰がんと欲する所以なり。

職業の意義

(一) **生活資源としての職業**　聞く羅馬法には勞働てふ文字なく且つ其の觀念さへもなかりしと世は羅馬全盛の因は兵力を以て生活の資料を奪取し若しくは奴隷を使役して之を生產せしめ自ら額に汗して之を獲得せしことなかりしが故なり斯の如く生活に窮せざる者に取りては職業又は勞働の觀念頗る乏しく且つ職業と生活の關係極めて緣遠きが如きも謂ゆる手より口への勞働階級に於ては職業の目的は生活維持の爲にして勞働の動機は米鹽の資を獲んが爲めなり即ち慾望――勞働――充足は彼等の經濟行爲の原則なりと謂ふべし然るに人口の增加に比して職業の增加少なく世路徒らに艱難にして職業獲得易からず失業は彼等を驅りて盜をなさしめ淫を鬻がしめ諸般の惡事を逞ふせしむ犯罪の總數中に於て職業の缺乏は實に其の百分の二十を占む貧者の墮落は其の失業より來ると言ふを妨げざるなり失業の結果は盜をなすか飢餓に迫りて死するか二者その一を擇ばざるべからず實に失業は彼等に對しては死刑の宣告なり否死刑は唯だ犯罪者其人を殺すのみなれど失業の宣告は妻子眷族をも其の厄に連坐せしむるが故に眞に死刑以上の嚴刑なりと謂ふべし世人は昔時の奴隷を以て人類中最も憐む可き者なりと考ふれども若し生命の安全を以て人類に最も緊要なるものとすれば昔時の奴隷は却て今日の勞働者よりも幸福なりしならん何となれば奴隷には自由はあらざりしも生命の安全は之を保障されたればなり文明國の法律は何れも生命及財產の安全を保障すれども今一步を進めて職業の保障に對し何等かの方法を施すに非ずんば國家の安寧を維持すること能はざるならん。

(二) **自我發展としての職業**　勞働の目的は單に飢を充し渇を醫するを以て甘んずるものに非ず尙ほ進んで社會の擘

闘を求め自己の勢力を張らんとの慾望を有す之れシユモラー教授が認識を求むる衝動と稱しブレンタノ教授が創造せんとの慾望と謂へると其の意相合ふ勞働は人に衣食の資を供すると共に其の人をして人格を養成せしむ即ち木匠が家屋を建築するは其の人格を建設し農夫が田畑の雜草を芟除するは其の心田の雜草を刈除し丁稚が店頭を掃除するは其の心の塵を掃除し妻女が衣服を洗濯するは其の心の汚れを洗濯する所以なり聖人カライルが「勞働は神聖なり」と叫びしは此等の意義を道破せるに外ならじ果して然らば失業は各人に飢餓の苦痛を與ふると共に其の品性修養の機會を失はしむ殊に人は終日何をも爲さずして過すこと能はざるもの其の心は常に思ひ其の手は絶へず動きて何事をか爲し何物をか作り出さずんば止まざるものなり實に無爲の生活ほど人に苦痛を與ふるものはあらざる可し人類に勞働の必要なるは少年に遊戲の必要なるが如く幼兒に玩具の必要なるが如し若し幼兒より玩具を奪ひ少年に遊戲を禁じたらんには其の結果如何職業は人生の快樂なり生活の趣味なるが故に人は何をも求めず何をも望まざるとき猶ほ動き尙ほ働かんと欲す活動は人類の慾望なり本能なり古人が活働は寧ろ慾望に先つと云へるは眞に知言と謂ふべし果して然らば失業は人類の物質的生活に對する死刑の宣告なると共に精神的生活に對する死刑の宣告たるなり此の點より云へば失業の苦痛を感ずる者は單に貧困者のみにあらずして富者も尙ほ失職の厄に從せらるゝ場合頗る多し斯く觀じ來れば職業の意義極めて深長にして失業者の苦痛また深甚なりと謂ふべし予は失業問題を經濟上の問題より分ち更に風教上の問題として世人の一考を煩さんと欲す諺にも「貧すれば鈍す」と云へるが如く失業の爲に身体及精神の活動を奪はれ或は煩悶のために精神錯亂し或は無爲のために能力衰耗せる者少なからざるは平素屢ば予の見聞せる所なり。

(三)**天職としての職業。**　西暦一千七百八十九年米國ボストン府に於て當時の職業を調査せるに其の種類二百を算へたるも今や二萬以上を擧ぐることを得べしと云ふ即ち職業の種類は文化の發達に連れて愈々增加するも之を大別すれば「トレード」(TRADE)營利的職業、「ビジネス」(BUSINESS)事務的職業、「プロフェッション」(PROFESSION)

智識的職業の三種に分類することを得ん而して此の三種類の他に「コーリング」(CALLING)の一種類あることを知らざるべからず此は「呼ぶ」(CALL)より起りし言語にして神が其の聖業に從事せしむるため幾多の人間の中より呼出せる事を意味し最初は主として僧侶の職業を指せるも現在に於ては一般の職業にも此の文字を使用するに至れるは職業の社會的意義を大いに高調せるが爲めなり仍ち職業の社會的意義より謂はば營利的職業にあれ事務的職業にあれ智識的職業にあれ皆均しく「コーリング」(CALLING)と謂はざるべからず佛典に「資生產業皆是佛道、汝等所行是菩薩道」とあるは各自の職業を以て絕對無限に對する行業と觀念すべし各自の任務を以て絕對無限の命ずる所の職分と觀念すべしとの意味なり彼のザクフエルトが「職業の目的は人が自己を表現すると同時に社會國家に貢獻するに在り」と謂へるが如く何人も其の從事せる職業の社會的意義を自覺し以て國家同胞の爲め貢獻する所あらざる可らず而して其の職業の社會的責任は資産・地位、智慧、學識、力量、健康等の程度に於て之が義務を負ふべきものにして昔或る人が一人の奴隷を買はんとて之に向ひ「予汝を買はゞ忠實に立ち働くや如何」と語りければ奴隷これに答へて「貴下に買はるゝも買はれざるも予は常に忠實に立ち働くべし」と云へるが如きは眞に天職の意義を諒知せる者と謂ふべし職業の意義果して然らば之が取捨撰擇を個人の自由に放任し或は之が斡旋紹介を營利業者に一任するが如きは其の非なること固より言ふを待たざるなり。

職業紹介事業の必要

職業紹介所は勞働の需要を發生若くは創造せしむるものにあらざれば之に依りて失業を消滅せしむること能はざるや論なきも該制度が勞働の需要と供給とを調節し更に進んで失業の增加を防止するの機能あるは疑ふの餘地なきなりコモンズが職業紹介所の定義を下して「職業紹介所とは勞働の賣手と買手が諸種の困難と無益の時間とを防ぐため其

の需要供給の按合を圖る場所なり」と謂へるが如く本制度は勞働の流通力を增加し既存の勞働需要に對し供給を調節するの作用を爲すが故に企業者は之に依りて勞働者を雇傭するの經費を節約し併せて自己の欲する勞働者を容易に發見するの便宜を受け勞働者も亦之に依りて就職口を搜索するの費用と時日と其の間の生活費と併せて賃銀とを失ふの不幸より救はるゝ事を得るなり是れ泰西諸國に於て夙に本事業の發達せる所以なりと謂ふべし本邦に於ける這般施設は未だ發達の域に達せす之に類似せるものとして（一）雇人口入業（二）人夫受負業（三）人市の三種を擧ぐることを得るのみ請ふ此等の内容に就て以下少しく之を說かん。

（一）雇人口入業。今を去る二百九十五年前の法規に口入宿主取締の箇條あるに徵すれば我邦の雇人口入業は遠く江戶開府の時代に源を起し幾多の變遷を經て遂に今日の發達を見るに至りしなり然れど彼等は單に目前の營利を主眼として雇傭者間の利害をば何等眼中に置かざるが故に幾多の弊害の隨伴せるものあるを見る即ち或は過分の紹介手數料を徵收し或は手數料を利するの目的を以て被傭人に對して頻繁に就職口の變更を勸誘し或は雇傭者双方の希望を斟酌せずして猥に紹介を爲し或は口入業の他に金貸業、宿泊業、飲食店等を寄に兼營し若しくは此等の營業者と共謀して被傭人の膏血を絞るの行爲を爲し或は契約の背反を勸誘し將た他人の子弟を誘拐する等其の他幾多の之に類する弊害は此の口入業者に於て從來既に明に認められたる事實なり而して口入業に於ては主として僕婢の周旋を爲し其の手數料は給料額の歩合に依りて定められたるもの（最高百分の二十は大阪、愛知、岐阜——最低百分の五は熊本、和歌山、宮城、長野）給料額に依らずして定められたるもの（最高十圓乃至一圓二十錢京都——最低五十錢以下兵庫）等ありて全國的に一定せざれども此等の手數料を雇主及雇人より等分に取立つる規定なり（註、大正十四年十二月十九日內務省令第三十號を以て營利職業紹介事業取締規則公布せられたるも紹介手數料の金額に就ては別に一定の規定なし）尙口入業の一種に寄子專業者なる者あり此は大阪にては『入方』と云ひ專ら料理、理髮、湯屋、麵類、蒲鉾、鮓、米春、妓丁等の職人に限りて周旋せり彼等は營業主を親方と呼んで其の家に寄食し親方の命に依りて通勤又は住込にて業に就く其の手數料は給金の五分乃至一割を毎月徴收し親方の宅に使用せる器具や壁の新調費は子分の義務として出金せしむ。

(二)人夫受負業　此の種の營業者は多く下宿業を兼營し工場又は土木受負師等と結託して所要の勞働者を供給す宿料は一日五十錢前後にして食料其の他の取換金に對しては五歩乃至一割の利息を課し十五日以内に退宿する者には一割増の宿料を請求するの規定なり最初手數料として五十錢を徴收し爾後毎日賃銀の一割又は二割を跳ねるが故に勞働者は如何に勤儉するも鐚錢一文も貯蓄すること能はざるなり彼等の中最も弊害多きは男女職工の募集に從事せる周旋屋、紹介人、募集人等にして彼等は甘言を以て無智の婦女幼少者を誘惑し或は甲工場使用中の職工を誘引し其の姓名年齢を僞らしめて之を乙會社に周旋し或は地方人の無智に乘じて不當の契約を締結せしめ以て多額の手數料を詐取する者等あり其の他職工の雇入、解雇、募集に伴ふ弊害は實に枚擧に遑あらざるなり。

(三)人市　賣買市場に被傭人を列座せしめ通行人の望に應じて年期、又は日雇として勞働を賣買せしは洋の東西の別なく古代より行はれ支那、朝鮮、本邦に於ても今尚ほ行はるゝ地方あるが如し彼の『立ん坊』と稱して路傍に佇立し人の求めに應じて車の先曳、又は後押をなせる者の如きは即ち其の風の遺れるものなり大阪のみにても此の『立ん坊』の溜場は天滿、雜喉場、木津等の市場を始め住吉街道其他二十數箇所に達し之に從事する者の數は三千名を超ゆるとも敢て下らざるべし殊に砲兵工廠、兵器廠其他荷揚場等に蝟集せる下等勞働者を舉ぐれば其の數無慮一萬人に上るならん彼等は毎朝一定の時間に此等の場所に集合して職を求めんと欲し百人を要する場所に二百人三百人も集合せるため其の過半は日々職に就くこと能はず爲に此等の場所は失業者の巣窟と變じ喧嘩、口論、賭博、放歌の巷と化し風紀上戰慄すべき現象を呈するを看る若し此等の勞働市場における勞働の需要供給を調節し有無相補ふ事を得たらんには彼等の就職率は頓に増加し勞働効程も亦た之に伴ふて増加するに至らん。

聞くロンドンに於ては一千八百九十一年チャールス・ブースの改良案に從ひ 勞働者を常傭と日雇とに區別し各船渠を通じて中央局を設け勞働の需要供給を調節する事とせしかば失業者數は著しく減少し一千九百三年には常傭八割二分餘、日雇一割七分餘となれりと云ふ要するに此等の例は雇人口入業、寄子又は入方、人夫受負業等の場合に於ても同一の効果を奏すること確實なり例へば僕婢又は職人に就て考ふるも、口入業者は各自孤立して營業を爲し相互の間に何等の聯絡なきが故に一方には雇人の充溢を訴へ他方には其の拂底を告げ爲めに雇主又は被傭人の不平と嘆息とは常に吾人の聞く所なり若し公益的職業紹介所ありて相互に氣脈を通じ一所に空位あらば他所より之を補充し一地方に充員を告ぐれば之を他地方に捌く事を得たらんには其の効果蓋し僅少ならざるべし按ずるに勞働市場の組織の不完全は失業者を増加し失業者の勞働能力を減殺し浮浪の遊民を生ずるの傾向あるが故に勞働市場の調節機關としての公益的職業紹介事業の設立は片時も忽諸に附する事能はざる焦眉の急務なりと知るべし。

職業紹介事業の組織

(一)失業の原因　失業の豫防及その救濟を論ぜんと欲せば先づ失業の原因に就て講究せざるべからず世人は勞働者の怠惰放逸を以て失業の最大の原因と認むるの風あれども往年スッツトガルト市に於て行へる調査の結果に據れば此の種の原因は事實上割合に少なきものゝ如く當時に於ける失業者の九割五分弱は全く斯る惡習の風聞なき者なりしと云ふ次に疾病は如何と謂ふに獨逸帝國に於ける調査に據れば失業の原因中最も多きは疾病にして失業全數の一割乃至四割に及べりと失業の原因中最も重きを置くべきは勞働者の任意的退職と雇主の解雇の多數を占むる事なり前述せるスッツトガルト市の調査に依るも失業者全數の三割九分は此の原因にありしと傳ふ此は傭者被傭者間に於ける舊來の家

長的主從的の情誼頽廢して單純なる法律的契約的關係發達し兩者の反目愈々鮮明となりて動もすれば直に其の關係を破却せんとするの氣風を醸生したるにありと謂ふべし殊に機械の發明、技術の發達、產業組織の進步は勞働者を犧牲に供する場合頗る多し蓋し本邦に於ては這般の調査統計なきが故に一概に之を斷言すること難けれどもスツツトガルト市の調査の結果は之を本邦の勞働事情に照し考ふるに其の經濟事情を異にするが故に多少の差はあらんも這般の傾向の顯著なる事は予輩平素の實驗に據りて斷言する事を憚からさるなり惟ふに往時に在りては生活の程度低かりしため例令失業のため飢餓に瀕する者あるも自他共に其の苦痛を感ずること割合に彰著ならざりしも微今に於ては世態一般に奢侈に流れ享樂の機會著しく增加せし結果失業者と一般世人との生活上の懸隔一層甚しく感知せらるゝに至れり加ふるに資本集中の大勢は工業を都市に集中せしめ工業集中の結果は勞働者を都市に集中せしめ爲めに失業の現象も往時に於けるよりも著しく集中的に發現するに至れり是れ失業問題を等閑に附すること能はざる所以なりとす。

（二）失業救濟の責任　要するに失業の原因は勞働者の疾病に在りとするも或は傭者被傭者の不和に在りとするも將た或は產業組織の性質上に在りとするも失業の惠術を不幸なる失業者のみに負はすことは何れの點より論ずるも不可なりと謂ふべし果して然らば失業者救濟は何人の責任なりやと云ふに吾人は失業原因の多くが社會的經濟的原因なるに鑑み之が救濟の責任は國家に在りと謂はざるべからず惟ふに失業の場合に業務又は救濟を請求するの權ありとの觀念は歐洲に於ては其の淵源遠く十六世紀に發し一千七百九十一年及び九十三年の佛國憲法、一千七百九十四年の普國憲法等には之を認め貧民に勞働又は救助金を與ふる義務を國家若くは公共團体に認むる旨を規定せりと云ふ殊に晩近英國に於ては一千九百五年勞働黨は保守黨內閣に迫つて失業者に對して勞働を給與すべき國家の義務を認むる法案を議會に提出せしめ更に一千九百八年には失業者法案を提出し遂に一千九百九年には職業紹介條例、一千九百十一年には强制失業保險條例を發布せしむるに至れり而して其の他の歐洲諸國に於ても現代法制の原則の許す限りに於ては能ふだけ勞働權を認めんとするものゝ如し蓋し予が茲に勞働權に對する歐洲法制の一般を叙せしは勞働權の承認に依りて失業問題を解決せんと欲するに非ず或は人民に勞働請求權ありと云ふにも非ず要は唯だ慈善事業や不備なる二三の法規を以て失業問題を解決せんと欲する人々の妄を辯じ失業者の救濟は國家の大責任なる事を警告せんがためにして決して他意あるにあらざるなり。

（三）失業救濟の機關　失業の豫防及其の救濟の機關として古來實施せられしもの曰くギルバード條例、曰く國立勞働場、曰く窮民授産事業等二三にして止まざれども皆均しく弊害多くして永續すること能はざりき然れど職業紹介事業は産業の發達に連れて益々發達し今や社會政策として文明諸國に其の設け無き所稀れなるに至れり而して其の組織に就ては（一）勞働組合の經營に因るもの（二）雇主組合の經營に係るもの（三）慈善團体の設立に因るもの（四）公共團体の經營に係るもの（五）國家の經營に因るもの等の五種あり乞ふ少しく之を論ぜん。

勞働組合の經營に因る紹介制度。　勞働組合が其の組合員の失業の場合に失業救助金を支出するに當りては職業紹介制度を設くるを要すべく且勞働の需要供給の地方的不平均を除去せんと欲せば此の制度に依らざれば其の目的を遂ることを得ざるべし殊に勞働組合が企業家に對する地位に於ても此の紹介組織に依りて大いに勢力を張るが故に紹介制度は勞働組合の權力手段と看做すことを得べし既に戰鬪手段として利用せらるゝの傾向あるが故に雇主は一般に此の紹介組織を好まざるの風あり之れ勞働組合の經營せる紹介事業が殆んど全く手工業的工業の方面に限られ爾餘の工場的工業に在りては頗る微々たるを免れざる所以なり。

雇主の經營に係る紹介制度。　雇主の經營に係る紹介制度は勞働組合の企業家に加へたる壓迫に對し自衛策として企圖せられたるものなり故に此は組合企業家に對し所用の勞働者を供給するの機關たると共に契約違反又は其他の不法行爲ありし勞働者、殊に同盟罷工運動に際して不穏の行爲ありし勞働者をして組合企業家に雇はるゝに至るを防止するの機關たるなり然れど此種の紹介制度は單に雇主の利益のみを謀らんとするの缺點あるが故に勞働者は一般に之を利用するを好まざるの風あり之れ此種の紹介制度が勞働組合のそれと共に顯著なる發展をなすこと能はざる所以なり。

慈善團体の設立に因る紹介制度　慈善團体の紹介所は勞働組合、又は雇主組合等の紹介制度の缺陷を補はんがために起されたるものにして獨墺諸國に於ては公共團体の補助の下に成立せるもの多く英米諸國に在りては宗教團体の設立に係るもの少なからず而して其の企業家及び勞働者の双方をして其の經營に參與せしむるが故に傭者被傭者双方の信任を博するの便宜ありと雖も多くは孤立的にして他所との聯絡なく且つ種々なる國家的後援を受くる特權なきが爲め其の成績顯著ならざるは止むを得ざる所なり今や此等の理由を以て慈善團体の紹介所は次第に公共團体の經營に移りつゝあるの狀態なり。

公共團体の經營に係る紹介制度　市町村は救貧費用の負擔者として將た亦た社會的救護の當局者として須らく此の紹介事業にも着手する所なかるべからずとは一般輿論の是認する所なり此種の紹介制度最も盛なるは獨逸にして一千九百八年の調査に依れば市町村立の紹介所數三百八十九、其の紹介件數は一ケ年間九十三萬二千九百四十六件に及べり此等の公益的紹介所數は一大聯合組合を組織して獨逸勞働紹介所組合と稱し全國を通じて統一的の活動をなせるは大に注目に値せる所なり此種の紹介制度の特色は市町村の行政機關そのものを利用して各地方間の聯絡を計る事、勞力の需要供給の調節を圖るために公共的工事を左右するの便宜ある事、無償にて電信電話郵便等の交通機關を使用する事等なり而して其の缺點とする所は市町村吏員の直接經營に因るがため役所的官僚的に流れ易き事、企業家又は勞働者の事情に通ぜざる事、隨つて彼等の同情と信任を得難き事等なり此等の點に鑑み英國は傭者被傭者の双方より同數の委員を選出して委員會を組織し双方に關係なき官吏を以て委員長たらしむ獨逸にても企業家勞働者双方の委員を參加せしむるもの或は自治体の公吏のみを以て其の局に當らしむるもの相半ばするの狀態なり要するに紹介制度の如く企業者又勞働者に對して利害關係の多き事業は彼等の協力に俟つ所大にして純然たる官公吏のみの管理にては到底斯業を盛大ならしむること能はざるなり。

國家の經營に係る紹介制度。 國家經營の下に職業紹介事業を開設せしは英國を以て嚆矢となす即ち一千九百五年政府は失業者條例を發布し幾多の紹介所は救濟委員管理の下に開設せられたりと雖も其の效果を擧ぐる事少なからざりしを以て遂に一千九百九年職業紹介條例を發布し國立職業紹介制度を開始するに至りしかば英國の職業紹介事業は大に世人の注意を惹くに至れり該法に依れば倫敦に本部を置き全國を十一區に分ち人口十萬以上の都市には三十ヶ所の一等紹介所を置き人口五萬以上の都市には同數の二等紹介所を置き小都市にも尙ほ若干の支所を設け中央部の統轄の下に各地方間の聯絡を保ち相互に協力して一年間に一百十二萬餘人の求職者を取扱ひ年額三百卅餘萬圓の經費を支出せりと云ふ惟ふに職業紹介所の設立は國家自ら局に當るべきか將た或は之を市町村の經營に委すべきか或は其の設立は之を任意となすべきか將た或は之を强制すべきかの問題に關しては歐米に於ても今尙ほ識者の所見一致せざる所なれば妄に予輩の卑見を陳すべき限りにあらざれども若し我が邦に於て紹介所の設立並に經營を市町村の任意に委せたらんには容易に其の實施を見ること能はざるべく假に之を强制するも自治体の權力にては從來の慣習並に利害關係より生ずる障害を打破すること難かるべし加ふるに輓近經濟界の動搖激しく一地方、一區域内に於て容易に勞力の需要供給を調節すること能はざる時期に於ては中央政府の統轄の下に統一的の活動を爲すにあらずんば眞に其の目的を遂すること能はざるならん殊に中央政府の行政的干渉が多大の成績を擧げ得る本邦に於ては國營の紹介制度を以て最も效果ある施設なりと謂はざるべからず之を要するに予輩は失業に對する國家の責任より謂ふも若しくは職業紹介事業の性質より論ずるも紹介事業は國家自ら其の局に當るを以て最も適當なりと信ずる者なり。

昭和七年三月十日印刷
昭和七年三月十三日發行

【非賣品】

大阪市浪速區惠美須町二丁目百十六番地
財團法人　大阪職業紹介所
電話戎六一〇番

大阪市此花區大開町一丁目一四〇
印刷者　中井藤藏

大阪市此花區大開町一丁目一四〇
印刷所　大阪進光堂
電話土佐堀{一一一〇番
七七四二番}

◇昭和六年報　無宿労働者

（大阪労働共励館・昭和七（一九三二）年七月五日）

掲載資料の原本として大阪府立中央図書館所蔵資料を使用

昭和六年報

無宿労働者

大阪労働共勵館

港區泉尾松之町二丁目一八番地

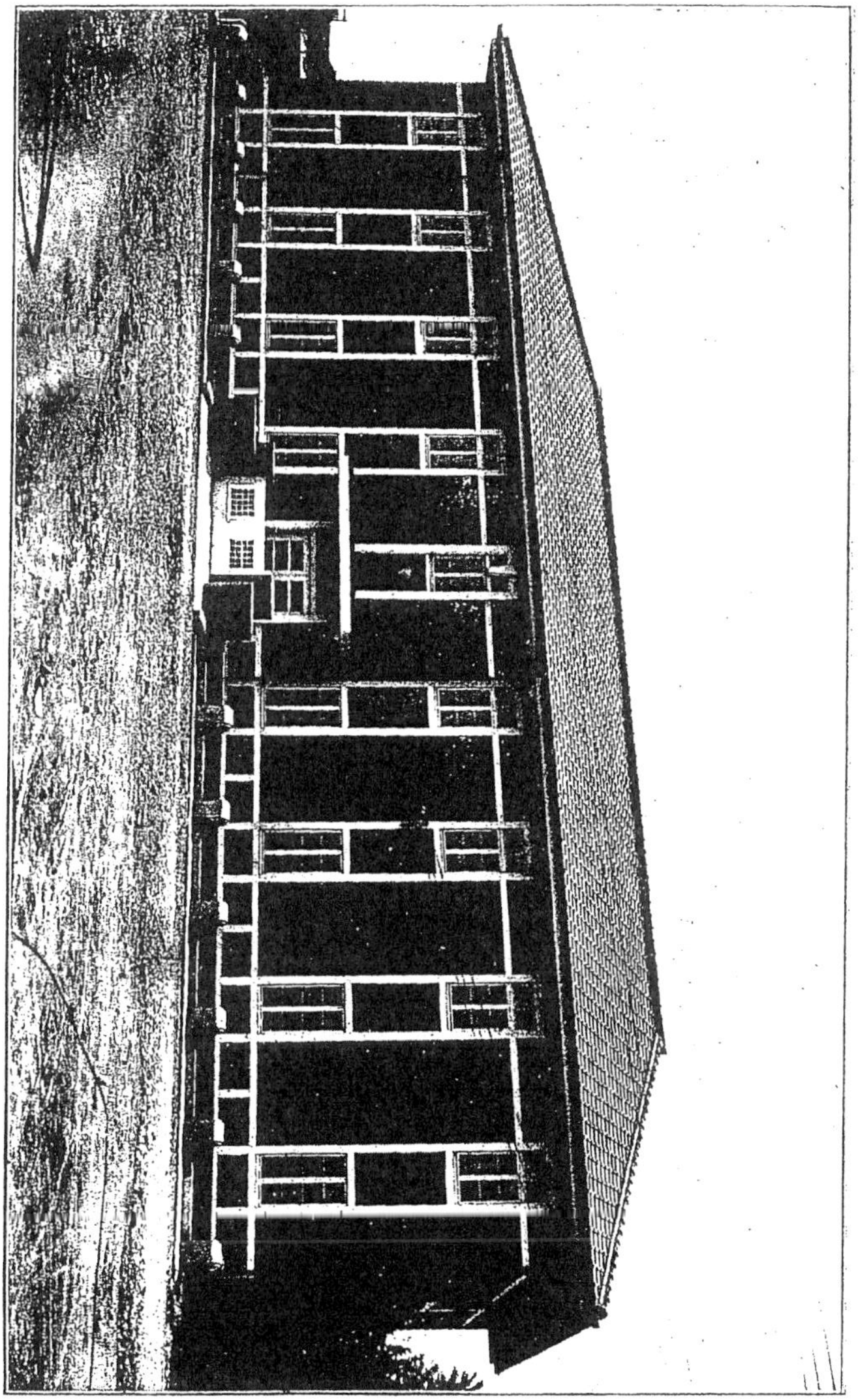

大阪勞働共勵館

大阪勞働共勵館見取圖

土地總面積　二百二十五坪
建物總延坪數　二百三十四坪
工　　費　二万七千五百六十圓

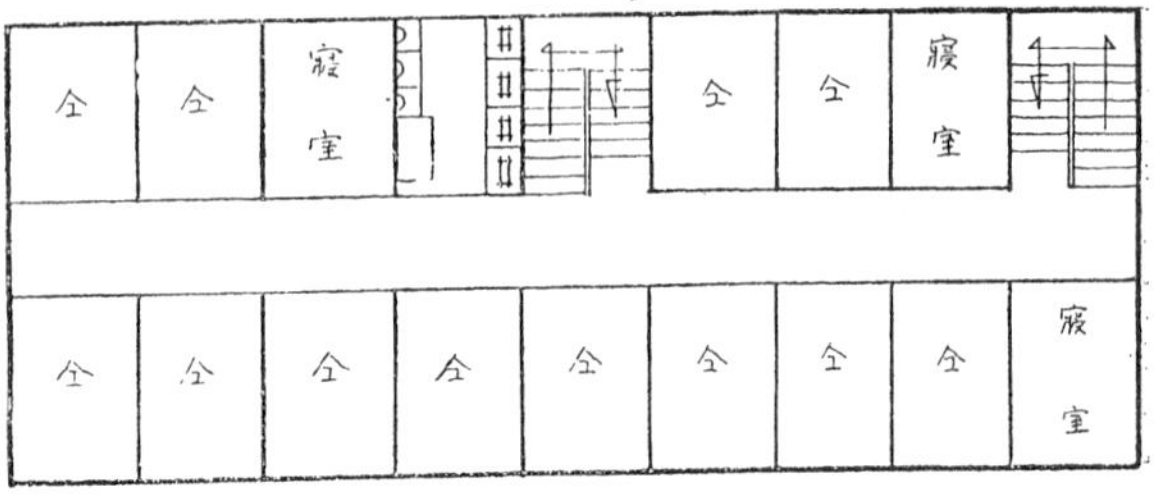

階上平面圖

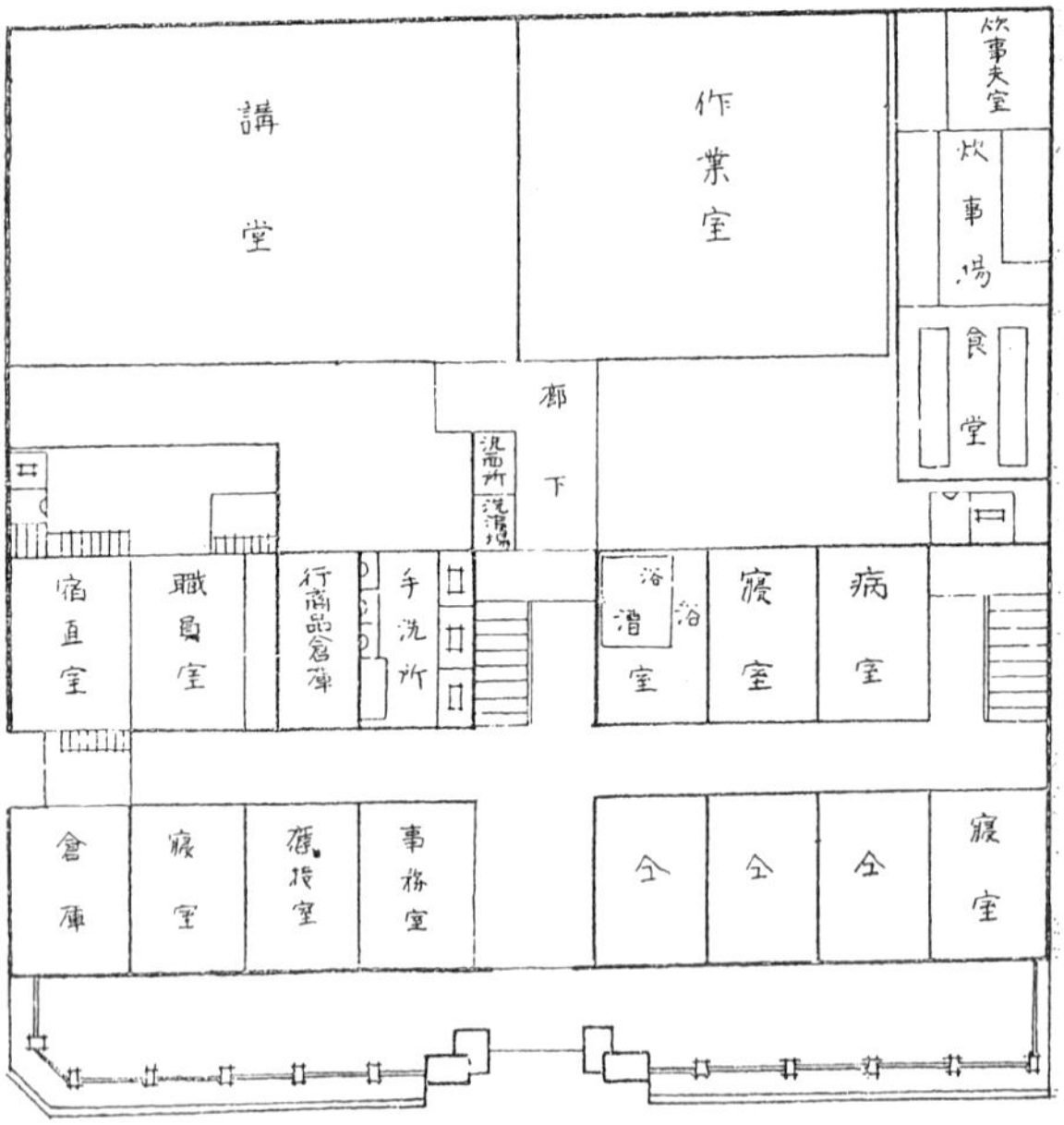

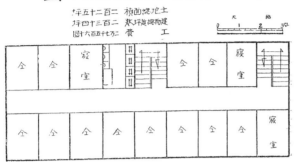

階下平面圖

失業浮浪原因比較表

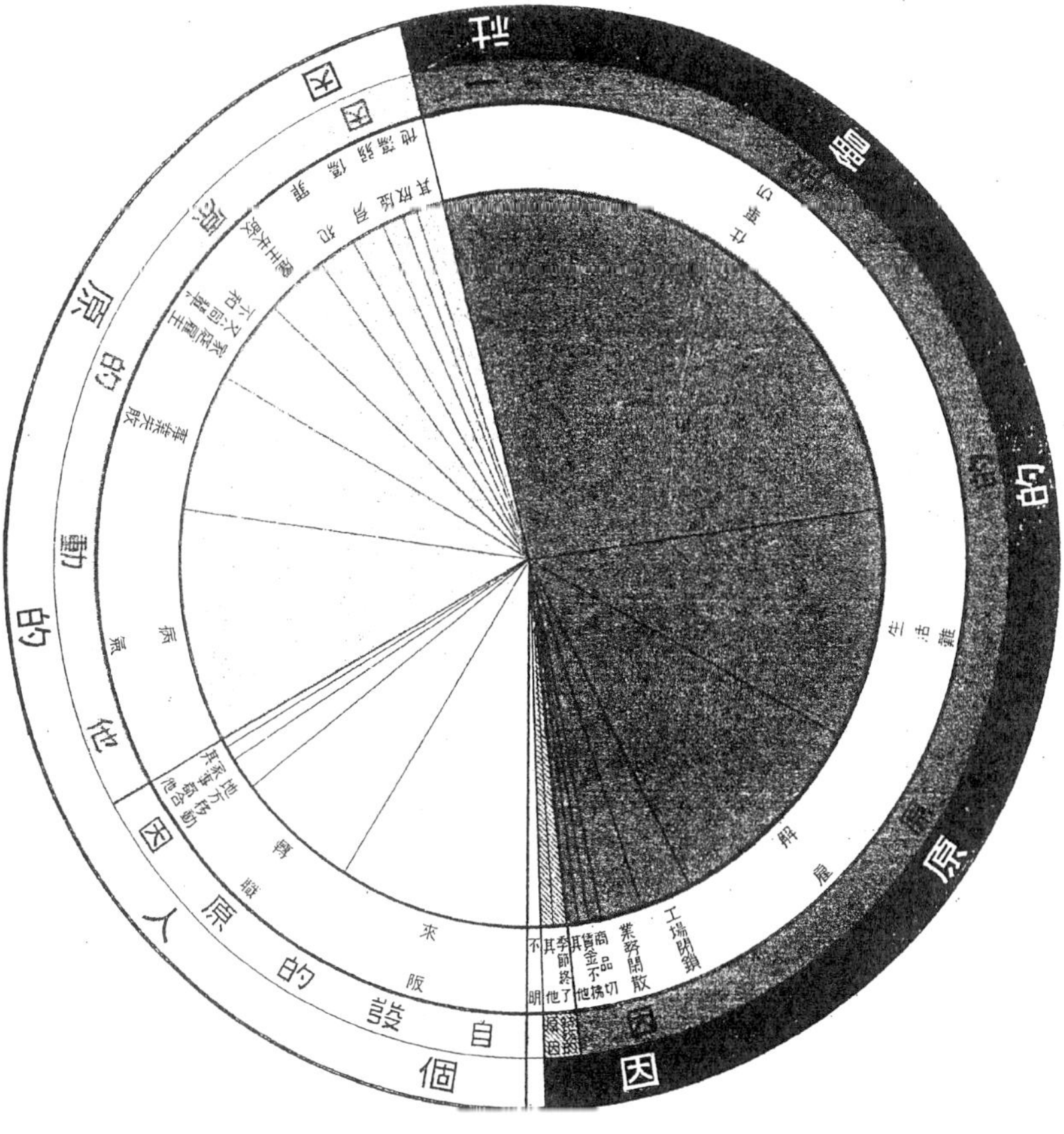

原因	個人的原因																社會的原因												不明	合計
	自發的原因						他動的原因										一般的原因									特殊的原因				
	來阪	轉職	地方移動	家事ノ都合	其他	計	病氣	事業失敗	家庭雇主又ハ同輩ト不和	雇主失敗	犯罪	負傷	虚弱	放蕩	其他	計	仕事切	生活難	解雇	工場閉鎖	業務閉散	商品切	賃金不拂	其他	計	季節終了	其他	計		
比例	八・八二	五・五二	一・三九	〇・八三	〇・二六	一六・八二	一〇・三二	六・〇一	三・七九	二・六三	一・八八	一・三五	〇・八六	〇・六〇	一・七六	二九・二〇	二六・七三	一〇・〇二	九・四六	二・四〇	一・九五	〇・四五	〇・三七	〇・七六	五二・一四	〇・三七	〇・八三	一・二〇	〇・六四	一〇〇・〇〇

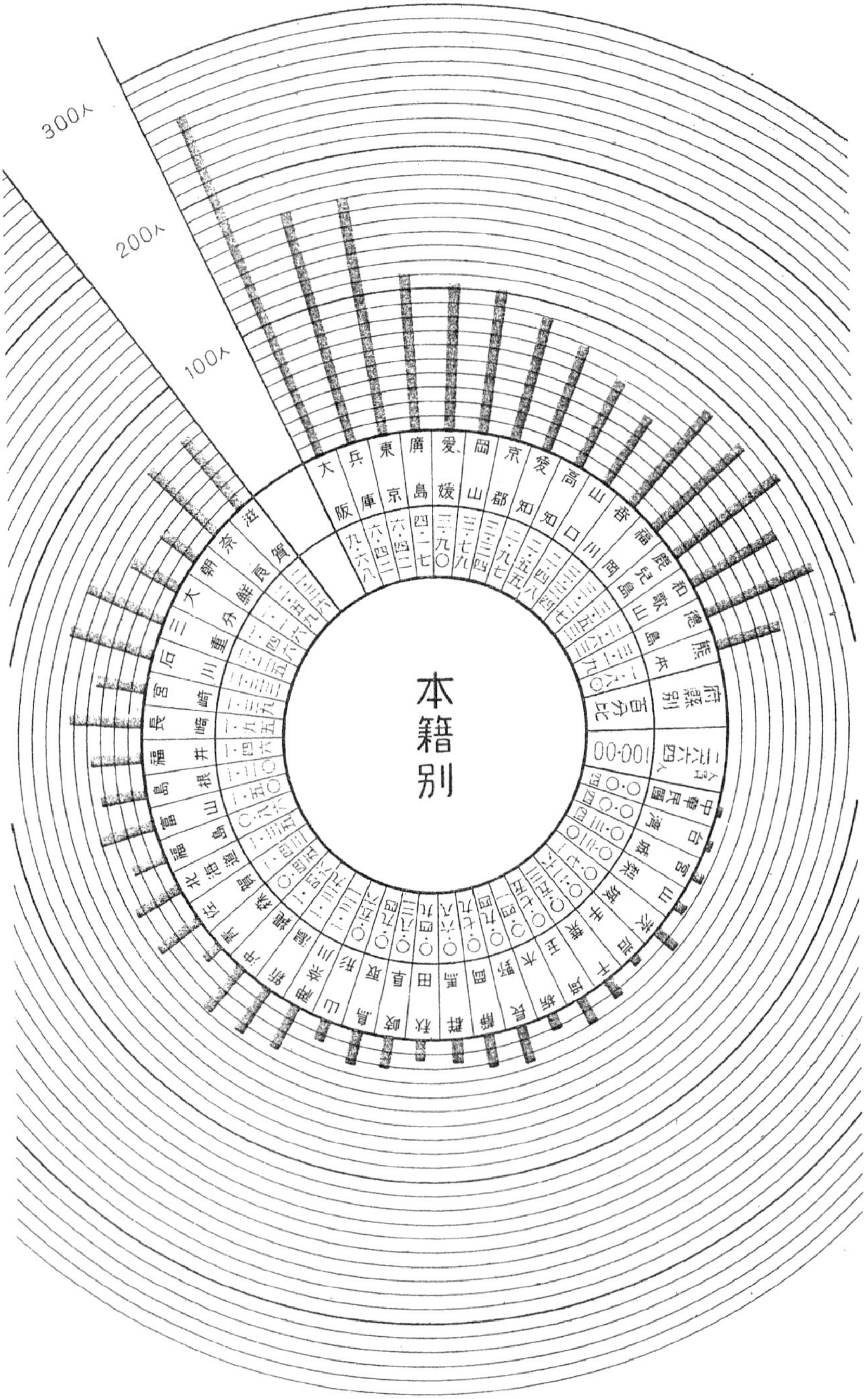
本籍別
300人
200人
100人
府縣別
百分比
大阪
兵庫
東京
廣島
愛媛
岡山
京都
愛知
高知
山口
香川
鹿児島
和歌山
徳島
熊本
滋賀
奈良
朝鮮
大分
三重
石川
宮崎
長崎
福井
島根
富山
福島
北海道
佐賀

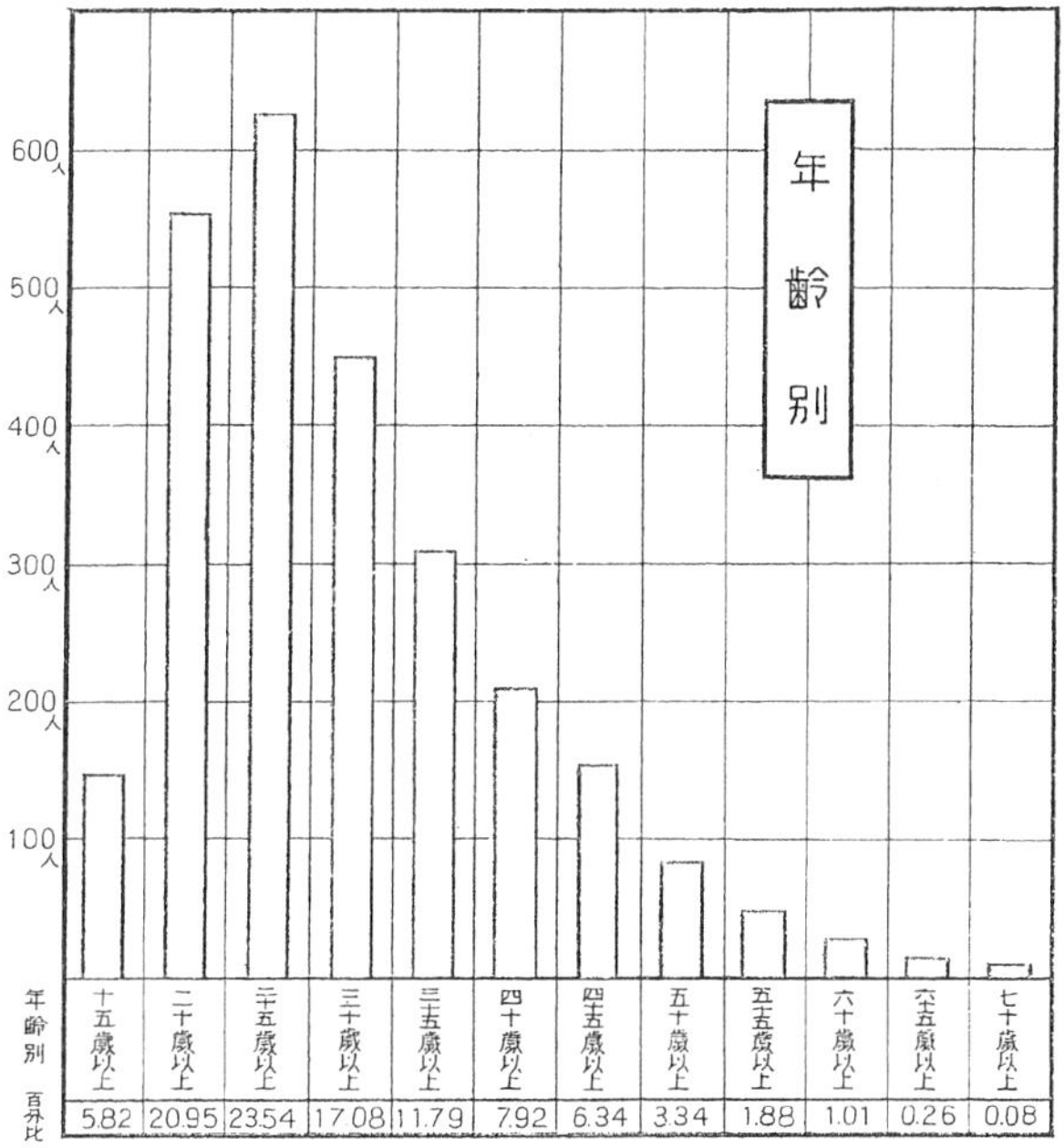
年齡別
600人
500人
400人
300人
200人
100人
年齡別
十五歲以上
二十歲以上
二十五歲以上
三十歲以上
三十五歲以上
四十歲以上
四十五歲以上
五十歲以上
五十五歲以上
六十歲以上
六十五歲以上
七十歲以上
百分比
5.82
20.95
23.54
17.08
11.79
7.92
6.34
3.34
1.88
1.01
0.26
0.08

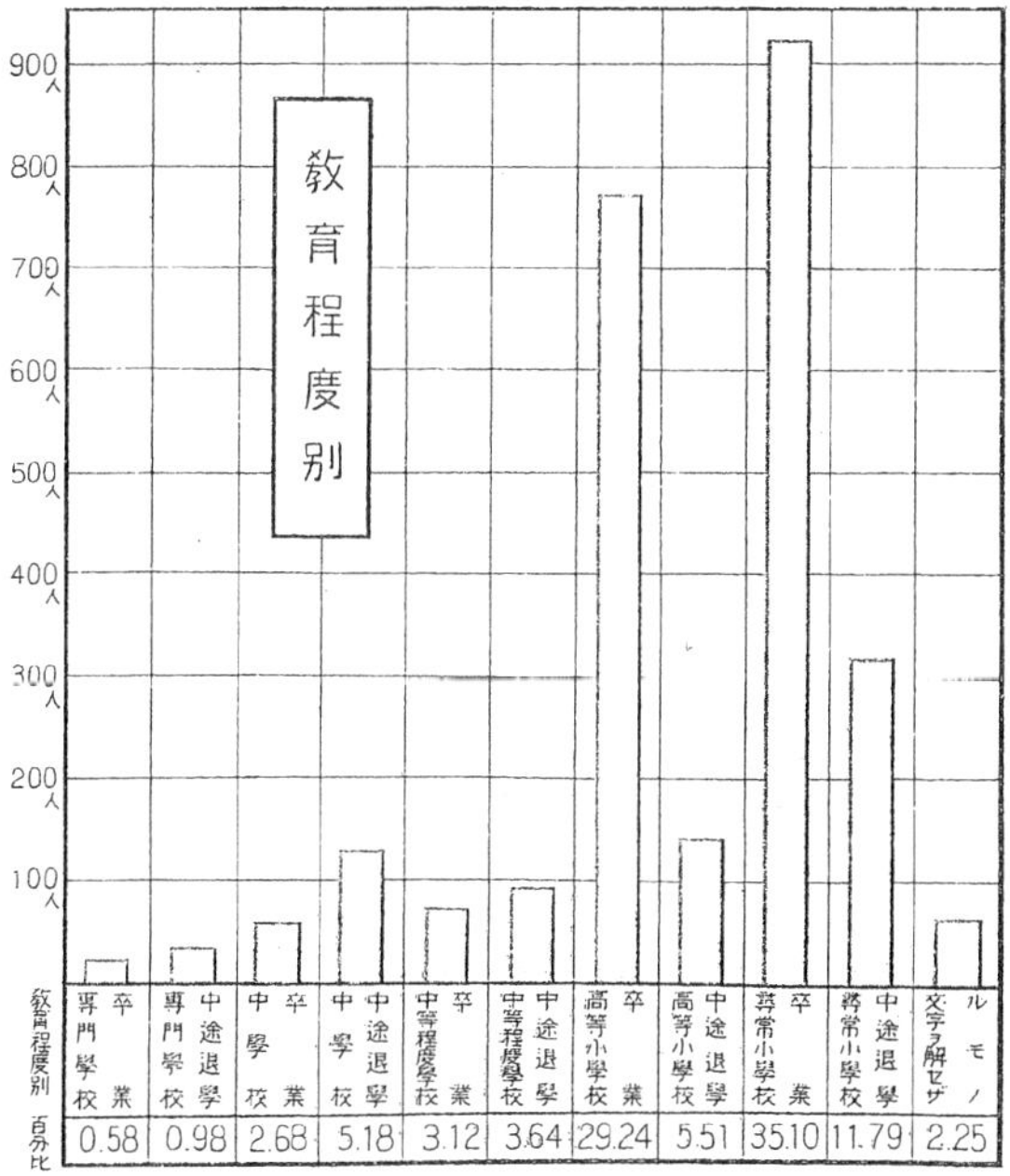
教育程度別
900人
800人
700人
600人
500人
400人
300人
200人
100人
教育程度別
專門學校卒業
專門學校中途退學
中學校卒業
中學校中途退學
中等程度學校卒業
中等程度學校中途退學
高等小學校卒業
高等小學校中途退學
尋常小學校卒業
尋常小學校中途退學
文字ヲ解セザルモノ
百分比
0.58
0.98
2.68
5.18
3.12
3.64
29.24
5.51
35.10
11.79
2.25

所得及貯金成績

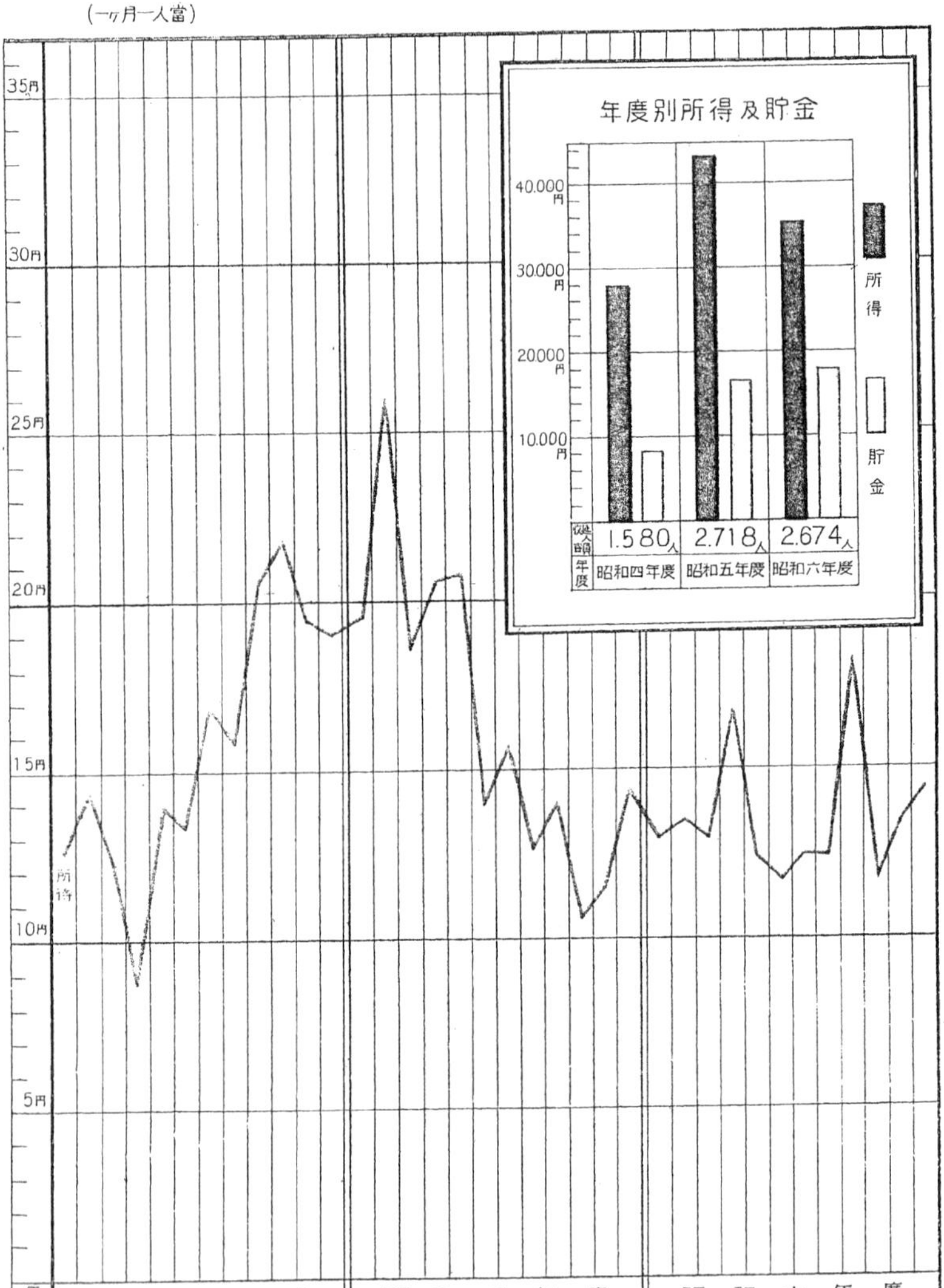

年度別	月別	所得ニ對スル貯金ノ割合
昭和四年度	四月	二九・五七
	五月	二五・七四
	六月	三五・六六
	七月	三八・一九
	八月	三三・八五
	九月	三一・一九
	十月	二六・五一
	十一月	二七・六四
	十二月	三一・六二
	一月	二六・九三
	二月	二九・〇七
	三月	三〇・七四
昭和五年度	四月	三四・六五
	五月	三八・九九
	六月	三八・九一
	七月	三八・三四
	八月	二九・〇三
	九月	三五・一五
	十月	三六・八七
	十一月	三八・六〇
	十二月	四五・五三
	一月	三六・〇四
	二月	四二・六八
	三月	四四・六四
昭和六年度	四月	四七・四二
	五月	五五・六四
	六月	五二・二六
	七月	六七・三八
	八月	四三・七〇
	九月	八六・三五
	十月	六一・八〇
	十一月	六五・三一
	十二月	五五・一四
	一月	四一・〇九
	二月	五五・三六
	三月	五一・九三

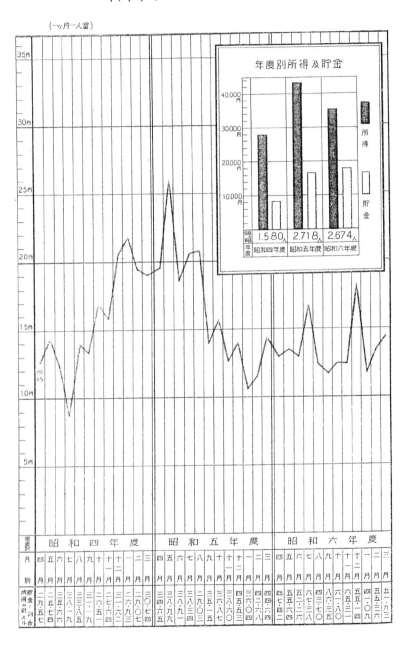

入館から退館まで

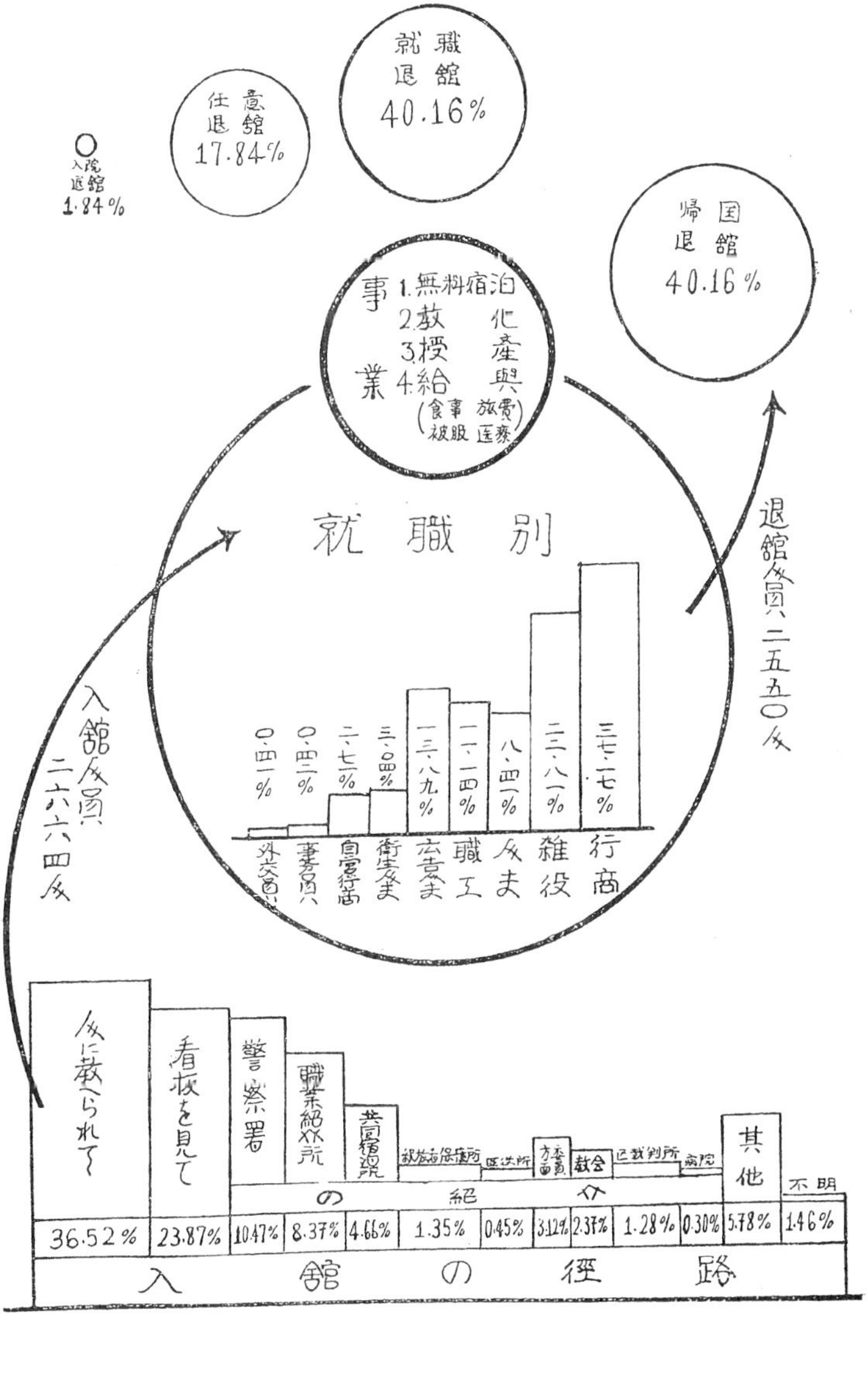

就職 退館 40.16%
任意 退館 17.84%
入院 退館 1.84%
帰国 退館 40.16%
事業 1.無料宿泊 2.教化 3.授産 4.給与 (食事 旅費 被服 医療)
就職別
一三、八九%
一一、一四%
八、四一%
二三、八一%
三七、一七%
職工
雑役
行商
看板を見て
警察署
職業紹介所
教会
病院
其他
不明
の紹介
36.52%
23.87%
10.47%
8.37%
4.66%
1.35%
0.45%
3.12%
2.37%
1.28%
0.30%
5.78%
1.46%
入館の径路

例言

本年報は昭和六年一箇年間に於ける本館事業の概況を記述せるものにして巻頭に載する所の統計圖表は既往三箇年間の統計を集計して作れるもの次に巻尾に付する所の統計表は過去三箇年間の統計を年次別に據りて示せるものなり而して更に巻末に附錄として掲ぐる所の『わが半生を語る』てふ拙文は本館經營の目的方針を說明するための一助として添ゆるものなれば讀者幸に之を諒せられん事を請ふ

昭和七年六月十五日

大阪勞働共勵館主任　八濱德三郎

昭和六年報目次

大阪勞働共勵館昭和六年報

第一　沿革施設目的

一　沿革

大阪府御大禮記念社會事業として計畫せる本館は無宿勞働者の救護を目的とせるものにして之が經營を大阪市北區野崎町十八番地財團法人天滿職業紹介所に委託し同法人は大阪府より經常費の大部分の補助を受け大阪府の指示の下に建物以外事業に必要なる一切の設備を調辦し該經費並に維持費を負擔する事となりたれば本館の竣工まで差當り大阪市浪速區惠美須町二丁目財團法人大阪職業紹介所内に假事務所を設け昭和四年二月十四日より授産事業中特殊設備を要せざる簡易なる事業を開始せり而して豫て大阪市港區泉尾松之町二丁目十八番地府有地二百一十五坪をトして建設中の本館及附屬建物は昭和四年六月末日竣工せしを以て同七月五日同所に於て愈々所期の事業を開始し今日に至る

二　施設

建設物は本館(木造瓦葺二階建延百五十九坪一合二勺)、講堂及作業場(木造瓦葺平家建五十四坪)、食堂及炊事場(同上十四坪)、便所及渡廊下(同上七坪三合)、その建築費總額貳萬七千五百六拾圓にして本館は公舍、職員室、事務室、應接室、倉庫、浴室、便所以外に宿泊室二十及病室一を有し一室に鐵製寢臺四個宛を具ふるが故に百六十八名を宿泊せしむることを得而して是等の寢臺には藁蒲團、敷蒲團、掛蒲團、夏蒲團等を備ふ講堂は二百名を容るゝに足り集會以外には休憩室又は娯樂室として之を使用す。

三　目　的

本館の目的は大阪府管内に於ける無宿勞働者に對し救護を加ふるため宿所を供給し職業指導を爲し自立の途を講ぜしむるため(一)無料宿泊(定員百五十名)、(二)宿泊者の救護、(三)宿泊者の授產、(四)宿泊者の職業紹介、(五)以上の各事業に附帶せる救助(食事、旅費、被服等の給與並に醫療等)、(六)其他大阪府に於て必要と認めたる事業等を行ふものにして其事業の內容、種別及成績等は請ふ左記各項に就て看らるべし。

第二　事業成績

一　本　籍

收容者の本籍別は一道三府四十三縣朝鮮臺灣支那等の廣きに亘り之が比例を道府縣別に依りて見るに大阪八・〇七%、兵庫七・三四%、東京七・〇六%等多く岡山四・五九%、廣島四・五〇%、香川三・九五%、鹿兒島三・七六%、福岡三・六六%、京都三・三九%、愛媛三・一二%、德島三・〇三%等の順位を以て之に亞ぐ要するに東京、鹿兒島以外は大阪を中樞とせる隣接府縣若くは海陸の交通便利なる地方の人々多し而して東京、鹿兒島の比較的多きは前者の中には別表『經歷地』に於て知るが如く各地方より先づ帝都たる東京に移動し更に產業都市たる大阪に再移動せるもの少からざる爲めなるべく後者は可働年齡者の他府縣移動を以て著名なる地方なるが爲めなるべし。

二　經　歷　地

茲に經歷地とあるは移住地又は寄留地にして當事者の生活上最も緣故深き地方を云ふ而して經歷地の無きもの則ち

出生地以外に移動せし事なきもの五七・四二％、出生地以外の他地方に一回若しくは數回移動せるもの四二・五八％の割合にして其の移動地の比例は大阪一四・三一％、東京七・六五％、兵庫五・一三％等最も多く其の他は福岡一・八三％、京都一・一九％、神奈川〇・九一％、廣島〇・九二％、愛知〇・八三％、北海道〇・七三％等の順序なり而して其の移動の徑路は關東方面のものは東京又は横濱、關西方面のものは京阪神と謂ふが如く先づ其の地方の都市に移動し更に商工業の中心地たる大阪に再移動を行へるものの如し。

三　在阪期間

在阪期間調に據るに五日以内四〇・九三％、十日以内九・八二％、二十日以内五・五〇％、三十日以内一一・〇二％、六十日以内七・四三％等の比例なり則ち收容者の約半數は出稼その他の目的を以て來阪せるも就勞の機會乏しく徒食數日を經過せる間に所持の金品を悉く消費し勞働下宿又は人夫周旋業者等の奸計の陷穽に墜落して一物をも餘さざるまでに剝ぎ取られ忽ち食ふに物なく蔽ふに衣なきに至るも他人の軒下に食を乞ふに忍びず空しく路傍に彷徨せる中に人に敎へられて來館せるものなれは其の浮浪若しくは惡化の程度たるや推して知るべし、其他在阪期間の比較的長きものは一年乃至五年九・〇八％、五年乃至十年四・九五％、十年以上六・九八％の比例にして是等の間には前科、疾病、不具、酒精中毒等に依る常習的浮浪者少からざるが如し。

四　年　齢

年齢別は十五歳以上二十歳未滿六・〇五％、二十歳以上二十五歳未滿一三・三〇％、二十五歳以上三十歳未滿二二・三九％、三十歳以上三十五歳未滿一七・五三％、三十五歳以上四十歳未滿一〇・八三％、四十歳以上四十五歳未滿六・五一％、四十五歳以上五十歳未滿五・七八％、五十歳以上七・六一％の比例にして二十歳以上三十歳未滿の者最も多く

四割五分强を占め三十歳以上四十歳未滿の者之に次ぎ二割八分强を占め總數の七割四分が可働年齢者なるは特に再思すべき現象なり。

五　配偶者

收容者の七割四分は二十歳以上四十歳未滿の性殖年齢者なれども社會的經濟的事情のため妻帶せるもの甚だ少く未婚者六七・七一%、既婚者三二・二九%の比例なり而して既婚者三百五十二人のうち妻と別居又は之を遺棄せるもの六十八人、妻と死別せるもの百五十一人、妻と生別せるもの百三十三人を算ふるが如きは貧乏若くは貧乏を原因とせる疾病のため是等の結婚生活が如何に悲慘なりしかを推知するに足らん。

六　戸主との續柄

戸主との續柄を見るに戸主三五・八七%、戸主の弟二三・五八%、長男一三・一二%、次男一一・九三%等の割合にして戸主が總數の三割六分を占むるが如き是れ看過すべからず則ち是等多數の戸主が都會に移動して其の家を省みざるは其の家庭の破壞を物語るものにして其の家族の社會的關係には重大の變化を及ぼすものと云はざる可らず次に弟又は次男以下の都會移動は家族增大の結果とも見ることを得れば別に憂ふることなからんも長男の都會移動は將來歸鄉するや否やに依りて家族關係に少からざる影響を與ふるの虞あらん。

七　戸主の職業

戸主六百九十九人の職業別を見るに農業三八・三二%、雜二〇・〇二%、商業一六・二〇%、公務自由業六・二九%工業五・八六%、土木建築五・七二%、水產漁業二・二九%、交通運輸通信業一・二八%、無職一・四三%、鑛業〇・四三

%(不明二一・一五%)等の割合にして試に之を業主と勞務者の階級別に分類せば業主七一・六五%、勞務者二八・三五%の比例なり而して業主の階級には農業、商業、鑛業等多く勞務者の階級には工業、公務自由業、土木建築、水產漁業交通運輸通信業等多し。

八　家族關係

父母の有無に就ては父母ともに無きもの最も多く總數の三七・九八%を占め其の他は實父實母二三・一二%、實母のみ二一・七四%、實父のみ九・三六%、實父繼母四・六八%、繼母のみ一・一九%、養父母〇・三七%、繼父實母〇・二八%、養父のみ〇・一八%等の比例なり。

子の有無に就ては收容者の約七割が未婚者なれば隨つて子なきもの九二・二九%の絕對多數を占め子あるもの七・七一%の中に於ては子一人四・六八%、同二人一・四七%、同三人〇・八三%、同四人以上〇・七三%等の比例なり。

兄弟の有無に就ては兄弟なきもの三〇・三七%以外兄弟一人三一・七四%、同二人二一・九三%、同三人九・六三%、同四人四・二二%、同五人以上二・一一%等の比例なり。

姉妹の有無に就ては姉妹なきもの三九・五四%の多數を占め其の他姉妹一人三〇・四六%、同二人一六・五一%、同三人九・二六%、同四人二・九二%、同五人以上一・二〇%等の比例なり。

之を要するに兩親なきもの三割八分、片親なきもの三割一分、兄弟なきもの三割、姉妹なきもの三割九分等の事實に徵して之を稽ふるに浮浪者の家庭關係に於ては兩親又は片親なきの事實が主として浮浪の原因を釀し兄弟又は姉妹の有無多少の如きは別に著しき影響なきものの如し。

九　教育程度

教育程度を見るに尋常小學校卒業最も多く三六・四二%を占め高等小學校卒業之に次ぎ二八・〇四%を占む則ち總數の六割四分强は尋常又は高等小學校の課程を卒へしものにして其の他は尋常小學校中途退學一四・〇四%、高等小學校中途退學四・一三%、中等程度學校卒業三・四九%、同中途退學二・八四%、中學校卒業二・五七%、同中途退學四・九五%、專門學校卒業〇・五五%、同中途退學〇・五五%、文字を解せざるもの一・三九%等なり而して尋常小學校より專門學校までの中途退學者のみにても實に二六・五一%の多數に上り殊に中等程度學校以上に於て中途退學者の比率高きが如き是れ特に留意すべき現象なり。

一〇　氣質

氣質とは感情反應の個人的樣式則ち感情的個性を示すものにして俗に十人十色と謂へるが如く千差萬別にして之を概括して表示すること頗る難く且つ其の差異を判別するに就ては須らく科學的方法に據らざるべからず本調査の如きは單に常識的若しくは經驗的判斷に依りて之を分類せるに過ぎざれば妥當性を缺ぐこと少からざるべし而して氣質の分類は左表の如く多血質、膽汁質、神經質、粘液質の四種に分ち其の氣質の長所短所則ち一個性の表裏兩端をも列記せり。

氣質	長所	短所	約言
多血質	交際家、同情家、快活、進取、多趣味、多方面、馴レ易シ	輕卒、放逸、ごまかし、雷同、利己	輕快、進取
膽汁質	寛濶、大膽、堂々、敏感、意志强固、秩序的、自信	傲慢不遜、陰險、殘忍、酷薄、自暴自棄	重厚、陰忍
神經質	用意周到、忍耐、緻密、眞面目、理義的	猜疑的、嫉妬的、非難的、遠慮的、羞恥的、拘泥的、憂鬱、小心	敏感、緻密

粘液質　交際平和、進止平凡、正直、篤實、沈思的、忍耐　怠惰、卑屈、無氣力、無情、偷安、因循、保守、迂濶、遲鈍、

以上の分類に依り之が個人差を見るに膽汁質二九・一七％、粘液質一七・三四％、多血質二五・八七％、神經質一七・六二％の順位なり而して此等氣質の長所を有するもの極めて稀にして之が短所のみを有するもの甚だ多し例へば多血質にては輕卒、放逸、馴れ易し、ごまかし、膽汁質にては陰險、傲慢、短氣、神經質にては小心、遠慮、粘液質にては遲頓等最も多き事實に徴すれば變質者則ち精神の發育が圓滿平等なる能はず就中情意の發動に缺陷あり智力の低格を伴ふ者の少からざる事を知るべし。

一一　嗜好

煙草と酒と菓子の三種を擧げて其の嗜好別を調査せるに此等の嗜好なきもの二二・〇三％以外は煙草を嗜むも酒や菓子を好まざるもの三五・九六％、煙草と酒とを嗜むも菓子を好まざるもの三〇・一八％、酒を嗜むも煙草や菓子を好まざるもの八・五三％、菓子を好むも酒や煙草を好まざるもの三・三〇％の比例なり。

一二　趣味及娯樂

趣味娯樂は一人一種を擧げたるものにして活動寫眞二八・六二％、讀書一三・五八％、芝居六・八八％、碁四・二二％、將棋四・一三％、音樂三・七六％、野球三・四四％、萬歳三・〇三％等多く其の種類は七十三種の廣きに亘れり尚その種別を整理して之を表示すれば興行物四一・一九％、讀者一三・六七％、競技運動一一・二四％、賭事八・五三％、遊藝五・〇四％、文藝一・五五％、飲食〇・四六％、性慾〇・二八％、修養〇・一八％、其他一〇・二五％、無七・六一％等なり。

一三　宗　　教

宗教別は無宗教五三・三〇％以外は佛教最も多く總數の三一・四八％を占め其の他キリスト教七・六二％、神道二・五七％、天理教一・八三％、金光教一・三八％、稻荷〇・五五％等の順位なり而して以上の比例に據れば收容者の四割六分强は宗教的信念を有するが如きも實は然らず則ち汝の宗教は何ぞやとの質問に對して其の答ふる所の多くは祖先傳來の宗教にして自己の信奉する宗教にあらざるなり此の如き例は佛教に最も多し例へば佛教なりと答ふる時は佛教信者の家に生れたりとの意味にして自己は何等の信仰をも有せざるを常とせるが如きは收容者の過半が無信仰なる事實に徴するも首肯すべし。

一四　犯　　罪

前科者一百十八名中の六名は區裁判所より三名は釋放者保護所より二名は刑務所より直接送致せるものにして他の一百七名は收容の際に本人自ら前科者たる事を申告せる者なれば此の他に幾許の前科者ありや否や之を詳にせず犯罪種別は窃盜六十一名、賭博八名、横領六名、傷害殺人六名、詐僞横領五名、窃盜横領四名、窃盜詐僞四名、業務横領三名、詐僞三名、殺人未遂傷害三名、賭博傷害横領二名、强盜官名僞稱横領二名、其他十一名にして犯數は初犯最も多く六十四名を占め、其の他は二犯二十二名、三犯九名、四犯四名、五犯八名、六犯二名、七犯三名、九犯二名、十犯以上四名等なり。

一五　習　得　技　能

收容者の六割强は智能の低劣若くは身体の虛弱なるため何等の技能を有せず其の他の四割弱は多少の技能を有し其

（８）

の技能の種別は百十四種の多きに亘るも其の中には特別の熟練も專門の知識も必要なく唯だ健康さへあらば何人にても營み得る職業少からざるが故に此等の職業に從事せるものは如何程勤續するも上達することなく漸く自己の口を糊するに足る地位に甘んずるか不平の餘り其の職を抛ちて甲より乙へと當途もなく轉々するの他に途なし或は特殊の技能と優秀の智能とを要する職業に從事せしものあらんも別表氣質調に於て見るが如く收容者の多くは智覺の遲鈍と注意の散漫との爲めに其の技能に熟達すること能はず不熟練者と殆ど區別なきなり試に習得技能の主なるものを擧ぐれば鐵工四十三名、菓子職十八名、コック十五名、印刷工十五名、料理職十三名、火夫十二名、染色工十一名、船員十名、鑄物工八名、理髮職七名、左官職六名、機關士六名、仕立職五名、漁夫五名等なり。

一六　前　　職

前職別を見るに職工二〇・六四%、日傭勞働一三・二一%、雜役八・九九%、行商六・六〇%、飲食店雜役六・五二%商店員五・〇五%、農業四・八六%、土工四・七七%、外交員四・一三%、商業三・六七%、事務員二・五七%等の比例なり而して此等の多數が不熟練勞働者若くは不定勞働者たるは別表習得技能調に於て觀るが如く總數の六割强が何等の習得技能なき事實に徵して知るべし要するに此等の多數は都會生活を憧れ漫然都會に職を求むべく來阪せるものなるも近時事業界不況のため就職の機會乏しく遂に糊口に窮して日傭勞働者若くは不定勞働者の群に投ぜしものなりと知るべし。

一七　前　　收　　入

收容前の月收は不定二〇・八七%、小遣錢八・七二%以外は二十圓未滿二八・一三%、三十圓未滿一六・七〇%、四十圓未滿八・五三%、五十圓未滿六・五三%、六十圓未滿三・九九%、六十圓以上六・五三%の比例なり次に日收は一圓

未滿二五・九七%、一圓五十錢未滿四一・七四%、二圓未滿二〇・二三%、二圓以上一二・〇六%の比例なり則ち月收者の過半は月收三十圓未滿なるに對し日收者の過半は日收一圓以上にして月收者に比し其の收入特に高きが如きも日收者の多くは天候若くは仕事の都合に因る『アブレ』(休日)の日少からざるも月收者は其の收入殆ど固定せるがため其の實收入に於ては兩者別に差異なく一日一圓五十錢前後なりと看れば敢て大過なかるべし。

一八　失業浮浪原因

收容者の前身は概ね定職なき浮浪勞働者にして其の需要は主として日傭又は臨時勞働に限らるゝが故に其の需要過多の狀態が繼續し且つ彼等よりも適當なる人間の拂底せる場合のみ餘儀なく雇傭せらるゝも然らざる限り失業の厄を免がるゝこと能はず假令晝夜勞働して怠らざるも賃銀極めて安きため明日の食を貯ふるの餘裕なく若し一日その業を失はば忽ち路頭に迷ふの他なく失業と浮浪との間には時間的にも空間的にも其の原因を區別すること能はざるを以て本調査の如きは失業と浮浪とを同一視して之が調査を行へるものなり本表には失業浮浪原因を大別して其の原因が一個人に限らるゝものを個人的原因と稱し此の內に自發的原因卽ち自己の意志に依りて失業浮浪せるものと他動的原因卽ち自己の意志にあらざる他の原因に據りて失業浮浪せるものとを含ましめ次に其の原因が一個人に限らず一般社會現象の結果に依るものを社會的原因と呼び其の內に一般的原因と特殊的原因とを含ましむ則ち本年度の收容者總數一千九十人の失業浮浪原因を擧ぐれば左の如し。

- 個人的原因 四七・八〇%
  - 自發的原因 一七・四二%
    - 來阪……六一・〇五%
    - 轉職……二八・九五%
    - 地方移動……四・二一%
    - 家事ノ都合……四・二一%
    - 其ノ他……一・五八%
  - 他動的原因 三〇・三七%
    - 病氣、虚弱、老衰、負傷……四六・六八%
    - 事業、失敗、失業……二六・五八%
    - 家庭、同輩ト不和……九・三七%
    - 雇主ノ失敗、同死亡……八・四六%
    - 犯罪、放蕩、飲酒……六・〇四%
    - 其ノ他……二・八七%
- 社會的原因 五〇・九二%
  - 一般的原因 五〇・五五%
    - 仕事切レ……三八・四八%
    - 解雇……三三・〇三%
    - 生活難……一八・一五%
    - 工場閉鎖、業務閑散……八・八九%
    - 其ノ他……一・四五%
  - 特殊的原因 〇・三七%
    - 入營……五〇・〇〇%
    - 不漁……五〇・〇〇%
- 其の他＝原因不明 一・二八%

一九　失業浮浪期間

失業浮浪期間は一日乃至五日一七・九八%、六日乃至十日一三・二二%、十一日乃至二十日一一・二八%、二十一日乃至三十日二〇・〇二%、一ケ月乃至二ケ月一六・四二%、二ケ月乃至五ケ月一六・三三%、五ケ月乃至十二ケ月一〇・四六%、一年乃至二年六・九七%、二年以上五・一四%、不明〇・一八%の比例なり仍ち浮浪期間二ケ月未滿のもの最も多く總數の六割强を占むるの事實に加ふるに大阪以外の府縣出身者九割二分その在阪期間二ケ月未滿者六割五分等の事實を參照して之を稽ふるに收容者の過半は都會に於ける勞働の需要若くは就職の機會に刺戟せられて來阪せるもの都會の勞働需要の大半は日傭勞働にして失業の機會頗る多く彼等が身を寄する所の勞力請負業者若くは勞働下宿業者等の貪婪飽くなき强慾のため所持金品を詐取せられ或は移動慾に驅られ舊慣や舊職や舊き緣故よりの解放を求めて無謀にも來阪し職を求めて徒食せる間に錢となるべき物は賣り金となるべきものは典じ盡せる結果本館の保護を求めし者も敢て少からざるべし其の他浮浪期間一年以上のもの一割二分强に及べるが此等は浮浪の常習者と看做すべきものにして其の浮浪原因は犯罪、老衰、虛弱、疾病、不具、泥醉癖等精神上肉体上の缺陷に因る場合多し。

二〇　收容徑路

本調査は收容者が保護を求むるため本館に來れる徑路を調査せるものにして別に紹介者なく本人直接來館せるもの最も多く總數の七八•四四%を占め其の他は警察署五•六九%、職業紹介所五•五〇%、方面委員三•一二%、キリスト教會二•四八%、共同宿泊所一•一九%、區役所〇•三七%、釋放者保護所〇•二八%、區裁判所檢事局〇•五五%、病院〇•〇九%、其他二•二九%等の順位を以て紹介せられたるもの而して直接來館者の三割七分は本館の目的と場所とを掲示せる辻看板を見て來りしもの他の六割三分は他人に敎へられて來りしものなり。

二一　收容者月別移動

本館の目的が周知せらるるに連れ收容人員は漸次增加し昭和四年度六百七十五名、同五年度八百九十九名、同六年度一千九十名と云ふが如く年を逐ふて次第に其の數を增すに至れり而して收容者中就職難又は生活難に原因せる浮浪者七三•五八%、疾病又は虛弱に原因せる浮浪者一四•二一%等の事實に鑑み之が保護の方法は主として就職の斡旋に努め若し疾病其他の理由に依りて就職すること能はざる者のうち鄕里に保護者ある者に對しては旅費調達の途を講じて歸鄕せしむ則ち移動內容を見るに就職のため退館三二•九一%、歸國のため退館四五•三六%、無斷又は諭旨退館二〇・五六％、病氣入院一、一七％の割合なり因に月別に依る收容及移動の多少竝に其の理由に就ては敢て所見なきにあらざるも未だその資料乏しきが爲め請ふ之を他日に讓らん。

二二　就　職　別

收容者の約六割は何等の技能經驗なく他の四割は多少の技能經驗を有するも其の技能經驗概ね未熟にして一人前の賃銀を獲得するの資格乏しきため遺憾ながら不定勞働に從事するの他に途なし則ち就職別は行商三六・九一％、雜役三一・六〇％、廣告人夫一四・五一％、職工八・七四％、自營行商四・三〇％、人夫二・〇一％、衛生人夫一・九三％の比例なり唯だ僅かに職工及雜役の一部を除き其の他は悉く屋外に於ける不定勞働に從事せしむるが故に『アブレ』の機會極めて多く且つ賃銀低廉にして貯金の餘裕なく加ふるに犯罪又は酒色の誘惑に接すること少からざるが如き是れ教化上一刻も猶餘すべきにあらざるも失業者は街巷に溢れ就勞の機會極めて稀なる現狀に於ては適宜の措置を講ずること能はざるの憾み眞に深し。

二三　行　商

行商品としては日用品中比較的需要多く且つ腐敗又は破損等の虞なき粉末石鹼、固形石鹼、壁紙、東子等を撰び此等を多量に仕入れ其の原價を以て之を行商從事者に貸與す而して收容者中特に行商に適せるもの又は不具病弱にして普通の勞役に堪へざる者等をして之に從事せしめ商品には一々本舘の名稱並に押賣禁止の趣旨を明記し行商從事者の襟には舘名を標示せるメタルを貼付し且つ一定の行商用具を携帶せしめ一見以て他の行商人と同一視せらるることを避くると共に押賣其の他の不正行爲の防止に努む而して行商品の小賣値段は一般小賣商店の賣價を標準として公定するが故に競爭の結果多少の値引はあらんも原價一圓の品物を販賣せば八十錢內外の收益を得ること決して難からず又此の程度の行商ならば何人にも堪へざること無かるべし因に本年度の行商品仕入金高は一萬五千餘圓に上り今や日々數十名の販賣員は市の內外に活動し其の商品の品質と價格に於ても坊間類似の商品を壓倒せんとするの勢なれば今後愈々全力を擧げて之に從事せば年々歲々その販路を擴張すること難からざるべし。

二四 在館日數

本館の目的は無宿浮浪者に對する短期保護にして勞働に堪ゆる者は就職せしめ鄉里に扶養者ある者は歸國せしめ其の他種々の方法を以て一日も早く自立の手段を講ぜしむるがため收容者の在館日數は比較的短し則ち五日以內三一・一九%、十日以內一四・二三%、二十日以內一四・三一%、一ケ月以內七・八九%、二ケ月以內二一・一一%、三ケ月以內七・四三%、三ケ月以上一二・九四%の割合にして一ケ月以內のもの最も多く總數の六割七分强を占む、收容期間は三ケ月の規定にして收容者の八割七分は其の期間內に於て保護の實を擧ぐることを得れども其の他の一割三分は前科者、勞働無能者、病弱者等概ね自活困難の人々なれば其の在館日數も稍や長く中には精神病院、養老院その他の專門的施設の保護に俟つにあらざれば到底救護の目的を達すること能はざるものあるは蓋し又已むを得ざるなり。

二五 所得

收容者の移動頻繁にして月別在館日數區々一定せざれば月別所得金額算定の正確を期すること難く本調査の如きは單に其の一班を擧ぐるのみ本年度の所得金額は合計三萬五千餘圓にして月收五十圓以上〇・四九%、四十圓以上一・八七%、三十圓以上九・四五%、二十圓以上一七・一七%、十圓以上二〇・〇五%、十圓以下四七・三四%、無三・六三%の割合なり仍ち一人當り平均月收十三圓餘に過ぎず實に三伏の炎熱を冒し嚴寒の霜雪を厭はず終日營々役々たるも其の獲る所の日收は四十錢前後にして明日の食を貯ふるの餘裕なく僅かに其の日を糊するに過ぎざるは眞に悲慘の極み

(14)

と謂ふべし。

二六　貯　金

本年度は貯金なきもの三五・三二％に對し貯金あるもの六四・六八％にして其の內譯は貯金額二百圓以上〇・〇九％一百五十圓以上〇・四六％、一百圓以上一・二八％、八十圓以上一・五六％、六十圓以上一・四七％、四十圓以上四・六八％、二十圓以上六・一五％、二十圓以下四八・九九％の比例なり而して貯金拂出の制限は就職又は歸國の場合には貯金の全額を病氣又は雨天其の他收入なき場合には食費として其の一部を拂戾し或は就職者には据置貯金として之を本人に交付し或は身許保證金として雇主に供託せしめ歸國者には之を以て旅費に充當し若し剩餘金あらば鄕里の父兄に直接送金する等之が浪費を防止するため細心の注意を拂ふこと固より言を待たざるなり。

二七　敎　化

無宿勞働者中には性格異狀者の數甚だ多く此等低格者は智能的缺陷の特徵として生活條件に順應して生存競爭に堪ゆるの能力乏しきため一定の職業に對する勤續性並に確實性を缺き氣質的缺陷の特徵として飽き易く忍耐心乏しく此等二重の缺陷のため生活上、就職上一層不利の結果を招くのみならず這般の智能的氣質的缺陷に加ふるに更に身体的缺陷を有し且つ智能的缺陷の間接の結果として自己の健康に留意するの念乏しく疾病又は負傷に罹り易く爲に轉職、失業、職業上の無能、浮浪等の外動もすれば犯罪、發狂、自殺等の結果を生ずるに至る、果して然らば此等の精神上、身体上の缺陷を有する人々に對し單に寢食の便宜を與ふるのみにては救濟上効果乏しく寧ろ其の缺陷又は弱點を助長せしめ弊害眞に料知すべからざるが故に、本館に於ては收容者の性格指導殊に情意の練磨に重きを置き其の方法として、淸潔、勤勉、貯金、禁酒、宗敎等の宣傳並に實踐に努む則ち毎朝講堂に於て三十分間の禮拜を爲し毎週月ノ金の兩日午後七時より一時間宛の講演會を開き其他臨時に諸種の會合を催せるが本年度は集會回數七十九回、出席人員合計一萬一千一百六十四人にして平均一回の出席人員は一百四十一名强に當る。

二八 食　事

宿泊は收入の有無又は多少を問はず凡て無料なりと雖も食費は之を支辨するの資力ある者には之を徵し然らざるものには無償にて之を給與す、則ち本年度は有料七萬四千三百十人、無料一萬七千四百十人、合計九萬一千七百二十人に及べり而して賄は總て直營にして食費は朝十錢、晝十錢、夕十三錢の均一なり副食物は盛切りなれども、飯、汁、漬物等は別に之を制限せず腹一杯飽食せしむ。

二九 結　論

以上各項に涉りて縷述せる所を更に概括すれば大略左の如し。

一、大阪、東京、鹿兒島以外は大阪を中樞とせる隣接府縣の出身者多き事
一、經歷地は大阪、東京、兵庫等最も多き事
一、約半數の在阪期間は十日以内なる事
一、六割三分强は二十歲乃至三十五歲の可働年齡者なる事
一、七割は未婚者なる事
一、四割は戶主、一割三分强は長男なる事
一、四割は農家、一割六分强は商家の子弟なる事
一、七割六分弱は兩親又は片親(主として父)なき事

一、八割三分强は義務教育以上の學力を有し二割六分强は學校中途退學者なる事
一、氣質は多血質にては輕卒、放逸、馴れ易し、膽汁質にては陰險、傲慢、短氣、神經質にては小心、遠慮、粘液質にては遲鈍等多き事
一、嗜好は酒三割八分强、煙草六割六分强なる事
一、趣味娯樂は興行物四割一分、讀書一割三分、競技運動一割一分なる事
一、宗教は無宗教五割三分、佛教三割二分强なる事
一、六割は何等の技能經驗なく四割は多少の技能を習得するも其の技能未熟にして殆ど無技能者と徑庭なき事
一、前職は不熟練若しくは不定勞働にして其の實收入は一日一圓五十錢前後なる事
一、失業浮浪原因の主なるものは仕事切、生活難、解雇、病氣、事業失敗等なる事
一、失業浮浪期間は二ケ月未滿六割なる事

而して以上列擧せるが如き環境、年齡、教育、個性、嗜好、信念、技能、前職、經歷等を有する無宿者、浮浪者、失業者等に對する本館の救護の目的並に其の方法は前段既に詳述せる所なるも更に之が要點を示さば左の如し。

一、收容後は收入の有無多少を問はず凡て無償にて宿泊せしめ一定の規律の下に起居せしむ
一、『働かざる者は食ふべからず』の主義の下に病氣以外の者は必ずや行商、職工、人夫、雜役其の他の作業に從事せしめ若し從事すべき作業なき時は本館内外の掃除に從事せしむ
一、清潔、勤勉、禁酒、貯金、敬神は本館教化の五大要目なれば各種の會合を催して之が普及徹底に努むると共に收容者個々に對しても專務の係員をして日夜これが指導誘掖に當らしむ
一、食費を辨ずること能はざる者には無料にて食事を供給し被服なき者には洋服、シャツ、地下足袋等を貸與又は給與し醫療の要ある者には濟生會の診療券を交付し歸國の旅費なき者には其の費用を貸與若しくは給與す

一、収容者と職員とは食卓又は入浴等を共にして兄弟愛の實行に努む

一、其他女子職員を置きて凡て無償にて收容者の洗濯裁縫に從事せしむ

以上列擧する所の諸施設並に其の實際上の取扱に依りて果して所期の効果を擧ぐることを得るやと謂ふに其の成績の内容に就ては既に前段に於て之を略述し尚ほ後段の諸統計に據りても更に之を説明せるが故に茲に改めて記述するの要なからんも讀者の便宜のため試に之を指摘すれば左の如し。

一、無料宿泊は昭和四年度宿泊人員六百七十五人、同延人員三萬一百三十一人、同五年度宿泊人員八百九十九人、同延人員五萬五千一百六十一人、同六年度宿泊人員一千九十人、同延人員四萬六千六百五十五人、合計宿泊人員二千六百六十四人、同延人員十三萬一千九百四十七人

一、本館の紹介に依りて就職せるもの昭和四年度二百四十七人、同五年度四百十二人、同六年度三百六十五人、合計一千二十四人

一、本館の斡旋に依りて歸國せるもの昭和四年度二百十二人、同五年度三百九人、同六年度五百三人、合計一千二十四人

一、本館の保護指導の下に日々勞働に從事せる者の延人員を擧ぐれば昭和四年度二萬八千四百八十五人、同五年度四萬八千九百八人、同六年度四萬三千四人、合計十二萬三百九十七人

一、所得金は昭和四年度授産延人員二萬八千四百八十五人に對し所得金二萬七千六百六十六圓、同五年度授産延人員四萬八千九百八人に對し所得金四萬三千七百七十二圓、同六年度授産延人員四萬三千四人に對し所得金三萬五千十五圓、合計授産延人員十二萬三百九十七人に對し所得金十萬六千四百五十三圓

一、貯金高は昭和四年度所得金額二萬七千六百六十六圓に對し貯金額八千一百七十六圓、同五年度所得金額四萬三千七百七十二圓に對し貯金額一萬六千七百八圓、同六年度所得金額三萬五千十五圓に對し貯金額一萬七千四百

七十四圓

一、食事供給は昭和四年度有料二萬九千二百五十五食、無料四千三十八食、同五年度有料九萬四千七百八十八食、無料一萬七千七十二食、同六年度有料七萬四千三百十食、無料一萬七千四百十食

一、集會は昭和四年度回數　百二十一回、出席人員一萬九百六人、同五年度回數一百七回、出席人員一萬五千九百六十三人、同六年度回數七十九回、出席人員一萬一千一百六十四人

要するに本館の事業は以上列記するが如く、無料宿泊、宿泊者の救護、宿泊者の授產及職業紹介、此等に附帶せる救助（食事、旅費、被服等の給與並に醫療）等なるも這般各施設を通じて一貫せる大目的は收容者の敎化卽ち性格の陶冶なりとす、而して此等敎化の成績は主として精神的事實なるが故に數字を以て茲に之を表示すること能はざるを遺憾とするも或は妻子を遺棄して多年流浪せし者が妻子を迎へて再び平和の家庭を營み或は兇暴にして理非を辨ぜず常に喧嘩口論を事とせる者が前非を悔悟して無抵抗主義を實行し其の他懶惰、泥醉、放蕩、賭博、犯罪等の常習者が多年の過を改め善に遷れるの事例敢て稀ならざるは予輩の感謝に堪へざる所なり。

（19）

(20)

統

計

(21)

本籍別調

府縣別	昭和四年度		昭和五年度		昭和六年度		計	
	人員	百分比	人員	百分比	人員	百分比	人員	百分比
大阪	75	11.11	95	10.57	88	8.07	258	9.68
兵庫	43	6.37	48	5.34	80	7.34	171	6.42
東京	33	4.88	61	6.79	77	7.06	171	6.42
廣島	28	4.15	34	3.78	49	4.50	111	4.17
愛媛	28	4.15	42	4.67	34	3.12	104	3.90
岡山	25	3.70	26	2.89	50	4.59	101	3.79
京都	25	3.70	27	3.00	37	3.39	89	3.34
愛知	25	3.70	22	2.45	32	2.93	79	2.97
高知	23	3.36	21	2.34	24	2.20	68	2.55
山口	22	3.26	12	1.33	32	2.93	66	2.48
香川	21	3.11	25	2.78	43	3.95	89	3.34
福岡	21	3.11	26	2.89	40	3.66	87	3.27
鹿兒島	19	2.81	34	3.78	41	3.76	94	3.53
和歌山	18	2.66	33	3.67	19	1.75	70	2.63
德島	17	2.52	35	3.89	33	3.03	85	3.19
熊本	17	2.52	17	1.89	14	1.29	48	1.80
滋賀	16	2.37	25	2.78	22	2.02	63	2.36
奈良	16	2.37	27	3.00	26	2.38	69	2.59
朝鮮	14	2.07	12	1.33	5	0.46	31	1.16
大分	14	2.07	12	1.33	13	1.19	39	1.46
三重	14	2.07	20	2.22	26	2.38	60	2.25
石川	12	1.77	23	2.56	27	2.46	62	2.33
宮崎	11	1.67	9	1.00	17	1.56	37	1.39
長崎	11	1.67	21	2.34	20	1.84	52	1.95
福井	10	1.48	14	1.56	15	1.37	39	1.46
島根	9	1.33	8	0.89	15	1.38	32	1.20
富山	9	1.33	17	1.89	14	1.28	40	1.50
福島	8	1.19	5	0.57	10	0.93	23	0.86
北海道	8	1.19	12	1.33	16	1.47	36	1.35
佐賀	8	1.19	13	1.45	17	1.56	38	1.43
青森	7	1.04	2	0.22	3	0.28	12	0.45
沖繩	7	1.04	9	1.00	23	2.11	39	1.46
新潟	7	1.04	15	1.67	15	1.37	37	1.39
神奈川	7	1.04	13	1.45	15	1.37	35	1.31
山形	6	0.89	6	0.67	3	0.28	15	0.57
鳥取	6	0.89	7	0.78	12	1.10	25	0.94
岐阜	5	0.74	4	0.44	13	1.19	22	0.83
秋田	5	0.74	3	0.33	5	0.46	13	0.49
群馬	5	0.74	9	1.00	4	0.37	18	0.68
靜岡	5	0.74	8	0.89	8	0.74	21	0.79
長野	3	0.44	10	1.11	12	1.10	25	0.94
栃木	3	0.44	2	0.22	6	0.55	11	0.41
埼玉	3	0.44	11	1.22	6	0.55	20	0.75
千葉	2	0.30	4	0.44	8	0.74	14	0.53
岩手	2	0.30	1	0.11	4	0.37	7	0.26
茨城	2	0.30	8	0.89	9	0.83	19	0.71
山梨	—	—	5	0.57	3	0.28	8	0.30
宮城	—	—	5	0.57	4	0.37	9	0.34
臺灣	—	—	1	0.11	—	—	1	0.04
中華民國	—	—	—	—	1	0.09	1	0.04
合計	675	100.00	899	100.00	1,090	100.00	2,664	100.00

在阪期間調

期間	昭和四年度		昭和五年度		昭和六年度		計	
	人員	百分比	人員	百分比	人員	百分比	人員	百分比
1日 — 5日	258	38.22	277	30.82	446	40.92	981	36.82
6日 — 10日	69	10.22	104	11.57	107	9.82	280	10.51
11日 — 15日	21	3.11	32	3.56	37	3.39	90	3.38
16日 — 20日	11	1.63	31	3.45	23	2.11	65	2.44
21日 — 29日	16	2.37	20	2.22	22	2.02	58	2.18
1月 — 2月	59	8.74	79	8.79	81	7.43	219	8.22
2月 — 3月	36	5.33	26	2.89	24	2.20	86	3.23
3月 — 5月	35	5.18	24	2.67	50	4.59	109	4.09
5月 — 7月	26	3.85	21	2.34	24	2.20	71	2.67
7月 — 12月	39	5.78	31	3.45	47	4.31	117	4.39
1年 — 2年	23	3.41	62	6.90	39	3.58	124	4.63
2年 — 3年	13	1.93	25	2.78	31	2.84	69	2.59
3年 — 5年	10	1.48	41	4.56	29	2.66	80	3.00
5年 — 7年	14	2.07	19	2.11	26	2.38	59	2.21
7年 — 10年	12	1.78	34	3.78	28	2.57	74	2.78
10年 — 15年	6	0.89	16	1.78	34	3.12	56	2.10
15年 — 20年	11	1.63	20	2.22	16	1.47	47	1.76
20年 — 25年	2	0.30	10	1.11	10	0.92	22	0.84
25年 — 30年	1	0.15	11	1.22	10	0.92	22	0.84
30年 — 40年	—	—	10	1.11	6	0.55	16	0.60
40年 — 50年	—	—	4	0.45	—	—	4	0.15
50年 — 60年	—	—	1	0.11	—	—	1	0.04
60年 — 70年	—	—	1	0.11	—	—	1	0.04
不明	13	1.93	—	—	—	—	13	0.49
合計	675	100.00	899	100.00	1,090	100.00	2,664	10.000

大阪在籍者在阪期間調

期間	昭和四年度		昭和五年度		昭和六年度		計	
	人員	百分比	人員	百分比	人員	百分比	人員	百分比
1年未満	25	33.33	28	29.47	28	31.82	81	31.39
1年 — 2年	3	4.00	3	3.16	5	5.68	11	4.26
2年 — 3年	1	1.33	2	2.11	3	3.41	6	2.33
3年 — 5年	—	—	1	1.05	2	2.27	3	1.16
5年 — 7年	1	1.33	1	1.05	5	5.68	7	2.72
7年 — 10年	1	1.33	5	5.26	2	2.27	8	3.10
10年 — 15年	1	1.33	2	2.11	3	3.41	6	2.33
15年 — 20年	4	5.34	13	13.68	7	7.95	24	9.30
20年 — 25年	1	1.33	8	8.42	12	13.64	21	8.14
25年 — 30年	4	5.34	11	11.58	6	6.82	21	8.14
30年 — 40年	4	5.34	10	10.53	9	10.23	23	8.91
40年 — 50年	4	5.34	4	4.22	3	3.41	11	4.26
50年 — 60年	1	1.33	1	1.05	2	2.27	4	1.55
60年 — 70年	—	—	1	1.05	1	1.14	2	0.78
不明	25	33.33	5	5.26	—	—	30	11.63
合計	75	100.00	95	100.00	88	100.00	258	100.00

經歷地調

府縣別	昭和四年度		昭和五年度		昭和六年度		計	
	人員	百分比	人員	百分比	人員	百分比	人員	百分比
東京	74	10.96	112	12.46	83	7.65	269	10.10
兵庫	50	7.41	36	4.01	56	5.13	142	5.33
京都	37	5.48	27	3.00	13	1.19	77	2.89
愛知	25	3.70	18	2.00	9	0.83	52	1.95
福岡	16	2.37	17	1.89	20	1.83	53	1.99
大阪	12	1.78	115	12.79	156	14.31	283	10.62
神奈川	8	1.19	11	1.22	10	0.92	29	1.09
北海道	8	1.19	11	1.22	8	0.73	27	1.01
廣島	7	1.03	8	0.89	10	0.92	25	0.94
滋賀	6	0.88	1	0.11	4	0.37	11	0.41
奈良	6	0.88	2	0.22	3	0.28	11	0.41
臺灣	5	0.74	—	—	6	0.55	11	0.41
和歌山	5	0.74	4	0.45	7	0.64	16	0.60
滿洲	4	0.58	7	0.78	4	0.37	15	0.56
靜岡	4	0.58	1	0.11	1	0.09	6	0.23
岡山	4	0.58	3	0.33	8	0.73	15	0.56
朝鮮	3	0.45	10	1.11	5	0.46	18	0.67
樺太	3	0.45	3	0.33	—	—	6	0.23
三重	3	0.45	3	0.33	3	0.28	9	0.34
山口	3	0.45	2	0.22	2	0.18	7	0.26
長崎	3	0.45	5	0.56	11	1.01	19	0.71
熊本	3	0.45	—	—	4	0.37	7	0.26
新潟	2	0.30	—	—	2	0.18	4	0.15
愛媛	2	0.30	4	0.45	2	0.18	8	0.30
佐賀	2	0.30	—	—	1	0.09	3	0.11
大分	2	0.30	1	0.11	1	0.09	4	0.15
岐阜	1	0.15	1	0.11	1	0.09	3	0.11
福井	1	0.15	1	0.11	1	0.09	3	0.11
石川	1	0.15	—	—	1	0.09	2	0.08
富山	1	0.15	2	0.22	—	—	3	0.11
鳥取	1	0.15	—	—	1	0.09	2	0.08
徳島	1	0.15	1	0.11	5	0.46	7	0.26
鹿兒島	1	0.15	1	0.11	2	0.18	4	0.15
秋田	—	—	2	0.22	—	—	2	0.08
埼玉	—	—	1	0.11	1	0.09	2	0.08
福島	—	—	1	0.11	2	0.18	3	0.11
茨城	—	—	1	0.11	2	0.18	3	0.11
長野	—	—	1	0.11	—	—	1	0.04
岩手	—	—	1	0.11	—	—	1	0.04
香川	—	—	1	0.11	3	0.28	4	0.15
千葉	—	—	1	0.11	2	0.18	3	0.11
高知	—	—	1	0.11	3	0.28	4	0.15
支那	—	—	3	0.33	3	0.28	6	0.23
米國	—	—	1	0.11	—	—	1	0.04
アラスカ	—	—	1	0.11	—	—	1	0.04
宮城	—	—	—	—	1	0.09	1	0.04
群馬	—	—	—	—	1	0.09	1	0.04
栃木	—	—	—	—	2	0.18	2	0.08
宮崎	—	—	—	—	1	0.09	1	0.04
關東州	—	—	—	—	3	0.28	3	0.11
無シ	371	54.96	477	53.10	626	57.42	1,474	55.33
合計	675	100.00	899	100.00	1,090	100.00	2,664	100.00

年齢別調

年齢別	昭和四年度		昭和五年度		昭和六年度		計	
	人員	百分比	人員	百分比	人員	百分比	人員	百分比
十五歳以上	43	6.37	46	5.12	66	6.05	155	5.82
二十歳以上	140	20.74	164	18.24	254	23.30	558	20.95
二十五歳以上	162	24.00	221	24.58	244	22.39	627	23.54
三十歳以上	104	15.40	160	17.80	191	17.53	455	17.08
三十五歳以上	83	12.31	113	12.57	118	10.83	314	11.79
四十歳以上	54	7.99	86	9.57	71	6.51	211	7.92
四十五歳以上	55	8.14	51	5.67	63	5.78	169	6.34
五十歳以上	17	2.54	31	3.45	41	3.76	89	3.34
五十五歳以上	7	1.03	16	1.78	27	2.47	50	1.88
六十歳以上	10	1.48	8	0.89	9	0.83	27	1.01
六十五歳以上	—	—	2	0.22	5	0.46	7	0.26
七十歳以上	—	—	1	0.11	1	0.09	2	0.07
計	675	100.00	899	100.00	1,090	100.00	2,664	100.00

配偶者調

配偶者	昭和四年度		昭和五年度		昭和六年度		計	
	人員	百分比	人員	百分比	人員	百分比	人員	百分比
未婚者	602	89.19	613	68.20	738	67.71	1,953	73.31
既婚者	73	10.81	286	31.80	352	32.29	711	26.69
計	675	100.00	899	100.00	1,090	100.00	2,664	100.00

配偶者	昭和四年度		昭和五年度		昭和六年度		計	
	人員	百分比	人員	百分比	人員	百分比	人員	百分比
現ニ配偶者アルモノ	40	54.79	61	21.30	68	19.32	169	23.77
死別セルモノ	20	27.40	134	46.90	151	42.90	305	42.90
生別セルモノ	13	17.81	91	31.80	133	37.78	237	33.33
計	73	100.00	286	100.00	352	100.00	711	100.00

戸主トノ續柄調

續柄	昭和四年度		昭和五年度		昭和六年度		計	
	人員	百分比	人員	百分比	人員	百分比	人員	百分比
戸主	265	39.26	351	39.05	391	35.87	1,007	37.80
弟	—	—	196	21.81	257	23.58	453	17.00
長男	99	14.67	137	15.24	143	13.12	379	14.23
次男	221	32.74	98	10.90	130	11.93	449	16.85
三男	35	5.18	45	5.01	65	5.96	145	5.44
四男	13	1.93	10	1.11	17	1.56	40	1.51
其他	34	5.04	58	6.43	86	7.89	178	6.68
不明	8	1.18	4	0.45	1	0.09	13	0.49
合計	675	100.00	899	100.00	1,090	100.00	2,664	100.00

戸主ノ職業別調　（1）

種別	人員				種別	人員			
	昭和四年度	昭和五年度	昭和六年度	計		昭和四年度	昭和五年度	昭和六年度	計
農業	176	198	268	633	飲食店	1	5	5	11
無職	34	50	47	131	潜水業	1	—	—	1
會社員	13	8	18	39	藝妓置屋	1	—	1	2
日稼	11	7	15	33	生花商	1	—	1	2
鐵工	11	19	37	67	時計商	1	—	1	2
海産物及生魚商	10	11	5	26	籠商	1	—	1	2
大工	10	9	15	34	玩具商	1	1	1	3
漁業	6	10	9	25	俵商	1	—	—	1
土木請負	5	—	7	12	眞珠商	1	—	—	1
古物商	5	4	6	15	昆布商	1	—	—	1
木挽	5	—	3	8	砂糖商	1	—	—	1
官公吏	5	11	6	22	漬物商	1	—	—	1
雜貨商	4	3	15	22	蒲鉾商	1	—	—	1
旅館	4	2	6	12	飲料水工	1	—	—	1
米商	4	1	3	8	製圖工	1	—	3	4
青物商	4	7	9	20	石工	1	1	—	2
馬力曳	4	—	4	8	瓦職	1	2	1	4
舟夫	4	2	6	12	左官	1	2	5	8
金物商	3	5	2	10	舟大工	1	—	—	1
履物商	3	3	2	8	製繩工	1	—	1	2
土地仲介業	3	—	1	4	錻力職	1	—	—	1
呉服商	3	4	1	8	植木職	1	1	2	4
菓子商	3	9	12	24	建具職	1	—	—	1
印刷工	3	2	3	8	下駄職	1	—	3	4
夜警及小使	3	4	6	13	鑄物工	1	1	3	5
仲仕	3	5	3	11	電工	1	2	—	3
賣藥行商	2	2	—	4	製紙工	1	1	—	2
麺類商	2	—	—	2	裁縫工	1	2	4	7
果實商	2	—	1	3	染物工	1	—	3	4
料理人	2	—	8	10	籠工	1	—	—	1
自轉車商	1	1	2	4	ゴム職工	1	—	1	2
荒物商	1	3	3	7	理髪師	1	2	8	11
硝子商	1	—	—	1	人力車夫	1	1	—	2
材木商	1	—	2	3	別荘番	1	—	—	1
書店	1	—	3	4	鑛夫	1	3	3	7
洗張及染物商	1	3	3	7	雜業	1	—	9	10
舟宿	1	—	—	1	電車乘務員	1	—	—	1

戸主ノ職業別調　（2）

種別	人員 昭和四年度	昭和五年度	昭和六年度	計
俳優	1	—	1	2
商店員	1	2	6	9
養蠶業	1	—	1	2
醫師	1	2	1	4
郵便局員	1	2	—	3
寫眞師	1	—	1	2
神官	1	—	2	3
僧侶	1	1	1	3
天理敎々師	1	1	—	2
家政婦	1	—	1	2
鐵道吏員	1	1	1	3
生糸商	—	4	1	5
薪炭商	—	4	3	7
建築業	—	3	1	4
行李商	—	2	—	2
牛乳商	—	2	—	2
女工	—	2	—	2
紡績工務員	—	2	—	2
學生	—	2	—	2
陶器商	—	2	—	2
屋根職	—	2	—	2
酒商	—	2	4	6
按摩業	—	2	2	4
硝子職工	—	1	—	1
表具師	—	1	3	4
鳶職	—	1	2	3
石鹼商	—	1	—	1
自動車運轉手	—	1	2	3
電氣治療師	—	1	—	1
肥料商	—	1	—	1
鰹節商	—	1	—	1
桶職	—	1	1	2
紬織職	—	1	—	1
馬鞍製造	—	1	—	1
養鷄業	—	1	1	2
打綿業	—	1	—	1
貝ボタン商	—	1	—	1
雜誌發行	—	1	1	2
鋸屑商	—	1	—	1
石材商	—	1	—	1
疊職	—	1	2	3
糸商	—	1	—	1
代書人	—	1	1	2
魚網製造	—	1	—	1
運送業	—	1	—	1
豆腐商	—	1	2	3
團扇職	—	1	—	1
質商	—	1	—	1
洋服商	—	1	1	2
義太夫師匠	—	1	—	1
新聞社支局	—	1	1	2
茶商	—	1	1	2
炭燒夫	—	1	1	2
小間物行商	—	1	17	18
塩田業	—	1	1	2
綿商	—	1	—	1
株式仲買人	—	1	4	5
屑商	—	1	—	1
製材工	—	1	6	7
工場雜役	—	1	—	1
湯屋三助	—	1	2	3
火夫	—	1	2	3
精肉職	—	1	1	2
塗師職	—	1	2	3
修驗者	—	1	—	1
映畫解說	—	—	1	1
彫刻業	—	—	1	1
結髮	—	—	1	1
貸家業	—	—	1	1
敎員	—	—	5	5
金貸業	—	—	2	2
樂器店	—	—	2	2
土工	—	7	3	3
不明	12	5	15	84
合計	405	544	699	1,648

家族關係調　（1）

父　母	昭和四年度		昭和五年度		昭和六年度		計	
	人員	百分比	人員	百分比	人員	百分比	人員	百分比
實父母	182	26.96	210	23.36	252	23.12	644	24.07
實父繼母	3	0.44	14	1.56	51	4.68	68	2.55
繼父實母	—	—	2	0.22	3	0.28	5	0.19
實父ノミ	54	8.00	105	11.68	102	9.36	261	9.80
實母ノミ	141	20.89	174	19.36	237	21.74	552	20.72
養父母	4	0.60	1	0.11	4	0.37	9	0.34
繼母ノミ	—	—	1	0.11	13	1.19	14	0.53
養父ノミ	—	—	1	0.11	2	0.18	3	0.21
無シ	291	43.11	388	43.16	414	37.98	1,093	41.03
不明	—	—	3	0.33	12	1.10	15	0.56
合計	675	100.00	899	100.00	1,090	100.00	2,664	100.00

子	昭和四年度		昭和五年度		昭和六年度		計	
	人員	百分比	人員	百分比	人員	百分比	人員	百分比
子一人	22	3.26	80	8.90	51	4.68	153	5.75
同二人	5	0.74	20	2.22	16	1.47	41	1.54
同三人	3	0.44	12	1.34	9	0.83	24	0.90
同四人	2	0.30	7	0.78	4	0.37	13	0.49
同五人	—	—	4	0.45	2	0.18	6	0.22
同五人以上	—	—	1	0.11	2	0.18	3	0.11
無シ	643	95.26	775	86.20	1,006	92.29	2,424	90.99
不明	—	—	—	—	—	—	—	—
合計	675	100.00	899	100.00	1,090	100.00	2,664	100.00

家族關係調　(2)

兄弟	昭和四年度		昭和五年度		昭和六年度		計	
	人員	百分比	人員	百分比	人員	百分比	人員	百分比
兄弟一人	200	29.63	282	31.37	346	31.74	828	31.08
同　二人	114	16.89	166	18.47	239	21.93	519	19.48
同　三人	63	9.33	99	11.01	105	9.63	267	10.02
同　四人	34	5.04	48	5.34	46	4.22	128	4.81
同　五人	15	2.22	22	2.45	17	1.56	54	2.03
同　五人以上	10	1.48	12	1.34	6	0.55	28	1.05
無シ	239	35.41	270	30.02	331	30.37	840	31.53
合計	675	100.00	899	100.00	1,090	100.00	2,664	100.00

姉妹	昭和四年度		昭和五年度		昭和六年度		計	
	人員	百分比	人員	百分比	人員	百分比	人員	百分比
姉妹一人	188	27.85	268	29.82	332	30.46	788	29.58
同　二人	93	13.78	160	17.80	180	16.51	433	16.25
同　三人	42	6.22	65	7.23	102	9.36	209	7.85
同　四人	9	1.33	28	3.12	32	2.93	69	2.59
同　五人	2	0.30	7	0.78	10	0.92	19	0.71
同　五人以上	1	0.15	3	0.33	3	0.28	7	0.26
無シ	340	50.37	368	40.92	431	39.54	1,139	42.76
合計	675	100.00	899	100.00	1,090	100.00	2,664	100.00

教育程度別調

教育別	昭和四年度		昭和五年度		昭和六年度		計	
	人員	百分比	人員	百分比	人員	百分比	人員	百分比
專門學校卒業	5	0.74	4	0.45	6	0.55	15	0.56
同　中途退學	8	1.19	12	1.33	6	0.55	26	0.98
中學校卒業	14	2.07	28	3.11	28	2.57	70	2.63
同　中途退學	38	5.63	46	5.12	54	4.95	138	5.18
中等程度學校卒業	25	3.70	20	2.23	38	3.49	83	3.12
同　中途退學	31	4.59	35	3.89	31	2.84	97	3.64
高等小學校卒業	195	28.89	298	30.92	306	28.04	779	29.24
同　中途退學	38	5.63	64	7.12	45	4.13	147	5.51
尋常小學校卒業	253	37.49	285	31.70	397	36.42	935	35.10
同　中途退學	54	8.00	107	11.90	153	14.04	314	11.79
文字ヲ解セザルモノ	14	2.07	20	2.23	26	2.39	60	2.25
合計	675	100.00	899	100.00	1,090	100.00	2,664	100.00

宗　教　調

宗教別	昭和四年度		昭和五年度		昭和六年度		計	
	人員	百分比	人員	百分比	人員	百分比	人員	百分比
佛教	378	56.00	606	67.42	354	32.48	1,338	50.22
基督教	55	8.15	73	8.12	83	7.62	211	7.92
神道	19	2.81	16	1.78	28	2.57	63	2.36
天理教	16	2.37	9	1.00	20	1.83	45	1.69
金光教	5	0.74	6	0.67	15	1.38	26	0.97
大本教	1	0.15	—	—	1	0.09	2	0.08
稲荷教	1	0.15	4	0.45	6	0.55	11	0.41
御嶽教	—	—	1	0.11	—	—	1	0.04
黒住教	—	—	1	0.11	1	0.09	2	0.08
天主公教	—	—	1	0.11	1	0.09	2	0.08
無信仰	200	29.63	182	20.23	581	53.30	963	36.15
合計	675	100.00	899	100.00	1,090	100.00	2,664	100.00

氣　質　調　（1）

氣質		昭和四年度		昭和五年度		昭和六年度		計	
		人員	百分比	人員	百分比	人員	百分比	人員	百分比
膽汁質（短氣）	交際家	1	0.15	3	0.33	5	0.36	9	0.34
	快活	7	1.04	6	0.67	18	1.65	31	1.16
	馴レ易シ	2	0.30	83	9.23	56	5.24	141	5.29
	輕卒	18	2.67	91	10.12	105	9.63	214	8.03
	放逸	5	0.74	30	3.34	78	7.16	113	4.24
	ごまかし	5	0.74	10	1.11	33	3.02	48	1.80
	雷同	32	4.73	22	2.45	20	1.83	74	2.78
	利己	16	2.37	8	0.90	3	0.28	27	1.02
	合計	86	12.74	253	28.15	318	29.17	657	24.66
多血質（陽氣）	敏感	3	0.44	11	1.22	29	2.66	43	1.61
	傲慢不遜	13	1.93	12	1.34	72	6.60	97	3.64
	陰険	2	0.30	23	2.56	125	11.47	150	5.63
	残忍酷薄	2	0.30	2	0.22	9	0.83	13	0.49
	自暴自棄	40	5.93	7	0.78	2	0.12	49	1.84
	頑固	76	11.26	123	13.68	15	1.38	214	8.03
	短氣	118	17.47	87	9.68	30	2.75	235	8.82
	合計	254	37.63	265	29.48	282	25.87	801	30.06

氣質調（2）

氣質		昭和四年度		昭和五年度		昭和六年度		計	
		人員	百分比	人員	百分比	人員	百分比	人員	百分比
神經質（陰氣）	猜疑的	11	1.63	13	1.45	8	0.74	32	1.20
	遠慮的	3	0.44	15	1.67	55	5.05	73	2.74
	拘泥	1	0.15	9	1.00	5	0.46	15	0.56
	憂慮	25	3.70	14	1.56	14	1.28	53	1.99
	小心	112	16.60	165	18.35	110	10.09	387	14.53
	合計	152	22.52	216	24.03	192	17.62	560	21.02
粘液質（粘リ强キ）	篤實	1	0.15	3	0.33	9	0.83	13	0.49
	沈思的	3	0.44	8	0.90	22	2.01	33	1.24
	忍耐	9	1.33	23	2.56	52	4.77	84	3.15
	怠惰	13	1.93	17	1.89	44	4.04	74	2.78
	卑屈	19	2.81	12	1.34	27	2.48	58	2.18
	無氣力	20	2.96	10	1.11	42	3.85	72	2.70
	無情	1	0.15	—	—	8	0.74	9	0.34
	迂潤	11	1.63	8	0.90	15	1.38	34	1.28
	無頓着	18	2.67	6	0.67	13	1.19	37	1.39
	遲鈍	41	6.08	26	2.87	66	6.05	133	4.99
	合計	136	20.15	113	12.57	298	27.34	547	20.54
不詳		47	6.96	52	5.77	—	—	99	3.72

嗜好調

嗜好別	昭和四年度		昭和五年度		昭和六年度		計	
	人員	百分比	人員	百分比	人員	百分比	人員	百分比
莨	304	45.04	411	45.72	392	35.96	1,107	41.55
酒	55	8.15	31	3.44	93	8.53	179	6.72
莨酒	253	37.48	251	27.92	329	30.18	833	31.27
菓子	15	2.22	8	0.89	36	3.30	59	2.22
無シ	48	7.12	198	22.03	240	22.03	486	18.24
合計	675	100.00	899	100.00	1,090	100.00	2,664	100.00

趣味及娯樂調　(1)

種別	昭和四年度		昭和五年度		昭和六年度		計	
	人員	百分比	人員	百分比	人員	百分比	人員	百分比
活動寫眞	129	19.11	210	23.36	312	28.62	651	24.44
讀書	91	13.48	136	15.13	148	13.58	375	14.08
遊興	61	9.03	87	9.68	—	—	148	5.56
芝居	21	3.11	39	4.34	75	6.88	135	5.07
遊山	20	2.96	—	—	2	0.18	22	0.83
音樂	16	2.37	35	3.89	41	3.76	92	3.45
運動	15	2.22	22	2.45	24	2.20	61	2.29
碁	14	2.07	37	4.12	46	4.22	97	3.64
旅行	12	1.77	19	2.11	14	1.28	45	1.69
文藝	11	1.62	—	—	6	0.55	17	0.64
撞球	10	1.48	16	1.78	21	1.93	47	1.76
寄席	8	1.18	10	1.11	6	0.55	24	0.90
好色	7	1.03	1	0.11	3	0.28	11	0.41
魚釣	6	0.89	11	1.22	11	1.01	28	1.05
小說	6	0.89	—	—	1	0.09	7	0.26
賭事	5	0.74	7	0.78	1	0.09	13	0.49
將棋	4	0.59	5	0.56	45	4.13	54	2.03
尺八	4	0.59	3	0.33	6	0.55	13	0.49
浪花節	4	0.59	13	1.45	64	0.73	81	3.04
講演	3	0.44	2	0.22	1	0.09	6	0.23
遊藝	2	0.30	—	—	1	0.09	3	0.11
俳句	2	0.30	4	0.45	2	0.18	8	0.30
園藝	2	0.30	4	0.45	6	0.55	12	0.45
繪畫	2	0.30	8	0.89	8	0.73	18	0.68
生花	2	0.30	1	0.11	3	0.28	6	0.23
義太夫	2	0.30	6	0.67	12	1.10	20	0.75
手工	2	0.30	—	—	1	0.09	3	0.11
食道樂	2	0.30	—	—	—	—	2	0.08
興行物	2	0.30	24	2.67	3	0.28	29	1.09
武術	2	0.30	—	—	1	0.09	3	0.11
辯舌	1	0.15	—	—	—	—	1	0.04
放歌	1	0.15	—	—	2	0.18	3	0.11
書	1	0.15	2	0.22	—	—	3	0.11
作歌	1	0.15	—	—	1	0.09	2	0.08
遊樂	1	0.15	—	—	1	0.09	2	0.08
水泳	1	0.15	2	0.22	3	0.28	6	0.23
相場	1	0.15	—	—	1	0.09	2	0.08
修養	1	0.15	—	—	—	—	1	0.04

趣味及娯樂調　（2）

種別	昭和四年度		昭和五年度		昭和六年度		計	
	人員	百分比	人員	百分比	人員	百分比	人員	百分比
美服	1	0.15	—	—	—	—	1	0.04
數學	1	0.15	—	—	—	—	1	0.04
琵琶	1	0.15	—	—	2	0.18	3	0.11
骨董	1	0.15	—	—	2	0.18	3	0.11
登山	1	0.15	6	0.67	6	0.55	13	0.49
野球	1	0.15	17	1.89	37	3.44	55	2.06
寺詣	1	0.15	—	—	—	—	1	0.04
萬歳	—	—	20	2.23	33	3.03	53	1.99
飲酒	—	—	11	1.22	3	0.28	14	0.53
間食	—	—	5	0.56	1	0.09	6	0.23
カフェー遊	—	—	4	0.45	—	—	4	0.15
菓子	—	—	3	0.33	1	0.09	4	0.15
機械扱	—	—	3	0.33	—	—	3	0.11
庭球	—	—	2	0.22	8	0.73	10	0.38
散歩	—	—	2	0.22	8	0.73	10	0.38
大弓	—	—	2	0.22	3	0.28	5	0.19
柔道	—	—	2	0.22	2	0.18	4	0.15
寫眞術	—	—	1	0.11	2	0.18	3	0.11
ピンポン	—	—	1	0.11	1	0.09	2	0.08
聯球	—	—	1	0.11	2	0.18	3	0.11
果物	—	—	1	0.11	—	—	1	0.04
犬飼	—	—	1	0.11	—	—	1	0.04
入浴	—	—	1	0.11	—	—	1	0.04
麻雀	—	—	1	0.11	5	0.46	6	0.23
考案	—	—	1	0.11	1	0.09	2	0.08
劔道	—	—	1	0.11	1	0.09	2	0.08
古文書	—	—	1	0.11	—	—	1	0.04
植木	—	—	1	0.11	1	0.09	2	0.08
乗馬	—	—	1	0.11	3	0.28	4	0.15
鳥飼	—	—	—	—	1	0.09	1	0.04
研究	—	—	—	—	1	0.09	1	0.04
貯蓄	—	—	—	—	1	0.09	1	0.04
謡曲	—	—	—	—	3	0.28	3	0.11
舟遊	—	—	—	—	2	0.18	2	0.08
角力	—	—	—	—	5	0.46	5	0.19
無シ	193	28.59	106	11.80	83	7.61	382	14.23
合計	675	100.00	899	100.00	1,090	100.00	2,664	100.00

習得技能調 1)

種別	人員 昭和四年度	昭和五年度	昭和六年度	計	種別	人員 昭和四年度	昭和五年度	昭和六年度	計
菓子職	11	10	18	39	料理	2	—	13	15
仕上工	10	28	13	51	機關油差シ	2	—	1	3
木工	10	3	4	17	指物職	2	—	3	5
コック	9	15	15	39	自動車修繕	2	5	2	9
炊事	9	3	3	15	製箱職	1	4	1	6
電工	8	5	3	16	豆腐製造	1	4	1	6
大工	7	4	6	17	籠細工	1	—	1	2
塗工	6	14	5	25	植木職	1	2	2	5
鐵工	6	—	20	26	レントゲン扱	1	—	—	1
能筆	6	—	3	9	製圖	1	5	7	13
火夫	5	4	12	21	變壓器組立	1	—	—	1
錻力職	5	3	4	12	レザー加工	1	—	—	1
馬扱	5	2	2	9	左官	1	1	6	8
裁縫工	4	14	5	23	商賣	1	4	17	22
外交	4	4	5	13	表具師	1	2	1	4
印刷工	4	16	15	35	絹織物	1	—	—	1
木挽	3	1	—	4	瓦斯工	1	1	—	2
鋸目立	3	1	1	5	電機取扱	1	4	—	5
寫眞術	3	3	1	7	豚料理	1	—	—	1
染色工	3	1	11	15	ウインチ扱	1	—	—	1
製材工	3	6	2	11	靴下編物	1	—	—	1
餅職	3	1	1	5	下駄職	1	1	3	5
水夫	3	6	—	9	織機扱	1	—	1	2
自動車運轉	3	4	5	12	謄寫	1	—	—	1
旋盤工	3	9	5	17	櫛職	1	—	1	2
仲仕	3	3	2	8	通信技手	1	—	3	4
柔道	2	—	—	2	ゴム靴工	1	—	—	1
繪畫	2	2	1	5	籐細工	1	—	2	3
機械製作	2	—	1	3	魚釣	1	—	—	1
理髮職	2	4	7	13	仕立工	1	—	5	6
紡績工	2	1	2	5	齒科技工	1	1	—	2
製罐工	2	3	4	9	帽子職	1	2	1	4
測量	2	2	—	4	針製造	1	—	—	1
グレーン取扱	2	3	—	5	帽子洗	1	—	—	1
火造	2	12	10	24	柳行李職	1	—	—	1
設計	2	—	—	2	エボナイト工	1	—	—	1
鑄物工	2	4	8	14	郵便配達	1	—	1	2
疊職	2	2	3	7	時計直	1	1	1	3
織布工	2	—	1	3	蒲鉾職	1	—	—	1
メリヤス工	2	3	9	14	傘職	1	—	1	2
製本職	2	2	5	9	瓦職	1	1	1	3
筆耕	2	—	2	4	ベルト工	1	—	2	3
鼻緒職	2	1	1	4	造船工	1	—	1	2

習得技能調（2）

種別	人員 昭和四年度	昭和五年度	昭和六年度	計	種別	人員 昭和四年度	昭和五年度	昭和六年度	計
蕎麥打	1	—	—	1	現場監督	—	1	—	1
鳶職	—	8	1	9	蔬樽字書	—	1	—	1
麵類職	—	7	4	11	樂器調節	—	1	1	2
硝子製造	—	8	3	11	醬油製造	—	1	—	1
電氣內線工	—	7	1	8	丸髷型職	—	1	—	1
鍍金工	—	6	—	6	醫療器販賣	—	1	—	1
建具職	—	5	4	9	アスファルト工	—	1	3	4
紙函職	—	4	4	8	水道工事	—	1	3	4
手傳	—	4	3	7	蹄鐵工	—	1	—	1
園藝	—	4	2	6	無電技手	—	1	2	3
農業	—	5	9	14	鑄掛職	—	1	—	1
土工	—	3	3	6	金屬加工職	—	1	1	2
活動映寫	—	3	2	5	製樽職	—	1	1	2
陶器製造	—	3	4	7	擴聲器製造	—	1	—	1
船具	—	3	10	13	獸醫	—	1	1	2
印刷機運轉	—	3	—	3	木管工	—	1	1	2
雜貨裁縫	—	3	1	4	古物商	—	1	—	1
自轉車修繕	—	3	2	5	電氣カーボン工	—	1	—	1
鑢(ヤスリ)製造	—	2	—	2	拔染工	—	1	—	1
西洋洗濯	—	2	—	2	寫眞製版工	—	1	—	1
飾職	—	2	2	4	電話工夫	—	1	—	1
鋲打工	—	2	—	2	ペン先製造	—	1	—	1
鑛夫	—	2	6	8	製茶	—	1	—	1
鞄職	—	2	—	2	製鹽	—	1	—	1
電氣外線工	—	2	—	2	洋傘製造	—	1	1	2
吳服商	—	2	—	2	荒下駄職	—	1	—	1
玩具商	—	2	—	2	小學教員	—	—	1	1
石工	—	2	2	4	齒束子工員	—	—	1	1
土木事務	—	2	2	4	事務員	—	—	9	9
すし職	—	2	—	2	藥劑師	—	—	1	1
船仲仕	—	2	—	2	石鹼工	—	—	2	2
洗張職	—	1	1	2	社司	—	—	1	1
漂晒職	—	2	1	3	鑵詰工	—	—	1	1
古着商	—	1	—	1	建築工	—	—	1	1
船舶汽機士	—	1	6	7	電車從業員	—	—	1	1
ミーリング工	—	1	1	2	麩製造	—	—	1	1
按摩	—	1	—	1	彫刻師	—	—	1	1
セルロイド加工	—	1	—	1	靴職	—	—	1	1
木型工	—	1	2	3	通譯	—	—	1	1
漁師	—	1	5	6	煉瓦職	—	—	2	2
琺瑯職	—	1	—	1	袋物職	—	—	1	1
線香製造	—	1	1	2	パン職	—	—	2	2
湯葉製造	—	1	—	1	無シ	454	513	675	1,642
石刷職	—	1	2	3	合計	675	899	1,090	2,664

犯罪調

犯數	年	窃盗	窃盗横領	窃盗詐欺	窃盗殺人未遂	強盗官名詐称窃盗	業務横領	横領	詐欺横領	詐欺	詐欺恐喝	傷害殺人	殺人未遂傷害	殺人未遂	賭博傷害横領	賭博	傷害	掏摸	賣薬火薬取扱違犯	銃砲火薬違犯	交通防害	紙幣偽造行使	贓物運搬牙保	蜜賣	合計
一犯	四年	七	—	—	—	—	二	—	三	—	—	四	—	一	—	—	—	一	一	—	—	—	—	—	一九
	五年	六	一	—	—	—	—	一	—	二	一	—	一	—	一	二	一	—	—	一	一	一	一	—	二〇
	六年	一〇	二	一	—	一	—	三	一	—	—	一	二	—	一	三	—	—	—	—	—	—	—	—	二五
	計	二三	三	一	—	一	二	四	四	二	一	五	三	一	二	五	一	一	一	一	一	一	一	—	六四
二犯	四年	七	—	—	—	—	一	—	—	—	—	一	—	—	—	—	—	—	—	—	—	—	—	—	九
	五年	八	—	—	—	—	—	一	—	—	—	—	—	—	—	—	—	—	—	—	—	—	—	—	九
	六年	二	—	一	—	一	—	—	—	—	—	—	—	—	—	—	—	—	—	—	—	—	—	—	四
	計	一七	—	一	—	一	一	一	—	—	—	一	—	—	—	—	—	—	—	—	—	—	—	—	二二
三犯	四年	一	—	—	—	—	—	—	一	—	—	—	—	—	—	—	—	—	—	—	—	—	—	—	二
	五年	二	—	—	—	—	—	—	—	一	—	—	—	—	—	—	—	—	—	—	—	—	—	—	三
	六年	一	—	—	—	—	—	—	—	—	—	—	—	—	—	二	—	—	—	—	—	—	—	一	四
	計	四	—	—	—	—	—	—	一	一	—	—	—	—	—	二	—	—	—	—	—	—	—	一	九
四犯	四年	三	—	—	—	—	—	—	—	—	—	—	—	—	—	—	—	—	—	—	—	—	—	—	三
	五年	—	—	一	—	—	—	—	—	—	—	—	—	—	—	—	—	—	—	—	—	—	—	—	一
	六年	—	—	—	—	—	—	—	—	—	—	—	—	—	—	—	—	—	—	—	—	—	—	—	—
	計	三	—	一	—	—	—	—	—	—	—	—	—	—	—	—	—	—	—	—	—	—	—	—	四
五犯	四年	四	—	—	—	—	—	—	—	—	—	—	—	—	—	—	—	—	—	—	—	—	—	—	四
	五年	三	—	—	—	—	—	一	—	—	—	—	—	—	—	—	—	—	—	—	—	—	—	—	四
	六年	—	—	—	—	—	—	—	—	—	—	—	—	—	—	—	—	—	—	—	—	—	—	—	—
	計	七	—	—	—	—	—	一	—	—	—	—	—	—	—	—	—	—	—	—	—	—	—	—	八
六犯	四年	—	—	—	—	—	—	—	—	—	—	—	—	—	—	—	—	—	—	—	—	—	—	—	—
	五年	—	—	—	—	—	—	—	—	—	—	—	—	—	—	—	—	—	—	—	—	—	—	—	—
	六年	二	—	—	—	—	—	—	—	—	—	—	—	—	—	—	—	—	—	—	—	—	—	—	二
	計	二	—	—	—	—	—	—	—	—	—	—	—	—	—	—	—	—	—	—	—	—	—	—	二
七犯	四年	—	—	—	—	—	—	—	—	—	—	—	—	—	—	—	—	—	—	—	—	—	—	—	—
	五年	二	—	—	一	—	—	—	—	—	—	—	—	—	—	—	—	—	—	—	—	—	—	—	三
	六年	—	—	—	—	—	—	—	—	—	—	—	—	—	—	—	—	—	—	—	—	—	—	—	—
	計	二	—	—	一	—	—	—	—	—	—	—	—	—	—	—	—	—	—	—	—	—	—	—	三
九犯	四年	—	—	—	—	—	—	—	—	—	—	—	—	—	—	—	—	—	—	—	—	—	—	—	—
	五年	—	—	一	—	—	—	—	—	—	—	—	—	—	—	—	—	—	—	—	—	—	—	—	一
	六年	—	一	—	—	—	—	—	—	—	—	—	—	—	—	—	—	—	—	—	—	—	—	—	一
	計	—	一	一	—	—	—	—	—	—	—	—	—	—	—	—	—	—	—	—	—	—	—	—	二
十犯	四年	一	—	—	—	—	—	—	—	—	—	—	—	—	—	一	—	—	—	—	—	—	—	—	二
	五年	—	—	—	—	—	—	—	—	—	—	—	—	—	—	—	—	—	—	—	—	—	—	—	—
	六年	—	—	—	—	—	—	—	—	—	—	—	—	—	—	—	—	—	—	—	—	—	—	—	—
	計	一	—	—	—	—	—	—	—	—	—	—	—	—	—	一	—	—	—	—	—	—	—	—	二
十三犯	四年	一	—	—	—	—	—	—	—	—	—	—	—	—	—	—	—	—	—	—	—	—	—	—	一
	五年	—	—	—	—	—	—	—	—	—	—	—	—	—	—	—	—	—	—	—	—	—	—	—	—
	六年	—	—	—	—	—	—	—	—	—	—	—	—	—	—	—	—	—	—	—	—	—	—	—	—
	計	一	—	—	—	—	—	—	—	—	—	—	—	—	—	—	—	—	—	—	—	—	—	—	一
十八犯	四年	—	—	—	—	—	—	—	—	—	—	—	—	—	—	—	—	—	—	—	—	—	—	—	—
	五年	—	—	—	—	—	—	—	—	—	—	—	—	—	—	—	—	—	—	—	—	—	—	—	—
	六年	一	—	—	—	—	—	—	—	—	—	—	—	—	—	—	—	—	—	—	—	—	—	—	一
	計	一	—	—	—	—	—	—	—	—	—	—	—	—	—	—	—	—	—	—	—	—	—	—	一
計		六一	四	四	一	二	三	六	五	三	一	六	三	一	二	八	一	一	一	一	一	一	一	一	一一八

前　職　別　調

職別	昭和四年度		昭和五年度		昭和六年度		計	
	人員	百分比	人員	百分比	人員	百分比	人員	百分比
日傭勞働	147	21.78	207	23.02	144	13.21	498	18.69
職工	130	19.26	125	13.90	225	20.64	480	18.02
雜役	54	8.00	87	9.68	98	8.99	239	8.97
配達	47	6.96	12	1.34	32	2.94	91	3.42
雜	42	6.22	80	8.90	52	4.77	174	6.53
商店員	41	6.08	53	5.90	55	5.05	149	5.62
農	41	6.08	43	4.78	53	4.86	137	5.14
行商	37	5.48	69	7.67	72	6.60	178	6.68
土工	34	5.04	30	3.34	52	4.77	116	4.35
商業	28	4.14	21	2.34	40	3.67	89	3.34
事務員	23	3.41	20	2.23	28	2.57	71	2.67
船員	23	3.41	17	1.89	12	1.10	52	1.95
大工	14	2.07	13	1.45	3	0.28	30	1.13
出獄直後	5	0.74	2	0.22	1	0.09	8	0.30
下男	4	0.59	—	—	1	0.09	5	0.19
官公吏	4	0.59	5	0.56	6	0.55	15	0.56
敎員	1	0.15	2	0.22	—	—	3	0.11
飲食店雜役	—	—	36	4.00	71	6.52	107	4.02
仲仕	—	—	17	1.89	21	1.93	38	1.43
外交員	—	—	13	1.45	45	4.13	58	2.18
洋裁縫	—	—	11	1.22	8	0.73	19	0.71
給仕小使	—	—	7	0.78	11	1.01	18	0.68
漁	—	—	7	0.78	9	0.83	16	0.60
自動車助手	—	—	7	0.78	14	1.28	21	0.79
運轉工	—	—	7	0.78	6	0.55	13	0.49
鑛夫	—	—	4	0.44	11	1.01	15	0.56
理髪	—	—	2	0.22	6	0.55	8	0.30
石工	—	—	2	0.22	1	0.09	3	0.11
工夫	—	—	—	—	6	0.55	6	0.23
無	—	—	—	—	7	0.64	7	0.26
合計	675	100.00	899	100.00	1,090	100.00	2,664	100.00

前　收　入　調

	金額	昭和四年度		昭和五年度		昭和六年度		計	
		人員	百比分	人員	百分比	人員	百分比	人員	百分比
月收	20圓未満	109	43.36	87	19.51	155	28.13	351	28.14
	30圓未満	57	22.69	40	8.97	92	16.70	189	15.15
	40圓未満	23	9.17	41	9.20	47	8.53	111	8.90
	50圓未満	17	6.78	34	7.63	36	6.53	87	6.97
	60圓未満	18	7.18	26	5.82	22	3.99	66	5.29
	70圓未満	12	4.79	14	3.14	13	2.36	39	3.12
	80圓未満	7	2.80	6	1.35	8	1.45	21	1.68
	90圓未満	2	0.81	2	0.45	3	0.54	7	0.56
	100圓未満	2	0.81	2	0.45	5	0.91	9	0.72
	100圓以上	4	1.61	3	0.66	7	1.27	14	1.12
	小遣銭	—	—	26	5.82	48	8.72	74	5.93
	不定	—	—	165	37.00	115	20.87	280	22.42
	計	251	37.19	446	49.62	551	50.55	1,248	46.85

	金額	昭和四年度		昭和五年度		昭和六年度		計	
		人員	百分比	人員	百分比	人員	百分比	人員	百分比
日收	50錢未満	14	3.30	32	4.09	32	5.94	65	4.59
	75錢未満	5	1.19	42	9.27	62	11.50	109	7.69
	1圓未満	44	10.38	26	5.74	46	8.53	116	8.28
	1圓25錢未満	31	7.31	94	20.75	125	23.19	250	17.64
	1圓50錢未満	147	34.66	59	13.02	100	18.55	306	21.59
	2圓未満	143	33.70	128	28.25	109	20.23	380	26.87
	2圓50錢未満	20	4.72	46	10.15	38	7.05	104	7.34
	3圓未満	16	3.79	23	5.08	12	2.23	51	3.60
	3圓50錢未満	4	0.95	14	3.11	8	1.48	26	1.83
	4圓未満	—	—	1	0.22	3	0.56	4	0.28
	4圓以上	—	—	1	0.22	4	0.74	5	0.35
	計	424	62.81	453	50.38	539	49.45	1,416	53.15
	合計	675	100.00	899	100.00	1,090	100.00	2,664	100.00

失業浮浪期間調

期間	昭和四年度		昭和五年度		昭和六年度		計	
	人員	百分比	人員	百分比	人員	百分比	人員	百分比
1日 — 5日	122	18.07	183	20.36	196	17.98	501	18.81
6日 — 10日	75	11.11	128	14.24	144	13.22	347	13.03
11日 — 15日	55	8.15	74	8.23	65	5.96	194	7.28
16日 — 20日	26	3.85	51	5.67	58	5.32	135	5.07
21日 — 29日	11	1.63	30	3.34	22	2.02	63	2.36
1月 — 2月	154	22.82	220	24.48	179	16.42	553	20.76
2月 — 3月	49	7.26	60	6.68	96	8.81	205	7.70
3月 — 5月	43	6.37	38	4.23	82	7.52	163	6.11
5月 — 7月	28	4.15	39	4.30	72	6.61	139	5.21
7月 — 12月	48	7.11	31	3.45	42	3.85	121	4.54
1年 — 2年	30	4.45	30	3.34	76	6.97	136	5.11
2年 — 3年	6	0.89	5	0.56	23	2.12	34	1.28
3年 — 5年	10	1.48	5	0.56	24	2.20	39	1.46
5年 — 7年	4	0.59	—	—	8	0.78	12	0.45
7年 — 10年	—	—	—	—	1	0.09	1	0.04
不明	14	2.07	5	0.56	2	0.18	21	0.79
合計	675	100.00	899	100.00	1,090	100.00	2,664	100.00

收容徑路調

紹介者	昭和四年度		昭和五年度		昭和六年度		計	
	人員	百分比	人員	百分比	人員	百分比	人員	百分比
本人直接來當 人ニ敎ヘラレ	184	27.26	252	28.04	537	49.27	973	36.52
本人直接來當 看板ヲ見テ	122	18.07	196	21.81	318	29.17	636	23.87
警察署	113	16.74	104	11.57	62	5.69	279	10.47
職業紹介所	90	13.34	73	8.12	60	5.50	223	8.37
共同宿泊所	69	10.22	42	4.67	13	1.19	124	4.66
釋放者保護所	22	3.26	11	1.22	3	0.28	36	1.35
區役所	5	0.74	3	0.33	4	0.37	12	0.45
方面委員	—	—	49	5.45	34	3.12	83	3.12
敎會	—	—	36	4.00	27	2.48	63	2.37
區裁判所	—	—	28	3.12	6	0.55	34	1.28
病院	—	—	7	0.78	1	0.09	8	0.30
其他	70	10.37	59	6.56	25	2.29	154	5.78
不明	—	—	39	4.33	—	—	39	1.46
合計	675	100.00	899	100.00	1,090	100.00	2,664	100.00

失業浮浪原因調

原因		昭和四年度 人員	昭和四年度 百分比	昭和五年度 人員	昭和五年度 百分比	昭和六年度 人員	昭和六年度 百分比	計 人員	計 百分比
個人的原因 自發的原因	來阪	六〇	五二・六三	五九	四〇・九七	一一六	六一・〇五	二三五	五二・四五
	轉職	三八	三三・三三	五四	三七・五〇	五五	二八・九五	一四七	三二・八一
	地方移動	一一	九・六五	一八	一二・五〇	八	四・二一	三七	八・二六
	家事ノ都合	五	四・三九	九	六・二五	八	四・二一	二二	四・九一
	勉學	—	—	四	二・七八	三	一・五八	七	一・五七
	計	一一四	一六・八九	一四四	一六・〇二	一九〇	一七・四三	四四八	一六・八二
他動的原因	病氣	一〇二	四〇・九六	五〇	二五・二五	一二三	三七・一六	二七五	三五・五四
	事業失敗	二一	八・四三	五三	二六・二六	八七	二六・二八	一六〇	二〇・五七
	家庭、戸主及同輩ト不和	三六	一四・四六	三四	一七・一七	三一	九・三七	一〇一	一三・九八
	雇主失敗	二九	一一・六五	一四	七・〇七	二七	八・一六	七〇	九・〇〇
	犯罪	一三	五・二二	二一	一〇・六一	一六	四・八三	五〇	六・四二
	負傷	一一	四・四二	九	四・五五	一六	四・八三	三六	四・六二
	放蕩	九	三・六二	四	二・〇二	三	〇・九一	一六	二・〇六
	虚弱	九	三・六二	—	—	一二	三・六三	二一	二・七〇
	父母死亡	三	一・二〇	五	二・五三	一	〇・三〇	九	一・一五
	性癖	五	二・〇二	一	〇・五〇	一	〇・三〇	七	〇・九〇
	妻死亡	四	一・六二	—	—	五	一・五二	九	一・一五
	盗難	—	—	三	一・五三	—	—	三	〇・三九
	老衰	一	〇・四〇	一	〇・五〇	四	一・二三	六	〇・七七
	飲酒	二	〇・八〇	—	—	一	〇・三〇	三	〇・三九
	店主死亡	—	—	二	一・〇四	一	〇・三〇	三	〇・三九
	失業	一	〇・四〇	—	—	一	〇・三〇	二	〇・二六

妻帯	免許取消	母病気	計算不能	火災	計	社會的原因 一般的原因 仕事切	生活難	解雇	工場閉鎖	業務閉散	賃金不拂	爭議	商品切	一座解散	其他	計	社會的原因 特殊的原因 季節終了	降雪	工場燒失	入營及召集	不漁	水害	計	其他（原因不明）	合計
一	—	—	一	一	二四九	一七五	八五	一三	一	二五	—	—	—	—	—	二九九	一	六	一	一	一	—	一〇	三	六七五
〇・四〇	—	—	〇・四〇	〇・四〇	三六・八九	五八・五三	二八・四三	四・三五	〇・三三	八・三六	—	—	—	—	—	四四・三〇	一〇・〇〇	六〇・〇〇	一〇・〇〇	一〇・〇〇	一〇・〇〇	—	一・四八	〇・四四	100·00
—	一	一	—	—	一九八	三二五	八二	五七	四三	一四	八	二	二	一	五	五三九	九	—	四	三	一	一	一八	—	八九九
—	〇・五五	〇・五五	—	—	二二・〇二	六〇・二九	一五・二一	一〇・五七	七・九八	二・六〇	一・四八	〇・三七	〇・三七	〇・一九	〇・九四	五九・九五	五〇・〇〇	—	二二・二二	一六・六六	五・五六	五・五六	二・〇〇	—	100·00
—	一	一	—	—	三三一	二一二	一〇〇	一八二	二〇	一三	二	二	一〇	四	六	五五一	—	—	—	二	二	—	四	一四	1、090
—	〇・三〇	〇・三〇	—	—	三〇・三七	三八・四八	一八・一五	三三・〇三	三・六三	二・三六	〇・三六	〇・三六	一・八一	〇・七三	一・〇九	五〇・五五	—	—	—	五〇・〇〇	五〇・〇〇	—	〇・三七	一・二八	00·00
一	二	二	一	一	七七八	七一二	二六七	二五二	六四	五二	一〇	四	一二	五	一一	一、三八九	一〇	六	五	六	四	一	三二	一七	二・六六四
〇・一三	〇・二六	〇・二六	〇・一三	〇・一三	二九・二〇	五一・二六	一九・二二	一八・一四	四・六一	三・七四	〇・七二	〇・二九	〇・八六	〇・三六	〇・七九	五二・一四	三一・二五	一八・七五	一五・六三	一八・七五	一二・五〇	三・一三	一・二〇	〇・六四	100·00

收容者月別移動調

月別	收容人員 前月繰越	收容人員 當月收容	收容人員 計	移動內容 就職	移動內容 歸國	移動內容 退館	移動內容 入院	移動內容 計	月末在舘者
昭和六年 四月	一四二	一〇五	二四七	四〇	二八	二九	二	九九	一四八
五月	一四八	八〇	二二八	三九	四三	二〇	三	一〇五	一二三
六月	一二三	九一	二一四	三二	四一	三〇	〇	一〇三	一一一
七月	一一一	六八	一七九	二四	二五	一四	〇	六三	一一六
八月	一一六	一二〇	二三六	二三	三九	二九	三	九四	一四二
九月	一四二	一三四	二七六	四七	六三	二二	一	一三三	一四三
十月	一四三	一〇三	二四六	三八	五五	一六	〇	一〇九	一三七
十一月	一三七	一〇三	二四〇	三八	五一	一五	一	一〇五	一三五
十二月	一三五	六二	一九七	二〇	二八	七	二	五七	一四〇
昭和七年 一月	一四〇	八七	二二七	二九	五〇	二〇	一	一〇〇	一二七
二月	一二七	六九	一九六	二二	三九	一五	〇	七六	一二〇
三月	一二〇	六八	一八八	一三	四一	一一	〇	六五	一二三
昭和六年度（計 比例）	—	一、〇九〇	二、六七四	三六五 三二・九一	五〇三 四五・三六	二二八 二〇・五六	一三 一・一七	一、一〇九 一〇〇・〇〇	平均 一三二
昭和五年度（計 比例）	—	八九九	一、七一七	四一二 四五・六九	三〇九 三四・二七	一五九 一七・六三	二二 二・四一	九〇二 一〇〇・〇〇	平均 一五一
昭和四年度（計 比例）	—	六七五	一、五八〇	二四七 四五・八二	二一二 三九・三三	六八 一二・六二	一二 二・二二	五三九 一〇〇・〇〇	平均 八七
合計 比例	—	二、六六四	六、九七一	一、〇二四 四〇・一六	一、〇二四 四〇・一六	四五五 一七・八四	四七 一・八四	二、五五〇 一〇〇・〇〇	—

就職別調

職別	昭和四年度		昭和五年度		昭和六年度		計	
	人員	百分比	人員	百分比	人員	百分比	人員	百分比
行商	8,389	29.71	20,493	41.91	15,874	36.91	44,756	37.17
雑役	6,105	21.20	7,767	15.88	13,588	31.60	27,460	22.81
人夫	4,192	14.71	5,067	13.36	863	2.01	10,122	8.41
職工	3,883	13.63	5,765	11.79	3,759	8.74	13,407	11.14
廣告人夫	2,814	9.88	7,667	15.68	6,242	14.51	16,723	13.89
衞生人夫	1,816	6.36	1,206	2.10	828	1.93	3,670	3.04
自營行商	481	1.69	931	1.90	1,850	4.30	3,262	2.71
事務員	417	1.46	86	0.22	—	—	503	0.42
外交	388	1.36	106	0.16	—	—	494	0.41
合計	28,485	100.00	48,908	100.00	43,004	100.00	120,397	100.00

行商品仕入金高調

月別	粉末石鹼	固形石鹼	クリーム	其の他	合計
昭和六年 四月	425.97	882.00	8.06	.65	1,316.68
五月	535.77	1,006.35	7.28	.78	1,550.18
六月	606.25	958.56	2.86	—	1,567.67
七月	437.90	671.09	2.08	—	1,111.07
八月	682.25	954.13	—	—	1,636.38
九月	576.76	897.64	.65	—	1,475.05
十月	419.48	737.92	2.08	58.14	1,217.62
十一月	316.16	608.00	1.04	71.45	996.65
十二月	309.08	522.12	10.89	28.48	870.57
昭和七年 一月	430.36	764.20	16.50	3.83	1,214.89
二月	376.80	694.56	9.46	.12	1,080.94
三月	314.44	621.16	63.03	.65	999.28
昭和六年度 計	5,431.22	9,317.73	123.93	164.10	15,036.98
昭和六年度 比例	36.12	61.97	0.82	1.09	100.00
昭和五年度 計	7,950.43	8,314.27	205.88	883.41	17,353.99
昭和五年度 比例	45.80	47.91	1.19	5.10	100.00
昭和四年度 計	3,837.34	1,741.73	—	1,437.70	7,016.77
昭和四年度 比例	54.69	24.82	—	20.49	100.00
合計	17,218.99	19,373.73	329.81	2,485.21	39,407.74
比例	43.70	49.17	0.83	6.30	100.00

在　館　日　數　調

日　　數	昭和四年度		昭和五年度		昭和六年度		計	
	人　員	百分比	人　員	百分比	人　員	百分比	人　員	百分比
5日　以　內	185	27.41	230	25.59	340	31.19	755	28.34
10日　以　內	86	12.74	95	10.57	154	14.13	335	12.58
15日　以　內	66	9.78	87	9.68	97	8.90	250	9.38
20日　以　內	44	6.52	49	5.45	59	5.41	152	5.71
25日　以　內	29	4.30	28	3.12	36	3.30	93	3.49
1月　以　內	19	2.81	47	5.23	50	4.59	116	4.36
2月　以　內	80	11.85	117	13.02	132	12.11	329	12.35
3月　以　內	53	7.85	72	7.99	81	7.43	206	7.73
4月　以　內	37	5.48	58	6.45	50	4.59	145	5.44
5月　以　內	17	2.52	85	9.46	41	3.76	143	5.37
6月　以　內	29	4.30	19	2.11	19	1.74	67	2.51
7月　以　內	12	1.78	11	1.22	17	1.56	40	1.50
8月　以　內	9	1.33	1	0.11	9	0.83	19	0.71
9月　以　內	7	1.03	—	—	4	0.37	11	0.41
10月　以　內	—	—	—	—	—	—	—	—
11月　以　內	1	0.15	—	—	—	—	1	0.04
12月　以　內	—	—	—	—	1	0.09	1	0.04
1年　以　上	1	0.15	—	—	—	—	1	0.04
計	675	100.00	899	100.00	1,090	100.00	2,664	100.00

所得調

月別	収容人員	所得金額	所得金額 五十圓以上	四十五圓以上	四十圓以上	三十五圓以上	三十圓以上	二十五圓以上	二十圓以上	十五圓以上	十圓以上	十圓以下	無シ	平均所得額
昭和六年四月	二四七	二、九六五、四五	一	―	一	四	一七	一五	二三	二六	二四	一一五	二一	一三、〇二
五月	二三八	二、九三六、〇二	一	一	五	一八	七	一四	二一	二一	二三	一一四	一三	一三、八八
六月	二二四	二、七九七、八四	一	二	一	七	一六	一三	二一	二四	一五	一二四	―	一三、〇七
七月	一七九	二、九四八、三三	―	―	六	一四	一六	一八	二一	九	二三	六六	六	一六、四七
八月	二二六	二、九四二、〇八	―	一	二	九	一一	一五	一九	二〇	一九	一三〇	―	一三、四七
九月	二七六	三、二九四、二〇	一	二	二	二一	二一	二〇	一八	一六	二三	一六一	―	一二、九四
十月	二四〇	二、九四七、五五	二	一	五	七	九	一五	二四	一七	三〇	一三五	一二	一二、九八
十一月	二四〇	二、八〇二、五三	―	―	四	九	九	一五	二一	二四	二六	一一六	一六	一一、六七
十二月	一九七	三、五五一、六三	一	一	八	一四	一三	二三	二三	二一	一七	六三	四	一七、八三
昭和七年一月	二三七	二、六七八、〇九	二	―	三	三	九	一二	二四	三二	二一	一二二	九	一一、八〇
二月	一九六	二、五五四、八三	二	一	一	三	四	一〇	二五	四一	二二	七六	一〇	一三、九八
三月	一八八	二、六四六、六〇	二	二	一	四	八	二三	二六	二六	一六	七四	六	一四、〇八
昭和六年度計	二、六七四	三五、〇二五、一四	一三	一一	三九	一一三	一四〇	一九三	二六六	二七七	二五九	一、二六六	九七	一三、〇九
昭和六年度比例	―	―	〇・四九	〇・四一	一・四六	四・二三	五・二三	七・二三	九・九五	一〇・三六	九・六九	四七・三四	三・六三	―
昭和五年度計	二、七一七	四三、七七二、三三	七	五四	五九	一四五	一四五	二三九	二六九	三三三	三五九	九一一	一九六	一六、一一
昭和五年度比例	―	―	〇・二七	一・九九	二・一七	五・三四	五・三四	八・八〇	九・九〇	一二・二五	一三・二二	三三・五三	七・二一	―
昭和四年度計	一、五八〇	二七、六六六、〇二	―	五三	六四	一三〇	一三七	一五〇	一五七	一九一	一七八	五二〇	―	一七、五一
昭和四年度比例	―	―	―	三・三三	四・〇五	八・二三	八・六七	九・四九	九・九三	一二・〇九	一一・二六	三二・九一	―	―
合計	六、九七一	一〇六、四五三、四九	二〇	一一八	一六二	三八八	四二二	五八二	六九二	八〇一	七九六	二、六九七	二九三	一五、五七
比例	―	―	〇・二九	一・六九	二・三二	五・五七	六・〇五	八・三五	九・九三	一一・四九	一一・四二	三八・六九	四・二〇	―

貯　金　調

受拂殘高	昭和四年度		昭和五年度		昭和六年度	
受入高	8,176	58	16,708	39	17,474	66
拂出高	4,940	21	14,299	77	14,688	06
差引殘高	3,236	37	2,408	62	2,786	60

金高	昭和四年度		昭和五年度		昭和六年度		計	
	人員	百分比	人員	百分比	人員	百分比	人員	百分比
三百圓以上	1	0.15	—	—	—	—	1	0.04
二百五十圓以上	—	—	1	0.11	—	—	1	0.04
二百圓以上	1	0.15	—	—	1	0.09	2	0.08
百五十圓以上	3	0.44	3	0.33	5	0.46	11	0.41
一百圓以上	8	1.18	10	1.11	14	1.28	32	1.20
八十圓以上	6	0.89	11	1.22	17	1.56	34	1.28
六十圓以上	18	2.67	19	2.11	16	1.47	53	1.99
四十圓以上	34	5.04	30	3.34	51	4.68	115	4.32
二十圓以上	55	8.15	122	13.57	67	6.15	244	9.16
二十圓以下	263	38.96	424	47.17	534	48.99	1,221	45.83
無シ	286	42.37	279	31.04	385	35.32	950	35.65
合計	675	100.00	899	100.00	1,090	100.00	2,664	100.00

食事供給月別調

月別	有料食事回数 朝食	有料食事回数 晝食	有料食事回数 夕食	有料食事回数 計	無料食事回数 朝食	無料食事回数 晝食	無料食事回数 夕食	無料食事回数 計	合計 昭和四年度	合計 昭和五年度	合計 昭和六年度
昭和六年四月	二、六三三	七〇五	二、一三三	六、四七〇	四五五	三九九	四二九	一、二八三	―	八、六七四	七、七五三
五月	二、三三九	五五六	二、七九八	五、六八三	四七八	四二四	四三六	一、三三八	―	九、三六一	七、〇二一
六月	二、五三五	四九八	二、六一二	五、六四五	四八三	四四三	四五三	一、三七九	―	八、六二九	七、〇二四
七月	二、八七六	六四四	二、九〇三	六、四二三	三八一	三五四	三五九	一、〇九四	三	八、六五八	七、五一七
八月	二、六一九	七五五	二、六九四	六、〇六八	六二八	五八一	五九一	一、八〇〇	二、〇三八	八、六六五	七、八六八
九月	二、七一五	六一二	二、八〇五	六、一三二	六〇六	五五四	五六四	一、七一四	二、九一〇	八、七四三	七、八四六
十月	二、八七八	四五五	二、九四五	六、二七八	五九八	五〇三	五一二	一、六一三	四、九〇八	九、八一一	七、八九一
十一月	二、八二七	四一三	二、七四三	五、九八三	五一六	四三五	四四九	一、四〇〇	五、八二六	一〇、五〇三	七、三八三
十二月	三、五四六	三六七	二、三〇三	七、二二七	四一八	三七八	三八六	一、一八二	五、七一一	一〇、八一五	八、三九九
昭和七年一月	二、八一三	二三三	二、一七八	六、二三四	九二三	四六八	五二一	一、九一二	六、四四四	一〇、二六八	八、一三五
二月	二、九二八	三〇〇	二、八四一	六、〇六九	四七四	四三二	四四〇	一、三四六	六、一八六	八、九〇四	七、四一五
三月	三、〇二六	三三五	二、七六七	六、一一八	四五三	四〇九	五二八	一、三九〇	九、二三八	八、八二九	七、五〇五
計	三三、七二五	五、八六三	三四、七三二	七四、三一〇	六、三七二	五、三七〇	五、六六八	一七、四一〇	四三、二九三	一一一、八六〇	九一、七二〇

醫療月別調

種別		内科 人員	内科 日數	外科 人員	外科 日數	眼科 人員	眼科 日數	耳鼻咽喉科 人員	耳鼻咽喉科 日數	計 人員	計 日數
四月	四年度	六	三〇	一	三〇	二	一五	—	—	九	七五
	五年度	一九	六二	一	七	—	—	一	六	二一	七四
	六年度	一〇	六〇	五	二七	—	—	—	—	一五	八七
五月	四年度	三	七	—	—	—	—	一	五	四	一二
	五年度	一〇	四〇	一	六	—	—	—	—	一一	四六
	六年度	一五	九〇	九	五七	—	—	—	—	二四	一四七
六月	四年度	五	二四	一	二	一	二	—	—	七	二八
	五年度	八	四八	—	—	二	一五	二	九	一二	七二
	六年度	九	四八	八	三九	—	—	—	—	一七	八七
七月	四年度	四	二四	一	三	—	—	—	—	五	二七
	五年度	二二	八四	一	七	—	—	一	四	二四	九五
	六年度	一三	一四六	一〇	八四	—	—	—	—	二三	二三〇
八月	四年度	七	三〇	一	三	—	—	—	—	八	三三
	五年度	三〇	一三九	二	九	一	三	二	五	三五	一五六
	六年度	二七	一八九	五	三九	—	—	—	—	三二	二二八
九月	四年度	六	三〇	二	三〇	—	—	一	三	九	六三
	五年度	三四	一四〇	八	一八	—	—	—	—	四二	一五八
	六年度	二二	一四七	八	九二	—	—	—	—	三〇	二三九
十月	四年度	七	二八	一	二	一	一	—	—	九	三一
	五年度	一八	七八	四	一九	—	—	—	—	二二	九七
	六年度	一五	一三五	六	五二	—	—	—	—	二一	一八七
十一月	四年度	六	二七	一	七	—	—	—	—	七	三四
	五年度	二六	一〇八	五	四五	—	—	—	—	三一	一五三
	六年度	一二	一一一	七	五六	—	—	—	—	一九	一六七
十二月	四年度	二	六	二	一八	—	—	—	—	四	二四
	五年度	三九	一七〇	五	三八	—	—	—	—	四四	二〇八
	六年度	一三	九六	四	一八	—	—	—	—	一七	一一四
一月	四年度	一三	五七	二	六	—	—	—	—	一五	六三
	五年度	三四	一五九	一	六	—	—	—	—	三五	一六五
	六年度	五	五一	五	二九	—	—	—	—	一〇	八〇
二月	四年度	一一	五四	二	六	—	—	—	—	一三	六〇
	五年度	二三	一〇八	二	一二	—	—	—	—	二五	一二〇
	六年度	一二	九六	五	四五	—	—	—	—	一七	一四一
三月	四年度	九	三六	—	—	—	—	—	—	九	三六
	五年度	三四	一二四	四	一六	—	—	—	—	三八	一四〇
	六年度	九	七五	一	六	—	—	—	—	一〇	八二
合計	四年度	七九	三五三	一四	一〇七	四	一八	二	八	九九	四八六
	五年度	二九六	一、二九〇	二四	一八三	三	二七	六	二四	三二九	一、五二四
	六年度	一七二	一、二三四	七三	五四二	—	—	—	—	二四四	一、七七六

集會月別

月別	回數	出席人員
昭和六年四月	八	一、一五四
五月	九	一、二四七
六月	九	一、二〇五
七月	九	一、二三六
八月	六	八三四
九月	四	五八一
十月	五	七三〇
十一月	四	六〇三
十二月	五	七七〇
昭和七年一月	四	五九六
二月	四	五七九
三月	三	一、六二九
計	七九	一一、一六四

健康月別調

摘要／月別	健康						病氣						不具						計		
	昭和四年度 人員	昭和四年度 百分比	昭和五年度 人員	昭和五年度 百分比	昭和六年度 人員	昭和六年度 百分比	昭和四年度 人員	昭和四年度 百分比	昭和五年度 人員	昭和五年度 百分比	昭和六年度 人員	昭和六年度 百分比	昭和四年度 人員	昭和四年度 百分比	昭和五年度 人員	昭和五年度 百分比	昭和六年度 人員	昭和六年度 百分比	昭和四年度	昭和五年度	昭和六年度
四月	二五	八六・二	五三	九三・〇〇	一〇三	九七・一五	三	一〇・三四	—	—	三	二・八五	一	三・四五	四	七・〇〇	—	—	二九	五七	一〇五
五月	一〇	五五・五五	三六	九二・三〇	七五	九三・七五	三	一六・六七	三	七・七〇	五	六・二五	五	二七・七八	二	三・六二	—	—	一八	三九	八〇
六月	一八	九四・七四	四四	八三・一六	九一	一〇〇・〇〇	一	五・二六	七	一三・二三	—	—	—	—	一	一・七二	—	—	一九	五三	九一
七月	四六	七九・三二	五三	八九・六六	六七	九八・五〇	一二	二〇・六八	五	八・六二	一	一・五〇	—	—	—	—	—	—	五八	五八	六八
八月	四七	七九・六六	四七	九七・九二	一一八	九八・三三	一二	二〇・三四	一	二・〇八	二	一・六七	—	—	—	—	—	—	五九	四八	一二〇
九月	六五	八六・五二	一一七	九八・二八	一三一	九七・七八	一二	一三・四八	二	一・七二	三	二・二四	—	—	一	一・四三	—	—	八九	一一九	一三四
十月	七七	九二・八六	六五	九二・九五	一〇二	九八・〇六	五	七・一四	四	五・六二	二	一・九四	—	—	一	一・一四	—	—	七〇	七〇	一〇三
十一月	六二	八六・一二	七九	九一・八八	一〇二	九八・〇六	一〇	一三・八九	六	六・九八	二	一・九四	—	—	—	—	—	—	七二	八六	一〇三
十二月	五四	八四・三七	八五	一〇〇・〇〇	六一	九八・三八	一〇	一五・六三	—	—	一	一・六二	—	—	—	—	—	—	六四	八五	六二
一月	四〇	九三・〇二	九二	一〇〇・〇〇	八四	九六・五五	三	六・九八	—	—	三	三・四五	—	—	—	—	—	—	四三	九二	八七
二月	六二	八八・五七	九六	九六・九六	六八	九八・五五	五	七・一四	三	三・〇四	一	一・四五	三	四・二九	—	—	—	—	七〇	九九	六九
三月	七四	八八・一〇	九一	九七・八三	六八	一〇〇・〇〇	五	五・九五	二	二・一七	—	—	五	五・九五	—	—	—	—	八四	九三	六八
合計	五八〇	八五・九三	八五七	九五・三四	一、〇六七	九七・八九	八一	一二・〇〇	三三	三・六七	二三	二・一一	一四	二・〇七	九	〇・九九	—	—	六七五	八九九	一、〇九〇

わが半生を語る

八濱徳三郎

之は本年一月私の母校京都同志社の招きを受け同神學館に於て講演せるものの筆記であります、その說く所は多く私事に渉り之を公表するは如何かとも存じましたが、私の主管せる大阪勞働共勵館の經營又は救護の目的方針を說明するの一助とも存じまして、失禮をも顧みず敢て茲に掲載する事と致しました。

諸君は本校卒業後或は傳道者として、或は社會事業家として、それ〴〵實社會に活動せられる事と存じますので、私は『社會事業家としての予が半生』と題して、私の辿つて來た道筋のこころ〴〵を拾つてお話して見たいと思ひます、若し多少でも御參考になれば本懷の至りであります。

却說、人生五十と申しますから二十五年は正しく人生の半ばと存じます。私が社會事業に手を染めましたのは明治四十一年でありますから、本年は正に滿二十五年であります。此の二十五年間に於ける我邦の社會上、思想上の變遷は實に急劇を極め眞に隔世の感に堪へざる次第であります。

明治二十九年に同志社神學校を卒業しましたが、其の頃、私は信仰を失つて煩悶してをりました。元來、私は苦學をして神學科を修めたのであります、即ち最初の三年間は神學館の掃除夫をしながら勉强し、後の一年間は圖書館員をしつゝ勉學をしました。それ程にして勉强を致しながら卒業の時には肝腎の信仰を失つたのでありますから、恰も九仭の功を一簣に缺ぐの想ひで其の畢生の遺憾は今に忘れる事が出來ません。それで已を得ず卒業後約七八年間は東京で新聞や雜誌の記者をして生活を致しました。

そのうちに日露戰爭が始まりました。此の國を賭しての戰爭の時、私は國民のために生命を捧げる決心をいたしました。そして、當時、組合教會中で一番の貧乏教會をと撰んで、京都の洛陽教會に赴任致しました。而も病妻と二人の頑是ない子供を伴ふて赴任したのでありました。

洛陽教會の三年間は私の一生涯に於て最も苦難の時代でありました。薄給のため家を借りることが出來ないので、軒は傾き壁は壞れ殆ど人の棲まふ事の出來ない會堂裏の番小屋に住み、糟糠僅に其の日を糊するに過ぎない貧乏の上に、平素蒲柳の身の妻は數回も瀕死の重症に冒され、二人の幼兒は榮養不良のため夭死すると云ふ、悲哀痛恨の經驗を嘗めましたけれども、一方には此等の不幸逆境のため愈々信仰は勵まされ、夜を日に繼いで傳道に努め、三年間に約四百名の教會員を作りました、其の教會員の間には今現に社會の各方面に活躍して居る立派な人物が少くはありません。

その後、また一番貧しい教會を求めて、神戸の活田教會に赴任しました。それは明治四十一年（一九〇八年）のことであります。この教會は神戸の場末の教會で、會衆の大部分は貧乏人や失業者でありました。貧乏のため夫の他行中に操を賣つたといふ婦人さへありました。又、嘗ては大家の主人公であつたものが、事業に失敗して親子三人ボロをきて教會へ來るといふ有樣でありました。私は、教會內に難儀苦勞してゐる人々の多いのに胸を打たれざるを得ませんでした。教會に來る人々の中には食ふや食はずの人々が少からずあるのであります。

然るに自分は牧師として、訪問と稱しては信者の家庭に上り込み、お茶を飲み、お菓子を頂戴して、お世辭と御氣嫌を伺つてゐる、之れで基督の聖旨に適ふものであらうかと反省した時、ヤコブ書第二章

わが兄弟よ榮光の主なる我らの主イエス・キリストに對する信仰を保たんには、人を偏り視るな。金の指輪をはめ華美なる衣を著たる人、なんぢらの會堂に入りきたり、また粗末なる衣を著たる貧しき者、いり來らんに汝等その華美なる衣を著たる人を重んじ視て『なんぢ此の善き處に坐せよ』と言ひ、また貧しき者に『なんぢ彼處に立つか、又はわが足下に坐せよ』と言はゞ、汝らの中にて區別をなし、また惡しき思をもてる審判人となるに非ずや。

わが愛する兄弟よ、聽け、神は世の貧しき者を選びて信仰に富ませ、神を愛する者に約束し給ひし國の世嗣たらしめ給ひしに非ずや。然るに汝らは貧しき者を輕んじたり、汝らを虐げ、また裁判所に曳くものは富める者にあらず

や。汝等もし聖書にある『おのれの如く汝の隣を愛すべし』この尊き律法を全うせば、その爲すところよし。されご若し人を偏り視ば、これ罪を行ふなり。………わが兄弟よ、人みづから信仰ありご言ひて、もし行爲なくば何の益かあらん、斯る信仰は彼を救ひ得んや。もし兄弟或は姉妹、裸体にて日用の食物に乏しからんごき、汝等のうち、或人これに『安らかにして往け、溫かなれ、飽こごを得よ』こいひて體に無くてならぬ物を與へずば何の益かあらん。斯の如く信仰も行爲なくば、死にたる者なり。…………の聖言を讀んで無限の感慨に撃たれ、此等の貧乏人や犯罪者のため水火辭せざるの決心覺悟を定め、牧會の傍ら人事相談所を設けて法律上、家庭上の爭鬪軋轢のために難める人々のため之が調停解決に努め、また職業通信社ご云ふのを設けて今日で謂ふ職業紹介を始めました。失業者は來るが職業は容易にありません。仍で十字屋ご云ふ一軒の店舗を設け、此等の失業者に商品の外交勸誘や又は新聞牛乳の配達をさせて、兎も角每時十數人の人々に仕事を與へて居りました。それは明治四十二年卽ち西暦一九〇九年の事であります。一九〇九年ごいへば英國に於て初めて勞働紹介法が公布された年であり、又米國に於ては紐育に始めて州立の職業紹介所が設立された年であります。斯る時に於て偶然にも吾が日本の貧弱なる一牧師が職業紹介の眞似をして、貧乏人、失業者、犯罪者等の世話を致して居つたのであります。

恰度炎天に旅人が木蔭を慕ふて集まるやうに、教會には失業者、前科者、貧乏人などが次第に其の數を增して來ました。彼等は其の勢力を恃んで容易に在來の會員に下りません。遂に兩者の間には氷と炭、水ご油のやうに感情の疎隔を釀すに至りました。仍で教會の重なる人々は牧師たる私に對して其の短を擧げ、其の醜を發いて攻擊を初めました。反對は教會内からのみでなく、同勞の牧師仲間からも起りました。斯くて明治四十三年(一九一〇年)には、教會を去らねばならぬ破目に陷りました。

其の時の私共一家は眞に悲慘の境涯でありました。教會からは棄てられ、友人からも顧みられず、其の悲痛は今尚ほ寤寐忘るゝこごが出來ません。二人の男の子は幼く、しかも生後間の無い女の子を連れて、無限の悲憤ご悲愁を懐きながら神戸を去つたのであります。折も折とて其の夜は大雨で親子五人は濡れ鼠のやうな姿で、妻の郷里である信州伊那を指して落ちて行つたのでありました。

一先づ家内の實家に妻子を預けて置いて、私は兎も角も親友の留岡幸助氏を頼つて單身上京したのであります。『神は自分に斯く爲せと命じ給ひ、且つ自分は生命を捨てゝまで此の使命に殉ぜんとしてゐるのであるから、神は必ずや自分のため仕事の準備を爲し給ふべし』と信じて上京したのでありました。

明治四十四年、初めて淺草に職業紹介所が設立せられることゝなつたので、當時助役の田川大吉郎氏を通じてその事業に自ら當らんことを申出でました。然し府會の決議で、之を東京市養育院の管理の下に置く事となりましたので留岡氏とも相談して遺憾ながら之を斷念致しました。

そのうちに内務省で我邦では最初の細民調査を施行する事となりましたので、留岡生江兩氏の下に、内務省の囑託として之に從事する事になりました。内務省の囑託と云へば名は立派でありますが、實は日給一圓餘で毎日朝から晩までテク／＼歩いて、下谷淺草の貧民調査をするのでありました。特に私の擔任は口入屋と質屋と高歩貸の調査で、私に取つては誠に得がたい修業となりました。

しかし信州に殘し來つた妻子には送金せねばならぬので、安飯屋にすら這入ることが出來ず、食パンを噛り、共同栓の水で喉を濡ほすより他なかつたのであります。しかも眞夏の太陽に照りつけられながらの貧民窟調査でありますから、身體は綿の如くに疲れ、汗が流れては靴の中に溜つてゐると云ふ有様でありました。

實家に在る妻は子供等が兄弟の子供等と喧嘩をするから、早く上京させて呉れと、三日にあげず引取方を要求してまいります。恰度その頃、夫が先棒を曳き妻が其の車の後を押しながら坂を登つて行く車力を見て

自分は神に獻身してゐる者であるのに、何故なすべき仕事が與へられぬのであらうか、何故この日傭稼のやうに、夫婦相扶け相慰めながら生活を營むことが出來ないのであらうか、

事志と齟齬し空しく失望落膽の境に沈める自分と日傭稼との境涯を比較して、涕泣嗚咽胸を打つて慟哭したので

あります。人生の悲哀痛恨の尤なるものは、失業の苦痛より甚だしきはなき所以を沁々と痛感し、愈々一身を献げて失業者の爲めに働かうとの決心を固めたのであります。

仍で私が丁稚奉公をしてゐた關係で最も親みのある大阪で、失業者保護事業を開始するの計畫を樹て、蔭ながら敬慕してゐた天滿教會の信者で、市會議員の青木庄藏氏に相談し、同氏の協力援助の下に、財團法人大阪職業紹介所が設立されたのは、明治四十四年今を去る二十有餘年前の事で、我國に於ける職業紹介事業の嚆矢と云ふも敢て過言ではありません。

斯くて今宮憲兵屯所跡の家屋を借りて、茲に大阪職業紹介所の看板を掲げると、反對の聲は忽ち各所に起りました。先づ附近の町民は『御綸旨の寶庫に隣接せる所に、立ン坊を泊めたりするのは、畏くも皇室に對する不敬である』と、其の反對は當るべからざる勢ひでありましたので、知事や警察部長や市長や、此等の要路に向つて調停の勞をとられん事を只管懇請いたしましたが、事苟くも皇室に關係があると云ふので誰一人これを承諾する人がありませんでした。仍で私は反對派の有力者に今宮戎神社に集まつて貰ひ、職業紹介事業并に勞働者保護事業の必要に就て一場の演說を致しましたが、遂に感慨胸に充ちて言はんと欲して言ふ能はず、歔欷嗚咽して涙滂沱たるを看て流石の反對者も終に私の願望を叶へて吳れました。

反對はそれのみではありません、愈々事業を始め出すと、恰度蜂の巢を突いたやうに、全市の木賃宿、口入屋が一齊に立つて反對の矛を向けて來ました。彼等は當所を撲滅するために、一つの新聞を創刊して輿論に訴ふる外に、喧嘩師を寄越して亂暴を働く又客に化て泊り込んで、蒲團を汚物で穢すと云ふ直接行動すら敢てし、每日のやうにいやがらせをしたものであります。

家內は病身でありますから何も働く事は出來ません。穢された蒲團の始末から便所の掃除まで皆私がするのでありました。時には宿泊者のうちに死人の出ることもありましたが、その病中から死後の世話まで皆私が當らねばならなかつたのであります。其他種々樣々の困難苦痛を甞めましたが、到底口で語ることは出來ません。しかし過去二十餘年間幾多の風浪を凌ぎ、幾多の險礁を超えて、而して後今日あるは、一にも二にもナザレのイエスの十字架の御恩寵であります。

○

過去二十餘年間に私は財團法人大阪職業紹介所、同天滿職業紹介所、大阪勞働共勵館等の外に、財團法人大正勞働紹介所、同大阪少年ホーム等を創設し、大正七年の米騷動後には大阪市の囑託として市立職業紹介所、市立共同宿泊所等の創設經營に參與し、或ひは大阪職業輔導會の主事として失業者の職業輔導、公益質舗等の經營に從事し、其の取扱人員は大阪職業紹介所だけでも、求職者二十七萬五千人、就職者十一萬四千餘人、宿泊者四萬二千餘人宿泊延人員一百九萬二千餘人の多數に上りますから、其他の事業成績を加ふれば實人員だけでも無慮百數十萬を算する程であります。

此等多數の人々の中には、職業の紹介、斡旋、輔導、授產、其他の保護に依りて一時の窮迫を助けられ、生活の安定を得たものも決して少くはありません。然し乍ら、失業、犯罪、貧乏等は經濟的、物質的原因と共に人格的、精神的原因に基因する所が少くないのでありますから、宗教道德を除外せる社會事業は、譬へば放蕩息子に金庫の鍵を渡して其の費消を禁じ、酒客に美酒を贈つて其の飲用を止めるに似て其の效果は疑はざるを得ません。

試みに一例を擧ぐれば、昭和二年神戶市職業紹介所が、就職者二萬五千八十八人の勤續を調査せるに、三ヶ月以上の勤續者は僅に四・九%の少數で、其他の九五・一%は折角就職しながら直ぐ職に離れた者であります。同じく同年大阪市職業紹介所が就職者七千三百八十一人の勤續を調査せるに、三ヶ月以上の勤續者は三四・九%で、其他の六五・一%も同じく就職後間もなく職に離れた者であります。之は唯だ神戶大阪の事だけではなく、一般職業紹介事業の現狀であります。否、職業紹介事業だけではなく、一般社會事業の現狀であります。

則ち宗教道德を無視せる社會事業は、飯上の蠅を逐ふやうなもので、或ひは一時的の效果はありませうが、永久的の効果に到つては誠に覺束ない次第であります。彼の『施與は唯だ徒らに貧者の苦しき生活を長引かしむるに過ぎず』と云ひ、或ひは『安居なきにあらず我が安心なきなり』（墨子）と云ひ、或は『汝等先づ人を作れ然らば彼等は自ら其の職業を見出すべし』（救世軍ブース大將）等と云ふて居るのは、眞に知言と謂はねばなりません。

使徒行傳三章を繙けば、ヱルサレム神殿美麗門外に跛者の乞丐が、ペテロとヨハネに施濟を求めた時、ペテロは『金銀は我に無し、然れど我に有るものを汝に與ふ、ナザレのイヱス・キリストの名によりて歩め』と命じ、右の手を執つて引き起したら、足の甲と踝骨とたちどころに強くなつて、躍り立ち歩み出し、神を讃美しつゝ神殿に這入つたこの記事があります。而して此の奇蹟は『之れ汝等各人を其の罪より呼びかへして祝福せん爲なり』と書いてあるやうに、現代の社會事業家に對する一大警告であると云はねばなりません。

明治四十二年岡山孤兒院長石井十次氏は、大阪市南區日本橋五丁目の貧民窟に友愛社を設立して、失業者や刑餘者や、其他世人の忌み嫌へる人々に對し、眞に兄弟の愛を以て之を迎へ、自分の糧を割いて彼等に與へ、自分の衣服を脱いで彼等の寒さを救ひ、或ひは身許保證人となつて其の就職を斡旋し、其の結果多大の困難と迷惑を受けられたと看え、私が舊今宮憲兵屯所の一室に起居して、職業紹介所開設の準備を致して居る時、一夜私を訪れられて友愛社解散の顚末と信仰を基礎とする社會事業の經營難とに就いて泌々その體驗を述べ、私等の計畫を中止せよと熱心に諫告せられたのであります。

然し乍ら、社會事業に於ける二十餘年間の私の體驗から云へば、ナザレのイヱス・キリストの名に依りて事業を經營し、パンよりも、何物よりも先づ第一にナザレのイヱス・キリストを與ふるにあらざれば、其の事業は失敗であり空虛であると堅く信じて疑はざる者であります。

過去二十餘年間、ナザレのイヱス・キリストに依りて大酒家、無賴漢、放蕩者、犯罪者、其他の惡漢不逞の徒が悔悟轉心せし事例は、實に枚擧に遑がありません。若し之を疑ふ方がありますれば、私はピリポと共に『來りて見よ』と申し上る外はありません。終に臨み總ての榮光を神に歸して此の講演を畢る事と致します。

昭和七年七月二日印刷
昭和七年七月五日發行

【非賣品】

大阪市港區泉尾松之町二丁目十八番地
大阪勞働共勵館
電話櫻川三一四〇番

大阪市此花區大開町一丁目一四〇
印刷人　中井藤藏
大阪市此花區大開町一丁目一四〇
印刷所　大阪進光堂
電話土佐堀{一七七四二番 一一一〇番}

◇昭和六年度　第二十一年事業報告

（財団法人 大阪自彊館・昭和七（一九三二）年八月一日）

掲載資料の原本として日本社会事業大学図書館所蔵資料を使用

昭和六年度

第廿一年事業報告

財團法人 大阪自彊館

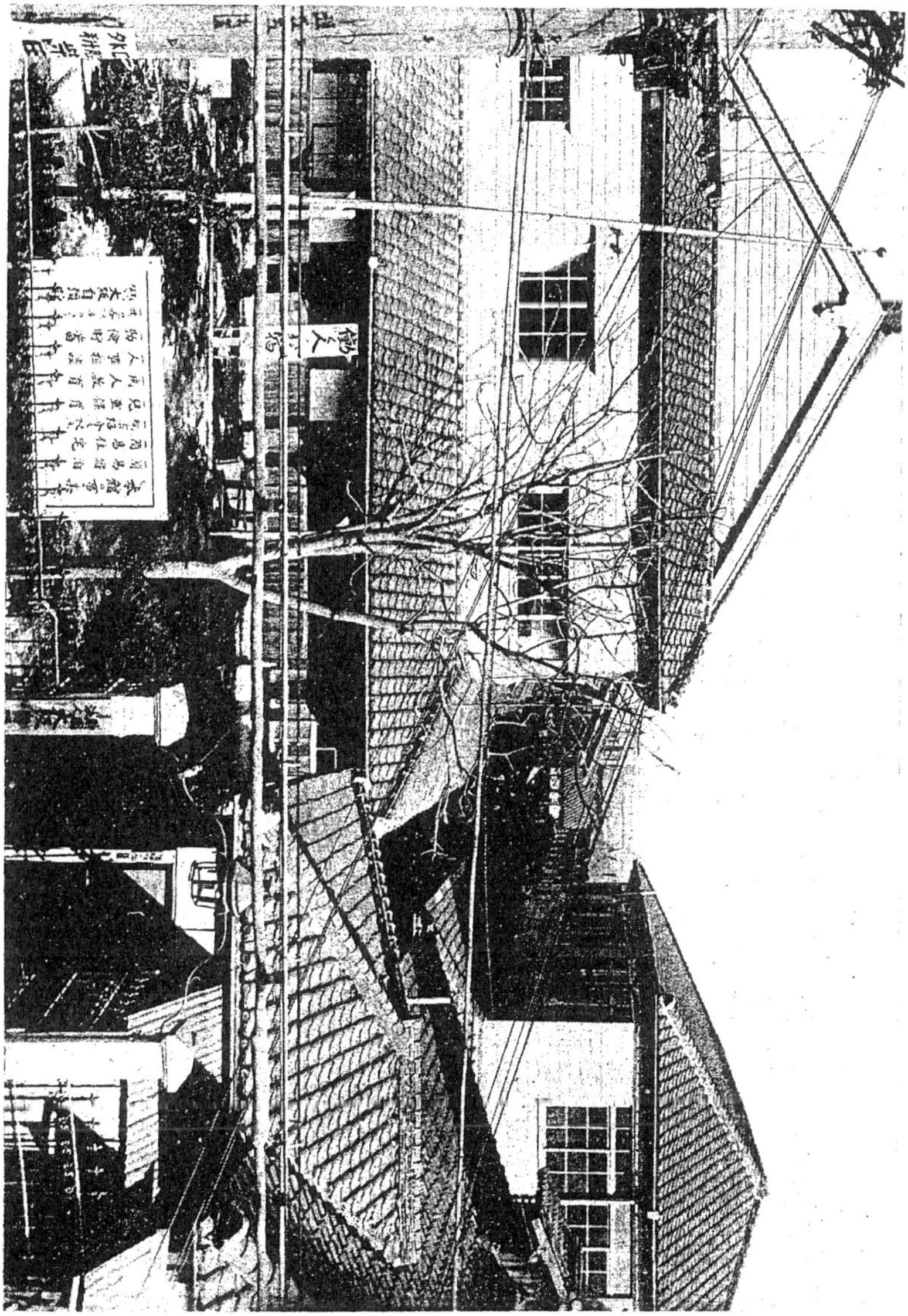

事業

共同宿泊　簡易貸間

職業紹介及授産　人事相談

成人教育　兒童保育

日用品販賣　貯金奬勵

設備

所在地　大阪市西成區西今船町

敷地　九百四十六坪

建物　七百八十二坪

共同宿舍二棟　向上館貸間二棟

講堂、圖書室、會議室、事務所

診療所、販賣部、浴場、倉庫、

洗濯場、職員住宅等八棟

大阪自彊館第二十一年（昭和六年度）事業報告

目次

はしがき

三德生

大阪自彊館が創立後滿二十一年に達したかと思ふと眞に今昔の感に堪へない、私はいつも思つてゐる、世の中がどれほど濁つても社會事業だけは淸らかでなければならぬ、殊に近時經濟界の不況につれて社會事業團体への寄附金が減じたため米國アタリの例に傚つて共同募金をやらうと高調されてゐる、それならば尙更のこと世人の社會事業に對する信用と尊敬とが十分でなければならぬ、勿論私も共同募金その事には贊成であるが、よし從業員一同が誠心誠意努力を續けてゐても尙且つ盡さざること の多いことを自省せなければならぬと思ふ、最近東京府社會事業協會で發行の「社會福利」に三谷此治君の書かれた『共同募金の實際問題』に米國コムユニチー、チエストの宣言が載てゐるから轉載する。

一、私はコムユニチー、チエストと申す者です。

二、私は大都市の心臟である。

三、私は數万の貧しき可憐なる赤ちやんのお母さんである。

四、私は悲慘にも大都市から見離された哀れな子供たちの爲に深い慈愛を持つて心から晝夜奔走してゐる。

五、私は社會層の底敷になつて闇から闇へ葬られて行く人々を保護するのだ。

六、私は孤獨と老いに惱む貧しき人々を救助する。
七、私は可憐なる病者の爲に優秀なる技術を以つて加療する治療者である。
八、私は凡ての人々に對して社會衛生の訓練をなすのだ。
九、私は大都市が產み出した貧しき者、世間から見捨てられたる者に新らしい理想と溫いホームを
　　與へんが爲に援助する。
一〇、私は貧困者の生活障礙から彼等の子供達を防禦する。
一一、私は多くの人々の爲に人間として醒めねばならぬ善き機會を與ふるものである。
一二、私は市民の行爲、情操教育の向上に指導精神を與へる。
一三、青年よ私は君等の爲に奉仕するのだ。
一四、私はチャリテイであることは勿論であるが其他多くの善き仕事をするのだ。
一五、私は新らしき博愛者だ。
一六、私は大都市に在住する數十万の青少年男女の爲に組織的中心精力の主體である。
一七、私は人道惡の防禦者だ。
一八、私は市民の人格建設者だ。
一九、私は最も有効なる經濟と云ふ名前の者だ。

（２）

二〇、私は凡ての冗費の防禦者である。
二一、私は人間の爲すべき善き凡てに對しては寛大なる人道愛を捧ぐることに躊躇しない。
二二、私は團體精神の創造主である。
二三、私はコムユニチー、チエストである。
斯うした自信があつてこそ共同募金も良好な成績を擧けることが出來るのである。

二十餘年樂な時とて無かつたものを我等は現時の不況時をも敢然として突破せねばならぬ。

事業日誌

（自昭和六年四月
至同　七年三月）

四月一日　保育部入園兒八十名、午前十時ヨリ入園式學神祭ヲ擧行。
四月十六日　館内ニ臨時少年少女保護相談所開設、川崎保護司吉村主任擔當。
四月二十日　販賣部擴張ノ爲メ店舖改造工事施行。
四月廿三日　慶福會主事岡島貞次郎氏來館、本館建物幷設備改修工事施行狀況視察セラル。
四月廿五日　特志理髮士數名本日ヨリ毎月二回在館者ノ無料理髮ヲ奉仕ス。
四月廿九日　大講堂ニ於テ天長節拜賀式擧行。
五月四日　大阪府ヨリ昭和五年度補助金參百圓也受領ス。

五月　五日　兒童愛護デーニ付保育部兒童ノ旗行列ヲ催シ、標語印刷ノ五色ビラ撒布。
五月十三日　販賣部店舗改修工事竣成ニ付本日ヨリ日用品雜貨及荒物類ノ均一販賣ヲ開始ス。
五月十四日　大阪乳幼兒保護協會主催牛乳配給袋七十三袋募集送致。
五月廿九日　本日午前十時　柴田知事、谷田控訴院長、兒玉助役、新妻元大分縣知事、大竹警察部長、光行檢事長、豊田檢事正、山口社會部長其他來賓各位幷本館役員等百二十餘氏ノ御臨席ヲ得大講堂ニ於テ創立滿二十週年記念式ヲ擧行酒井理事長中村常務理事ヨリ本館經營ノ歷史ト現況並建物設備改修工事ノ經過ヲ報告シ來賓各位ノ御祝辭ヲ受ケ、式後構內庭前ノ天幕張食堂ニ於テ粗餐ヲ呈シ尙事業設備ヲ縱覽ニ供シテ午后二時意義深キ盛事ヲ終了ス。
五月三十日　保育部第六回開園記念式擧行、出席兒童二百八十五名、新裝ナレル大講堂ニ祝福ノ瞳ヲ輝カセツ、主任ノ訓話ヤ堀尾勝彥氏ノ童話ニ興趣ヲ添ヘ歡談。
六月　一日　宿泊人故小西伊造君遺產金百圓也遺志ニヨリ在館者救護基金トシテ寄付收受。
六月　四日　在館者貯金奬勵利子金四十六圓九十三錢ヲ貯金者五十五人ニ交付。
七月　四日　全國私設社會事業大會出席ノ爲メ吉村主任東京市ヘ出張。
七月十一日　保育部保護者會幷兒童遊戲會開催、全夜在館者修養慰安會開催、餘興万歲。
七月十七日　霖雨續キテ勞働不能者多ク缺食等ノ憂ヒアリ困窮者ニ給食ス。

七月廿三日　本館會議室ニ於テ西成少年保護會常任委員會開催。
八月十二日　間貸部親睦會總會開催。
九月廿六日　昭和五年度（第二十年）事業報告書發送。
九月廿三日　本館創立以來滿二十年間ニ館內ニ於テ物故シタル宿泊人六十四名ノ追悼會ヲ擧行。
十月　三日　保育部兒童郊外保育ノ爲メ住吉公園ニ遠足。
十月十一日　第三回成人教育講座トシテ講師山畑瓢山氏ヲ聘シ書道講習會ヲ開設シ今後每月第一、
　第三、土曜日ニ繼續スルコトニ決シ本日第一回開講。
十一月一日　臺灣社會事業視察團石川眞澄氏外十七名來館。
十一月十六日　大講堂ニ於テ講師植野、福岡兩氏ヲ聘シ兒童榮養講演會開催。
十二月一日　在館者貯金奬勵利子金四十九圓八十七錢、貯金者五十四人ニ交付。
十二月十二日　保育部保護者會ヲ開催、講師福岡氏、吉村主任講話後兒童遊戲會開催。
十二月十四日　間貸部主婦臺所貯金七百三十一圓四十六錢ヲ貯金者四十人ニ還付。
十二月十九日　本館改修工事資金不足額醵集ノ爲メ河合ダンス一行ヲ聘シ中央公會堂ニ於テ十九日晝
　夜、二十日夜間ノ三回ニ亘リ慈善興行ヲ開催ス。
十二月三十日　單獨宿泊者百十二名ニ對シ祝餠一人宛五合ヲ供與ス。

昭和七年一月一日　大講堂ニ於テ拜賀式幷在館者年賀交禮會ヲ擧行。

本日ヨリ三日間、休養廊下備付大火鉢十二個ニ炭火ヲ支給。

一月十六日　官幣大社大神神社ヨリ撤饌鏡餅拜受ニ付在館者三百五十人ニ配付。

一月二十三日　書道講習會例會幷新年茶話會開催。

一月二十八日　間貸部親睦會新年總會ヲ開催福引、會員漫談等ニ興ズ。

二月十一日　本日大阪府廳ニ於テ　宮内省御下賜金及内務省助成金下付ノ傳達ヲ拜受ス。

大講堂ニ於テ在館者並ニ保育部ノ紀元節拜賀式擧行。

事業主任吉村敏男ハ社會事業功勞者トシテ大阪府知事ヨリ表彰ヲ受ケ尙大阪毎日新聞社、大阪朝日新聞社會事業團ヨリ副賞ヲ受領セリ。

二月十八日　官幣大社大神神社宮司遠山正雄氏來館。

三月十日　保育部兒童郊外保育ノ爲メ奈良公園ニ遠足。

三月二十六日　保育部終了證書授與式擧行、午後保護者會併ニ兒童遊戲會開催。

三月二十七日　事業主任吉村敏男ハ大阪社會事業協會ヨリ拾年以上勤續者トシテ表彰セラル。

三月三十一日　構內空地ニ稻荷社殿ノ特志寄付ヲ受ケ建設工事中ノ處、本日竣成ニ付神職二人ヲ聘シ鎭坐祭執行、在館者多數參拜、撤下物給與。

(6)

沿革

一、明治四十四年早春　中村三德、藤本友信の兩氏發起創立。明治四十五年二月宿舍その他の建築に着手、私立大阪自彊館と稱し同年六月二十五日宿泊救護及授產事業開始。
一、大正二年二月二日　財團法人設立申請同年六月九日認可。寄附行爲に基き理事三人を選定し中村襄氏、酒井猪太郎氏、小林林之助氏就任、互選により中村襄氏館長となる。
一、大正二年七月　西區天保町に築港分館設立、宿泊救護事業を開始。大正八年十一月閉鎖。
一、大正三年一月　中村襄氏辭任、同年三月十五日宇田德正氏館長就任。
一、大正三年七月二十八日　荷車賃貸の授產事業開始。
一、大正五年八月　市の內外に虎疫發生につき防疫事務應援。同年八月及十月に今宮本館竝築港分館建物の一部を虎疫豫防のため隔離所として今宮町及大阪府に無償提供。
一、大正六年十二月　市內十ヶ所に於て白米其他實費販賣を行ひ公設市場の濫觴をなす。
一、大正七年五月　南區日本橋筋東一丁目に我國最初の簡易食堂を創設し大正十年十二月迄經營。此の利用延人員七十万三千六百七十七人に達す。
一、大正八年七月　宇田德正氏辭任、理事任期滿了につき改選の結果館長に酒井猪太郎氏、常務理事中村三德氏、理事小林林之助氏當選就任。
一、大正八年七月十二日　寄附行爲第八條理事三名を四名に變更の件申請、同年八月二十五日認可。

一、大正八年十一月　今宮本館の一部を以て家族室とし間貸部開始。
一、大正十年七月　社會教化の活動寫眞講演班を組織。
一、大正十一年六月　理事任期滿了につき改選の結果館長に酒井猪太郎氏、常務理事中村三德氏、理事小林林之助氏、漆島佐吉氏當選就任。
一、大正十二年一月　月刊雜誌『自彊』（菊倍八頁）刊行。
一、大正十三年二月　低利資金の貸下を受け向上館貸間を增設、同年六月一日開館。
一、大正十三年十一月　評議員會の決議を經て寄附行爲一部變更の件申請、同十四年三月五日認可。
一、大正十四年六月　理事任期滿了につき改選の結果館長に酒井猪太郎氏、常務理事中村三德氏、理事野々田爲吉氏、山下文助氏當選就任。
一、大正十五年六月一日　館內に保育部を併置し幼兒書間保育事業開始。
一、昭和二年一月　隣保館の竣工を期とし第一回成人敎育講座開始。
一、昭和四年五月　館內に日曜學校を開設し在館兒童並隣保區域內の學童敎化を行ふ。
一、昭和四年七月　第二回成人敎育として夜間英語講座開設。
一、昭和五年九月　恩賜財團慶福會の御助成により甲乙館改增築工事に着手、同年十二月末竣成。
一、昭和六年五月　本館創立二十週年記念式擧行。
一、昭和六年十月　第三回成人敎育として習字講習開設。

（８）

利用人員表

年次＼種別	共同宿泊 實人員	共同宿泊 延人員	簡易貸間 實人員	簡易貸間 延人員	職業紹介 人員	築港分館宿泊 實人員	築港分館宿泊 延人員
明治四十五年	七五二	一三、七七一	—	—	一三八	—	—
大正二年	一、一六〇	二九、二二一	—	—	九四一	七六九	一四、九三一
大正三年	五九五	三〇、八四一	—	—	九六一	一、三六八	三〇、六六四
大正四年	三六〇	二五、七〇七	—	—	一、〇九二	一、〇九七	三一、七〇〇
大正五年	二六一	二六、〇九四	—	—	六三八	九一九	三九、四七七
大正六年	三七八	二九、四九七	—	—	九〇九	一、〇六六	五四、四三一
大正七年	四三一	三四、五六一	—	—	一、〇九五	七四六	六三、六七七
大正八年	三九〇	二九、九四〇	—	—	四〇三	五八九	三五、八三四
大正九年	二九九	二五、一五八	六八	一七、六二八	五〇四	計	
大正十年	二四六	二六、一七七	五一	一二、七七五	二六八	六、五三四	二七〇、七一四
大正十一年	二四一	二四、四六一	三七	九、九九五	三一六		
大正十二年	三三六	二二、〇三二	五一	一一、九三四	二八五	幼児晝間保育	
大正十三年	三二三	二二、八〇三	二三一	三六、六三八	三九〇		
大正十四年	三十二	二三、二六七	二二八	六〇、三五〇	四二八	實人員	延人員
大正十五年	三六六	二七、〇四二	二〇五	五六、一六六	六二一	一七一	一八、四一六
昭和二年	二五五	二四、二三九	二〇六	五八、一六二	三二三	一四四	一八、八二一
昭和三年	二〇三	二二、六九三	一九七	六一、〇四五	二二八	一五一	一八、二八二
昭和四年	二六六	二六、〇八六	二二八	七四、四二一	一八八	一五六	一八、四四九
昭和五年	二八二	二六、〇二七	一九一	四九、八四四	二八一	一四七	一九、二六一
昭和六年	三一五	三八、八二七	一六二	五二、一七四	三〇六	一〇九	一九、七六八
合計	七、八三一	五二八、四四四	一、八五五	五〇一、一三二	一〇、三一五	八七八	一一二、九九七

（ 9 ）

共同宿泊

共存同榮の近代社會意識に乖離して生活戰線から落伍した敗殘者、謂ふ所の下層勞働者を客体とする我れ等の瞳は、經濟機構の不備に關する詮索よりも先づ彼れらの社會適應性に缺ける素質に就て凝視せねばならぬ、先天的に惠ぐまれぬ精神薄弱、或は疾病、怠惰、飮酒などの習癖に深く虫ばまれたる肉体と魂とをもつて慌だしい社會行進に足並を揃へるには餘りに大きなハンデキャップである。

彼れ等の經路を吟味すると其の多くは報復の夢に詮ない寢刄を研いだやうな急激分子、或は悲哀を呪咀に紛らす錯覺患者、斷ち切れぬ反社會性の執着に惱む自暴自棄など、あらゆる憤怨と焦燥のルッボに足掻いて疲勞困憊したものが、漸く目醒めて眞實を求める心に過去一切の精算を期して更生すべく勇敢にも『自彊』の扉を叩いてくれた人達であつて、その過程に於ては全く千差萬別ながら自ら一脈相通のコースを辿つて居ることを看取するのである。

それで本館宿泊部に於ては常に各人の思想及境遇を精査して對人指導に重點を置き、精神的に肉体的に將た經濟的に敎化の溫床ともなり生活改善の道場ともなつて救貧防貧、人事相談、疾病治療は勿論、釋放者保護、融和事業とあらゆる方面に奉仕の實を擧げてゐるのであるが、就中當年度は一般に收入減による窮貧者多く宿料免除取扱者延五千八百餘人に上つた次第である。

在館人員表

（自昭和六年四月
至昭和七年三月）

種別	性	越人員	新規入館者	延人員	退館人員	年度末人員
共同宿泊	男	九五	一二〇	三八、八二七	一九三	一二二
簡易貸間	男	七四	一二	二七、九〇八	一〇	七六
	女	六三	一三	二四、二六六	九	六七
合計	男女	二三二	二四五	九一、〇〇一	二一二	二六五

宿泊設備と處遇

甲館一棟　階上宿泊室八室（五十坪四二）疊敷定員三十三人。休養廊下一。階下宿泊室十一室（百十八坪五七）鐵製二段寢臺　定員七十八人。應接兼醫務室一　休養廊下二　中廊下一。

乙館一棟　階下宿泊室五室（五十坪）鐵製二段寢臺　定員四十人　靜養室一室定員六人　休養廊下一。

附屬設備　大浴場一　洗面及洗濯所二　物干場二　共同便所二　湯呑場一。稻荷社祠一　草花庭園三。

宿泊料一泊金拾貳錢均一。

宿泊室の構造は木造準洋風の簡素な小間で別に優美な裝飾も無いが、衞生的にも居心地の上にも細かい注意を拂つて通風と採光に工夫を凝らし、寢臺の間隔を遠くして雜居の感を除き一人宛の廣さに於て充分の空間を與へて爽快と安靜の客室たることを自負するものである。室內は淸潔整頓を强調して携帯品も備付の整理籠一杯を限度に他は別に保管の便を圖り、寢臺の使用は午后四時より翌朝七時までとして不規律な慣習を矯め、疲れたとき降雨のために休んだとき、或は仕事の早仕舞などの際には休養廊下に憩ふて讀書や娯樂に興ずる便宜を與へてゐる、此の廊下には共同の長椅子數脚と下駄箱を配し、盆栽や四季の草花を列べて荒み勝ちな孤獨の哀愁を慰め、嚴冬の候には埋み火も温かく火鉢を供して家族的な團欒にお國自慢や漫談の華を咲かせて夜長のうさを晴らさせる、長い廊下の壁間には金言額や色あざやかなポスターを吊るして自省の糧とし、客姿矯正のためにした柱掛の姿見は醜い心のまゝを描寫して自制發奮の刺戟を與へる、名にし負へる自彊不息の聖訓は設備の總てに擴充しそれ自体が無言の裡に感化誘導の大任を全ふして、自己欺瞞に等しいお説教など館內に於てはその必要を認めないほど不文律の『館規』が嚴然と確立し事故を未然に防止して經濟保護の施設といふより寧ろ私設特有の教化的保護の目的を完全に果たしてゐるのは所謂賢明なる論理の歸詰にあらずして二十餘年の長い間終始一貫　聖訓を奉じて孜々營々、尊き忍苦の結晶であることを確信する次第で『規律ある生活慣習』と『人間味のある處遇』をスローガンとして先づ『心』を與へる、そして『全体の自由のために個人の不自由を忍べ』と反社會性の矯正に全力を盡して文字通り玉石混淆、日夜に轉々する流浪兒を定着せしめそれぐの障礙と不安の除去に事前保護を加へて多難な向上前進の途を拓き、自彊館スピリットの扶植と顯現に不斷の努力を獻げてゐる。

簡易貸間

（A）向上館住宅　二棟　延二百九十六坪六　三十六ホーム（内四帖半二タ間二十四、四帖半六帖の二タ間十二）各家庭共三帖の炊事場、一帖の押入、專用便所、電燈一個―二個、塵埃箱一個附設。
（B）間貸室　乙館の階下一部五ホーム、店舖付住宅一ホーム。
六帖二帖の二タ間、二帖の押入、二帖の炊事場、電燈各一個、共同便所二ケ所。
（C）共同浴場一。共同水道栓六、洗濯所二、物干場三、街燈五、洗面所二。
（D）間貸料金　一日三十五錢、四十錢、四十五錢の三種。
右料金中に電燈料、水道使用料、家族毎日入浴料、屎尿汲取、下水掃除料を含む。

沿　革　大正八年十一月、市内の小住宅が拂底して二階借にも權利金が要るやうな狀勢で、單獨の宿泊者が折角貯金も出來て世帶を持とうとしてもなか〳〵適當な家が無いと云つたやうな實際問題に逢着したので、とりあえず乙館の一部を改造して間貸室に充て家族持世帶人を收容したのが始まりで、大正十三年二月に政府の低利資金二万五千圓を借入れ、工費約三万圓を投じて簡易貸間三十六ホームの增築を爲し、仝年六月一日向上館と命名して一般簡易生活者に供給した。尙昭和五年十一月甲館乙館の改增築を機會に在來の乙館間貸室五ホームを簡便瀟洒な小住宅に改造した。

利用者の動靜

異狀たゞならぬ生活戰線を驅けづり廻つて身も心も疲れ切つた勇敢なる産業戰士の安息所、而も理解ある統制のもと共同協和の快ろよい家族連れの我が家として絶對的安全地帶である自彊館貸間の便益は利用者の生活向上と人格陶治に著るしき成果を收めて年と共に純化の水準を引き上げて行くのは欣快の至りである。

館内居住者四十二世帶、特に監察保護を要するもの三世帶、他はすべて一路向上の彼岸に足並そろへて勇躍するもので利用人員平均百五十人の一部落、『村』の質朴と『町』の叡智を混合した『自彊氣質』を創造して不文律の掟を護り、年中行事の盆正月の養父入は全員擧つて出席しバッテンからズウズウまで諸國漫談に華が咲き、餘興の隱し藝に頤を外づして大講堂を搖がせる、而も一朝事故の生じた時は互に我が事のやうに禍福を分けあふ親密さに深い〳〵義理の柵が交錯して兎ても强力な集團である、斯うした美しい環境に更らに安穩の日の彌榮を祈念して今年稻荷の祠の寄進を受け、館の一遇に勸請したが明け暮れ鈴の音の餘韻さやかに人の心に銜して正しく强く無言の鞭を加へてゐる。

幼兒保育

『子は寶』―白金よりも黄金よりも聽ては朽ちる自己の生命の延長として、更らに次代の繼承者として此の若き生命を完全に育成し、よりよき明日の建設を念願するのは人類の最高義務であつて、われ等善隣事業に關はる者は環境淨化の重責と地方改善の使命を双肩に擔つて日夜保護救濟の事に奔命しつゝも其の將來を考ふるに當つて兒童保護の施設は日一日も忽にすべからざる項目である。

茲に大正十五年六月、本館建物の閑時利用によつて保育部を併置し館内在住の兒童と共に附近地の幼兒を收容して『明るい心』の啓發に日の丸の御旗を高く翳して直接保護の第一線に立ち、隣人愛の熱情と相互扶助の觀念を習性づけて他日の社會惡發生を豫防し、又兒童を通じて家庭の平和と團欒に有形無形のプレゼントを捧げてその向上と淨化を圖り、或は不良少年少女の保護に孤兒貧兒の救濟に遺憾なき活動を續けて滿六ケ年、六百を數ふる少さき友は、我れ等のスローガンを幾何學的に傳播して漸く確子たる存在價値を認識さるゝに到つたが、愈々本格的の活動はこれからである。

設　備　保育室一室四十五坪、保育事務室兼兒童圖書室一室六坪、運動器具舟型シーソー二臺、ブランコ七個、大ボール五個、木馬六、樂器オルガン二臺、スベリ臺一、砂場一、洗面所二、便所二、運動場百坪、職員主任一人、保姆二人、助手一人、囑託醫一人、使丁一人。

保育成績（昭和六年度）

月次	保育日数	入園 男	入園 女	退園 男	退園 女	在籍 男	在籍 女	在籍 計	保育延人員 男	保育延人員 女	保育延人員 計
四月	二三	四九	三十	七	二	四二	三五	七七	八五六	七五七	一、六一三
五月	二四	六	八	六	四	四二	三九	八一	一、〇二四	八九八	一、九二二
六月	二六	二	二	四	二	四〇	三九	七九	九一七	八七五	一、七九二
七月	二六	—	—	—	—	四〇	三九	七九	七四三	七五九	一、五〇二
八月	一二	—	—	—	—	四〇	三九	七九	二九七	二七八	五七五
九月	二五	—	—	—	—	四〇	三九	七九	九五一	九三九	一、八九〇
十月	二五	一	二	—	一	四一	四〇	八一	九五五	八九三	一、八四八
十一月	二三	—	一	—	—	四一	四一	八二	八七〇	八五七	一、七二七
十二月	二三	—	—	—	—	四一	四一	八二	八五三	八六一	一、七一四
一月	二二	—	—	—	—	四一	四一	八二	八二四	七四一	一、五六五
二月	二四	—	—	—	—	四一	四一	八二	九三九	九五八	一、八九七
三月	二三	—	一	三二	三六	九	六	一五	八三七	八八六	一、七二三
合計	二七五	五八	五一	四九	四五	—	—	—	一〇、〇六六	九、七〇二	一九、七六八

備考 前年度越人員男一九、女一二ハ四月入園中ニ含ム。

出席兒童一日平均男三六、六 女三五、三 計七十二人

人事相談

『俺の生存權を確認して食と職とを與へよ』勢ひよく奴鳴込む好漢！われ等の客体に先づ辨當の半ばを割いて靜かに語り合ふのである、彼れ等の主張は一樣に社會の組織と制度の缺陷を指摘して總ての罪惡をこれに轉嫁することである、そして自己の責任と努力に就ては一切關心せない利己主義で放埒的自棄的の暴論を吹き立てる、中には先覺者振つて錯覺的獨斷を誇張する輩もあるが、その多數は詮なき窮餘の一策として自已辯護のために强辯する可憐な連中で恰も流行小唄の口眞似にも等しいものである、乍然社會不安の禍根は寧ろ此處に胚胎するので幼稚な懷疑の裡に之れを解消轉換せしむる必要を痛感し『人事相談』部門は思想善導に重點を置き、更らに一時給食乃至漸定的生活保護を與へて窮通の方策を講じ尙勞働能力ある者には行商品の貸與、或は職業紹介にも助力して少くとも館の門を潜つた以上は何物かを把握せしめて自彊の友に加へたいと最善を期してゐる、斯くして我れ等の椽の下の力もちが人の世の淨化に役立つ日のあることを確信して默々の汗を絞つてゐる。

昭和六年度職業紹介表

種別	日稼勞働	手傳人夫	職工	徒弟女中	内職	外交員	行商	其他	計
男	一九三	五一	四	三	二	四	一〇	七	二七四
女	―	―	三	六	一八	―	二	三	三二
計	一九三	五一	七	九	二〇	四	一二	一〇	三〇六

成人教育習字會

第三回成人講座の開設に際しては特に前回までの經驗に鑑み、一般大衆的な計畫よりも寧ろ小人數の集團を幾つも作つてそれ〲の個性に適應した趣味の涵養と人格修練とを兼ね備へた道場としたい意圖を以て、書家山畑瓢山氏の特志御協賛の下に、習字講習會を組織し昭和六年十月以降、毎月第一第三の土曜日午後に本館講堂で墨場を開き、既に十一回を重ねて愈々雄渾なる筆致の研讃と微妙なる雅趣に陶醉しつゝ、暫し生活の苦惱を蟬脱

して一意運筆の腕を揮ひ、老若互に和氣靄々、稚氣滿々の童心に還つて精進する姿は宛然その昔の寺小屋情緒を彷彿せしめ、更らにお師匠瓢山先生の磊落な人格を巡つて濃やかな接觸に深い人間味が交錯して愉快な而も强力なメムバーが結成された、我れ等は此の成績に力を得て新たに第二第三のメムバーを產み出すべく折角研究を重ねて居るが時代思潮の匡救方法として最も効果的であることを信ずるものである。

在館物故者追悼法要

（昭和六年九月二拾三日執行）

氣も心も澄みかへる仲秋彼岸の第三日、館内大講堂に祭壇を設けて、開館以來滿二十年間に在館中物故した六十四名の靈位を祀り、懇ろな追悼法要を營む…………巷に不景氣の難色いよ〳〵濃く人の心に自暴自棄の萠しさへ無しとせない、此の秋にあたり可惜人生の不運に倒れ不遇に逝いた所謂無緣の亡靈を祀り深く厚く弔慰の誠をいたすことは唯に死者に對する禮儀のみでは無いと信ずる。

滿つるに間も無い月魄が麗らゝかに冴えた中空に懸つて靜かに窓を覗く午後八時、振鈴とともに在館者二百餘人が參拜し、泉今宮警察署長、中野今宮消防署長、廣岡西成區長代理等來賓の御臨席を得て、安滿、佐々木、川崎の二氏が篤志の勤行をして下さる、祭壇正面には安滿導師御秘藏の蓮如上人筆名號軸を祀り、その下に今日の祭祀を享ける亡き人達の名を連ねた過古帳を安置し、咲き誇る黄菊白菊、時の果實の供物も澤に、大蠟燭の炎は金襴の打敷に照り映へて尊く床しく、立ち昇る香煙亦爽凉の微風にそよいで心を誘ふ風情である、中村常務理事は『諸氏の在館中、本館職員は能ふ限りの手段を盡して保護救援の事に從ひ…………最善の方法を講じたるも療養効を奏せず遂に不歸の客となられしは洵に同情に禁へざる所なり………』と親しく追悼慰靈の祭文を陳べ、續いて來賓各位の懇篤なる

（ 19 ）

弔辭、しめやかなる讀經裡に一同は襟を正して燒香を了へ、亡き僚友の追懷とその冥福とを深く〳〵祈念するのであつた。

勸行が濟んで講演會に移り、常務理事から過去二十年間に利用延人員二百万人を超えたが僅々六十四人の死亡者を出したに過ぎないことは一年平均三人强の割合で、館內設備の衞生的なるを自負すると共に更らに設備の充實を期するものであるが、在館者各位も一層自制と攝生に留意されたき旨を望み、次に川崎玄心氏は唯一つの努力、又一つの努力を重ねる生活に無限の法悅が湧くと說かれ、最後に泉署長は感謝の生活を送れと情味豊かな訓誨に力强い感銘を與へられ午後十時二十分親睦會その他寄贈のお供養を頒つて散會した。

貯　金

經濟不況の大嵐は遂に全面的に蔽ひ盡して到る處悲痛な叫喚に社會不安の萠しさへ無しとせない、況して平時にあつてもその日を遂はるゝ本館利用者階級に於て此の長期に亘る不況の浪を征服するには並大抵の困苦で無いので、多數の人達の個々に即した航海術を指示する我れ等の苦鬪も亦至難である、されど日常遵守する自彊館スピリットの訓練は克く非常時にその效を奏して貯金のメーターは不思議に上昇し、前年と對化して預入高九百拾壹圓、拂出高五百四十二圓の各増を示し差引繰越三百十九圓の蓄積を加へた事は眞に時勢に逆抗する忍苦の結晶として深いゝ感激を覺ゆる次第で、奬勵利子金も交付人員百九人金額九拾六圓八拾錢に達した盛況である、又間貸料減額を意義づけて日掛五錢を强制した第五回主婦臺所貯金は幸に一年間を通じて一人の落伍者も無く、年末に元利合計七百三拾一圓四拾六錢を同志四拾人に還付して正月費用を潤澤にしたが、第一回拂込當初から其の何割は子供の晴着に、殘りは世帶道具にと何れも日夜その成長を樂み來つた珠玉とて滿悅の狀は又格別であるが更らに昭和七年一月から第六回日掛五錢を更改組織して五拾四口の加盟を得た、尙間貸部親睦會は一ホーム月額二拾錢の會費で收入金百五圓貳拾錢會員の慶弔共濟金支出六拾四圓、總會貳回分參拾八圓貳拾錢、翌年度へ繰越金參圓と決算して親睦慰安の目的を達成した。

貯金取扱表（昭和六年度）

種別	前年度繰越	本年度預高	合計	拂出高	昭和七年度へ繰越
人員	五六	（新規）四五	一〇一	三七	六四
金額	二、三九五、三〇	三、二六五、〇〇	五、六六〇、三〇	二、五九六、七〇	三、〇六三、六〇
取扱件數	ー	四八四	ー	二五八	ー

販賣部

日に新た又新た、敏捷を生命とする商戦場裡に伍して小所得者の購買便宜とその消費經濟に對する寄與とを主眼とする我が販賣部は、本館創始以來一貫した主義を把持して努勉を重ね工夫を凝らして經營に當つたが、常に事志と違つて發展の乏しきを嘆ずるの狀態に奮起し、昭和六年五月、創立二十週年記念事業の一つとして敢然店舗の大改造を斷行し、運轉資金も增額して日用品及荒物類の均一販賣を行ひ、總額四千七百餘圓の賣上げ成績を擧げた、これの剩餘金はすべて販賣部特別會計の運轉資金に加へ今後の活動に資する事としたが幸ひに係員の熱心な努力と眞摯なサービスによつて、小賣値段の公正なる標準價格を周知せしめ得たならば、たゞに在館者のみの幸福ではないと思ふ。

會　計

巷間いはゆる非常時に際し、さなきだに困憊苦難の社會事業がその經營に至難の拍車を加へることは寧ろ必然の現象であつて、斯業に對する我れ等の熱度とその使命自覺の深度に比例して財政不安の焦慮と苦惱は永遠に免れ得ない重荷である、されど本館財政は創業以來二十有餘年、常に『自彊精神』による堅實主義に立脚して終始經營の合理化に專念して居るが二十週年の記念事業として宿舍の模樣替講堂の改築等を斷行したため工事費に支拂未濟が出來慈善興行などして之が償却に努めたが尚四千圓の負債を殘したことは止むを得ない。當年度に於ては建物改增築による共同宿泊の定員增加で利用人員の飛躍的業績を擧げ、且つ宿泊料金收納も前年度より一躍一千二百餘圓の增收を來たして運營上至大の便益を得た、それで支出に於て低利資金年濟額金二千圓を返納し猶販賣部擴張工事費三百五十圓二十週年記念式費五百餘圓の支出があつたが昭和六年十二月河合ダンスによる慈善興行益金壹千參百六拾五圓を基礎に都合一千五百圓を前年度臨時工事費未拂金中へ償還し得た次第である。

されば複雜化する時代の推移と共に新事業、新施設の要望せらるゝもの益々多きを加ふるの狀勢に鑑み、更らに堅實眞摯なる奉仕の手を擴げて多難なる社會進步の向上に稗益し上　天恩に對し奉ると共に一般後援者各位の期待に報ゆる覺悟である。

收支決算

昭和六年度（自昭和六年四月 至昭和七年三月）

収入

科目	金額	
御下賜金及補助金	七〇〇	〇〇
宿泊料	三、九五九	一四
間貸料	五、五三九	五〇
保育料	一、三四八	五〇
寄付金	一八〇	〇〇
慈善興行收入及雜收入	一、五三四	七四
前年度繰越金	一五四	一八
合計	一三、四一六	〇六

支出

科目	金額	
事務所費	四三六	五一
俸給及雜給	二、一七五	〇三
事業費	五、〇二〇	四七
財産管理費	八一三	七三
低資元利及負債償還	四、〇〇四	〇〇
二十週年記念式費及雜支出	七二〇	七三
現金	二四五	五九
合計	一三、四一六	〇六

御下賜金及補助々成金（昭和六年度）

一金參百圓也　宮内省

一金百圓也　内務省

一金四百圓也　大阪府

資産表

（昭和七年三月末日現在）

財産總額　一金拾萬壹千八百四拾貳圓八拾五錢

内譯

一金九萬壹千五百七拾八圓五拾錢	建物及建造物見積額
一金七千貳百圓也	備品
一金貳千百四拾八圓六拾貳錢	銀行預金
一金五百拾八圓也	販賣部資金
一金壹百五拾貳圓拾四錢	基金・債券・振替口座
一金貳百四拾五圓五拾九錢	現金

負債總額　一金壹萬參千圓也

内譯

一金九千圓也	低利資金借入殘高
一金四千圓也	鴻池組未拂金

寄附金品

一金壹百圓也	故小西伊藏殿
一金五拾圓也	山畑勝治郎殿
一金參拾圓也	吉田正太郎殿
一稻荷社神殿及祭器具	青木升二殿
一稻荷祠殿	堀内達郎殿

役員及職員

理事長　酒井猪太郎
理事　中村三德
仝　野々田爲吉
仝　山下文助

事業主任　吉村敏男
庶務主任　山本隆三
保姆　手島梅野
仝　長谷川ひさ
保姆助手　谷英子
販賣部　山本はつ
囑託醫　一之澤榮

一大正二年二月二日　設定申請、大正二年六月九日認可。
一大正八年七月十二日　一部變更申請、同年八月二十五日認可。
一大正十三年十二月十七日　一部變更申請、同十四年三月五日認可。

財團法人大阪自彊館寄附行爲

第一章　目的及方法

第一條　本館ハ勞働者救濟ノ目的ヲ以テ宿泊所ヲ設ケ低廉ナル料金ヲ以テ勞働者ヲ宿泊セシメ宿泊者ニ對シテ左ノ事項ヲ遂行スルモノトス

一、實費ヲ以テ食事ヲ供給スル事
二、賣店ヲ設ケ廉價ヲ以テ日用品ヲ販賣スル事
三、罹病者ニハ半額若クハ無料ニテ治療スル事
四、求職者ニ助力ヲ與フル事
五、貯金ヲ奬勵スル事
六、講話會其他ノ方法ヲ以テ精神修養ヲ圖ル事
七、各種ノ方法ヲ以テ娛樂ヲ與フル事

前項ノ外隣保事業ヲ附設シ防貧又ハ救貧上必要ナル施設並ニ方法ヲ施行スル事

第二章　名稱

第二條　本法人ハ大阪自彊館ト稱ス

第三章　事務所

第三條　本館事務所ハ大阪市西成區西今船町五、六番地ニ置ク

第四章　資產及經費

第四條　本館ノ基本財產ハ設立者ニ於テ現ニ所有スル左ノ財產ヲ法人ニ寄附ス

一金參萬貳千貳百五拾八圓也

内譯
金貳千貳百五拾八圓也　現金
（大正元年十二月三十一日現在預金）
金參萬圓也　建物見積額
（種類及坪數別紙ノ通）

第五條　本館ノ基本財產ハ評議員會ノ決議シタル管理方法ニ據リ理事長之レヲ管理ス

第六條　本館ノ經費ハ左ノ收入金ヲ以テ之ニ充ツ

一、官公署下附ノ補助金
二、特志者ノ寄附金及物品
三、預金利子
四、宿泊料及販賣品ヨリ生ズル利益
五、肥料及其他不要品賣却代
六、前各項ノ外法令ニ基キ本法人ニ於テ施行シ得ベキ收益方法ヲ行フ事

第七條　本館ノ會計年度ハ毎年四月一日ニ始リ翌年三月三十一日ヲ以テ終了ス

第五章　役　員

第八條　本館ニ左ノ役員ヲ置ク

一、館　長　壹名　但理事長ヲ以テ之ニ充ツ

一、理　事　四名　但内一名ヲ理事長トス

一、評議員　五拾名以内

一、幹　事　若干　一、書　記　若干

第八條ノ二　本館ニ功勞アル人又ハ學識經驗アル人其他本館ノ事業ヲ翼賛シタル人ヲ名譽賛助員又ハ賛助員ニ推薦スル事アルベシ

第九條　理事ハ評議員會ニ於テ之レヲ選擧シ理事長ハ理事ノ互選ヲ以テ之レヲ定ム、評議員ハ理事會ノ決議ヲ經テ理事長之レヲ推薦ス、本法人設立ノ際ニ於ケル理事及評議員ハ設立者ニ於テ之レヲ推薦ス、理事ノ選任ヲ見ル迄ノ職務ハ設立者之ヲ行フ

第十條　理事ノ任期ハ十年、評議員ハ五年トス但シ滿期再選ヲ妨ゲズ

第十一條　理事ニ缺員ヲ生ジタル時ハ直ニ補缺選擧ヲ行ヒ前任者ノ殘任期間就任スルモノトス

第十二條　幹事及書記ハ理事長之レヲ任免ス

第十三條　理事長ハ館長トシテ本館ノ事務ヲ統轄シ理事ハ諸般ノ事務ヲ執行處理スルモノトス

第十四條　幹事及書記ハ理事ノ命ヲ受ケ庶務ニ從事ス

第十五條　役員ノ分擔事務及其他ノ施行ニ關スル事項ハ別ニ館則トシテ之ヲ定ム

第六章　會　議

第十六條　左ノ事項ヲ決議スル爲メ評議員會ヲ設ク

一、財產ノ管理並ニ處分方法

一、歳入出豫算及決算報告ノ認定

一、其他館長ニ於テ必要ト認ムル事項

第十七條　評議員會ハ毎年一回館長之レヲ招集ス但シ必要ニ應ジ之レヲ招集スル事アルベシ

第十八條　本寄附行爲ハ評議員會ノ決議ニ依リ主務官廳ノ許可ヲ得テ變更スル事ヲ得

(28)

昭和七年八月一日發行　（非賣品）

大阪市西成區西今船町六五番地

財團法人　大阪自彊館

電話　戎七七〇番

振替口座　大阪　四六八五七番

(29)

◇自大正十二年至昭和八年　大阪地方職業紹介事務局沿革概要

（大阪地方職業紹介事務局・昭和九（一九三四）年三月）

掲載資料の原本として大阪府立中央図書館所蔵資料を使用

自大正十二年
至昭和八年

大阪地方職業紹介事務局沿革概要

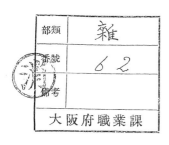

大阪地方職業紹介事務局

はしがき

我國公益職業紹介事業は慈善事業から社會事業へ、更に產業機關としての機能にまで進展すべき辿を過去十ヶ年間に見出すことが出來るのである。大正十二年四月職業紹介事務局官制布かれて以來最初の十年はその意味に於て重大なる意義を有する所以であると謂ふべきである。

東京大阪に地方職業紹介事務局が設置せられて、全國を二區に分ち、この事業の指導監督統制の任に當つた。この間、事務的に、又は現業化に對する諸種の試が行はるゝと共に全國に職業紹介網の完成を期して來たのである。世は一方に不況と世界的に深刻な失業問題に直面すると共に、國內の勞働移動とその需給調節に何程の貢献をなして來たかを顧るべき一期を劃した譯である。

我國の商工勞働都市たる大阪を中心として關西、中國、四國、九州に管轄があつたが、漸次地方職業紹介事務局增設によつて範圍が狹められるに從つて、勞務需給關係の流動が制限される譯ではないが、各地方事務局の焦點は變じて來て居ると共に、地方に即した特色を現出しつゝある經過を見逭してはならない點である。

二

茲に十年史を編する理由は更に將來進むべき進路を一段と見定める必要から、その資料として上梓するに外ならない。成績は消ゐても、事業の道は拓いて行くべきであることを信ずるからである。

昭和九年三月

大阪地方職業紹介事務局長

遊佐敏彦

目次

大阪地方職業紹介事

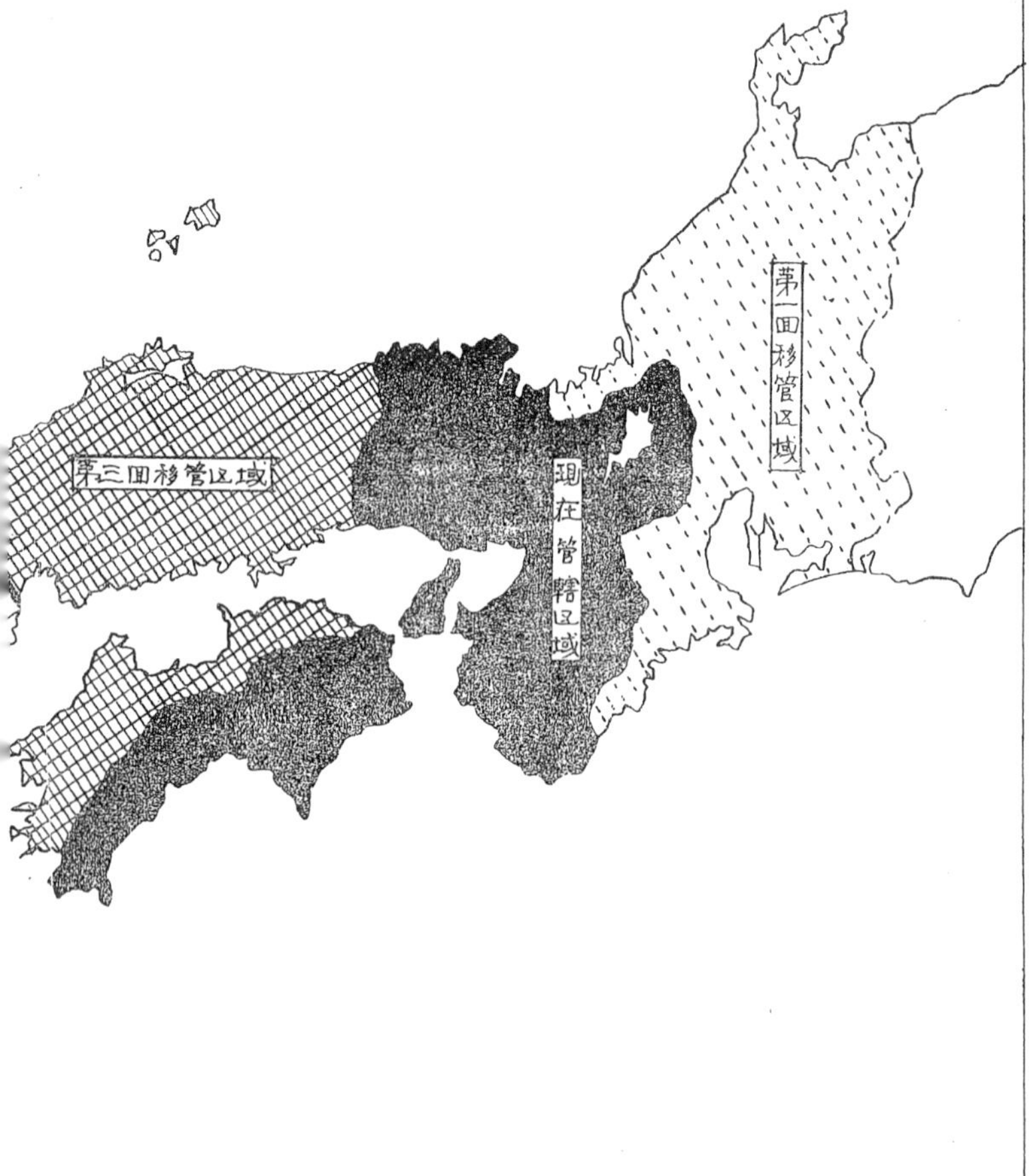

局管轄区域變遷図

	府縣名
第一回移管区域	富山・石川・岐阜・愛知・福井・三重・
第二回移管区域	山口・福岡・大分・宮崎・鹿児島・熊本・佐賀・長崎・沖縄
第三回移管区域	岡山・廣島・鳥取・島根・香川・愛媛・
現在管轄区域	大阪・京都・兵庫・滋賀・奈良・和歌山・徳島・高知

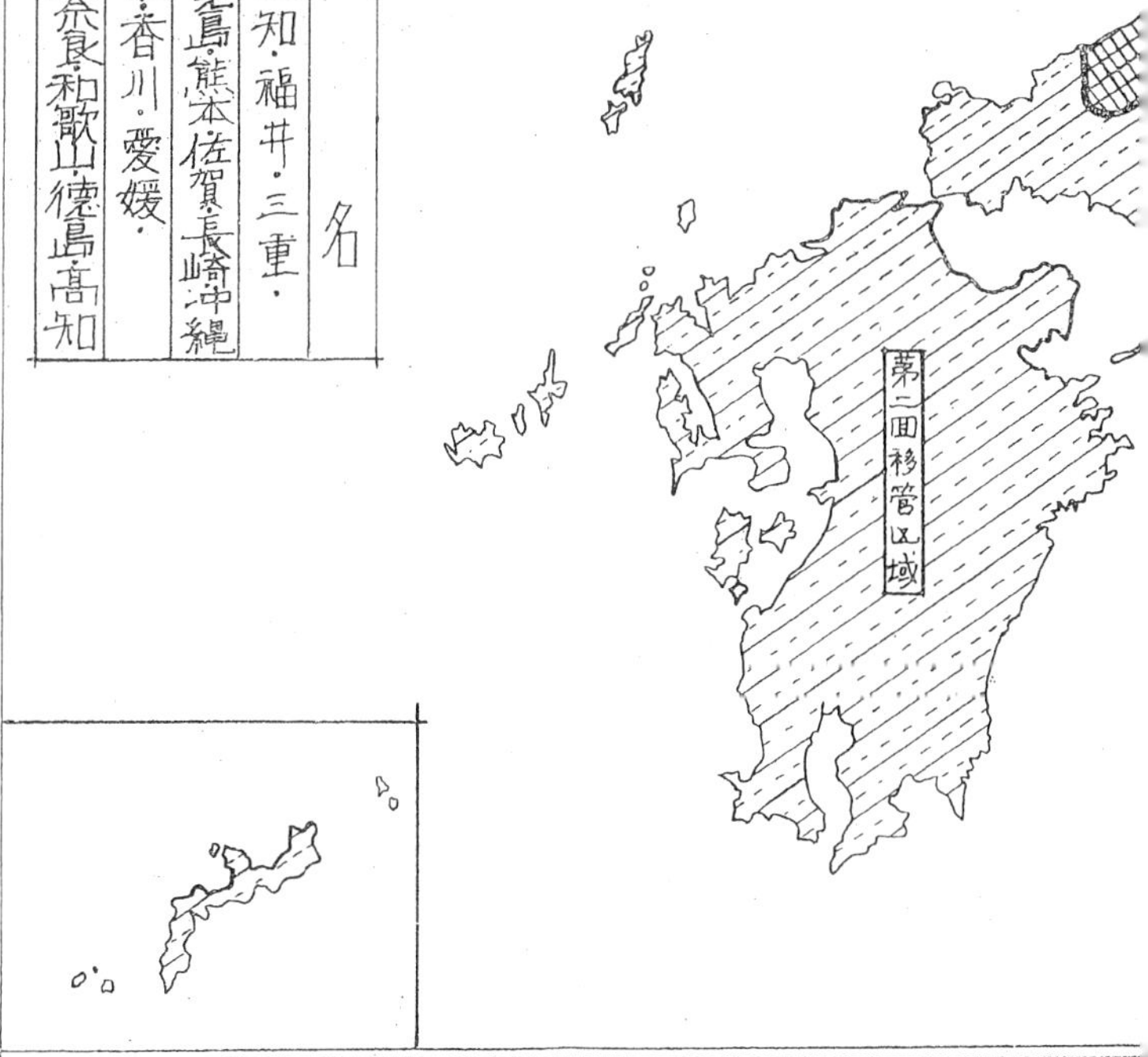

一、職業紹介事務局管區の變遷と職業紹介所

我が國に於ける職業紹介事業は明治四十二年內務省より大都市に補助金を交付し職業紹介所の設置を奬勵せしより漸次發達を爲し來りたるものなるが第一回國際勞働會議に於ける失業に關する條約の決議せらるに及んで一層此の機運を促進したるものである。

大正十年四月法律第五十五號を以て職業紹介法公布同年七月一日より第七條及同第十二條の規定を除くの外施行せられ、越へて大正十二年三月勅令第百六號を以て第七條及第十二條施行せらるゝことゝなり勅令第百七號職業紹介事務局官制公布せらるゝに及び同年四月一日より中央並東京大阪兩地方職業紹介事務局の設置を見るに至り玆に行政系統確立せられた。

當時大阪事務局は愛知縣、富山縣以西の二府二十七縣を管轄したるものなるが大正十四年四月勅令第百二十七號官制改正名古屋地方職業紹介事務局設置せらるゝに至り愛知、岐阜、三重、富山、石川、福井の六縣を之に移管し、昭和二年四月勅令第七十一號改正により福岡地方職業紹介事務局設置せられ、山口、福岡、長崎、大分、佐賀、熊本、宮崎、鹿兒島、沖繩の九縣を之に移管し、昭和六年六月勅令第百三十五號改正により岡山地方職業紹介事務局設置せらるゝに至り更に岡山、鳥取、島根、廣島、香川、愛媛の六縣を之に移管し、以上四期の變遷を經て現在は大阪、京都、兵庫、滋賀、奈良、和歌山、德島、高知の二府六縣となつた。次ぎにこの期間に於ける職業紹介事務局管區と管內職業紹介所數の變遷を述べることにする。

大正十二年三月三十一日勅令第百六號に依り職業紹介法第七條及第十二條の規定を施行せらるゝと同時に同日勅令第百七號を以て職業紹介事務局官制を公布實施せられ、今迄地方長官に屬してゐた職業紹介事業の監督事務並財團法人協調會に委囑してあつた聯絡統一の事業は總て中央職業紹介事務局及東京、大阪兩地方職業紹介事務局に移管せられた。

東京、大阪兩地方職業紹介事務局管轄區域は

名稱	管轄區域
東京地方職業紹介事務局	北海道、東京府、神奈川縣、埼玉縣、千葉縣、群馬縣、茨城縣、栃木縣、靜岡縣、長野縣、山梨縣、新潟縣、宮城縣、福島縣、青森縣、岩手縣、山形縣、秋田縣
大阪地方職業紹介事務局	大阪府、京都府、兵庫縣、奈良縣、三重縣、愛知縣、滋賀縣、岐阜縣、福井縣、石川縣、富山縣、鳥取縣、島根縣、岡山縣、廣島縣、山口縣、和歌山縣、德島縣、香川縣、愛媛縣、高知縣、福岡縣、長崎縣、大分縣、佐賀縣、熊本縣、宮崎縣、鹿兒島縣、沖繩縣

にして職業紹介所數は

地方事務局別＼種別＼公私別	公立 市立	町立	村立	計	私立 法人	其他	計	合計
東京地方職業紹介事務局	三〇	六	—	三六	六	四	一〇	四六
大阪地方職業紹介事務局	四三	五	一	四九	一一	六	一七	六六
合計	七三	一一	一	八五	一七	一〇	二七	一一二

であつた。

歐洲大戰後の餘波を受けての經濟界の不況造船界の不況は極めて顯著なものであつた。軍備縮少に依り長崎造船所に於ては大正十一年二月に三千七百三十二名と云ふ大集團的解雇をなした。

此の集團的解雇に對しては當時協調會にあつた中央職業紹介局は縣及各職業紹介所と提携し就職斡旋の勞を取つたのである九月一日に關東一帶を襲ふた大震災は最近我が國に於ける大慘事であつた。避難せる失業者の職業紹介に關し本事務局は管內職業紹介所長に對し「震災罹災民求職者取扱ニ關スル通牒」を發し一方に於ては大阪市內、京都、神戸、名古屋以上の如く罹災者の紹介に就いては管內各職業紹介所は出來得る限り之に努め、相當効果を收めたる跡は窺はれる。

二

而して大正十二年末現在に於ける管內職業紹介所數は左表の通りである。

府縣別＼種別	公立	私立	計
大阪	一三	三	一六
京都	二	—	二
兵庫	七	一	八
三重	四	一	五
愛知	二	二	四
滋賀	一	—	一
岐阜	一	一	二
福井	一	—	一
石川	四	—	四
富山	一	—	一
岡山	一	二	三
廣島	二	三	五
和歌山	一	—	一
德島	一	—	一
香川	一	一	二
愛媛	五	一	六
福岡	三	一	四
長崎	二	—	二
鹿兒島	一	—	一
計	五三	一六	六九

十二年末現在に於て六十九箇所(私立一六ケ所)の職業紹介所は十三年末日現在に於て十九個所の增加を見た。此の內最も著しい增加を見たのは大阪府の六箇所(私立三箇所)を筆頭に愛知縣の三箇所三重縣の二箇所、本年に至り山口縣に於て二箇所の新設佐賀縣の一箇所の新設を見たる外京都府、岡山縣、廣島縣愛媛縣、鹿兒島縣に各一箇所の增設を見た。

大正十三年十二月末日現在に於ける管內職業紹介所數は左表の通りである。

府縣別	公立	私立	計
大阪	一六	六	二二
京都	三	｜	三
兵庫	七	一	八
三重	六	一	七
愛知	五	二	七
滋賀	一	｜	一
岐阜	一	一	二
福井	一	｜	一
石川	四	｜	四
富山	一	｜	一
岡山	二	二	四
廣島	三	三	六
山口	二	｜	二
和歌山	一	｜	一
德島	一	｜	一
香川	一	一	二
愛媛	六	一	七
福岡	三	一	四
長崎	二		二
佐賀	一	｜	一
鹿兒島	一	一	二
合計	六八	二〇	八八

大正十四年四月十一日勅令第二十七號を以て職業紹介事務局官制が一部改正せられ従來全國を二分して東京、大阪の兩地方職業紹介事務局で管轄してゐたが名古屋地方職業紹介事務局増置され愛知縣外七縣下に於ける職業紹介事務を統轄することゝなつたので當局管内は左表の如く二府二十一縣に縮少されたのである。

地方職業紹介事務局名稱及管轄區域表

名稱	管轄區域
東京地方職業紹介事務局	北海道、東京府、神奈川縣、埼玉縣、群馬縣、千葉縣、茨城縣、栃木縣、山梨縣、長野縣、新潟縣、宮城縣、福島縣、岩手縣、青森縣、山形縣、秋田縣
大阪地方職業紹介事務局	大阪府、京都府、兵庫縣、奈良縣、滋賀縣、鳥取縣、島根縣、岡山縣、廣島縣、山口縣、和歌山縣、德島縣、香川縣、愛媛縣、高知縣、福岡縣、長崎縣、大分縣、佐賀縣、宮崎縣、熊本縣、鹿兒島縣、沖繩縣
名古屋地方職業紹介事務局	愛知縣、靜岡縣、三重縣、岐阜縣、福井縣、石川縣、富山縣

随つて二十二箇所の職業紹介所は名古屋地方職業紹介事務局管轄となり當局管内は六十六箇所(私立十六箇所)に減じたのである。

移管後に新設されたものは大阪府の四箇所のみである。

大正十四年十二月末日現在に於ける管内職業紹介所數は左表の通りである。

府縣別	公立	私立	計
大阪	二〇	六	二六
京都	三	｜	三
兵庫	七	一	八
滋賀	一	｜	一
岡山	二	二	四
廣島	三	三	六
山口	二	｜	二
和歌山	一	｜	一
德島	一	｜	一
香川	一	一	二
愛媛	六	一	七
福岡	三	一	四
長崎	二	｜	二
佐賀	一	｜	一
鹿兒島	一	一	二
計	五四	一六	七〇

三

大正十五年に於て大阪市立職業紹介所は整理され大阪府に於

て七箇所減少された。之に反し島根縣、高知縣、熊本縣に各一箇所の新設、京都府、愛媛縣、福岡縣に各一箇所の增設を見た結局大正十四年末日現在に比し一箇所の減少となつた譯である

大正十五年十二月末日現在に於ける管內職業紹介所數を示せば左表の通りである。

府縣別＼種別	公立	私立	計
大阪	一三	六	一九
京都	四	—	四
兵庫	七	一	八
滋賀	一	—	一
島根	一	—	一
岡山	二	二	四
廣島	三	三	六
山口	二	—	二
和歌山	一	—	一
徳島	一	—	一
香川	一	一	二
愛媛	七	一	八
高知	一	—	一
福岡	四	一	五
長崎	二	—	二
佐賀	一	—	一
熊本	一	—	一
鹿兒島	一	一	二
合計	五三	一六	六九

昭和二年四月八日勅令第七十一號を以て職業紹介事務局官制一部改正に依り第二次職業紹介事務局の增設を見たのである。

即ち山口縣及九州地方一圓を管轄とする福岡地方職業紹介事務局設置され全國を四分して職業紹介事業の聯絡統一を圖り其の管內に於ける職業紹介事業の監督に託することゝなり職業紹介制度並事業は着々と整備發達するに至つたのである。

四

地方職業紹介事務局名稱及管轄區域表

名稱	管轄區域
東京地方職業紹介事務局	北海道、東京府、神奈川縣、埼玉縣、群馬縣、千葉縣、茨城縣、栃木縣、山梨縣、長野縣、新潟縣、宮城縣、福島縣、岩手縣、青森縣、山形縣、秋田縣
大阪地方職業紹介事務局	大阪府、京都府、兵庫縣、奈良縣、滋賀縣、鳥取縣、島根縣、岡山縣、廣島縣、和歌山縣、徳島縣、香川縣、愛媛縣、高知縣
名古屋地方職業紹介事務局	愛知縣、靜岡縣、三重縣、岐阜縣、石川縣、福井縣、富山縣
福岡地方職業紹介事務局	山口縣、福岡縣、長崎縣、大分縣、佐賀縣、熊本縣、宮崎縣、鹿兒島縣、沖繩縣

右の如く福岡地方職業紹介事務局設置に依り九縣が移管され當局管內は二府十二縣となつた。隨つて職業紹介所數に於ても六十九箇所(私立十六箇所)の處十三箇所減少し五十六箇所となつた。

移管後大阪府に二箇所、高知縣に一箇所の增設、奈良縣、鳥取縣に各一箇所の新設を見たので管內に職業紹介所を有しない府縣は全くなくなつた譯である。

昭和二年十二月末日現在管內職業紹介所數を示せば左表の通りである。

府縣別＼種別	公立	私立	計
大阪	一五	六	二一
京都	四	|	四
兵庫	四	一	八
奈良	七	|	一
滋賀	一	|	一
鳥取	一	|	一
島根	一	|	一
岡山	一	|	四
廣島	六	|	六
和歌山	一	|	一
徳島	一	|	一
香川	一	一	二
愛媛	七	一	八
高知	一	一	二
計	五一	一〇	六一

昭和三年十二月末日現在に於ては總數に於て昭和二年十二月末日現在に比して變りないが大阪府に二箇所減じたるに反し兵庫縣に於て二箇所増設を見たのである。

昭和三年十二月末日現在の職業紹介數を示せば左表の通りである。

府縣別＼種別	公立	私立	計
大阪	一四	五	一九
京都	四	|	四
兵庫	一〇	|	一〇
奈良	一	|	一
滋賀	一	|	一
島根	一	|	一
廣島	五	一	六
和歌山	一	|	一
徳島	一	|	一
香川	一	一	二
愛媛	七	一	八
高知	一	一	二
鳥取	一	|	一
岡山	二	二	四
計	五〇	一一	六一

昭和四年に於ては公立六箇所の増設を見六七箇所となつた。増加したる府縣を示せば兵庫縣の三箇所大阪府の一箇所滋賀縣の一箇所及香川縣の一箇所等である。

昭和四年十二月末日現在に於ける職業紹介所數を示せば左表の通りである。

府縣別＼種別	公立	私立	計
大阪	一四	六	二〇
京都	四	|	四
兵庫	一三	|	一三
奈良	一	|	一
滋賀	二	|	二
島根	一	|	一
鳥取	一	|	一
岡山	二	二	四
廣島	五	一	六
和歌山	一	|	一
徳島	一	|	一
香川	三	|	三
愛媛	七	一	八
高知	一	一	二
計	五六	一一	六七

昭和五年五月勅令第百號を以て職業紹介事務局官制の一部改正あり第三次職業紹介事務局の増設を見たのである。

即ち北海道及東北六縣を管轄とする青森地方職業紹介事務局が設置されたのである。

五　地方職業紹介事務局名稱及管轄區域

名稱	管轄區域
東京地方職業紹介事務局	東京府、神奈川縣、埼玉縣、群馬縣、千葉縣、茨城縣、栃木縣、山梨縣、長野縣、新潟縣
大阪地方職業紹介事務局	大阪府・京都府・兵庫縣・奈良縣・滋賀縣・鳥取縣・島根縣・岡山縣・廣島縣・和歌山縣・德島縣・香川縣・愛媛縣・高知縣
名古屋地方職業紹介事務局	愛知縣、三重縣、静岡縣、岐阜縣、福井縣、石川縣、富山縣
福岡地方職業紹介事務局	山口縣、福岡縣、長崎縣、大分縣、佐賀縣、熊本縣、宮崎縣、鹿兒島縣、沖縄縣
青森地方職業紹介事務局	北海道、宮城縣、福島縣、岩手縣、青森縣、山形縣、秋田縣

昭和五年に於ては八箇所の増加にして次第に職業紹介所の普及徹底を見るに至つたのである。

増設を見たる縣は兵庫縣の四箇所、奈良縣、島根縣、鳥取縣和歌山縣の各一箇所である。

昭和五年十二月末日現在に於ける職業紹介所數を示せば左表の通りである。

府縣別／種別	公立	私立	計	府縣別／種別	公立	私立	計
大阪	一四	六	二〇	廣島	五	一	六
京都	四	—	四	和歌山	二	—	二
兵庫	一七	—	一七	德島	一	—	一
奈良	二	—	二	香川	三	—	三
滋賀	二	—	二	愛媛	七	一	八
島根	二	—	二	高知	一	一	二
鳥取	二	—	二				
岡山	二	二	四	計	六四	一一	七五

六

昭和六年六月十九日勅令第百三十五號を以て職業紹介事務局官制一部改正され第四次職業紹介事務局の増設を見るに至つたのである。

即長野、岡山の兩地方職業紹介事務局が設置せられ、全國を七地方職業紹介事務局に分轄され全く職業紹介機關の完備を見るに至つた。

地方職業紹介事務局名稱及管轄區域

名稱	管轄區域
東京地方職業紹介事務局	東京府、神奈川縣、埼玉縣、千葉縣、茨城縣、栃木縣
大阪地方職業紹介事務局	大阪府、京都府、兵庫縣、奈良縣、滋賀縣、和歌山縣、德島縣、高知縣
名古屋地方職業紹介事務局	愛知縣、静岡縣、三重縣、岐阜縣、福井縣、石川縣
福岡地方職業紹介事務局	福岡縣、長崎縣、大分縣、佐賀縣、熊本縣、宮崎縣、鹿兒島縣、沖縄縣
青森地方職業紹介事務局	北海道、宮城縣、福島縣、岩手縣、秋田縣、青森縣、山形縣

長野地方職業紹介事務局	長野縣、群馬縣、山梨縣、新潟縣、富山縣
岡山地方職業紹介事務局	岡山縣、鳥取縣、島根縣、廣島縣、香川縣、愛媛縣、山口縣

岡山地方職業紹介事務局設置に依り當局管内は二府六縣となつた。

昭和六年に於て増加したる大阪府の三箇所京都府の二箇所、兵庫縣の四箇所、奈良縣、滋賀縣の各一箇所である。

昭和六年十二月末日現在に於ける管内職業紹介所數を示せば左表の通りである。

府縣別／種別	公立	私立	計
大阪	一四	七	二一
京都	六	―	六
兵庫	二一	―	二一
奈良	三	―	三
滋賀	三	―	三
和歌山	二	―	二
德島	一	―	一
高知	一	一	二
計	五一	八	五九

昭和七年に於ては八箇所の増加を見た。

府縣別に之を見るに大阪府の二箇所、京都府の三箇所、兵庫縣の二箇所、和歌山縣の一箇所等である。

昭和七年十二月末日現在に於ける管内職業紹介所數を示せば左表の通りである。

府縣別／種別	公立	私立	計
大阪	一六	七	二三
京都	九	―	九
兵庫	二三	―	二三
奈良	三	―	三
滋賀	三	―	三
和歌山	三	―	三
德島	一	―	一
高知	一	一	二
計	五九	八	六九

七

二、職業紹介所經費並國庫補助

職業紹介所の經費は其の經營主体の負擔であることは職業紹介法第九條に依つて明かにされてゐる。從つて市町村立職業紹介所の經費は市町村之を負擔し、私法人立のものは私法人自体が負擔するのである。

職業紹介法第十條に「國庫ハ命令ノ定ムルトコロニ依リ職業紹介所ニ關スル經費ノ支出ヲ爲ス市町村ニ對シ其ノ支出額ノ二分ノ一以内ヲ補助ス」と規定され職業紹介法施行令に依つて職業紹介所に關する經費に對し寄附金其の他の收入あるときは之を控除したる額に對して職業紹介所建築費及之に伴ふ初度調算費に在りては二分の一、其の他の諸費に在りては六分の一の補助を爲すことに規定されて居る。

而して職業紹介法第十條並同法施行令第二條は市町村以外のものが設置した職業紹介所の經費は除外されてゐる。從つて、國庫補助は市町村の支出したものに限定されて居る。

職業紹介所經費國庫補助金の交付に就ては職業紹介法施行當初地方長官に支出命令が委され、各縣に於て縣内の分を取扱つて居たのであるが、大正十三年度國庫補助金交付より地方職業紹介事務局長に之が支出委任せられ、爾來各地方職業紹介事務局に於て夫々管内の市町村に對し國庫補助金の交付を爲して來た。

八

大正十二年大阪地方職業紹介事務局開設當初よりの職業紹介所經費と職業紹介取扱狀況に就て之が十年間の趨勢を觀るとき大正十三年度の職業紹介所一ケ所當りの平均決算額は（市町村立職業紹介所經常部決算額）「三、八六五圓五三錢」で、昭和七年度の一ケ所當りの平均決算額は「四、〇四三圓三二錢」であつて此の間殆ど發展の跡を觀ることが出來ないのである。

然るに他面紹介取扱狀況に於ては大正十二年一ケ所當りの平均求職者數は一般職業紹介に於て「四、八九五人」日傭勞働紹介に於て「四三、〇六〇人」であつたものが、昭和七年に於ては一ケ所當り一般職業紹介取扱求職者數が「七、三〇〇人」日傭勞働紹介取扱求職者數が「一三九、一〇〇人」と云ふ樣に十年間に異常の飛躍を遂げてゐる。

また職業紹介所の取扱分野に於ても大正十二年職業紹介事務局開設當初に比する時は著しく擴大してゐる。即ち、

一、大正十四年全國的聯絡制度完成に依る聯絡活動
二、大正十四年失業救濟事業に伴ふ日傭勞働者の取扱
三、大正十五年少年職業指導紹介の体系なり之が取扱
四、昭和二年俸給生活者職業紹介
五、除隊兵職業紹介
六、昭和六年六大都市以外に及ぼされたる失業救濟事業に使用する日傭勞働者の取扱
七、昭和六年入營者職業保障法の施行に依る關係事務

以上の外、不定期的に起る集團的解雇者の紹介斡旋、季節的移動紹介等職業紹介所の活動を俟つものは著しく擴大してゐる。

斯の如く職業紹介所の活動分野は著しく擴大されてゐるが、之が經費に於ては十年間殆ど增加を來さず、此の間職業紹介所經費に關しては職業紹介所職員は云ふ迄もなく當局に於て機に應じ市町村當局に對し經費增加額の勸奬を爲して來たのであるが、一般市町村費負擔の膨脹に加ふるに經濟界の不況に伴ふ市町村財政の逼迫に依り職業紹介所の擴大、內容充實の爲の經費捻出の途は硬く塞された狀態である。亦國庫補助制度に關しても、職業紹介事業關係者の凡ゆる會合に於て國庫補助の增額人件費の國庫負擔が決議となり、建議となり、上申となつて熱望されて來たのであるが、大正十年職業紹介法並施行令發布當初より今日迄何等の改善を觀て居ないのは斯業從事者の齊しく遺憾とするところならん乎。

職業紹介所經費ト取扱數ノ一ヶ所當リノ對照

年次	紹介所數（私立除外）	一ヶ所平均決算額	紹介所數	一般職業紹介ニ於ケル一ヶ所平均求職者	紹介所數	日傭勞働紹介ニ於ケル一ヶ所平均就職者
大正十二年	―		六五	四、八九五	九	三四、八二三
大正十三年	四九	円 三、八六五、五三	八三	五、六二九	一三	三三、三七六
大正十四年	四八	四、一〇〇、六五	八四	四、九八〇	一六	三二、〇四九
大正十五年	四三	四、一六一、〇一	六九	五、一四五	一三	五九、七一二
昭和二年	四六	四、八一六、三三	六九	、八三三	一〇	五九、九〇五
昭和三年	四九	五、四七〇、九二	五八	五、〇〇六	七	九四、五一五
昭和四年	五六	四、一八〇、九九	六三	四、八六七	九	六五、〇九四
昭和五年	六五	三、八二九、九七	六九	五、五九九	一一	一三一、〇〇六
昭和六年	五一	四、五六二、一九	七三	五、三六七	二四	一一七、一一三
昭和七年			五八	七、二九六	二二	一一八、八三八
（十年間平均）				五、二八九		七九、二一六

左表は大正十三年以降の職業紹介所の經費決算額であるが、大正十二年度は國庫補助取扱事務が府縣知事の主管であつた爲に資料なく遺憾ながら本表より除外した。

市町村職業紹介所經費決算額調

（自大正十三年 至昭和六年）

（△印ハ建築費ヲ示ス）

九

一〇

府縣名	市町村名	大正十三年度	大正十四年度	大正十五年度	昭和二年度	昭和三年度	昭和四年度	昭和五年度	昭和六年度	備考
大阪府	大阪市	七八、六四〇、九二	八四、九一四、四五 △二五、二〇七、三三	九三、一六七、一四 △二六、〇八九、八四	一〇〇、一九九、九二 △一、七二七、二〇	一三八、二八一、九七	九〇、一九四、八八 △五、〇八七、一一	八八、三六六、八六 △四、三六四、〇二	九五、〇二八、六九 △一〇、〇九八、五四	
	今宮町	五六八、九〇 △二〇、九四〇、〇七								今宮市ハ大阪市ニ合併
	堺市	三、五一〇、二五	三、四七五、八一	三、七一四、二三	三、六四八、二一	四、三四二、三三	四、二九六、三六	四、二八七、〇二	四、五六四、五一	
	岸和田市	一、三一七、三五	一、〇一五、一三	一、一二〇、四八 △九、九八四、六一	二、〇一三、六七	二、五二五、五〇	二、一八二、〇四	二、五七四、八三	二、二一二、三四	
京都府	京都市	一五、九二四、五一 △四六、二四〇、〇四	一五、九四九、八〇 △三、一二八、〇〇	一七、一六〇、〇九	一八、〇五三、五八	一七、九〇四、八七	二〇、九九五、九六	二三、一九〇、一八	三〇、四九五、四七	
	伏見市			一、一一三、三八	一、八七七、〇五 △五、五八四、五二	二、九二五、七五	二、九三五、二八	二、六五五、一七		伏見市ハ京都市ニ合併
	新舞鶴町	六八四、七二 △三六四、五五	六五一、六七	八七八、四〇	九三七、九三	一、一三三、八七	九〇四、三七	九二九、九八	九一二、五七	
	福知山町									
	上宇川村									
	梅田村									
	須知町									
兵庫縣	神戸市	三〇、四五七、三八	三二、〇五六、五六 △二七、八五二、五六	三八、七五一、九二 △一五、五五九、六三	五七、七七一、七四 △一〇、二七六、八一	四七、二〇〇、九七 △七、六〇八、六〇	四九、七八七、一三	五七、八二九、九七	五五、三二一、四〇	
	尼崎市	二、四七二、一三	二、四三四、五六	二、四〇九、二四	二、四八〇、三五	二、四〇二、九八	二、七二五、八九	二、五六三、〇四	二、六八六、五〇	
	西宮市					二、四五〇、八七	三、五九七、三〇	三、六〇一、八九 △四、二四五、四一	五、〇五六、二九	
	明石市					六九八、九〇	一、四九〇、〇九	一、三一一、一四	一、三六三、〇六	
	姫路市						一、六三八、〇六	一、七〇四、八二	一、五八七、九二	
	高砂町					八〇〇、一四	一、二八六、四二	一、三〇三、五一	一、一四八、三三 △七六三、三〇	
	温泉町						三一八、〇〇	四九二、八九	七五四、三五	

	村岡町					三一一、六六	四九四、四九	八七四、七六	
	篠山町						八三三、八五	九七八、〇〇	
	加古川町						五五三、一三	一、五二六、三〇	
	飾磨町							一、一九三、九二	
	由良町							五一三、八四 △八〇三、五九	
	八鹿町						三九八、七五	七八一、三四	
	和田山町						三一七、八八	九九七、二一	
	香住町							三九五、六五	
	柏原町							五〇〇、〇〇	
	洲本町								
	日高町								
奈良縣	奈良市				八四四、四七	八六六、六〇	七六一、九八	一、一二三、五八	一、一八三、〇一	
	高田町							一、六九九、八〇	一、四四〇、三〇	
	御所町								六二四、三三	
滋賀縣	大津市	八五二、六五	九九一、八五	九四八、二九	一、〇三二、二三	一、〇六二、九六 △一、七五六、二四	九八四、一七	一、二九二、四三	九四二、六四	
	彦根町						九〇六、六七	九四九、一八	八七八、一〇	
	長濱町							一一九、七四	九六三、八一 △九六六、六三	
和歌山縣	和歌山市	二、三一九、八八	二、二三三、八二	二、四七二、七九	一、九九五、八四 △三、九〇二、三五	一、八三六、〇一	一、八〇三、九二	一、七二七、三六	二、一一三、五四	

		徳島縣	高知縣	岡山縣		廣島縣				鳥取縣		島根縣		香川縣		
新宮町	箕島町	徳島市	高知市	岡山市	里庄村	廣島市	福山市	尾道市	呉市	鳥取市	米子市	松江市	今市町	高松市	丸龜市	觀音寺町
		二、八一五、九五		四、六二二、五五 △二、〇一七、八九			二、五四五、八七	九四二、六三	二、九七三、二九						六一三、二四	
		三、〇〇九、八六		五、三五五、二四			二、一一五、二九	一、〇〇九、九五	二、七三六、二四						五二四、九二	
		二、九六〇、九八	一、二九三、五二	六、〇三六、二三			二、二九〇、七四	八九五、九六	二、六九七、三〇			二、五八八、一〇			七一五、四三	
		三、七六七、二三	二、七九六、一三	六、〇八九、九四		九、八六五、六〇	一、九六八、五六	九七六、三五	二、七八九、〇一		六四七、八八	一、九八二、五一			六八五、〇五	
		三、六三七、二五	二、〇八四、七五	六、〇八八、五四		七、六四八、三三	一、九九一、六六	一、〇〇〇、九〇	二、九四九、七二		一、七八〇、〇六	二、〇八七、一一			七七二、九七	
		四、一五九、八三	二、〇四一、三三	五、〇六七、一八 △一五、三〇九、三九	一、四二四、五三 △八、二八九、五〇	七、七一九、三〇	一、八四一、七九	一、〇一四、一〇	三、三三九、四〇		一、七二九、三三	二、〇一六、三三		三、八二一、七九 △三、〇五六、一四	一、三二七、五三	二五六、六九
八二二、八三		三、〇〇四、四六	二、五三〇、五九	四、六〇九、九八	一、九〇〇、三八	八、一七九、六〇	一、七一五、七三 △二、一六九、八〇	一、〇〇九、四〇	三、一四五、二一	一、〇二八、九九 △五、四三三、四一	一、七四一、九二	一、九七一、七九	三三五、三〇	二、三六二、七七	一、五五九、一六	六一、〇〇
六六四、三〇		三、一七一、三三	一〇、〇六七、二九													

		1	2	3	4	5	6	7	8
愛媛縣	松山市	三、一五六、三〇	二、〇七四、四〇	三、二二六、二七	二、五九三、八九	三、一八二、八六	三、三八九、二五	三、二六四、五八	
	今治市	二、一三八、七五	一、九三八、六四	一、七八〇、七三	一、九二一、〇一	一、九八三、六九	一、八九一、七三	二、〇三五、一八	
	宇和島市	二、五二四、〇六	三、〇二〇、一三	二、九七二、四七	二、三九四、三三	一、九六六、二一	二、二八〇、九〇	二、一七五、〇一	
	八幡濱町	一、六二三、七三	一、六九一、〇一	一、九五〇、四七	二、一二〇、二九	二、四六〇、〇三	二、〇七五、五〇 △三、九六三、六六	二、四四一、七九	
	三津濱町	六四六、四七 △九〇〇、〇〇	七二五、九三	七七〇、五八	八五五、七九	八三七、〇一	八三四、九六	八二四、六六	
	川之石町			一、一六四、八五	九四五、二三	一、〇二四、四五	九五四、九三	九一三、九五	
	大洲村	一、二〇六、八〇 △一、七〇一、三一	一、一五三、六九	一、三三八、〇〇	一、〇四六、〇三	一、三三七、〇七	九三八、〇二	九七七、六八	
山口縣	下關市	二、八五〇、七九	三、一六二、八五 △一六二、〇〇						
	宇部市	一、八一〇、五五	二、一六三、八四						
福岡縣	門司市	三、六九九、一五	三、六四七、八八						
	小倉市	三、七七二、八一	四、六一一、三六						
	若松市	三、一六五、二三	二、七一八、三〇 △一、四〇〇、四八						
佐賀縣	佐賀市	一、四三四、八三 △二、二七九、〇〇	一、七五七、六九						
長崎縣	長崎市	六、七五九、三九	五、九七〇、六二						
	佐世保市	二、五九〇、〇九	二、七〇一、四九						
鹿兒島縣	笠砂村	八八九、八九	一九八、一七						
合計		一八九、四一一、一一五 △七四、四四二、八六	一九六、八三一、一一五 △七〇、三五〇、三七	一七八、九六三、六〇 △一五二、六三四、〇八	三三一、五八〇、八三 △二二、四九〇、八八	二六七、〇七五、二七 △九、三六四、八四	二三四、一三四、二八 △三五、七〇五、八〇	二四八、八六六、四三 △一六、二二二、六四	二三二、六七一、八五 △一二、六三二、〇六

一三

一四

私立職業紹介所經費決算額調（自大正十三年至昭和六年）

紹介所名	大正十三年度	大正十四年度	大正十五年度	昭和二年度	昭和三年度	昭和四年度	昭和五年度	昭和六年度
大阪職業紹介所	一〇、一三九、五〇	一三、一〇〇、〇〇	九、〇七八、五八	九、六三三、二二	一三、五三六、八九	一三、〇一八、二六	一四、二六四、六七	一三、〇四七、一九
大阪基督教青年會職業紹介所	一、四七一、〇三	一、四二〇、九一	一、二六八、七一	一、六六九、四三	一、七四七、九六	一、八八三、八〇	一、二三四、三五	一、二七五、四〇
大阪婦人ホーム職業紹介所	一、六六八、六五	一、五〇一、二六	一、六三〇、三六	一、六四九、〇七	一、五五九、九二	一、六三九、〇六	一、六九二、八六	一、五三四、七六
内鮮協和會職業紹介所	五、三四七、六四 △三七八、三九	一〇、四〇七、六五	一〇、四七〇、〇〇	七、七三三、九七	五、六四一、一〇	七、六三〇、〇〇	一〇、五八〇、〇〇	一一、三七五、〇〇
大阪基督教女子青年會職業紹介所								
愛婦高知縣支部職業紹介所				五二一、〇三	七四〇、〇〇	七三三、九一	五七六、八五	四五一、三七
神戸無料職業紹介所	一、五六九、六〇 △四一、〇〇	二、七四八、八〇	三、二四一、九三	二、九三一、〇七				
愛婦岡山支部職業紹介所	一、〇二三、八三	一、一三六、〇〇	一、一五三、〇〇	一、二一九、三七	一、二三五、六〇	一、三三四、三六		
倉敷職業紹介所	八〇一、四五	九一三、二三	一、〇七九、一八	九五七、一〇	八九七、七八	九六一、三八		
廣島商工會議所職業紹介所				三三四、四一	四七六、三七	二二一、三六		
廣島社會協會東松原職業紹介所	三、六四〇、〇九							
仝 宇品職業紹介所	二、三八五、〇〇	九、五八五、五一	九、四三七、〇八					
仝 中央職業紹介所	二、六五〇、〇〇							
高松職業紹介所	一、二〇一、四三	三〇八、八五	五二〇、〇〇	五三八、〇〇	八七〇、六九			
愛婦愛媛支部職業紹介所	七七〇、二〇	五五二、四三	五七六、〇七	六三一、一四	七三三、六七	七四一、三〇		
福岡職業紹介所	四、五六二、〇四	五、八九五、一四						
鹿兒島職業紹介所	一、一五六、〇〇	二、一三三、五〇						
合計	三八、三七五、四五 △四一九、三九	四八、七〇二、二八	三八、四五四、九一	二七、八〇六、八〇	二七、四三九、九八	二八、〇一三、四三	二八、三四八、七三	二七、六八三、七二

三、管內職業紹介所長會議

第一回

一、日時　大正十二年十一月四日、五日兩日

一、會場　大阪市中央公會堂

一、出席者

各職業紹介所長並職員、府縣市係職員、中央職業紹介事務局長代理、東京地方職業紹介事務局係員、陸軍造兵廠大阪支廠、舞鶴要港部、吳海軍工廠各係員、當局員等八十四名

諮問事項

一、職業紹介法施行規則第九條ニ依リ聯絡ノ區域及方法ヲ定メムトス之ニ對スル各位ノ具体的意見如何

一、職業紹介所ノ事業ノ聯絡上左記各號ノ實施ニ關スル各位ノ所見如何

イ、二個以上ノ職業紹介所ニ求人又ハ求職ノ申込ヲ爲ス者ハ其旨申出サシメ之ガ申出アリタルトキハ其者ノ氏名ヲ他ノ關係職業紹介所ニ通知スルコト

ロ、二個以上ノ職業紹介所ニ求人又ハ求職ノ申込ヲ爲シタル者ニ付紹介ヲ了シタルトキハ當該職業紹介所ハ其旨他ノ關係職業紹介所ニ通知スルコト

注意事項

一、關東地方震災ノ爲メ多數失業者急迫ヲ告ゲツヽアル際近ク海軍職工ノ整理ニ伴ヒテ失職業者激增セントシ職業紹介事業ノ前途益多端ナラントス、而シテ之ガ解決ハ一ニ懸ツテ求人開拓ノ成績如何ニヨルヲ以テ此際各職業紹介所ハ大ニ求人開拓ヲ行ヒ各地方ニ於ケル勞務ノ需給調節ヲ圖ルト共ニ有効ナル求人口ハ直ニ本事務局ニ通報シ曩ニ中央職業紹介事務局ニ設置セラレタル地方移動交換部ヲ利用シ全國的勞務需給ノ調節ニ資スルコト

一、職業紹介所紹介就職者汽車汽船賃割引証交付ニ關シテハ特ニ注意ヲ拂ヒ豫メ求人求職兩者ニ對シテ嚴密ナル調査ヲナシ就職確實ナル者ニ限リ之ヲ交付シ濫用ニ陷ラサル樣特ニ注意セラレタシ

一、必要ニ應シ旅費貸與賃銀立替ノ方法ヲ講シ右實施ニ關スル規程ヲ定メタル時ハ直ニ報告スルコト

一、職業紹介所ハ勞働者募集營業者ノ求人ヲ取扱ハサルコト

一、定期諸統計ノ取扱ニ付テハ左ノ諸點ヲ注意セラレタシ

イ、常ニ所定ノ期限ニ遲レサル樣留意スルコト

ロ、未到着ニテ督促ヲ受タル場合ハ一度提出シタル後ニテモ直ニ再製提出スルコト

ハ、旬報、月報等ノ摘要欄及備考欄ヲ充分活用スルコト

ニ、他ノ表ト關係アル表ハ作製後對照檢査ヲナシ錯誤ナキヲ確メタル後提出セラレタシ

議事概況

午前九時四十分を以て開會し、久田局長の開會の辭に次で中央職業紹介事務局長代理福原事務官の訓辭あり終つて諮問案指示、注意事項說明、各職業紹介所提出に係る協議事項の討議及び海軍第二次職工整理に關する打合せをなした。

各職業紹介所提出議案中最も熱心に論議されたのは求人開拓方法と國庫補助に關する事項で後者に對しては特に左記の通り滿場一致で決議された。

大阪地方職業紹介事務局管內職業紹介所長會議ハ市町村經營ノ職業紹介所ノ經費ニ對スル國庫補助ヲ二分ノ一ニ增額スルト共ニ市町村經營以外ノ公益職業紹介所ニ對シテモ同一ニ取扱ハレンコトヲ決議ス

第二回

一、日　時　大正十四年十月二十二日、二十三日兩日

一、會　場　大阪市中央公會堂

一、出席者

各職業紹介所長、府縣市係職員　中央及東京、名古屋各職業紹介事務局係官、大阪地方職業紹介委員等百一名

指示事項

一、不良求人求職者ノ防止ニ關スル件

輓近不良求人及求職者漸ク多キヲ加ヘムトスル傾向アリ之等求人及求職者ノ續出スルトキハ徒ニ職業紹介事業ヲ煩雜ナラシムルノミナラズ延テハ信用上ニ至大ノ影響ヲ及ホシ斯業ノ發達ニ大ナル障害ヲ

一六

招來スヘキヲ以テ各位ハ之カ通報並原簿作成等ニ留意セラレ防止ニ付適當ナル措置ヲ講セラレンコトヲ望ム

二、職業紹介委員設置ニ關スル件

職業紹介委員ヲ設置シ職業紹介所ノ事業ノ圓滑ヲ期スルハ最モ適切ナルヲ以テ曩ニ職業紹介法施行規則中ニ改正ヲ加ヘラレタルモ管內ニ於テ之カ設置ヲ見タルモノ極メテ少シ現下ノ狀勢ニ鑑ミ職業紹介所ノ機能ヲ一層發揮シ失業問題ノ解決ニ資スルハ極メテ緊要ナリト認ム各位ハ此ノ趣旨ヲ体シ其市町村ニ於ケル職業紹介委員ノ設置ヲ促進スルニ努メラレムコトヲ望ム

三、求人調査ニ關スル件

職業紹介所カ求人ノ基本調査ヲ行ヒ恒ニ訂正加除シ求人ノ狀況ヲ瞭然タラシムルコトハ最モ緊要ト認ム各位ハ既ニ相當ノ考慮ヲ拂ハレツヽアリト思惟スルモ其地方ノ一定ノ區域內ニ於ケル會社、商店、工場等ニ付事業主調査ヲ行ヒ簿冊ヲ作製シ平素之ヲ利用シ職業紹介ノ敏活ヲ期シ實績ヲ擧ケラレムコトヲ望ム

注意事項

一、聯絡事務ニ關スル件

聯絡事務ハ開始以來九閱月漸次相當ノ成績ヲ擧ケツヽアルモ未タ遺憾ノ點尠ナシトセス本事業ノ目的タル勞務ノ需要供給ノ調節ヲ一層圓滑ナラシメムカ爲ニハ一ニ聯絡ニ俟タサルヘカラス各職業紹介所ハ施行規則ノ規定ノ趣旨ニ從ヒ一層事務ニ習熟シ之カ運用宜シキヲ制シ所期ノ効果ヲ擧クルニ努メラレムコトヲ望ム

二、統計報告ニ關スル件

統計ハ凡テノ施設ノ基礎トナリ最重要ナル使命ヲ負フモノナルヲ以テ豫テ御配意中ノコトヽ信スルモ左記ノ點特ニ御留意ノ上任務ノ達成ニ一層努力セラレムコトヲ望ム

イ、調査ハ正確ヲ期スルコト

ロ、調査ハ事實ト相違セサル様注意スルコト

ハ、一ノ調査カ他ノ調査ト關聯スルトキハ常ニ對照シ不突合ナキヲ期スルコト

ニ、報告ニ當リテハ誤寫、脱字等ナキヲ期スルコト

打合事項

一、少年職業紹介ニ關スル件

少年ノ職業紹介ニ關シテハ本年八月二十二日付收業第三四五號ノ二ヲ以テ通牒スル所アリタルカ小學校ト職業紹介所トノ聯絡ハ別紙要領ニ依リ實施セムトス之ニ對スル各位ノ意見ヲ陳述セラレタシ

少年職業紹介ニ關スル取扱要領

一、市町村長ハ各職業紹介所ト聯絡スヘキ小學校ヲ定メ當事務局ヘ打合ヲ爲スコト

二、職業紹介所職員ハ少年ノ職業選擇指導ノ爲小學校敎員、醫師其他ト密接ナル聯絡ヲ持シ必要ニ應シテハ之等ノ者ヲ以テ委員會ヲ組織スルコト

三、職業紹介所ハ兒童卒業期前聯絡小學校ト協議會ヲ開催スルコト其已ムヲ得スシテ協議會ニ參加シ得サル小學校ニ對シテハ協議ノ状況ヲ通知スルコト

四、保護者會、講演會ニハ職業紹介所又ハ當事務局出席ノ便宜ヲ圖リ少年職業ノ選擇ニ付指導誘掖スルコト

五、職業紹介所ハ少年職業ノ作業工程、雇傭條件、適性關係等ニ付豫テ其實際ヲ調査シ小學校其他ノ關係者ニ頒布スルコト

六、職業紹介所ハ聯絡小學校ヨリ毎年兒童卒業期前左記事項ノ通報ヲ需ムルコト

イ、卒業兒童ノ性別豫定人員及卒業後直ニ就職セントスル兒童ノ性別希望職業別見込調

一月末日迄（第一號様式）（様式省略以下同）

ロ、就職希望調

三月二十日迄（第二號様式）

七、職業紹介所ニ於テハ毎年卒業期前少年職業ニ關スル求人口ノ開拓ヲ行ヒ其ノ状況ヲ左記ニ依リ小學校ニ通報スルコト

二月末日迄（第三號様式）

八、高等小學校兒童ニシテ學年ノ中途ニ於テ就職ヲ希望スル者ニ就テハ前二項ニ準シ取扱フコト

九、就職希望兒童ノ紹介ハ可成小學校受持敎師若ハ父兄同伴職業紹介所ヘ出頭セシメ之ヲ爲スコト、已ムヲ得サルモノニ對シテハ小學校ヲ通シテ希望求人口ヲ通告シ職業紹介所長ニ於テ適當ト認メタルトキハ紹介状ヲ發行シ小學校ヲ通シテ交付スルコト

一〇、職業紹介所ニ於テ求職少年ノ職業選擇ヲ行フ場合ハ可成兒童保護者、小學校敎員、委員、醫師等ト協議シ指導決定スルコト

一一、職業紹介所ハ少年ノ就職後ノ状況ヲ調査シ之ヲ聯絡小學校ニ通報スルコト

一二、職業紹介所ハ少年職業ノ選擇指導ニ關シ職業補導事業ヲ經營

セル公共團体又ハ公益團体等ト聯絡ヲ圖ルコト
一三、職業紹介所ハ可成少年ノ性能檢査ニ關スル設備ヲ爲スコト
一四、職業紹介所ハ少年ノ職業選擇指導ニ關スル計畫、施設狀況並其成績ヲ適宜當事務局ニ報告スルコト

聽取事項

一、各地ノ勞務需給狀況

議事概況

久田局長より會議開催の趣旨の存する所を述べて開會を宣し次て福原事務官は我國に於ける職業紹介事業發達の經過を說き且つ將來に對する希望を述べて大に激勵するところがあつた。指示事項に就ては市町村職業紹介委員の性質等に關する質疑に對し福原事務官より委員は市町村制に所謂委員でないから職業紹介委員たるには市町村公民たることを要しないが一般の名譽職に準ずべきものであるから手當支給等に付ては市町村に於て適宜定められたいとの說明あり次いで打合事項の議事に入りて先づ中央事務局三澤屬の歐米に於ける少年職業紹介に關する講話があつた。

本件は最初の實際問題として來春の小學校卒業生より取扱を開始するもので頗る重要問題だけに各紹介所より相當の意見があつたが結局原案を是認し唯取扱要領中第六項第七項の通報期日及樣式に付希望あり事務局に於て更に考究することになつた

聽取事項は閉會後の懇談會に讓り各紹介所提出の協議事項に

付討議したが、其中聯絡事務に關しては委員を設けて研究調査の上具体案を作ることゝし意見あるものは委員まで通報することゝなつた。懇談會に入りて中川大阪府知事臨席して挨拶を陳べられ、且つ失業防止に關して各員の努力を希望する所あり更に現下の問題たる六大都市に於ける失業者救濟土木事業は其都市の失業者を救濟するのが趣旨であるから同事業目當に地方より出稼せしめない樣希望するところがあつた。

第三回

一、日時　昭和二年十月廿七、廿八日
一、會場　大阪市中之島中央公會堂
一、出席者
各職業紹介所長、府縣、中央、東京、名古屋、福岡各職業紹介事務局職員、大阪地方職業紹介委員會委員等九十三名

諮問事項

一、女工ノ需要供給ノ現狀ニ鑑ミ之カ職業紹介ニ關シ、最モ有效適切ナル具体的方策ニ付各位ノ意見ヲ諮フ
當事務局管轄區域内ハ紡織及染色等ノ工場比較的多ク、其數五千三百有餘、女工ノ數約二十六萬七千人ニ及ヒ、之カ供給ハ廣ク他管内ニ及フ現狀ニアレトモ、從來職業紹介所ハ多ク之ニ關與セス、且ツ他ニ供給機關ノ不備ナルカメ爲徒ニ募集人ノ跳梁ニ委ネテ顧ミス積弊ノ影響スル所甚タシキモノアリト認ム
職業紹介所ノ普及發達ハ漸次其ノ活動範圍ヲ擴大シ、早晩女工ノ職

業紹介ニ着手スヘキ時期ノ到來ヲ疑ハス、然レトモ之カ實行ニ關シテハ幾多ノ困難ヲ伴フヘキヲ以テ、各位ノ意見ヲ諮ヒ以テ對策ヲ樹立シ、實施ニ備ヘントスル所以ナリ

指示事項

一、職業紹介所ノ内容充實ニ關スル件

職業紹介所網ハ、今ヤ全國的ニ布置整備セラレ、産業機關トシテ活動スヘキ時運ニ向ヒ、又目下實施セラレツヽアル少年職業指導紹介ノ如キ、其ノ範圍、教育的方面ニモ擴張セラレタル今日、益々其ノ使命ノ重キヲ加ヘタリ、此ノ時機ニ於テ職業紹介所ハ一層設置ヲ改善スル外、職員ノ充實訓練ヲ圖リ其ノ機能ヲ發揮スルニ努メラレムコトヲ望ム

二、勞務ノ需給調節ニ關スル件

職業紹介所ハ單ニ求人又ハ求職ノ申込ヲ受ケ、之ヲ處理スルニ止マラス常ニ一般勞務ノ需給狀況ヲ調査シテ之カ調節ニ努ムルハ勿論、土木事業ノ起工、廢止又ハ會社工場等ノ興廢ニ依ル集團的雇入解雇等特異ノ場合ニ於テモ進ンテ斡旋ノ勞ヲ執ルコトニ努メ、以テ十分ニ機能ヲ發揮セラレムコトヲ望ム

少年職業紹介ノ事業實施以來、逐年其ノ成績向上ヲ見ルニ至リタルハ、各位ノ努力ニ依ル所多大ナリト認ムルモ、本事業ノ目的ハ成年ノ職業紹介ト趣ヲ異ニシ、教育方面ト密接ナル關係ヲ保持シ各人ノ性能ニ適スル職業ヲ與フルノミナラス、更ニ就職後指導保護ヲ加ヘテ少年ノ前途ヲシテ誤ラシメサルニアルヲ以テ、各位ハ之カ取扱ニ關シ一層研究努力シ、從來ノ通牒ノ趣旨ヲ完全ニ遂行スルニ努メ、所期ノ目的ヲ達セラレムコトヲ望ム

四、聯絡事務ニ關スル件

勞務ノ需給ヲ調節スルニ當リ聯絡ノ必要アル言ヲ俟タスト雖其ノ取扱方法ニ熟練スルトコロナクハ其ノ必要ニ際シ十分ニ効果ヲ收ムルコト能ハス、然ルニ最近ノ取扱狀況ヲ觀ルニ遺憾ノ點尠カラサルヲ以テ規定ヲ尊重シ一層事務訓練ニ努メラレムコトヲ望ム

五、就職者ノ勤續狀況調査ニ關スル件

就職者ノ勤續狀況ヲ調査シ適當ノ指導保護ヲ加フルコトハ、職業紹介所ノ重要ナル任務ナルノミナラス、之カ調査ニ依リ取扱上參考トナルヘキモノ多大ナリト認ム、然ルニ從來之カ實行ニ關シテハ十分ナラサル憾アルヲ以テ、各位ニ於テハ定期又ハ臨時ニ之ヲ勵行シ、其狀況ヲ報告セラレムコトヲ望ム

注意事項

一、俸給生活者職業紹介ニ關スル件

本件ニ關シテハ漸次專門職業紹介所又ハ專門部ノ設置ヲ見ルニ至リタルカ當局ニ於テハ昭和二年七月四日付發聯第三九六號ヲ以テ取扱方法ニ付通牒スルトコロアリ、爾來大阪市中央、神戸市中央各專門部ニ於テハ該通牒俸給生活者職業紹介事務取扱要綱ニ依リ漸次成績見ルヘキモノアルニ至レリ、專門部ノ設ケナキ職業紹介所ニ於テモ、可成取扱要綱ニ依リ實施シ、隨時其ノ狀況ヲ報告セラレタシ

二、就職者汽車汽船賃割引証交付ニ關スル件

就職者汽車汽船賃割引証交付ニ關シ近時動モスレハ愼重ヲ缺クモノアリ、斯ノ如キハ規定ノ趣旨ニ反スルノミナラス遂ニハ不正ノ徒ニ惡用セラレ職業紹介所ノ信用ヲ失墜スルコトヽナルヲ以テ、爾今之カ交付ニ關シテハ嚴重ニ注意セラレタシ

三、職業紹介所職員異動報告ニ關スル件

職業紹介所職員異動ノ場合ハ、其ノ都度所定樣式ニ依リ報告セラルル筈ナルニ拘ラス、勵行ヲ缺ク嫌アルヲ以テ注意セラレタシ

四、職業紹介所設備、職員定數及事業經營ニ關スル諸規程變更ニ關スル件

職業紹介所設備、職員定數及事業經營ニ關スル諸規程等ノ變更ニ關シテハ、職業紹介法施行規則第二條ニ依リ豫メ認可ヲ要スルニ拘ラス、從來往々之ヲ怠リ任意變更セルモノアルモ、爾今斯カルコトナキ樣充分留意セラレタシ

五、諸會報告ニ關スル件

職業紹介所若クハ市町村ニ於ケル事務打合會、講演會、講習會等職業紹介事業ニ關スル諸會ノ開催日時、會場、出席者講師及聽講者等ハ豫メ主催者ヨリ報告セラルヽハ勿論、終了後ハ速ニ其ノ狀況ヲ報告セラレタシ

六、統計報告ニ關スル件

イ、定期報告ニ關シテハ、報告期日ヲ遲滯シ若クハ誤謬ノ儘報告スルモノアリ、集計上遺憾尠カラサルヲ以テ、爾今期日ヲ確守スルハ勿論、違算ナキ樣特ニ注意セラレタシ

ロ、月報ト少年職業紹介取扱成績調ト對照スルニ差違甚タシキモノアリ少年職業紹介取扱期間中ニ於ケル月報ニ關シテハ特ニ違算ナキ樣注意セラレタシ

七、職業紹介所費國庫補助ニ關スル件

イ、職業紹介所ノ一部ヲ他ノ用途ニ使用スルモノアリ、是レ設備認

可並ニ國庫補助ノ精神ニ違背スルヲ以テ、斯ルコトナキ樣注意セラレタシ

ロ、職業紹介所費國庫補助金概算交付申請書、國庫補助金精算書、決算書抄本、歲入出決算書ノ提出ハ所定ノ期限ヲ嚴守セラルヽ樣注意セラレタシ

ハ、附帶事業、附屬設備等ニシテ補助金ヲ受クル能ハサルモノヽ經費ヲ職業紹介所費中ニ包含シテ補助金ヲ精算セサル樣注意セラレタシ

ニ、職業紹介所費ヲ以テ購入シタル物品ヲ他ノ用途ニ使用セサル樣注意セラレタシ

ホ、職業紹介所ニ關係ナキ用務ノ爲メ、出張セル旅費ハ職業紹介所費中ヨリ支出セサル樣注意セラレタシ

聽取事項

一、各地ノ勞務需給上ニ現ハレタル特色

二、各所ノ取扱上ニ現ハレタル特色

會議經過概要

福原事務官より職業紹介事業の沿革、現狀を述べ、將來に關し訓示せられ、次で大阪市社會部長大阪地方職業委員會委員山口正氏より挨拶を兼ね、職業紹介事業經營に關する訓話あり、終つて直ちに議事に入る。

諸問事項に關しては、朗讀說明の上審議に入り、岸和田市、神戸市中央、廣島市東松原、三津濱町、京都市七條、大阪、大阪市中央、尼崎市、京都市中央各職業紹介所、京都府學務部長

より意見の陳述があつたが、何れも職業紹介所が將來女工の職業紹介に着手せざるべからずとする點に於いて意見の一致を見た。而し唯、現状に於いて着手するを可とするものと、不可とするものとの兩論に分れ議論百出した。

指示事項、注意事項に關しては、各事項を朗讀說明の上、質疑應答し趣旨の徹底に努めた。

第四回

一、日　時　昭和三年十二月二十九、三十日

一、會　場　大阪市中之島中央公會堂

一、出席者

職業紹介所長並職員、府縣係職員、大阪地方職業紹介委員會委員中央職業紹介事務局長代理、各地方職業紹介事務局係官及當局員等百八名

指示事項

一、職業紹介所ノ事務整理ニ關スル件

職業紹介所ノ事務ハ時勢ノ進歩ト共ニ益々多端トナリタルヲ以テ之カ整理ニ關シテハ先ツ執務ノ便益ヲ考慮シ處務ノ順序ヲ簡明ニシ殊ニ帳簿ノ分類整理又ハ文書ノ處理並ニ編纂保存等ニ付常ニ研究改善ヲ加ヘ事務取扱上一層敏速且ツ正確ヲ期セラレンコトヲ望ム

二、少年職業紹介ニ關スル件

少年職業紹介ニ關シテハ其成績漸次見ルヘキモノアリト雖近時小學校ニ於ケル調査並ニ施設モ亦整備セラルヽニ至リ職業紹介所ノ責務一層重大トナリタルヲ以テ職業紹介所ハ今後益々周到ナル施設ヲ爲シ關係方面ト緊密ナル聯絡協調ヲ圖リ特ニ就職後ノ輔導ニ關シテハ各其ノ地方ノ實情ニ即シ適當ナル方法ヲ講シ所期ノ目的ヲ達成セラレンコトヲ望ム

三、朝鮮人ノ職業紹介ニ關スル件

朝鮮人求職者ハ年々增加シ其ノ取扱甚タ困難ナルヲ以テ一層朝鮮人ノ特長ヲ理解スルニ努メ之ニ適應スル職業ヲ調査開拓シ其實績ヲ擧クルニ努メラレンコトヲ望ム

注意事項

一、求職者ノ登錄ニ關スル件

求職ノ申込ヲ受ケタルトキハ差當リ紹介ノ見込乏シキモノト雖之ヲ登錄シ能フ限リ就職斡旋ニ努ムヘキニ拘ラス往々之ヲ登錄セサルモノアリ斯クノ如キハ取扱上穩當ヲ缺クノミナラス眞ノ需給狀態ヲ知ル能ハサルヲ以テ注意セラレタシ

二、不良求職者ニ關スル件

最近不良求職者ノ通報ニ關シ其ノ內容ヲ檢スルニ事故ノ發生ハ一面往々求人者ノ給料不拂其他雇入條件ノ不履行ニ起因スルモノト認メラルヽモノアルヲ以テ求人者ニ對スル調査ヲ一層周密ニシ取扱上遺憾ナキヲ期セラレタシ

三、職員異動報告ニ關スル件

職員異動報告ニ關シテハ今尙勵行ヲ缺ク嫌アリ處理上支障尠カラサルヲ以テ異動ノ都度遺漏ナク報告セラレタシ

四、統計報告ニ關スル件

旬報月報季報等定期諸報告ハ其提出期日ヲ嚴守スルト共ニ內容ノ

正確ヲ期スル爲メ左記各項ニ付特ニ注意セラレタシ

イ、月報

一、合計欄求人數、求職者數紹介狀交付數合計ハ月內三旬報合計數ト符合スヘキモノナルモト

二、求職者ノ職業別欄ハ求職者ノ第一希望職業ニ依リ記載スルコト

三、附記ハ各項目ニ亘リ詳細記入スルコト

ロ、季報

一、第一號表合計數ハ季內三月報合計數ト符合スヘキモノナルコト

二、第二第三第四號表ノ計ハ第一號表求職者數合計ト符合スヘキモノナルコト

ハ、府縣外職業紹介報告求人申込欄職業別ハ求人者(雇主)ノ職業ニ非スシテ所要職業別(小分類)ヲ記入スルコト

ニ、各表共誤記記載洩等ナキ樣製表ノ上ハ檢算スルコト

五、國庫補助ニ關スル件

職業紹介所ノ一部ヲ他ノ用途ニ供スルモノ或ハ職業紹介所ニ直接關係アリト思惟セラレサルモノヽ經費ヲ職業紹介所費中ヨリ支出セルモノアリ右ハ何レモ國庫補助ノ精神ニ背馳スルヲ以テ斯クノ如キコトナキ樣注意セラレタシ

諮問事項

一、職業紹介ノ適確ヲ期シ一層職業紹介所ノ利用ヲ增進セシムル爲メ左記事項ノ取扱ニ關シ職業紹介所ノトルヘキ適切ナル方法ニ付具体的意見ヲ諮フ

記

一、求職者ノ登錄及紹介

二、求人及求職者ノ開拓並ニ調査

三、求職者ノ信用保證

四、未紹介ノ求人及求職者ニ對スル處置

協議事項

一、失業狀態調査ニ關スル件

失業狀況ヲ知悉スルハ職業紹介事業ノ經營上緊要ナルヲ以テ之ヲ調査セントス

二、聯絡事務ニ關スル件

大口求人又ハ其他特種ノ求人ニシテ廣範圍ニ亘リ聯絡ヲ必要トスルモノニ關シテハ少クトモ左記手續ヲ履行セントス

記

一、職業紹介所求人ノ申込ヲ受ケタル場合ハ求人者ト聯絡取扱上必要ナル打合ヲ遂ケ求人者ノ狀態雇入條件採用方法其他參考トナルヘキ事項ノ詳細ヲ指定職業紹介所ニ通報スルコト

二、指定職業紹介所ハ其ノ區域內ノ聯絡ヲ執ルト同時ニ事務局ニ通報スルコト

三、事務局ニ於テハ直ニ管內ノ聯絡ヲ執ルト共ニ必要ニ應シ他管內トノ聯絡ヲ圖ルコト

四、聯絡ニ依リ求人口ノ通知ヲ受ケタル職業紹介所ニ於テ求職者ヲ紹介スル場合ハ求人登錄紹介所ヲ經由セシムルコト

五、前項ニ依リ求職者ニ對シ紹介狀ヲ交付シタル場合ハ求人者氏名被紹介者氏名使用職名等必要ナル事項ヲ求人登錄紹介所ニ速

報スルト同時ニ事務局ニ報告スルコト

六、一時ニ多數ノ求職者ヲ紹介スル場合ハ成ルヘク職員之ヲ引率スルコト此ノ場合紹介人員出頭時刻等必要ナル事項ヲ求人登錄紹介所ニ速報スルコト

七、求人登錄紹介所ハ求人者ト緊密ナル聯絡ヲ保チ出頭シタル求職者ノ氏名及採否狀況ヲ速ニ調査シ職業紹介所別ニ事務局ニ報告スルコト

八、事務局ニ於テ前項ノ報告ヲ受ケタル場合ハ直ニ職業紹介所ニ通知スルコト

三、職業紹介事務研究會ニ關スル件

職業紹介所職員會合ノ上一定ノ問題ニ付交互意見ヲ發表シ研究ヲ重ヌルコトハ事務ノ改善進歩ヲ圖ル上ニ於テ最モ必要ナリト思惟セラルヽヲ以テ向後區域ヲ定メ（大体第二次聯絡區域ニ依ル）各區域每ニ職業紹介所交互ニ主催シ定期的ニ開催スルコトニシテハ如何

會議經過概要

第一日は齋藤局長先づ挨拶をなし、次て中央職業紹介事務局長代理福原事務官より訓示あり、終つて齋藤局長、指示及注意事項の朗讀說明をなし、續いて事務局提出の協議及諮問事項を附議。第二日は各職業紹介所及縣提出の協議事項に付協議を遂げ閉會す。

第五回

一、日時　昭和五年五月十六日、十七日兩日

一、會場　大阪市中央職業紹介所會議室

一、出席者

各職業紹介所長並職員、府縣市各係員、中央及地方各職業紹介事務局係官、海軍協同會大阪出張所長並職員、大阪地方職業紹介委員會委員等九十一名

指示事項

一、聯絡ニ關スル件

現下失職者簇出ノ情勢ニ鑑ミ職業紹介機關ノ活動ヲ要スルコト一層切實ナルモノアルモ職業紹介所相互ノ聯絡事務ヲ徹底的ニ行フニアラサレハヨク其機能ヲ發揮スル能ハサルヲ以テ未紹介ノ求人求職ニ對シテハ極力開拓ヲ行フト共ニ聯絡交換ノ機能ヲ更新シテ調節ニ努メラレムコトヲ望ム

二、集團的ノ雇入解雇並ニ失業狀況報告ニ關スル件

集團的ノ雇入解雇並ニ失業狀況ヲ迅速詳細ニ知ルコトハ失業對策ヲ講スル上ニ極メテ重要ナルヲ以テ常ニ其地方各方面ノ情勢ニ注意シ事件發生ノ際ハ速ニ之カ狀況ヲ調査ノ上報告セラレムコトヲ望ム

三、少年紹業紹介ニ關スル件

少年職業紹介ハ各位ノ努力ニ依リ漸次好成績ヲ收メツヽアリト認ムルモ其敎育的指導ニ於テハ尙改善スヘキモノ尠カラス殊ニ個性ノ調査ハ職業撰定上最モ緊要ナルヲ以テ特ニ專門部又ハ專任者ヲ置キ之カ調査內容ヲ一層精密ナラシメ專門的知識ヲ藉リ以テ處置ノ適確ヲ期スルニ努メ常ニ就職兒童ト密接不離ノ關係ヲ保チ兒童ヲシテ所期ノ目的ヲ達セシムル樣敎導ニ努メラレムコトヲ望ム

注意事項

一、職業紹介所ノ設備ニ關スル件
職業紹介所ノ建築ニ際シ從來往々認可ノ設備ニ反シ濫ニ一部變更ヲ加ヘ又ハ成規ノ手續ヲ經スシテ工事ニ着手セルモノアルモ向後斯クノ如キ塲合ハ必ス事前ニ相當ノ時日ヲ置キ手續ヲ履行セラルヽ樣特ニ注意セラレタシ

二、就職者汽車汽船賃割引証ニ關スル件
就職者汽車汽船賃割引証ニ關シテハ從來屢々注意セルカ近時移動紹介ノ取扱增加ニ伴ヒ割引証ノ交付數亦著シク增加ノ傾向アルヲ以テ一層取扱ヲ愼重ニシ苟モ過誤ナキヲ期スルハ勿論之カ保管ヲ完全ニシ且ツ受拂簿及交付簿等モ常ニ之ヲ整備シ遺漏ナキ樣注意セラレタシ

三、統計ニ關スル件
旬報、月報、季報其他諸統計報告提出ニ際シテハヨク其內容ヲ檢シ他表ト關係アルモノハ夫々照査ノ上正確ヲ期セラレタシ

四、諸報告ニ關スル件
諸報告提出期日往々遲延シ處理上支障尠カラサルヲ以テ向後必ス期限ヲ嚴守セラレタシ

五、職業紹介所々在位置標示ニ關スル件
職業紹介所々在位置標示ニ關シテハ曩ニ注意セシ所ナルニ近時其施設ヲ缺クモノ、汚損シテ判明シ難キモノ等尠カラサルモノアリ、職業紹介所ヲ周知利用セシムル爲常ニ必要ナルヲ以テ求人開拓週間實施ニ際シテ特ニ之カ整備ニ留意セラレタシ

諮問事項

一、各地ニ於ケル集團的勞働移動ノ現狀及之カ紹介斡旋上適切ナル具体的施設ヲ諮フ

聽取事項

一、各地ニ於ケル失業狀況及對策

協議事項

一、求人開拓週間實施ニ關スル件
我國現下ノ情勢ハ職業紹介機關ノ徹底的活動ニ俟ツコト極メテ切實ナルモノアリ。今回中央職業紹介事務局ニ於テハ過般ノ地方職業紹介事務局長會議ノ協議ニ依リ此際全國一齊ニ職業紹介事業ノ趣旨ノ普及徹底ヲ圖リ一般ノ利用ヲ勸奬シ益々職業紹介ノ機能ヲ發揮セシムルカ爲メ左記要綱ニ依リ求人開拓週間ヲ實施スル旨通牒ヲ發セラレタリ、依ツテ本要綱ニ基キ其効果ヲ收ムルニ適當ナル實行方法ニツキ協議ヲナサントス

求人開拓週間實施要綱

一、時　期　五月下旬ノ一週間(二十六日ヨリ三十一日マデ)

一、機　關　職業紹介所、職業紹介事務局

一、方　法

イ、地方長官ノ援助ヲ得ルコト

ロ、求人開拓趣意書及ポスター配布

ハ、職業紹介事業ノ宣傳ヲ兼ネ主トシテ未紹介求職者ニ對スル求人及紹介ノ見込アル求人先ヲ訪問開拓スルコト
之カタメ豫メ求人開拓先ヲ調査シ置クコト

ニ、新聞社ト連絡ヲ圖リ趣旨ノ普及ニ努ムルコト
ホ、實業團体、職業紹介委員等ノ協力ヲ求ムルコト
ヘ、一般活動ノ狀況並成績（月報用紙ニ記入）ハ週間終了後速ニ報告スルコト

議事概況

指示事項、注意事項に關しては局長より詳細説明あり之に對し二、三質疑應答があつた。次いで諮問事項に入り局員より內海紡織女工取扱狀況報告後各所より蘭刈人夫、酒造從事員其他の移動狀況及女工供給地の狀況等詳細に亘り説明した。協議事項に關しては始めての試みと全國的のことゝて各所より意見續出し熱心に討議したが結局事務局案を骨子とし地方事情に依り最も適切なる方法を講じ最善の努力を盡すことに決定した。

第六回管內職業紹介所長事務打合會

一、日時　昭和七年九月二十八、二十九日
一、會場　大阪府工業獎勵館
一、出席者
職業紹介所長、府縣、中央、東京、長野及岡山の各職業紹介事務局職員、大阪地方職業紹介委員會委員、第四師團司令部職員等八十六名

指示事項

一、職業紹介所ノ內容充實ニ關スル件
職業紹介法ノ實施以來玆ニ十有一年ノ歲月ヲ經職業紹介所ノ設置漸ク全國ニ普ク之カ宣傳ト相俟ツテ其利用者激增セルハ實ニ慶賀スヘキ現象ナリト雖モ飜テ職業紹介所ノ內容ヲ詳細ニ檢スルニ善ク之カ重任ニ堪ヘ得ル哉ノ疑ナキ能ハサルモノアリ仍テ此際特ニ職員ノ增加、兼任職員ノ事務分擔、設備ノ改善諸規程ノ整備等內容ノ充實ヲ企リ一層成績ヲ向上セシメラレムコトヲ望ム

二、職業紹介總動員日施行ニ關スル件
職業紹介總動員實施事項ニ關シテハ過般報告ノ次第モ有之鋭意該計劃ヲ進メツヽアルモノト思惟セラルヽモ之カ實施ニ當リテハ細心ノ注意ヲ拂ヒ其目的達成ニ努メ萬遺憾ナキヲ期セラレ度

三、失業救濟並時局匡救關係諸事業ノ施行ニ關スル件
失業救濟ノ目的ヲ以テ特ニ起工スル所謂失業應急事業ノミナラス産業振興ノ目的ヲ以テ國及府縣等ニ於テ施行スル道路、河川、浚渫等ノ諸土木事業、時局匡救ノ爲施行ノ諸事業並ニ其他各種官公營事業等ニ出來得ル限リ多數ノ要救濟者ヲ使用スルコトハ極メテ必要ナルヲ以テ之等施行主体其他關係各方面ト緊密ナル聯絡ヲ保持スルニ努メ失業ノ防止並救濟ニ資スル樣充分配慮セラレ度

四、入營者職業保障法ニ依ル屆出勵行方ニ關スル件
入營者職業保障法ハ實施日尚淺ク一般ニ普及徹底セサルノ憾アリ從テ同法ニ依ル屆出ニ關シテモ尚充分ナラサルヲ以テ各位ニ於テモ凡有機會ニ其趣旨ノ普及ニ努メ之カ屆出ヲ勵行セシムル樣努力セラレンコトヲ望ム

五、除隊兵職業紹介ニ關スル件
除隊兵ノ職業紹介ニ關シテハ昨昭和六年組織的活動開始以來其成績逐次向上シツツアリト雖モ未タ充分ナリト認メ難キヲ以テ一層

カヲ之ニ盡シ所期ノ目的達成ニ努メラレンコトヲ望ム

六、工業動員ニ關スル件

國家有事ノ際ニ於テハ相當多數ノ職工勞働者等ヲ要スヘク之カ供給ニ關シテハ常時準備ヲ要スルモノト認メラルヽヲ以テ各位ハ常ニ當該地方ニ於ケル勞務需給ノ狀態ヲ明カニシ各業態別ニ依ル職工勞働者ノ供給可能數等ニ關シ調査ヲ遂ケ以テ其目的達成ニ助力セラレンコトヲ望ム

七、府縣廳ト職業紹介所トノ連絡ニ關スル件

府縣廳ハ一般行政ニ對スル監督上ヨリ職業紹介所ノ事業ニ關シテモ特別ノ關係ヲ有スルモノニ付此點ニ留意シ常ニ緊密ナル聯絡ヲ保持スルニ努メ遺憾ナキヲ期セラレ度

八、職業紹介機關ト關係官公衙及公私社會施設トノ連絡ニ關スル件

職業紹介ノ事務ハ其内容愈々復雜トナリ從テ關係スル所モ極メテ多方面トナリタルヲ以テ之カ機能ヲ發揮スル爲ニハ各官公衙並公私社會施設等ト緊密ナル聯絡ヲ保ツノ要アルヲ以テ此點特ニ留意シ遺憾ナキ樣配慮セラレタシ

九、事務研究會ニ關スル件

職業紹介事業ニ關スル研讃ヲ遂ケ之ニ關スル智識ノ向上ヲ企ルハ從事員トシテ一日モ忽ニスヘカラサルコトニ屬スルハ論ヲ俟タサルトコロナリ之カ爲各地方（大体府縣單位トス）ニ於ケル打合會研究會等ヲ開催シ相互ノ意志疏通ヲ計ルト共ニ資料ノ交換研究發表等ノ機會ヲ釀成スルハ極メテ必要ナリト認メラルヽヲ以テ斯カル會合未設置ノ地方ニ於テハ速ニ設置セラル樣取計ハレンコトヲ望ム

一〇、職業紹介所職員實務講習會ニ關スル件

職業紹介事業ハ益々其重要性ヲ加フルニ不拘之カ實務ニ從事スル職員ノ養成機關ヲ缺如セル現狀ニ鑑ミ當廳ニ於テハ昭和五年以來毎年一回短期間ノ講習會ヲ開催セル次第ナルカ尙今後モ繼續實施ノ計劃ニ付新任者ニハ可成受講セシムル樣取計ハレ度

一一、十年史編纂ニ關スル件

當地方職業紹介事務局設置以來十年間ニ於ケル事業發展ノ狀態ヲ集錄シ普ク參考ニ資センカ爲茲ニ十年史ヲ編纂セントスルモノニシテ資料提出方ニ關シテハ既ニ及照會タル次第ナルカ可成詳細調査ノ上苟モ參考トナルヘキ事項ニ關シテハ遺漏ナキ樣特ニ注意セラレンコトヲ望ム

一二、勞働事情調査ニ關スル件

管内市及重要町村ニ於ケル勞働事情ノ概況ヲ調査シ各種ノ參考ニ供センカ爲昨年末現在ニ於ケル狀況ニ關シ照會シタル次第ナルカ爾後毎年之ヲ繼續實施スヘキニ付各位ニ於テモ之カ調査ニ關シ協力セラレンコトヲ望ム

一三、聯絡事務ニ關スル件

聯絡ニ關スル事務ニ就テハ從來動モスレハ閑却セラレタルニ鑑ミ今回職業紹介法施行規則第十二條ニ依ル聯絡區域ヲ改正シ指定職業紹介所ヲ增置シタルニ付善ク其趣旨ヲ体シ効果ヲ擧クルニ努メラレムコトヲ望ム

注意事項

一、就職者汽車汽船賃割引証ニ關スル件

就職者汽車汽船賃割引證ノ取扱方ニ關シテハ從來屢通牒ノ次第モ有之特ニ留意セラルヽトコロナルカ交付者ノ資格等ニ關シ今後一層嚴重調査ヲ爲シ濫發ニ陷ラサル樣注意セラレタシ

二、職業紹介所經費國庫補助金精算書ニ關スル件

大正十四年三月三十一日附發庶第一五六號並昭和五年三月十一日發庶第九九號職業紹介所經費國庫補助手續ニ關スル通牒第五項ニ據ル精算書ハ同手續第五項ニ據ル決算書抄本ト合致ヘキニ不拘從來ノ取扱事例ニ徴スルニ往々彼此ノ金額ニ相違アル向アリ爲ニ精算手續上煩瑣ヲ來スコト不尠爾今精算書提出ニ當リテハ的確ナル根據ニ基キ違算ナキヲ期セラレ度

協議事項

一、熟練職工ノ大口求人ニ對スル聯絡紹介ノ件

營及官民間工場方面ヨリ申込ニ係ル熟練職工大口求人ニ對シテハ夫々其指定地方所在職業紹介所ニ聯絡シテ之カ求職者ノ紹介斡旋ニ力メツヽアルモ其ノ採用條件紹介方法顛末整理等ニ付調査協定報告等ヲ敏活ニシ取扱成績ノ向上ヲハカル爲適切ナル方法如何

二、少年職業紹介ニ於ケル聯絡取扱ニ關スル件

輓近少年職業紹介事業ノ活潑ナル進展ニ伴ヒ需要供給兩地間ノ職業紹介所ニ於テ一層圓滑ナル聯絡ト充全ナル處置トヲ必要トスルモノナリ之ニ關シ兩者ノ具体的取扱方法如何

會議經過概要

指示事項並注意事項に關しては局長より詳細なる説明を爲し尚擔任職員より資料と對照の上併て注意を促し協議事項に關しては局長及係員の説明の後協議に移りたるが結局委員附託として調査研究することに決した。

右の外各所よりも協議事項として提出せしもの十六件あり各員熱心に討議を遂ぐ。尚片山大阪地方裁判所部長より雇傭關係に關する法律上の諸問題につき講演せらる。

四、聯絡事務に關する一般狀勢

抑も職業紹介所の聯絡統一事務の濫觴と認むべきものは大正九年六月の事であるが、當時は財團法人協調會が內務省の依囑に依つて始めて需給調節聯絡統一の事務が開始されたわけである。然し職業紹介法の公布が大正十年四月、同實施が同年七月であり、職業紹介法施行規則の公布が大正十三年十一月二十七日、之が實施は翌十四年一月一日であるから法規による体系的に聯絡事務の開始されたのは何と云つても官制公布により地方職業紹介事務局設置の大正十二年四月であると云はねばならない。即はち大正十二、三年頃は各職業紹介所間に於ける聯絡手續、聯絡方法の研究、協議、打合會等が屢行はれ、主として第一次及第二次の聯絡方法に關して色々と討議された事がある。

大正十二年三月二十一日付で第一次の聯絡方法に關して大阪市に於いて規程を作成し認可を得たるものがあるが之が當局管內に於ける第一次聯絡事務開始の最初のものである。而して大正十三年秋に亘り第一次乃至第三次聯絡手續方法に關して屢ば協議研究が行はれたが同年十一月二十七日付で施行規則の公布に依り茲に初めて第一次(施規第十一條)及び第二次(施規第十二條)の指定職業紹介所を定め翌大正十四年一月一日より之が實施を見たるわけである。當時大阪地方職業紹介事務局の管轄は二府二十七縣に亘り四大都市を包有し職業紹介所の數は六十五ケ所であつた。而して指定職業紹介所は第一次八ケ所、第二次十六ケ所であつた。

聯絡事務開始の最初一ケ月即ち大正十四年一月中に於ける第三次即ち當局扱に係る取扱成績は求人數九五二、同口數にして一三三、紹介狀交付數二六、就職者數一五(以上は求人聯絡)職求者數九、紹介狀交付數一、就職者數一(以上求職聯絡)と云ふ狀況になつてゐる。之は男女通計の數字であるがその求人數平均一日三十件內外ありしに係はらず紹介就職率餘り好良ならず、殊に紹介狀交付數の少きを見れば之が利用充分ならざるものありしが如く見られる、第一次及第二次の成績も又同じ事情の下にありしを以つて、同年二月十九日當局に於いて管內指定職業紹介所聯絡事務打合會を開催し聯絡成績の向上を諮つた事があるが、これ管內聯絡事務打合會の濫觴である。同年四月に至り聯絡取扱成績も稍上り、同月中成績は第一次求人數四六九四、紹介狀交付數六七九、就職者數二五八、第二次求人數一五二九、紹介狀交付數六五九、就職者數三三九、第三次求人數八〇三、紹介狀交付數九九、就職者數三九となつて居るが、第一次及第二次に於いて良好であるが、之に比し第三次は餘りに振はざる狀況を示してゐる。

大正十四年以降各年次管內聯絡取扱成績の概況は第一次求人聯絡に於いて求人數は大正十四年の七萬五千餘を最大とし昭和四年の一千餘から順次低減の傾向を示し昭和六年より格段に減

少し年計六十件位に減少してゐる。紹介狀交付數及就職者數に於いても大正十四年度は紹介狀交付數八千二百餘、就職者數三千三百を最高として同じく昭和六年より格段に減少し、紹介狀交付數二十二、就職者數十二を示してゐる。求人聯絡に於いては大正十四年以來特記する事項なき位その扱數は僅少である。

第二次に於いては大正十四年度求人數二萬九千餘、紹介狀交付數六千五百餘、就職者數三千四百を示したるも順次低下、昭和六年に於いて求人數七十、紹介狀交付數十一、就職者數十に激減し昭和七年度は多少增加し居るも特記する程の事はない。

次に第三次の取扱狀況は、大正十四年度求人數一千餘、紹介狀交付數一千百、就職者數五百六十に達し居るも、特殊求人出來なき限り同樣に順次低減の傾向を示してゐる。

而して昭和七年末現在に於ける管內職業紹介所の數は六十七ケ所で、二府六縣に亘り第一次の指定職業紹介所は大阪市、京都市、神戶市、高知市に各一ケ所宛あり、第二次の指定職業紹介所は大阪府、京都府、兵庫德島兩縣、奈良縣、滋賀縣、和歌山縣を夫々一區域として各一ケ所の職業紹介所を指定して聯絡統一に力めてゐる。

聯絡事務指定區域及指定紹介所一覽
施規第十二條指定ノ分（第二次）

大阪地方職業紹介事務局

指定區域	聯絡紹介所	指定紹介所	備考
大阪府	大阪市中央	大阪市中央	昭和二年六月二十二日付發聯第三六三號 區域 大阪府 奈良縣 昭和七年九月廿一日付發業第五九四號 區域 大阪府 指定 大阪市中央紹介所
	〃 京橋		
	〃 九條		
	〃 築港		
	〃 西野田		
	〃 天神橋六丁目		
	〃 小橋		
	〃 梅田		
	〃 玉造		
	〃 萩ノ茶屋（休）		
	〃 千鳥橋		
	〃 今宮		
	〃 淡路		
	大阪		
	大阪基督敎青年會		
	大阪婦人ホーム		
	內鮮協和會鶴橋		
	〃 豐崎		
	〃 木津川		
	堺市		
	岸和田市		
	布施町（新設準備中）		

京都府	京都市中央	京都市中央	大正十四年六月二日付指令發聯第九〇九號 區域 京都府 滋賀縣 指定 京都市中央紹介所 昭和七年九月廿一日付發業第五九四號 區域 京都府 指定 京都市中央紹介所
	〃 七條		
	〃 伏見		
	〃 勞働		
	〃 福知山町		
	〃 新舞鶴町		
	〃 上宇川村		
	〃 須知町		
	〃 梅田村		
兵庫縣 德島縣	神戸市中央	神戸市中央	大正十四年一月二十日付指令發業第六四五號 區域 兵庫縣 德島縣 指定 神戸市中央紹介所
	〃 春日野		
	〃 湊川		
	〃 東部勞働		
	〃 西部勞動		
	〃 林田		
	尼ヶ崎市		
	西宮市		
	姫路市		
	高砂町		
	溫泉町		
	美方郡東部		
	養父郡		
	篠山町		
	加古川町		
	明石市		
	朝來郡		
	香住町		
	柏原町		
	飾磨町		
	由良町		
	洲本町		
	日高町		
	德島市		
奈良縣	奈良市	奈良市	昭和二年六月十二日付發聯第二三六三號
	高田町		
	御所町		
滋賀縣	大津市	大津市	大正十四年六月二日付指令發聯第九〇九號 昭和七年九月十一日付發業第二五九四號
	彦根町		
	長濱町		
	安曇村		
和歌山縣	和歌山市	和歌山市	昭和七年九月十六日發業第五九四號
	新宮町		
	箕島町		

未指定ノ地域ハ高知縣ニシテ未指定職業ハ高知市及愛婦高知支部各職業紹介所トス。

三〇

區域	聯絡紹介所	指定紹介所	備考
大阪市	大阪市中央 〃京橋 〃九條 〃築港 〃西野田 〃天神橋六丁目 〃小橋婦人 〃梅田 〃玉造 〃千鳥橋 〃萩ノ茶屋 〃今宮 〃淡路 大阪 大阪基督教青年會 大阪婦人ホーム 内鮮協和會鶴橋 〃豊崎 〃木津川	大阪市中央	
京都市	京都市中央 〃七條 〃伏見 〃勞働	京都市中央	
神戸市	神戸市中央 〃春日野 〃湊川 〃東部勞働 〃西部勞働 〃林田	神戸市中央	
高知市	高知市 愛婦高知支部	髙知市	

第一次

年次	求人 求人數 男	求人 求人數 女	求人 求人數 計	求人 仝上口數	求人 紹介状交付數 男	求人 紹介状交付數 女	求人 紹介状交付數 計	求人 就職者數 男	求人 就職者數 女	求人 就職者數 計	求職 求職者數 男	求職 求職者數 女	求職 求職者數 計	求職 紹介状交付數 男	求職 紹介状交付數 女	求職 紹介状交付數 計	求職 就職者數 男	求職 就職者數 女	求職 就職者數 計
大正十四年	六一、〇八〇	一四、八〇六	七五、八八六	一八、八二四	七、二〇九	一、〇九〇	八、二九九	二、六九三	六四二	三、三三五	二六四	四五	三〇九	二八	三	三一	一四	二	一六
大正十五年	二四、一九五	六、三二三	三〇、五一八	一三、六三二	三、一〇〇	七二三	三、八二三	一、四四七	三九五	一、八四二									
昭和二年	四、一一三	一、二四五	五、三五八	二、七一六	八八八	二四四	一、一三二	四九〇	一五九	六四九	一	八	九		四	四		四	四
昭和三年	二一、〇五六	一、〇五一	二二、一〇七	七、七五三	五、三一二	二六三	五、五七五	二、九三七	一六三	三、一〇〇	一	五	六	一		一	一		一
昭和四年	三、一五一	三一〇	三、四六一	一、八六五	一、四五八	二三六	一、六九四	五六三	一二四	六八七									
昭和五年	四七三	五五二	一、〇二五	七二	四七二	五七五	一、〇四七	一七一	二四四	四一五		八	八		一	一		一	一
昭和六年	四六	一四	六〇	三二	一〇	一二	二二	三	九	一二		七	七		五	五		三	三
昭和七年	一、一三〇	一五五	一、一九五	二九	五三	一四一	一九四	一五	五三	六八									

第二次

年次	求人 求人數 男	女	計	全上口數	紹介状交付數 男	女	計	就職者數 男	女	計
大正十四年	二〇、一一八	九、三六四	二九、四八二	一三、三六[illegible]	四、九四〇	一、六五八	六、五九八	二、六三五	八三三	三、四六八
大正十五年	一一、八〇七	三、六四九	一五、四五六	五、〇八[illegible]	二、六一四	二八〇	二、八九四	一、五二〇	二〇八	一、七二八
昭和二年	一、七四一	七一四	二、四五五	八七九	二七三	五三	三二六	一五九	四九	二〇八
昭和三年	二五二	二	二五四	二三	二	二	四	一	二	三
昭和四年	一〇	二〇〇	二一〇	四						
昭和五年	三五六	四五九	八一五	九	一六六	九	一七五	四一	九	五〇
昭和六年	九	六一	七〇	一九	三	八	一一	三	七	一〇
昭和七年	一六二	二四	一八六	六〇	七二	九	八一	三一	九	四〇

年次	求職 求職者數 男	女	計	紹介状交付數 男	女	計	就職者數 男	女	計
大正十四年	四七六	七五	五五一	七九	一〇	八九	三三	七	四〇
大正十五年									
昭和二年	一三	一	一三						
昭和三年	一	一	二						
昭和四年									
昭和五年									
昭和六年									
昭和七年									

第三次

年次	求人 求人數 男	女	計	全上口數	紹介状交付數 男	女	計	就職者數 男	女	計
大正十四年	八一八	二、五七五	一〇、七五七	二、六六五	九二八	一九二	一、一二〇	四六〇	一〇一	五六一
大正十五年	四、四〇四	一、七三六	六、一三八	一、〇七[illegible]	七三三	五八	七八一	三八五	三四	四一九
昭和二年	三一九	一〇一	四二〇	一三〇	九二	四	九六	四三	四	四七
昭和三年	九八九		九八九	一四	一六〇		一六〇	六九		六九
昭和四年	二八		二八	四						
昭和五年	一〇〇	一〇四	二〇四	一二						
昭和六年	二六四	一六五	四二九	一六	一七		一七	一二		一二
昭和七年	一、三六三	五一〇	一、七二八	三一	一、七[illegible]九	七四八	二、四七七	四四一	八九	五三〇

年次	求職 求職者數 男	女	計	紹介状交付數 男	女	計	就職者數 男	女	計
大正十四年	四八	五	五三	二	―	二	一	―	一
大正十五年									
昭和二年	三六		三六						
昭和三年									
昭和四年									
昭和五年	二〇三	五	二〇八						
昭和六年	一七六	三	一七九	三		三	三		三
昭和七年	七四	二	七六	二九		二九	一三		一三

三一三

五、一般職業紹介

(一) 概況

大正十二年四月當事務局設置以來昭和七年に至る十年間の管內職業紹介所の取扱概況を見るに、求人數二、八〇五、九三一人(男二、〇〇六、三八三 女 七九九、五四八)、求職者數三、六八〇、四六三人(男三、〇七六、四九一 女 六〇三、九七二)紹介狀交付數一、九九五、七九三人(男一、五五七、七七三 女 四三八、〇二〇)、就職者數一、〇五三、三一二人(男八一三、七四〇 女二三九、五七二)にして求職者數の求人數に對する割合は一三一、二%、又就職者數の求職者數に對ずる割合は二八、六%である。

次に各年の取扱趨勢を見るに大正十二年は四月よりの開始にして求人數三三九、六八七人、求職者數三一八、一七七人、就職者數一一七、七三六人にして、此求職率は九四%、就職率は三七%にして逐月增加し、九月に入りて俄然關東地方の大震災による罹災求職者の關西方面に殺到し來り、爲に各紹介所に於ても凡ゆる方法を講じ、求人開拓に努力せし結果、異數の激增振を示す。今九月以降十二月迄の罹災求職者の取扱數を示せば左の通りである。

		九月	十月	十一月	十二月
求職者數	男	一六、五二七	二、九三四	六、二三八	三、四四四
	女	五七一	四一七	一九一	九七
紹介件數	男	一三、四五一	八、三九五	四、二三三	二、三三六
	女	五七〇	三六一	一五三	七

翌大正十三年は最も取扱數の多き年にして紹介所の數も八三ヶ所を算へ、前年に比し一ヶ月平均求人數に於て三三四人、求職者數に於て七三五人、就職者數に於て三七五人の各增加である。大正十四年及昭和二年には四月以降管轄區域の減少により取扱數も低減してゐるが此頃より一般財界の不況は遂に金融界の恐慌を來し、昭和二年四月下旬支拂猶豫令の發布せらるゝや事業の廢止又は縮少等尠からず從つて人員淘汰盛んに行はれ、需給關係益々惡化し、失業更に深刻を極め、就職率次第に低下し、翌昭和三年に至つては愈々不振の狀態にて十年間を通じ取扱數の最低を示し、就職率僅に二三%に過ぎない狀態である。次で昭和四年同五年と順次增加の傾向を示し、就職率も四年には二四・六%、五年に入りて二五・二%と好轉してゐる。殊に昭和五年には五月二十六日より三十一日迄の六日間を求人開拓週間として、全國一齊に求人開拓をなし、多大の効果を收め得た今試に此週間中の成績を左に掲げる。

求人開拓週間中の取扱求人數(自五月二十六日至五月三十一日)	前年同期間中の取扱求人數	(比較增)
六、二〇四	二、六九六	三、五〇八

更に昭和六年には七月以降岡山事務局設置せられ、同局へ移管の二十七ヶ所減少し、昭和七年末現在にては五十八ヶ所となり、求人數一〇〇に對し、求職者數一七八の割合にして、大正十二年の九四に比し、約倍の高率を示してゐる。左に大正十二年以來の成績を掲げる。

第一表（年別表）　一般職業紹介取扱成績

	求人數			求職者數			紹介状交付數			就職者數			取扱紹介所數	備考
	男	女	計	男	女	計	男	女	計	男	女	計		
大正十二年	二七三、一六二	六六、五二五	三三九、六八七	二九八、五五〇	一九、六二七	三一八、一七七	二二一、九六二	一七、五三八	二三九、五〇〇	一〇六、九四四	一〇、七九二	一一七、七三六	六五	自四月至十二月
大正十三年	三七六、一八五	八五、二八八	四六一、四七三	四二八、七六八	三八、五〇〇	四六七、二六八	二九三、四五六	三五、一三三	三二八、五八九	一五三、七九三	二〇、三七九	一七四、一七二	八三	
大正十四年	二九二、七七一	八三、四一二	三七六、一八三	三七〇、六四〇	四七、七三八	四一八、三七八	二三九、〇五一	四一、六一七	二八〇、六六八	一一六、六五八	二三、七七八	一四〇、四三六	八四	四月以降名古屋事務局ヘ移管ノ二十一ケ所減少
大正十五年	二三九、四六四	八一、八九三	三二一、三五七	三一〇、〇六九	四四、九九七	三五五、〇六六	一六三、二二〇	三九、二六四	二〇二、四八四	七三、三九六	二一、六八三	九五、〇七九	六九	
昭和二年	一三七、九七四	六四、八四六	二〇二、八二〇	二八三、四五一	四九、九六〇	三三三、四一一	一一三、四一二	四〇、一三七	一五三、五四九	五六、四四六	二二、八〇三	七九、二四九	六九	四月以降福岡事務局ヘ移管ノ十三ケ所減少
昭和三年	一三三、四四六	六七、九一三	二〇一、三五九	二四〇、五〇五	四九、八六二	二九〇、三六七	九一、八七八	三八、四二八	一三〇、三〇六	四六、四二六	二〇、六七一	六七、〇九七	五八	
昭和四年	一三二、五七八	七一、二一四	二〇三、七九二	二四八、五二八	五三、二六三	三〇一、七九一	九六、五三一	三八、三二八	一三四、八五九	五三、〇七四	二一、〇七五	七四、一四九	六二	
昭和五年	一四五、一八一	八八、三二二	二三三、五〇三	二九六、六四三	八九、七一四	三八六、三五七	一一七、七六二	五八、六七五	一七六、四三七	六六、三四一	三一、一四二	九七、四八三	六九	
昭和六年	一四二、四一七	九五、八三四	二三八、二五一	二八七、四三八	九九、〇〇一	三八六、四三九	一一八、二九一	六二、九四三	一八一、二三四	七〇、二九八	三四、〇三八	一〇四、三三六	七九	七月以降岡山事務局ヘ移管ノ二十七ケ所減少
昭和七年	一四三、二〇五	九四、三〇二	二三七、五〇七	三一一、八九九	一一一、三一〇	四二三、二〇九	一二三、二一〇	六五、八五七	一八八、〇六七	七〇、三六四	三三、二一一	一〇三、五七五	五八	
計	二、〇〇六、三八三	七九九、五四八	二、八〇五、九二二	三、〇七六、四九一	六〇三、九七二	三、六八〇、四六三	一、五五七、七七三	四三八、〇二〇	一、九九五、七九三	八一三、七四〇	二三九、五七二	一、〇五三、三一二		

一五

（二）　職業別

各年別に大分類職業別に就て其取扱數を示せば次の通りである。

第二表（職業別）

年	區分	工業及鑛業	土木建築	商業	農林業	水産業	通信運輸	戸内使用人	雑業	無希望	計
大正十二年	求人	一〇四、六五〇	三五、三六七	九八、六九二	六五七	六二	一九、九二八	三九、二二四	四一、一〇七		三三九、六八七
	求職	一〇六、五〇一	二四、四四一	六七、九一〇	七〇七	四八	一五、六五三	二九、六六三	六〇、五九三	一三、六六三	三一八、一七七
	就職	四一、五三三	一六、四六〇	二六、三六六	三二八	一八	六、八九一	一〇、六六三	一五、四七七		一一七、七三六
	就職率	三九%	七〇%	四〇%	四七%	三八%	四四%	三九%	二六%		三七%
〃　十三年	求人	一二八、九一九	五三、三〇一	一二七、九二六	九〇四	六四	二三、六五二	五一、九八七	七五、七二〇		四六一、四七三
	求職	一五五、一〇四	三七、一二六	九七、九三四	一、〇八一	七三	二三、九〇二	五〇、〇〇七	八八、六八九	一三、三五三	四六七、二六八
	就職	五五、五四六	二六、五七四	三七、四四五	五二三	三六	九、五七〇	一八、五一三	二五、九六六		一七四、一七三
	就職率	三六%	七四%	三九%	四九%	四七%	四一%	三九%	三一%		三七%
〃　十四年	求人	七七、八三三	五五、一四一	一一〇、二〇一	一、五三一	四七	一六、一五三	五二、三一六	六二、九七三		三七六、一八三
	求職	一二七、五八七	三三、八二三	九三、四七八	一、八八九	三七	一九、七三一	五〇、八八三	八一、二六九	一〇、六八一	四一八、三七八
	就職	三四、五六九	二一、七九九	三四、二二〇	一、〇四三	一一	六、一七六	一九、五〇八	二三、一一〇		一四〇、四三六
	就職率	二八%	六七%	三七%	五五%	三〇%	三六%	三九%	二八%		三四%
〃　十五年	求人	六八、四六四	三一、八四〇	九〇、五四七	一、四九四	一六	九、一五七	五八、一四二	五一、六九七		三一一、三五七
	求職	一〇八、一〇二	二〇、九六二	八一、七七八	二、〇二二	二九	一三、七五九	五〇、五三八	六九、二六三	八、六一四	三五五、〇六六
	就職	二三、五一三	一一、一七九	二三、四一三	一、〇〇七	九	二、九三八	一八、七五四	一五、二六七		九五、〇七九
	就職率	二一%	五四%	二九%	五〇%	三一%	二一%	三七%	二四%		二七%

昭和二年	求人	四六、六四六	九、四二四	五五、七三四	一、三八五	七九	五、二七〇	五〇、七一五	三三、[illegible]八七		二〇二、八二〇
	求職	一〇六、二八九	一三、五九八	七七、一九五	二、〇五二	五三	一三、一七八	五三、〇六一	六一、六[illegible]一	七、三五四	三三三、四一一
	就職	一八、三五四	五、五〇二	一八、九一二	九九五	一二	二、一二五	二〇、一九五	一三、一[illegible]五		七九、二四九
	就職率	一八%	四二%	二五%	四九%	二三%	一七%	三八%	二八%		二四%
〃三年	求人	四九、四三九	六、九〇六	五五、一八五	一、四七三	五五	四、四八六	五四、二七八	二九、五[illegible]七		二〇一、三五九
	求職	一〇〇、〇三二	九、三七九	六一、四九四	一、八一九	一九	九、四〇七	四九、五四六	五三、〇〇一	五、六七〇	二九〇、三六七
	就職	一七、三八七	三、五二三	一五、三八六	八五四	二八	一、六三二	一七、六二一	一〇、六六七		六七、〇九七
	就職率	八%	四二%	二五%	四九%	一四七%	一七%	三八%	二八%		二三%
〃四年	求人	五五、〇二五	五、九九八	五二、五九四	一、二七二	三七	三、五〇二	五五、三七四	二九、九九〇		二〇三、七九二
	求職	一一四、九三三	九、〇一七	五九、四六八	一、四一四	一九	九、七四一	四九、〇五六	五二、九[illegible]二	五、一九一	三〇一、七九一
	就職	二四、一一一	三、二七四	一五、二六〇	七〇六	二六	一、三一五	一七、五四九	一一、九〇八		七四、一四九
	就職率	二一%	三八%	二六%	五〇%	一三七%	一三%	三六%	二二%		二四%
〃五年	求人	五八、二九〇	八、四七七	五七、五一四	一、三八八	一六三	四、四六三	六二、九五九	四〇、二[illegible]八		二二三、五〇二
	求職	一三二、七四一	一四、五三〇	八〇、五六〇	一、七九八	一四九	一三、三五五	六九、八七二	六六、六[illegible]六	六、七二六	三八六、三五七
	就職	二八、七二四	五、五一八	一九、三〇三	八七五	一三五	一、八三七	二三、六一六	一七、四[illegible]五		九七、四八三
	就職率	二二%	三八%	二五%	四九%	九一%	一一%	三四%	二八%		二五%
〃六年	求人	五七、六六六	一〇、四四五	五七、七四七	一、二四一	二二一	二、九六一	六七、五七三	四〇、四[illegible]七		二三八、二五一
	求職	一三三、五八六	一五、二五七	八五、七二七	一、五一三	一七五	一〇、一二七	七四、六六四	七〇、六[illegible]八	五、七〇四	三八六、四三九
	就職	二九、三一五	八、〇一五	二〇、四二〇	七一四	一五五	一、一四〇	二四、〇四三	二〇、五[illegible]四		一〇四、三三六
	就職率	二四%	五三%	二四%	四七%	九〇%	一一%	三四%	二九%		二七%

三七

昭和七年										
求人	六五、一二三	九、六五四	五四、九一三	一、〇七九	二三	二、九八〇	六六、〇七五	三七、五五一		二三七、五〇七
求職	一四五、一五四	一三、八六一	九二、五二三	一、四二四	二七	一〇、四二一	七八、三一五	七七、一二五	四、三七〇	四二三、二〇九
就職	三二、三六九	七、七六八	一八、九六一	六六一	一七	一、四二六	二三、八九四	一九、四七九		一〇三、五七五
就職率	二二%	五六%	三三%	四三%	六三%	一四%	二九%	二七%		二五%

（三）地方別

大正十二年に於ける取扱府縣は、大阪、京都、兵庫、三重、愛知、滋賀、岐阜、福井、石川、富山、岡山、廣島、和歌山、徳島、香川、愛媛、福岡、長崎、鹿児島の二府十七縣にして其後再三の管轄區域の移管により減少したれども昭和二年に於て奈良、高知の二縣増加し、昭和七年現在にては、大阪、京都、兵庫、奈良、滋賀、和歌山、徳島、高知の二府六縣である。今現在の各府縣別に取扱數（就職者數）を示せば次表の如くである。

第三表（地方別）

		大阪	京都	兵庫	奈良	滋賀	和歌山	徳島	高知	計
大正十二年	實數	七七、七六五	六、一五四	一〇、〇三二		三六四	三九一	七二三		九五、四一七
	百分比	八一%	七%	一一%		〇、三%	〇、四%	〇、七%		一〇〇%
〃　十三年	實數	一一〇、四〇一	七、四九八	一六、三四八		二三三	四七三	一、二四四		一三六、一九七
	百分比	八一%	五%	一三%		〇、二%	〇、三%	〇、九%		一〇〇%
〃　十四年	實數	八八、三九六	九、五四八	一四、二四八		一〇二	四二八	一、三九六		一一四、一一八
	百分比	七八%	八%	一三%		〇、〇八%	〇、四%	一%		一〇〇%
〃　十五年	實數	三七、六二九	一三、二〇七	一六、九二七		三五	二四七	、四四四		六八、四八九
	百分比	五五%	一%	二四%		〇、〇五%	〇、四%	二%		一〇〇%
昭和二年	實數	二九、九九九	一三、九九七	一三、六五一	一三三	二五四	三五一	一、七七一	六七〇	五九、八二六
	百分比	五一%	二三%	二三%	〇、二%	〇、四%	〇、六%	三%	一%	一〇〇%
〃　三年	實數	二六、五四五	一〇、四七四	九、四三四	三三八	三四六	四一三	二、〇一五	八二七	五〇、三七二
	百分比	五三%	二一%	一九%	〇、七%	〇、七%	〇、八%	四%	二%	一〇〇%

〃 四年	實數	二八、七三〇	九、一二七	一五、二五七	三〇三	四五三	五三三	二、〇三五	九三九	五七、三六五
	百分比	五〇%	一六%	二七%	〇、五%	〇、七%	〇、九%	四%	二%	一〇〇%
〃 五年	實數	三四、八五一	一二、〇六七	二三、三三〇	六六三	七三一	五九〇	二、二一六	一、三九二	七五、八四〇
	百分比	四六%	一六%	三一%	〇、九%	一%	〇、八%	三%	二%	一〇〇%
〃 六年	實數	三八、六〇五	一五、〇四一	三一、四七〇	一、〇一九	一、三三六	九六九	二、二九七	二、三一九	九三、〇五六
	百分比	四[illegible]%	一六%	三四%	一%	一%	〇、一%	二%	二%	一〇〇%
〃 七年	實數	四三、二[illegible]三	一四、八二五	三七、一〇九	一、三六八	一、三九九	一、三三三	一、七七六	二、五四四	一〇三、五七五
	百分比	四二%	一四%	三六%	一%	一%	一%	二%	二%	一〇〇%

（四）求職者の年齢

求職者の年齢別百分比を年別に對比すると次表の示す如く、二十歳未滿の者の比率年を逐ふて次第に高まりつゝあるを見る。

第四表（求職者年齢別）

	十五歳未滿	十五歳以上二十歳未滿	二十歳以上二十五歳未滿	二十五歳以上三十歳未滿	三十歳以上四十歳未滿	四十歳以上五十歳未滿	五十歳以上	計
大正十二年	〇、四%	一八%	三六%	二四%	一五%	五%	二%	一〇〇%
〃 十三年	〇、四	一七	三七	二四	一五	五	二	一〇〇
〃 十四年	〇、五	一七	三七	二四	一四	五	三	一〇〇
〃 十五年	一、〇	一八	三四	二四	一五	五	三	一〇〇
昭和二年	一、〇	一九	三四	二三	一四	六	三	一〇〇
〃 三年	一、〇	二〇	三四	二二	一五	六	三	一〇〇
〃 四年	一、〇	二〇	三三	二三	一五	六	三	一〇〇
〃 五年	一、〇	二三	三三	二〇	一五	六	三	一〇〇
〃 六年	一、〇	二六	三三	一七	一四	六	三	一〇〇
〃 七年	一、〇	二五	三三	一八	一四	六	三	一〇〇

（五） 求職者の教育程度

求職者の教育程度を各年別に其百分比を對比すれば、大体に於て大差なきも、高等小學校卒業者最も高率にて、之に次ぐは尋常小學校卒業者なり。而して此二者に於て大部分を占め總數の七割餘に相當してゐる。

左に其表を掲げる。

第五表（求職者教育程度）

	高等學校專門學校卒業	中學校高等女學校卒業	同上半途退學	中等程度學校卒業	同上半途退學	高等小學校卒業	尋常小學校卒業	其他	計
大正十二年	〇、三%	四%	六%	四%	三%	三九%	三五%	九%	一〇〇%
〃十三年	〇、三	四	六	三	三	三九	三五	一〇	一〇〇
〃十四年	〇、三	四	五	四	三	三八	三四	一二	一〇〇
〃十五年	〇、三	四	五	四	三	三九	三四	一一	一〇〇
昭和二年	〇、四	四	五	四	四	三八	三五	一〇	一〇〇
〃三年	〇、四	四	五	四	三	三九	三六	九	一〇〇
〃四年	〇、四	五	四	四	三	三九	三七	八	一〇〇
〃五年	〇、四	五	四	四	三	四一	三五	八	一〇〇
〃六年	〇、五	六	四	五	三	四二	三三	七	一〇〇
〃七年	一、〇	六	三	五	三	四五	三二	六	一〇〇

（六） 就職者の給料

就職者の給料は、日給及月給の別に分れ、其内月給者幾分多く、總數の約六割を占めてゐる。

日給者は男子に於ては二圓未滿の者最も多く、三圓未滿の者は順次減少し、之に反し一圓未滿の者增加の傾向あるは、賃銀低下の世相を如實に物語つてゐる。又女子の方は一圓未滿の者絕對多數にして、總數の八割餘を占めてゐる。

次に月給者の內男女共殆んど住込者にして男子は八七%、女子は九〇%に相當してゐる。

今日給月給別に各年の對比を見れば次の如くである。

第六表　就職者給料別（男）

（給日）

	一圓未満	二圓未満	三圓未満	五圓未満	五圓以上	計
大正十二年	四、三四四	三〇、三三八	一二、四六〇	六七九	一六	四七、八三七
〃十三年	六、三三三	四七、一五三	一五、一〇三	六八〇	二	六九、二七八
〃十四年	三、五六〇	三四、六九五	一一、六九七	三四五	一	五〇、二九八
〃十五年	三、六四八	二一、四七二	三、四六六	六八	八	二八、六六二
昭和二年	三、五五八	一四、八二六	二、一〇八	七四	二	二〇、五七七
〃三年	三、〇八二	一三、九一七	二、一九一	一二〇		一八、三一〇
〃四年	五、三〇八	一七、三三八	三、七六六	一六五	一	二六、五七八
〃五年	一〇、七七二	二三、六七一	一、八六〇	四八		三五、三五一
〃六年	一六、五八三	二四、八五五	一、三二八	二八		四二、六九四
〃七年	一九、二三〇	三三、七四二	一、四九六	二七	三五	四三、五二九

（給月）

	住込 五圓未満	住込 五圓以上	住込 十圓以上	住込 二十圓以上	住込 三十圓以上	住込 四十圓以上	住込 計
大正十二年	五〇〇	二、七八一	二二、二〇一	二〇、九三四	三、四六七	一、一七八	五一、〇六一
〃十三年	五〇一	三、〇三三	三四、九四二	二九、九五六	四、六〇〇	一、〇七五	七四、一〇七
〃十四年	五五五	三、七五七	三一、四二九	二〇、七九〇	二、二六九	四八五	五九、二八五
〃十五年	一、一七四	四、〇〇五	二三、六八四	九、一九七	一、〇六〇	一五四	三九、二七四
昭和二年	一、一三五	三、七〇二	一九、三一九	六、五二八	七四八	一五二	三一、五八四
〃三年	八八〇	三、三一六	一五、四〇九	四、五二五	五三九	一一一	二四、七八〇
〃四年	九一五	三、二八七	一四、八一七	三、六一一	三四三	九三	二三、〇六六
〃五年	一、五二二	五、三一五	一六、九〇二	二、六〇〇	四三一	五七四	二七、三四四
〃六年	二、〇八九	七、四九九	一三、三一九	一、四六〇	一五一	五八	二四、五七六
〃七年	二、三〇九	七、八二六	一一、八〇〇	一、四〇三	二一九	一二六	二三、六八三

	通勤 五圓以上	通勤 十圓以上	通勤 二十圓以上	通勤 三十圓以上	通勤 四十圓以上	通勤 五十圓以上	通勤 七十圓以上	通勤 計
大正十二年	二五	三九八	九八六	一、八八四	二、〇五〇	一、五六六	一、〇五八	七、九六七
〃十三年	一三	六八〇	一、〇五九	二、七九〇	二、七七九	一、九六五	一、一一三	一〇、四〇八
〃十四年	二五	四九四	八三五	一、九五三	一、七一五	一、六一七	四三六	七、〇七五
〃十五年	四九	六四〇	六八六	一、九〇二	一、二〇三	七三五	二四五	五、四六〇
昭和二年	三二	三五一	六三一	一、四四五	一、〇八六	五三四	二〇六	四、二八五
〃三年	一六	三七二	五四一	一、一一六	七五八	四一五	一一八	三、三三六
〃四年	三八	四〇一	六三九	一、二五八	五七四	四〇二	一一九	三、四三〇
〃五年	四二	六四〇	七一四	一、二八六	四九五	三四七	一二二	三、六四六
〃六年	二二	六八九	七四〇	一、一一〇	二六七	一三三	六七	三、〇二八
〃七年	三八	七六一	六九三	八三八	五一九	二三八	六五	三、一五二

第七表　就職者給料別（女）

（日給）

	一圓未滿	二圓未滿	三圓未滿	五圓未滿	五圓以上	計
大正十二年	二、六七八	四〇二	二二			三、一〇二
〃十三年	四、九五三	六三〇	二二		一	五、六〇六
〃十四年	四、六〇九	六六五	一二			五、二八六
〃十五年	三、六八一	四〇五	六		五	四、〇九七
昭和二年	三、二六九	四〇〇	一三			三、六八二
〃三年	三、〇七二	五九〇	四			三、六六六
〃四年	三、七五三	六四六	二一		一	四、四二一
〃五年	五、七九〇	九八九	六五			六、八四四
〃六年	八、四二〇	一、二二四	二二			九、六六六
〃七年	八、三四九	一、六八〇	九		一	一〇、〇三九

（月給）

	住込 五圓未滿	住込 五圓以上	住込 十圓以上	住込 二十圓以上	住込 三十圓以上	住込 四十圓以上	住込 計
大正十二年	五二	五六三	四、五八六	一、一二〇	一三七	三一	六、五七九
〃十三年	一〇八	一、〇九八	八、七六九	二、二一七	一五五	三四	一二、三八一
〃十四年	一三五	一、六三五	一一、八三六	二、三九〇	一四五	七	一六、一四八
〃十五年	二〇四	一、九五〇	二、〇九四	一、五〇九	九〇	六	一五、八五三
昭和二年	二五一	二、六一八	一三、四〇八	一、四二三	七二	五	一七、七七七
〃三年	二〇一	二、三一四	一二、〇三六	一、〇五七	五八	二	一五、六六八
〃四年	二八三	二、〇八四	一二、三七三	七〇六	六二	三	一五、五一一
〃五年	二三六	四、八九二	一六、九一八	六六五	四九	一	二三、七五一
〃六年	五九九	六、七四四	一五、〇四一	三四八	一六		二三、七四八
〃七年	八六三	七、五三八	一二、七九〇	一八九	一三	一	二一、四九四

	通勤 五圓以上	通勤 十圓以上	通勤 二十圓以上	通勤 三十圓以上	通勤 四十圓以上	通勤 五十圓以上	通勤 七十圓以上	通勤 計
大正十二年	一八	一四二	五一〇	三七九	四四	一六	三	一、一一二
〃十三年	三三	三五六	一、〇五六	七九七	一三三	一七		二、三九二
〃十四年	一五	一九一	九六〇	一、〇五三	九五	二五	五	二、三四四
〃十五年	二四	二四三	七九〇	六一二	四九	一三	二	一、七二三
昭和二年	六	一七六	六五五	四四八	五二	六	一	一、三四四
〃三年	四	一九九	六六九	四一八	四三	四		一、三三七
〃四年	六	三〇一	五三六	二七二	二五	一二	一	一、一五三
〃五年	二七	六三一	七九〇	一七〇	六			一、六二四
〃六年	四五	四六六	七五九	二五三	二〇	四		一、五四七
〃七年	七三	六七九	七六九	一五四	五	一		一、六七八

四二

六、管内日傭勞働紹介概況

　管內に於て現在日傭勞働者の紹介に從事しつゝある專門職業紹介所には大阪市に京橋、今宮、築港、千鳥橋、淡路、今里の六紹介所、神戸市に東部、西部の兩勞働紹介所、京都市に於ては昭和七年京都市勞働紹介所增設せられ、都合九ケ所となつてゐる。而して今之が創立の起源を訊ぬるに其創立は當時に於ける社會の狀勢は歐洲大戰の後を受け社會問題、勞働問題等可成錯綜した時代であつて社會事業としての諸施設を緊急とした。此に於て大阪市にありては大正八年九月今宮勞働紹介所が創立せられ次で京橋、築港の兩勞働紹介所が設置せられた。神戸市に於ても大正十年八月西部勞働紹介所先づ開設せられ續いて十月には東部勞働紹介所が設置せられたのである。而して大正十二年四月當事務局が設置せらるゝと共に前記各所の外神戸無料(私立)三津濱町及長崎市の各紹介所も一般紹介と兼ねて日傭紹介の取扱を始むるに至つた。

　其後にも引續いて一般財界の不況は依然たるものがあり全國失業者の數は年を逐ふて次第に增加し、殊に六大都市に於ける日傭勞働者の中には生活に窮迫する者多く延いては社會的不安を釀成するの虞あるに至つたので政府は大正十二年の冬季より失業者の最も多い六大都市關係地方公共團体をして失業救濟を目的とする土木事業を起興せしめ、其使用勞働者は職業紹介所より供給することゝなつた。こゝに勞働紹介所の任務は一層重大となり爾來之が斡旋に異常の努力を盡したのである。

　更に昭和六年度に入りては從來の救濟事業のみにては充分に失業救濟の目的を達成すること能はざる程失業者激增するに至つた爲、國直營の國道工事並に府縣道改良工事を起興せしめ普く失業の緩和を圖つたのである。爲之管下關係各職業紹介所は一般紹介と共に日傭勞働紹介を開始することゝなり、業務日に繁多となり、紹介所員の勞苦寔に同情に堪へざるものある現狀である。將來之が改善進步に一段の努力が緊要となつてゐる。

　各年の取扱成績を紹介件數に就て見るに取扱數の最も多きは昭和六年の二、八一〇、九五六で、昭和七年の二、四九五、六一三之に次ぎ、以下昭和五年一、四四一、〇七二、大正十五年(昭和元年)七一六、五三二、昭和三年六八一、六〇六、昭和二年五九九、〇五五、昭和四年五八五、八四八、大正十三年四〇〇、五一八、大正十四年三五二、七九八、大正十二年三一三、四一〇の順序となつてゐる。

　昭和四年迄は冬季失業救濟事業は三月を於て終了せしも五年以降に於ては深刻化せる失業狀態に鑑み引續き救濟事業施行せられ又は新事業起興により取扱數は著しく增加を示し昭和六年には前記の如く最高に達した。

四四

管内日傭勞働紹介年別取扱成績

自大正十二年四月
至昭和七年十二月

年別	求人數 男	求人數 女	求人數 計	求職者數 男	求職者數 女	求職者數 計	紹介件數 男	紹介件數 女	紹介件數 計	求職者數ニ對スル紹介件數ノ割合%	年末現在紹介所數	備考
大正十二年	三〇八、二九四	一一、〇八九	三一九、三八三	三七五、九五一	一一、五九三	三八七、五四四	三〇二、六七三	一〇、七三七	三一三、四一〇	八一	九	
〃十三年	三八〇、七九四	二三、七二七	四〇四、五二一	四九五、五一九	二四、二一四	五一九、七三三	三七七、六六三	二三、八五五	四〇〇、五一八	七七	一三	
〃十四年	三三四、四七四	二〇、七六七	三五五、二四一	四三七、九八三	二五、九〇三	四六三、八八六	三三二、二一八	二〇、五八〇	三五二、七九八	七六	一六	四月 名古屋勞働紹介所名地局へ移管
〃十五年	六九六、三六三	一九、一一五	七一五、四七八	八〇〇、〇〇七	二〇、五三九	八二〇、五四六	六九七、四四四	一九、〇八八	七一六、五三二	八七	一三	十二月 京阪神救濟事業開始
昭和二年	五九四、六三四	一〇、七六五	六〇五、三九九	六八二、〇六八	一〇、七五四	六九二、八二二	五八八、五三五	一〇、五二〇	五九九、〇五五	八六	一〇	四月 佐世保市紹介所福地局へ移管
〃三年	六五三、〇〇八	八、七二九	六六一、七三七	七四五、九八八	八、七〇〇	七五四、六八八	六五二、九〇五	八、七〇一	六六一、六〇六	八八	七	
〃四年	五七七、七九一	八、一〇七	五八五、八九八	六八一、一七六	八、一〇七	六八九、二八三	五七七、七四一	八、一〇七	五八五、八四八	八五	九	
〃五年	一、四二七、九三六	一五、二一九	一、四四三、一五五	一、六三七、三〇三	一五、三二七	一、六五二、六三〇	一、四二五、八五三	一五、二一九	一、四四一、〇七二	八七	一一	
〃六年	二、八一五、〇五二	二四、〇三〇	二、八三九、〇八二	三、二一三、四三六	二四、一一二	三、二三七、五四八	二、七八六、九七二	二三、九八四	二、八一〇、九五六	八七	一四	七月 岡山市、外四紹介所岡地局へ移管
〃七年	二、五七五、〇三八	三三、三一七	二、六〇八、三五五	三、〇一〇、三五七	三三、二六七	三、〇四三、六二四	二、五五八、一六六	三三、一七七	二、五九一、三四三	八五	一二	
計	一〇、三六三、三八四	一七四、八六五	一〇、五三八、二四九	一三、一三九、七八八	一八二、五一六	一三、三二二、三〇四	一〇、三〇〇、一七〇	一七二、九六八	一〇、四七三、一三八	八五		

七、少年職業紹介

一、大阪市少年職業相談所の設立

大阪地方職業紹介事務局管内に於ける少年職業紹介事業の濫觴は大正九年一月十五日大阪市南區宮津町三五七大阪市立兒童相談所内に開設された大阪市立少年職業相談所の事業と云ふ事が出來る。同職業相談所は同年十月三日北區中之島四丁目筑前橋北詰に新築移轉し、更らに大正十二年五月七日西區阿波堀通一丁目中央職業紹介所に移り、大正十五年五月一日中央職業紹介所の一部に併合されて少年部と改稱された。

少年職業相談所は職業選擇、學校選擇、及職業紹介の事業に當り現時の如き社會の輿論に支持される事無く又政府の指導を仰がず、一般市民の認識不充分の折柄よく此の難事業に從事し斯業の先驅者として啓蒙の任に努めて居たものである事を吾人は先づ銘記す可きであらう。

二、少年職業紹介に關する通牒

大阪地方職業紹介事務局管内全般に亘つての少年職業紹介或ひは職業指導事業が着手されたのは職業紹介事業開始後二三年後であり、左の大正十四年七月八日並同月廿五日の少年職業紹介に關する通牒に依つて一齊活動を開始したものと見る可きである。

少年職業紹介ニ關スル件依命通牒

（大正十四年七月八日社發二部第二七五號社會局第二部長及文部省普通學務局長ヨリ地方長官並中央職業紹介事務局長ヘ）

少年ノ職業紹介ニ關シテハ特ニ其ノ性質及能力ノ最モ適應スヘキ職業ニ就カシムルコトハ職業指導上極メテ緊要ノ事ニ有之且將來失業ノ機會ヲ少カラシムル上ニ於テモ其効果尠カラサルモノト認メラレ候ニ就テハ小學校卒業後直ニ求職セムトスル者ニ對シテハ各自ノ性質及能力ニ付最モ精通スル小學校ト職業ノ狀況ニ通スル職業紹介所ト相互聯絡ヲ保チ提携協力シ以テ適當ナル職業ヲ選擇指導セシムル樣致度大体左記ノ如キ施設ヲ講スル等相當御配慮相煩度

一、少年ノ職業選擇指導ノ爲小學校教員、職業紹介所所員、醫師其ノ他ト密接ナル聯絡ヲ圖リ必要ナル塲合ニハ之等ノ者ヨリ組識スル委員會ヲ設置スルコト

二、小學校ハ小學校卒業後職業ニ從事セムトスルモノニ付必要アルトキハ卒業前本人ノ學業、體格、性質其ノ他參考トナルヘキ事項ヲ職業紹介所ニ通報スルコト

三、職業紹介所ハ各職業別ニ依ル勞務需給ノ狀況及求人口ヲ小學校ニ通報スルコト

四、求職少年ノ父兄會等ヲ開催シ本人ノ性質能力ニ適スル職業ノ選擇ニ付指導誘掖スルコト

五、職業選擇ニ付指導シタル結果其ノ職業ニ就職シタル者ニ關シ職業紹介所ハ時々其ノ就職後ノ狀況ヲ調査シ之ヲ關

係小學校ニ通報スルコト

少年職業紹介ニ關スル件通牒

（大正十四年七月二十五日收業第二六八號中央職業紹介事務局長ヨリ各地方職業紹介事務局長ヘ）

今般社會局第二部長及文部省普通學務局長ヨリ別紙ノ通地方長官竝當局ヘ依命通牒相成候就テハ克ク其ノ趣旨ヲ體シ左記要項ニ依リ管內地方官廳關係者ト協議ヲ遂ケ聯絡ヲ保チ遺憾ナキ樣適當ナル措成相成度

少年職業紹介ニ關スル施設要領

一、地方職業紹介事務局ハ少年ノ職業選擇指導ノ爲職業紹介所職員ト小學校敎員醫師其ノ他トノ聯絡ニ關シテ提撕指導シ且可成委員會ヲ設置セシメ所期ノ目的ヲ達成セシムルニ努ムルコト

二、地方職業紹介事務局ハ市町村長ト協議シ職業紹介所ト聯絡スヘキ小學校ヲ定ムルコト

三、職業紹介所ハ各聯絡小學校ヨリ毎年兒童卒業期前左記事項ノ通報ヲ需ムルコト

イ、卒業兒童性別豫定人員

ロ、卒業兒童中就職セムトスル性別希望職業別見込人員

ハ、就職希望兒童（個人別）ニ對スル左ノ事項

希望職業

學業成績

體格

性質

特種技能

其ノ他參考トナルヘキ事項

前項イ、ロ、ハ、ハ第一次調査トシテ最先ニ通報ヲ需メ（ハ）ハ就職希望者略々决定シタル時期ニ於テ第二次調査トシテ通報ヲ需ムルコト

四、職業紹介所ニ於テハ每年卒業前少年職業ニ關スル求人口ノ開拓、調査ヲ行ヒ其ノ狀況ヲ小學校ニ通報スルコト

五、職業紹介所ニ於テ求職少年ノ職業選擇ヲ行フ塲合ハ兒童保護者小學校敎員、委員、醫師等ト協議ノ上指導決定スルコト

六、職業紹介所ニ於テハ少年ノ職業選擇指導紹介ヲ爲シタル者ノ就職後ノ狀況ヲ調査シ之ヲ關係小學校ニ通報スルコト

七、保護者會、講演會等ニハ可成地方職業紹介事務局又ハ職業紹介所ノ職員出席少年職業ノ選擇ニツキ指導誘掖スルコト

八、地方職業紹介事務局又ハ職業紹介所ニ於テハ少年職業ノ作業狀況、雇傭條件、適性關係等ニツキ其ノ實際ヲ調査シ小學校其ノ他關係者ニ頒布スルコト

九、職業紹介所ハ少年職業ノ選擇指導ニ關シ職業輔導事業ヲ經營セル公共團体又ハ公益團体等ト聯絡ヲ圖ルコト

一〇、職業紹介所ハ可成少年ノ性能診査等ニ關スル設備ヲ爲スコト

一一、地方職業紹介事務局長ハ管轄區域内ニ於ケル少年職業選擇指導ニ關スル施設狀況並其ノ成績ヲ適宜中央職業紹介事務局長ニ報告スルコト

三、少年紹介取扱數の經過

今少年職業紹介或は職業指導事業の過去八ケ年を回顧するに當初に於ては近畿以西九州及琉球を含む全部の地理的大範圍二府十九縣に於てすら大正十五年度少年紹介取扱職業紹介所數三十五、聯絡小學校五五三校、求人數一二〇、五九、求職者數四、八三九、紹介人數二、〇七八、就職者數一、七六七にて現在昭和七年度管内二府六縣に於ける少年紹介取扱職業紹介所數三三校、聯絡小學校數八三七校、求人數五二、〇八八、求職數五〇、二三七、紹介人數三〇、九〇三、就職者數一五、九九三と比較する時其の取扱數の膨脹せる事甚だ大なるものを見轉々今昔の感に打たるゝであらう。

次に大正十五年の取扱成績より歴年に於ける取扱成績を列擧すれば左の通りである。

第一表

年度	少年職業紹介取扱紹介所數	求人數	求職者數	紹介人數	就職者數
大正十五年度	三五	三、〇五九	四、八三九	二、〇七八	一、七六七
昭和二年度	三二	一六、一〇[illegible]	七、六五五	四、一八	二、六[illegible]二
〃三年度	三五	一一、五五四	七、五〇七	四、八九一	二、五三〇
〃四年度	三六	一四、三六[illegible]	八、四三七	六、〇三四	三、二七五
〃五年度	三八	四四、四一[illegible]	三六、八七五	二三、九五七	一四、〇七一
		一六、三九[illegible]	一〇、一五〇	七、四六五	三、四九九
〃六年度	五四	六六、八九〇	六六、七七七	四三、五九一	二三、七一六
		一七、八二四	一三、〇九七	八、一六一	三、七六二
〃七年度	三三	五二、〇八八	五〇、二三七	三〇、九〇三	一五、九九三
		一五、〇七〇	一〇、〇[illegible]八	六、五八九	二、八三三

附記　昭和五年度以降は少年紹介成績に二樣の統計を用ひ前者は十八才迄のもの全部を含み、後者は小學校卒業兒童中同年三月末より五月末日迄の間に取扱を爲せるもの、即ち主として聯絡小學校兒童の取扱を統計せるものなり。

右取扱數に對し求人數對求職者數の比、求職者數對紹介人數の比、紹介人數對就職者數の比、及び求職者數對就職者數の比を各年度に就き計算すれば左の通りである。

第二表

年度	求人者數對求職者數	求職者數對紹介人數	紹介人數對就職者數	求職者數對就職者數
大正十五年度	四〇、一三%	四二、八四%	八五、〇三%	三六、五一%
昭和二年度	六四、七〇	六〇、〇〇	五七、五四	三四、五〇
〃三年度	六四、九七	六五、一五	五一、七三	三三、七〇

昭和四年度	五八、七四	七一、五二	五四、二七	三八、八三
〃五年度	八三、〇三	七三、一〇	四六、八七	三八、一五
	六一、九一	七三、五四	三八、一五	三四、四七
〃六年度	九八、八三	六五、七七	五四、四〇	三五、五一
	六七、八六	六七、四九	四六、〇九	三一、〇九
〃七年度	九六、四四	六一、五一	五一、七五	三一、八三
	六六、五四	六五、七〇	四二、九九	二八、二三

世界大戰後に於ける社會全般の不況は就職難を招來し一般職業紹介所は甚だしく其の進行に困難を感じ來つたのであるが獨り少年紹介事業に於てのみ尚相當の就職率を擧げ其の成績は大いに見る可きものを示して來た。

乍然其の事由を檢討するに一面には職業紹介所が求人開拓に奮闘し紹介所利用者の多數増加を得た事と共に其の裏面に於ては求人者側に於て高給を要する大人を使用するよりも小額にて使用し得る小供を傭ふ方法に變更せる經濟的理由の相當存在す可き事を見逃す事は出來ぬ。此の事は由來大人に負はせし重荷を小人に脊負はせる事となり少年職業指導上大いに憂ふ可き現象でもある。

而して第二表に依れば、求人對求職の比は年を經るに從つて増加を示し、即ち求人數の増加より以上に求職者數増加し又求職者の就職者に對する割合は年と共に減少の途を辿りつゝあり此の傾向は將來如何なる程度迄發展す可き現象であるか興味ある問題であらう。

四、聯絡小學校

少年職業紹介事業が少年少女を對象として取扱ふ以上は職業指導の旗幟の下に教育的立場を取らねばならぬ事は論を俟たぬ。社會事業として出發した職業紹介事業が少年紹介を取扱ふに及んで教育事業としての標幟を示す事になつたのである。

從而職業紹介所が小學校卒業兒童を就職斡旋するに際しては其の取扱上小學校と密接聯絡を保ち兒童の將來に照して其の性質材能、及體格と適合する職業を選擇せねばならぬ。過去の小學校教育が所謂書本教育と稱せられ只教育のための教育であり其の教材並方法は實社會の生活狀況を考慮せず抽象的指導に滿足して居た時、現時の思想、社會、及び經濟的變改に遭遇して、遽かに教育の根本原理並其の方法を反省せねばならぬ事に到つた、自由教育、勤勞教育、或ひは職業指導と何づれにせよ、個性の本來の意義と其の境遇との關係を檢討する事に依つて正しき教育が爲される事を着眼したのである。

文務省普通學務局長が内務省社會局第二部長と連名通牒（前載）を發した所以も此處に存するのであり、斯くして少年職業紹介事業の意義が確立され且又社會の現狀に則した我國小學校教育の方針或ひは意味も判然とするに至るものと言へよう。

聯絡小學校とは以上の理由に依り、職業指導上職業紹介所と相提携す可き小學校にて此の指定は前揭少年職業紹介ニ關スル件通牒大正十四年七月二十五日收業第二六八號第二項に依り當地方職業紹介事務局に於て職業紹介所所在地市町村長と協議し尚同市町村外の小學校と聯絡の必要ある場合は府縣知事に對して聯絡必要の範圍を調査する様依囑し聯絡小學校の指定がなされたものである（少年職業紹介施設及取扱成績――大阪地方職業紹介事務局大正十五年十月參照）

其の後に於て漸次新設された職業紹介所の聯絡小學校指定に際しては全職業紹介所經營主體たる市町村長の撰定に當事務局との合議を加へて指定する方法を採り居たるも（大阪地方職業紹介事務局、職業紹介法關係例規大正十五年十一月參照）職業紹介所の設置漸やく多數となり且其の機能亦充實せる紹介所も增加せるに依つて昭和六年五月十四日更に通牒を發し聯絡小學校指定を當局に於て行ふ事に變更し當局に於ては職業紹介所經營主體たる市町村長に聯絡小學校を選定申請せしめ、且管轄府縣學務課及社會課と協議の結果指定する事とせり。

聯絡小學校校數總計の歷年消長を見るに左の通りである。

大正十五年度	五五三	昭和五年度	一、一三三
昭和二年度	八三七	昭和六年度	七二八
昭和三年度	九一三	昭和七年度	七九〇
昭和四年度	八五二		

小學校に於ては大正十四、五年度に於ては未だ職業指導の實施に躊躇せるもの多く、從つて職業紹介所との聯絡も少數のものを省いては甚々敷粗漏であつたが其後監督官廳の鞭撻指導に依り且社會の輿論に刺戟せられ卒業後直ちに就職せんと欲する兒童を多數教育する學校に於ては必須の要項と認められ、職業指導に關する諸研究並實施も各校競ふて努力する樣になつた。從つて職業紹介所との聯絡も漸やく圓滑になり、職業紹介所の責任亦重大なものとなつた。

五、少年職業紹介委員會、打合會、講演會講習會及職業見學實習狀況

少年職業紹介委員會、打合會、講演會、講習會及職業見學並實習狀況を種々の記錄に依り集計すれは左の第三表である。

第三表

年度	委員會開催紹介所數	打合會回數	講演會講習會回數	職業見學兒童數	職業實習紹介所數
昭和二年度	四	五一	一〇〇	約一、三〇〇	
仝三年度	九	五六	約一〇〇		
仝四年度	九	三三	約一〇〇		
仝五年度	五	三一	一四六		六
仝六年度	七	三三	一八五		七
仝七年度	六	二五	一八七		六

少年職業指導委員會は大正十四年七月中央職業紹介事務局長より各地方職業紹介事務局長への通牒に依り、當地方職業紹介事務局長より管內各職業紹介所所在地市町村長へ通牒したる「少年職業紹介ニ關スル施設要領」（大正十四年八月二十一日）「第一項」「市町村長ハ少年ノ職業選擇指導ノ爲職業紹介所職員ト小學校

教員、醫師、其他トノ聯絡ニ關シ提撕指導シ、且可成委員會ヲ設置シ所期ノ目的ヲ達成スルニ努ムル事」

に基いて設置されたものであるが、尙職業紹介法施行規則第六條「市町村ハ職業紹介所ノ事業ノ經營ニ關シ職業紹介委員ヲ置クコトヲ得」の條文に依據して設置されたる職業紹介委員中に少年紹介の特殊部門を設け居る職業紹介所もある。此等委員會の活動狀況は大体二樣の別あり。

(一)は市町村長の少年職業紹介乃至指導に關する諮問機關となれるもの、(二)は少年就職時及就職後に於ける指導保護のため實地活動せるものである。

打合會は主として聯絡小學校ト職業紹介所員との間に行はれるものにして多くは當年卒業期を前にして一月以降三月迄の間に開催さる。尙此の種の聯絡に當りては聯絡小學校少數なる職業紹介所に於ては會合の形式に依らずして個別的打合を爲す塲合あり從つて單に打合會の會數のみに依り聯絡提携の粗密を批評する事は出來ぬ。

講演會は小學校教員に對して職業指導或ひは少年職業紹介の精神、指導方法及手續等を講演し或ひは講習する塲合と卒業兒童に對して職業紹介事業關係者或ひは雇傭側代表者等が職業指導の意味に於て講演する塲合とあり、昭和三四年頃迄は特に前者即ち小學校教員等に對しての少年職業指導に關する講演會或ひは性能檢査の講習會等頻繁に行はれたれ共近時は稍減衰の感あり、往時に於ては特に少年職業指導精神の吹笛の必要ありし爲め多く行はれたるも次第に其の精神普及するに及んで現時は其の實施期に入れるものと考へ得るであらう。

職業見學は卒業後就職希望兒童に對し職業紹介所に於て斡旋の結果附近の大工塲、大會社等大口求人ある箇所を見學し就職に對する豫備知識を與へる爲め行はれたるものにして昭和二年に於ては最も盛んに試行されたれ共、其後此の施設は小學校側に於て職業指導を具体的に行ふに當り小學校直接に見學せしむる樣移りつゝあり尙職業紹介所は小學校教師を一團として職業見學を行ふものもあり。

職業指導の過去に於て最も注目すべきものは職業實習の發生及其の進展である。職業實習が管內に於て最初に行はれしものは昭和五年度であるが、實施紹介所は兵庫縣南部の職業紹介所五ヶ所にて當時其の職業指導としての意義に關し是非の論定がならず、教育上否定の立塲をとりし人々もあり、されど當事務局に於ては職業實習の職業指導的意義を明瞭にし其の方法を教育的立塲に立脚する樣指導し、各職業紹介所の熱誠に依り近時に於ては漸やく其の危惧を一掃せる感あり、(昭和五年九月印刷大阪地方職業紹介事務局「夏期實習成績」參照)

職業指導の施設は多く過去に於て集團的に實施されつゝありしも其の眞價は個人指導(Case Work)に於て發揮さる可きものにして此の意味に於ても職業實習の効果は最も顯著なり。

以上の諸施設は主として職業紹介所に於て實施し直接間接に當事務局が其の指導監督に關係せしものを記述したのであるが終りに當大阪地方職業紹介事務局内に於ける少年職業紹介に對する設置を回顧する事とする。

大阪地方職業紹介事務局少年職業紹介事業の當初其の任に當りたるは稻田基隆屬にして草創の業に處し方策を誤まらず今日發展の基礎を定めたのであるが、昭和三年十月文學士（舊姓千葉）鈴木信專任囑託として其の任を襲ぎ爾後今日に至る。

其の事業は職業指導の原理の根本的探究並管内職業紹介所の少年紹介に關する指導にて、種々の調査研究に從事すると共に職業紹介所主催の講演會打合會、講習會等に出席し當該事業の指導を爲しつゝあり。

尚現大阪地方職業紹介事務局長遊佐敏彦昭和四年十一月來任してよりは特に少年職業指導講演會に出席し本事業の爲め盡力する事多大なり。

六、就職後の輔導

少年職業紹介事業に於ては、單に就職其のものを以つて事終れりと見る事は出來ない。就職後に於ける勤務狀態に對しても此れを輔導し、一人前の職業者となる迄の彼等少年の身体、精神狀態の發達及危險の時期を過ち無からしめ様る指導せねばならぬ。殊に精神方面に於ては所謂第二の誕生期であり、智能、感情方面の複雜化、特殊化を見る際であり、感情は、極めて單純なる周圍の刺戟に對して激昂し易く、仔細の原因に依つて自身の職業を放棄して他に轉じ、或ひは諸種の社會的病源に容易に感染するものである。

從つて職業指導も現時の社會生活に於ては就職後の輔導が最も重大であり、其の成績如何は職業指導の成果を左右し得るものである。乍然其の成果は傭雇主の自覺に俟つ事が最も多大であり、如何に他方よりの運動が進捗しても此の問題は解決し得ないのであるが、職業紹介所に於ては大体次の様な補導の施設が行はれて居る。

一、職業紹介所員の就職兒童訪問及文書に依る指導保護

二、就職兒童より成る會を組織し定期に會合を開催し兒童を指導或ひは慰安するもの（大阪―勞働共濟會京都、我等の會、神戶―昭生會等）

三、雇傭主懇談會

四、勤續調査

就職者の勤續調査に對しては大阪及神戶の各公立職業紹介所に於ては每年實行し勤續者表彰を爲して居るが、特に少年紹介の勤續調査は昭和四年度並六年度の二回に亘り中央職業紹介事務局よりの指令に依り全職業紹介所が行つた。

今管内に於ける同調査を揭げれば左の第四表乃至第六表であつて昭和五年度に於ては研究のため退職理由を雇主側と保護者側の兩方面より回答せしめた。

第四表　昭和五年度勤續調査、雇主及保護者回答比較

	雇主よりの回答%	保護者よりの回答%	兩者の比較
死亡病氣	一二・二二	一二・〇八	(+)〇・一四
家事	三四・九三	二六・二九	(+)七・六四
轉職	一五・〇四	一五・〇〇	(+)〇・〇四
業務不適當	六・六四	一一・一五	(−)四・五一
性行不良怠惰	四・七一	二・五二	(+)二・一九
雇傭先ノ縮少閉店	三・四六	五・九七	(—)二・五一
一時的仕事ノタメ	一・三四	一・九九	(−)〇・六五
勞働過激	〇・八五	二・五二	(−)一・六七
同僚ト折合惡シキタメ	一・四四	二・二五	(−)〇・八七
雇傭契約不履行	一・五三	二・七八	(−)一・二五
通學不能	一・二五	三・七一	(−)一・四六
其他	一六・五五	一二・七四	(+)三・八一
雇傭主性行不良	—	〇・九二	(−)〇・九二
合計	九九・九六	九九・九二	
實數	(一、〇三九名)	(七五三名)	

第五表 (1)　昭和六年度勤續調査

業別＼種別・性別	就職者數 男	就職者數 女	就職者數 計	退職者數 男	退職者數 女	退職者數 計	就職對退職ノ割合
事務員見習	六二	九六	一五八	一六	一三	二九	一八・三五%
給仕	二三〇	一二三	三五三	七三	二〇	九三	二六・三四
小店員	九八五	一二〇	一、一〇五	三六八	二八	三九六	三五・八三
見習工	七一九	五四一	一、二六〇	三〇二	一五八	四六〇	三六・五〇
其他	一四三	三六五	五〇八	五三	一六三	二一六	四六・五一
合計	二、一三九	一、二四五	三、三八四	八一三	三八二	一、一九四	三五・二八

第六表 (2)　昭和六年度退職理由別

理由	男子 實數	男子 %	女子 實數	女子 %	合計 實數	合計 %
病氣	一一二	一三・七九	五一	一三・三五	一六三	一三・六五
死亡	三	〇・三六	〇	〇	三	〇・二五
家事	二三五	二八・九四	一三八	三六・一二	三七三	三一・二三
轉職	一四六	一七・九八	四七	一二・三〇	一九三	一六・一六
業務不適當	八四	一〇・三四	四三	一一・二五	一二七	一〇・六三
怠惰不良	三七	四・五五	九	二・三五	四六	三・八五
雇先ノ縮少閉店	四三	五・二九	二九	七・五九	七二	六・〇三
通學不可能	一〇	一・二三	二	〇・五二	一二	一・〇〇
契約不履行	一〇	一・二三	一	〇・二六	一一	〇・九二
其他	一三三	一六・三五	六二	一六・一〇	一九四	一六・二四
合計	八一三	九九・九六	三八二	九九・八四	一、一九四	九九・九六

七、府縣主催少年職業指導に關する諸會合

「前掲少年職業紹介ニ關スル通牒」に依り府縣に於ても少年職業紹介或ひは職業指導に就き府縣内の小學校に對し指導の立場にあり、從つて當大阪地方職業紹介事務局に於ても同事業に聯

絡を保ち府縣主催の少年職業紹介打合會、講演會、講習會等を開催しつゝあり、右會合の回數を表示すれば左の第七表であり前記「少年職業紹介ニ關スル通牒」の發せられた後數年特に昭和二年に於ては最も多く諸會合が開催されて居る。

第七表

大正十五年度	昭和二年度	昭和三年度	昭和四年度	昭和五年度	昭和六年度	昭和七年度
京都府	京都府	廣島縣	岡山縣	岡山縣	高知縣	大阪府
岡山縣	大阪府	愛媛縣	愛媛縣	廣島縣	愛媛縣	和歌山縣
和歌山縣	兵庫縣	高知縣	高知縣	愛媛縣	京都府	高知縣
德島縣	滋賀縣		奈良縣		兵庫縣	德島縣
高知縣	島根縣		島根縣		奈良縣	奈良縣
	岡山縣					兵庫縣
	廣島縣					
	和歌山縣					
	德島縣					
	愛媛縣					
	高知縣					

右諸會合の內講演會は最も多數を占め、講師は縣社會課關係の諸氏もあるが主として職業紹介事務局關係であつて、今其の主なる氏名を擧ぐれば大正十五年度より昭和二年度頃迄は中央職業紹介事務局勤務の赤坂連藏、三澤房太郎、木田徹郎及谷口政秀の諸氏に當事務局勤務久田宗作、齋藤亮、稲田基隆の三氏であり、昭和三年度より同四年度は當事務局鈴木信囑託が其の任に當つて居つた。尚昭和五年度以降は當局長遊佐敏彦、鈴木信が擔當し府縣の希望に依り內務省社會局職業課長川西實三、同事務官安積得也、中央事務局赤坂連藏の諸氏を聘した事もある。

右の外職業指導の權威者として講師を依囑した主なる人々は京都帝大野上俊夫氏、同岩井勝次郎氏、倉敷勞働科學研究所暉峻義等氏、桐原葆見氏、京都府少年教育相談所長藤澤乙夫氏等である。

八、少年職業指導實務研究會

本研究會は前局長齋藤亮氏の在任當時特に大阪、京都及神戶の三大都市に於ける職業紹介所少年部の事業の指導と各紹介所相互啓發聯絡の爲め企圖されたものであり、每年春秋二期に會合し參加者も以上京阪神各紹介所に限られ研究協議事項も從つて大都市少年紹介の問題にのみ限られ、京阪神少年職業紹介事務研究會との名稱であつた。

其の後現局長となりて以降其の範圍を擴大し京阪神都下少年職業紹介事務研究會となり、更らに少年職業紹介事務研究會の名稱に變更された。主催は當事務局と廻持開催地職業紹介所が其の任に當り、參會者は京阪神各職業紹介所少年部及び開催地附近の各職業紹介所であつて、大体二三十名の會合である。

今其の研究會の內容を略記すれば左の如し。

第一回京阪神少年職業紹介事務研究會

期　日　昭和四年五月十日

會　場　大阪地方職業紹介事務局

參會者　京都市中央、同七條、大阪市中央、神戸市中央及當局各職員

研究協議項目

一、昭和三年度ニ於ケル各少年部ノ活動狀況
二、學校連絡ニ關スル報告協議
三、性能檢査ノ施行ニ關スル件
四、個性調査ノ件
五、職業指導講習會及講演會ノ件

第二回京阪神少年職業紹介事務研究會

期　日　昭和四年十月十八日

會　場　京都市中央職業紹介所

參會者　京都市社會課、同中央、同七條、大阪市中央、神戸市中央、大阪地方職業紹介事務局各職員

研究協議項目

一、職業調査ノ件
二、勤續調査ニ關スル件

第三回京阪神少年職業紹介事務研究會

期　日　昭和五年五月十三日

會　場　神戸市中央職業紹介所

參會者　京部市中央、大阪市中央及神戸市社會課、同中央及大阪地方職業紹介事務局各職員

協議項目

京阪神各少年部昭和四年度ニ於ケル少年紹介活動狀況

第四回京阪神都下少年職業紹介事務研究會

期　日　昭和五年十一月一日

會　場　大阪市中央職業紹介所

參會者　京阪神各紹介所少年部、和歌山、明石、尼崎、岸和田、奈良、西宮、姫路各職業紹介所及大阪地方職業紹介事務局各職員

研究協議項目

一、聯絡小學校指定ニ關スル件
二、夏期實習ニ關スル件
三、勤續調査ニ關スル件
四、少年求職者ニシテ（本人、受持敎師、家庭）ノ希望職業ニ對スル意見相異リタル場合職業紹介所ノトル可キ方法如何
五、少年部取扱年齢統一ノ件
六、大口求人ニ關スル件
七、性格調査ノ研究
八、大阪市中央紹介所取扱少年部身体檢査報告
九、求職者ノ血液檢査ニ就テ

第五回京阪神都下職業紹介所少年部事務研究會

期　日　昭和六年五月十六日

會　場　京都市伏見職業紹介所

參會者　大阪市中央、同天六、京都市社會課、兒童院、同中央、同七條及伏見、神戸市中央、尼崎、西宮、明石奈良、大津各職業紹介所、中央職業紹介事務局、大阪地方職業紹介事務局各職員

協議事項

一、昭和六年三月職業兒童ノ就職活動狀況
二、各紹介所ノ求人調査ノ件
三、各紹介所少年求人求職調節狀況
四、職業紹介所ト小學校トノ聯絡ニ關スル件
五、少年就職後ノ保護指導ニ關スル件
六、全國職業紹介所事務協議會ヘ京阪神聯合ニテ議案提出ノ件

第六回京阪神都下各職業紹介所少年紹介事務研究會

期　日　昭和六年十一月二十八日

會　場　明石市公會堂

參會者　大阪市中央、京都市中央、同七條、同伏見、神戸市中央、和歌山、岸和田、西宮、高砂、加古川、尼崎篠山、由良、明石各職業紹介所、中央職業紹介事務局、大阪地方職業紹介事務局

協議事項

一、少年少女ノ職業實習ニ對シ改良ヲ要ス可キモノ
二、少年求人者ニ對スル調査及選擇ノ件
三、少年求職者取扱聯絡改善ノ件
四、近時少年求人者ト求職少年ノ心理狀態ノ相違甚シ、之ガ指導紹介ノ積極的方法如何
五、不良求職少年ノ取扱方法如何
六、一般小店員ノ需給調節ニ對シ之ヲ緩和ス可キ良方案如何
七、大阪管内ノ小學校ニ向ケ職業紹介所ノ機能ヲ概說シ、求職希望小學校卒業生ハ必ズ職業紹介所ヲ利用ス可キコトヲ宣傳ビラトシテ配布スルノ件
八、聯絡小學校ノ校數ヲ減ジテハ如何

第七回京阪神都下少年職業紹介實務研究會

期　日　昭和七年五月七日

會　場　和歌山市公會堂

參會者　大阪市中央、京都市中央、同七條、同伏見、神戸市中央、堺、岸和田、尼崎、西宮、明石、姫路、由良箕島、和歌山、奈良各職業紹介所、和歌山縣廳社會

課、同市役所、中央職業紹介事務局、大阪地方職業紹介事務局

第八回少年職業紹介事務研究會

期日　昭和七年十月廿九日

會場　姫路市公會堂

參會者　大阪市中央、同天六、岸和田、奈良、和歌山、神戸市中央、尼崎、西宮、明石、高砂、加古川、飾磨、由良、洲本、養父郡、朝來郡、美方郡東部、温泉町、日高町、香住町各職業紹介所及大阪地方職業紹介事務局

協議項目

一、少年紹介勤續者表彰ニ關スル件

二、少年紹介聯絡手續並求職票統一ニ關スル件

九、少年紹介に關する印刷物

大正一四、三、　管内少年職業（小店員、給仕、書生）取扱成績

同　一四、四、　少年職業紹介ニ就テ

同　一五、三、　職業選擇法

同　一五、一〇、　少年職業紹介施設及取扱成績

同　一五、一二、　適性檢査ノ話

同　一五、一二、　職業表解

昭和　四、二、　一般智能檢査施行手續ト其標準

同　五、三、　兒童ノ希望職業ニ關スル調査

同　五、九、　夏期實習成績

同　六、三、　百貨店小店員ノ適性ニ關スル調査

同　六、一〇、　管内少年職業紹介事業現況

同　七、七、　第二回全國職業指導デー管内成績

同　七、九、　管内昭和六年度少年職業紹介事業成績

以上

八、俸給生活者職業紹介

俸給生活者

知識階級の失業者は大正十二年頃から遞増の傾向を辿り之を日本全國の專門學校の失業者に就て觀るも大正十二年には四、四三二人であつたが之が大正十五年には一五、一五一人に增加するに至つたが財界は夫に比して拖容する範圍は擴大されないので吾國の中等學校以上の學校の失業者は勿論のこと一般知識階級に屬する俸給生活者の就職難は益々切實さを加ふるに至つた。

斯して京阪神の三大都市の職業紹介所では專門的に知識階級者の取扱を開始せざるを得ないの機運に向つたので、大正十四年內務大臣から中央並に東京、大阪の地方委員會に諮問する所があり其答申として要するに

一、各主要都市に知識階級專門紹介所を設置すること

二、海外職業紹介に努めること

三、職業紹介委員を設置し求人求職關係の委員會を設置すること

四、青少年の職業選擇指導制度を設けること

五、教育制度の攻究により失業者流出を緩和すること

以上の具体案に基て內務大臣より文政審議會に對し審査を要求し大正十五年五月に內務次官から六大都市及所轄の地方長官に知識階級專門紹介所及委員會の組織及再教育機關の設置を勸奬する依命通牒が發せられ管內には昭和二年五月に俸給生活者職業紹介事務取扱は左の通りの俸給生活者を專門に取扱ふ專門部が生れた。

大阪市中央職業紹介所給料生活者紹介部　大正十五年一月一日開始

神戶市中央職業紹介所俸給者部　大正十五年四月十二日開始

大阪基督教青年會職業紹介所　昭和四年三月一日開始

尙之以外に專門部としての設置はないが其取扱方法は全く同じであつて夫に準ずる取扱を行ふ所に左記があることを附加へたい。

京都市中央職業紹介所　昭和四年一月

京都市七條職業紹介所　昭和四年一月

以上の各紹介所の知識階級專門部の取扱成績は別表の如くであつて其取扱數は增加の一途を辿るのみである。

此間に於て事務局は京阪神の三都市の主なる求人者に對し二回に亘つて求人開拓依賴狀並に京阪神三都市の紹介所に登錄された給料生活者求職名簿を左の如くに發送して一般市民に職業紹介所利用を促した。

昭和三年一月　京都市內　二七〇ケ所

大阪市內　二七三七

神戶市內　二四五六

昭和三年六月	
京都市内	五〇二
大阪市内	四〇七六
神戸市内	二〇六九

俸給生活者取扱事務打合會

京阪神三都市は求人求職者の聯絡其他の有無相通ずる密接なる關係を有するを以て毎月三都市の俸給生活者取扱者は打合會を開催し局面打開と就職率向上の機運醸成に資することにした而て其協議事項の主なるものを擧ぐれば

一、俸給生活者職業紹介聯絡事務要綱に就て
二、通學希望求職者に對する適當なる職業及其開拓方法如何
三、俸給生活者の失業中臨時的職業としての最適の職業及之が開拓方法如何
四、官公吏の紹介の機能を發揮せしむる方法に關する件
五、俸給生活者、の職業紹介に於ける實質向上と新卒業生紹介開拓に對する最適策如何
六、三井、三菱、住友、安田、古河等大會社、銀行等の紹介所利用促進に關する件
七、中等學校卒業生就職斡旋上最も有効適切なる方法如何
八、求人求職放送開始に關する件
九、俸給生活者失業救濟に就き良策ありや
一〇、俸給生活者年末失業救濟授職事業として年賀狀等の筆稿に關する件
一一、求人開拓に關する件
一二、職業紹介所に求職する昭和七年京阪神所在中等學校以上諸學校卒業生希望職業別調査の件

五八

職業紹介所は何等か素質に缺陷ある求職のみを紹介する所謂失業救濟事業を遂行する所であると云ふ觀念を打開すると同時に學校卒業後未だに一回も就職することの機會に惠まれず然も有爲の才能を有している人々の爲に俸給者專門部は各方面に求人開拓を行ひ又打開策を講究したのであるが其結果として毎年度の新卒業採用に對し專門部に公平なる詮衡方を依囑する向も次第に增加して來たのであるが、他に卒先して專門部の機能を認識して大阪高島屋では事務局を通じて京阪神の俸給生活者專門部に中等學校卒業者を店員として大量採用に範を垂れたのは特筆するに足るものと云へる。其概要は左の如くである。

	志望者申込學校數 志望者數	採用者學校數 採用者數
昭和五年	二一〇	（四二 五六
昭和六年	四七六	（一〇〇 二七
昭和七年		（一四八

右の中志望を提出した學校の區域は名古屋以西の二府廿六縣に亘つてゐる。

自昭和二年至同七年 俸給生活者職業紹介取扱成績

	求人數 男	求人數 女	求人數 計	求職者數 登錄數 男	求職者數 登錄數 女	求職者數 登錄數 計	求職者數 再來數 男	求職者數 再來數 女	求職者數 再來數 計	紹介狀交付數 男	紹介狀交付數 女	紹介狀交付數 計	就職者數 男	就職者數 女	就職者數 計
昭和二年	九六三	二四八	一、二一一	四、〇一三	六二二	四、六三五	四、八四八	四四三	五、二九一	一、三〇六	三二六	一、六三二	六七四	一四五	八一九
〃 三年	九六五	二六八	一、二三三	三、七〇四	七五五	四、四五九	五、五七二	四九九	六、〇七一	一、一〇三	三五二	一、四五五	六二一	一八四	八五五
〃 四年	一、七七八	二四八	二、〇二六	四、九〇三	七六九	五、六七二	七、六三五	三二六	七、九六一	二、一二一	三五八	二、四七九	一、二四四	一六七	一、四一一
〃 五年	二、三四二	三三〇	二、六七二	六、三三七	一、一〇五	七、四四二	九、八七六	五五九	一〇、四三五	三、一七七	四三〇	三、六〇七	一、六〇八	二四一	一、八四九
〃 六年	二、四五七	四六三	二、九二〇	六、二一五	一、六一五	七、八九〇	一四、〇八六	九〇二	一四、九八八	三、九三二	五〇九	四、四四一	一、五三七	二四四	一、七八一
〃 七年	二、六七七	六四〇	三、三一七	八、〇八一	二、二二三	一〇、三〇四	一七、〇九八	一、〇五〇	一八、一四八	四、三八三	一、〇一八	五、四〇一	一、九一七	五七七	二、四九四
計	一一、一八二	二、一九七	一三、三七九	三三、二五三	七、一四九	四〇、四〇二	五九、一一五	三、七七九	六二、八九四	一六、〇二三	二、九九三	一九、〇一五	七、六五一	一、五五八	九、二〇九

小額給料生活者失業應急事業概要

事業主体	施行期間	豫算總額	事業費	就業手當	使用人員總數（一日平均）	賃銀（平均）	資格	事業ノ種類
一、大阪府	昭和五・八・一 仝 六・三・三	五六、三九五円	六、二六五円	五〇、一三〇	二四、三〇〇円（一〇〇）	日給 一・三〇円（手當三〇）	大阪府下ニ二年以上居住シ扶養家族ヲ有シ失業ノ爲メ生計ヲ支フル能ハザル者	（一）社會調査（細民家族構成、經濟狀態、健康狀態、貧困原因等）（二）工場衛生調査（女工ノ結核、母性及姙娠ニ關スル調査並ニ工場法ニ依ル傷害扶助料受給者ノ勞働及生活狀態）
二、右仝	昭和六・四・一 仝 七・三・三一	七五、七五〇	六、二一〇	六九、五四〇	三六、六〇〇（一〇〇）	日給 一・三〇（手當三〇）	右仝	（一）住宅調査（大阪市内自由警察區域借家構造、賃貸關係等）（二）工場衛生設備調査（寄宿舍衛生改善）
三、右仝	昭和七・四・一 仝 八・三・三一	七八、二〇四	七、一九九	五八、七〇〇	四五、〇〇九（一二三）	日給 一・三〇（手當三〇）	右仝	公共團体事務、朝鮮人生活狀態、乳兒小工業衛生狀態ノ各調査

五九

四、神戸市	昭和六・一〇・一 仝　七・三・三一	四三、一四三	二、八一四 四〇、三三九	二六、八八六 （一四九）	日給　一・五〇		官廳（神戸商大、神戸稅關、神戸稅務署、神戸生糸檢査所、神戸聯隊區司令部、營繕管財局神戸出張所、神戸營林署、明石、西宮、伊丹各稅務署、神戸憲兵分隊、花莚檢査所、大阪地方專賣局神戸出張所、神戸區裁判所）委託事務
五、右　仝	昭和七・四・一 仝七・五・三一	一四、九二七	九二七 一四、〇〇〇	一一、六六七 （一九四）	日給　一・二〇		右　仝
六、右　仝	昭和七・六・一 仝八・三・三一	七四、四七三	四、六三三 六九、八四〇	五八、二〇〇 （二〇〇）	右　仝		右　仝
七、右　仝	昭和七・一〇・一 仝八・三・三一	一〇、七〇〇	一、四〇〇 九、三〇〇	七、七五〇 （四三）	右　仝		官廳（內務省、他ハ仝前）
八、京都市	昭和七・一〇・一 仝八・三・三一	一五、〇〇〇	九一三 一四、〇八八	一一、七四〇 （八一）	日給　一・二〇		官廳（內務省、京都帝國大學、京都地方裁判所、仝檢事局、上京及下京稅務署）委託事務
九、大阪市	昭和七・一〇・一 仝　八・三・三一	一二、四四八	六〇、六二八 五〇、八二〇	四二、三五〇	日給　一・二〇	元小額給料生活者タリシ者又ハ中等程度以上ノ學歴ヲ有シ大阪市內ニ引續キ六ケ月以上居住シ既ニ失業ノ爲メ生計ニ困難ナル者	官廳委託事務並公共團体事務

九、失業救濟事業實施の概要

歐洲大戰後沈衰期に入りたる我國の經濟界は大正十二年の大震災の影響に依り更に深刻なる打撃を蒙りたるが尚大正十四年に至りても一般財界不況の趨勢は依然たるものあり各方面に於ける失業者の數は次第に增加し殊に東京、大阪其他の大都市に於ける日傭勞働者の中には生活の窮迫に陥るもの夥しく、爲に失業の防止並救濟運動の如きも各地に續發するに至つたのである。如斯き情勢が持續して冬季の所謂季節的失業期に逢着せんか更に失業勞働者は增加するばかりでなく其生活苦は一層甚だしかるべく延いては社會的不安を釀成するの虞があるに至つたので政府は之が對策を事前に講ずることの極めて緊要なるを認め內務、大藏兩大臣に於て協議を遂げたる結果同年の各季を期し失業者の最も多い六大都市關係地方公共團體をして失業救濟を目的とする公營事業を起興せしむること並に其に必要なる左記事項を協議決定せられた。

記

一、失業者多キ地方ニ於テハ其地方ノ公共團體ヲシテ失業救濟ノ目的ヲ以テ事業ヲ經營セシムルコト

二、前項ニ於テ其財源ヲ地方債ニ求ムルトキハ從來地方債許可方針ノ例外ヲ認メ之ヲ許可スルコト

三、地方公共團體失業救濟ノ目的ヲ以テ經營スル各種事業費ノ內勞働賃銀ニ對シテハ國庫ヨリ其二分ノ一以內ヲ補助スルコト

四、他ノ法令ニ依リ國庫ヨリ補助セラルヘキ地方公共團體ノ各種公營事業ニシテ失業救濟ノ目的ヲ以テ經營スル場合ハ其法令ニ依ル補助ノ外尚前項ニ依ル補助金ヲ交付スルコト

五、國庫補助ノ豫算ハ差當リ百參拾萬圓ヲ限度トシ追加豫算ニ依テ支出ヲ爲スコト

次で內務大臣は八月十三日現下の失業問題に就て左記の如き聲明をなした。

記

財界の不況に因る失業の狀況に就ては豫てより深甚なる注意を怠らざる處であるが最近數ケ月の職業紹介事業に顯れたる統計等に徵するも例年に比して失業率漸く多く加之目下の米價は之等失業者の生活をして頗る困難を感ぜしめて居る樣である。而して現狀より推移して冬季の季節的失業期に入ることは誠に懸念に堪えない所である。政府は今から之に對して適當なる方策を樹つることに苦心して居る。然し失業者に對し金品を施與するが如きは徒に懶惰の風を助長するの弊に陥り易いので力めて此方法を避けて失業により生活困難なる者に對しては出來得る限り職を與ふる樣にして然も其勞力を地方公共團體の事業の方面に用ひ兼て救濟の目的を達するに若くはない。隨て當該團體にして之に要する財源を起債に求めんとするときは必ずしも

從來地方債を容易に許可せざりし方針を固執せざることゝし又地方團體が此事業の爲に支出する費用に對しては政府は獨り地方團體のみの負擔とならざる樣相當考慮することに致したいと考へる。乍併之を決して一般的に事業を起して失業者を吸收するの意義ではなくして失業の爲眞に生活困難なるものゝ救助に代ゆるに仕事を與へ其生活を扶助せしめんとするものである。一般財界の整理緊縮に關しては國民は猶漸時の臥薪嘗膽を忍んで一陽來復を俟たなければならないが一方に於て生活に困難なる失業者の救濟は決して忽にすることは出來ないと考へる。右の樣な考へで之が具体的方法を講究する爲近く失業問題の焦點に當る六大都市の關係者等を集めて其對策を計る樣致したいと考へて居る。

右の聲明をなすと共に八月二十日內務次官は東京府外五府縣內務部長及六大都市主任助役を社會局に招集して事業施行に關する打合を爲し其具体的計畫を定めたのである。

斯くして諸般の準備を整へたる後東京、大阪、京都、横濱、神戸名古屋の六大都市及大阪府の七團體は同年十一月中旬より翌年四月末迄平均四ケ月餘に亘り各種の土木事業を施行し失業緩和上極て良好なる成績を收むることを得たのである。其後に於ても一般財界の大勢は依然不況の域を脫せず失業者漸增の狀態なりしを以て政府に於ては右と同樣の計畫を以て每年度各季に於て六大都市關係公共團體をして失業勞働者救濟事業を起興せしめ失業の緩和に資し來たのである。尙昭和二年よりは新に本事業に對する預金部低利資金融通の途をも開き其起興を容易ならしむることゝした。斯くして大正十四年度より昭和三年度迄每年冬季失業救濟事業を施行し來りしが昭和四年度に及んでも我國に於ける財界の不況は愈々著しく失業狀況は啻に緩和の傾向が見られないのみならず却て深刻となるに至つた。然るに昭和四年七月設置せられたる社會政策審議會は內閣總理大臣よりの諮問により「失業防止並救濟の爲めの事業調節に關する要綱」を決議の上答申せらるゝに至つた。其內容は失業者の最も甚しかるべき時期、地域に調節施行すると共に民間の事業にして失業の防止並救濟に寄與すること大なるものは其許可、認可を速にし且失業の緩和を圖る爲に中央並主要地方に事業調節委員會を設置せしむべしと謂ふにあつた。政府は此答申の趣旨に基き同年十月三日付を以て內務、大藏次官より各地方長官宛通牒し、事業主體及施行地域の兩者共六大都市關係公共團體以外に於ても救濟を要すべき失業者特に多き地方に擴張し施行の時期も失業者多き場合には一年中何れの時に於ても施行し得ることゝなつた。又事業種目も啻に日傭勞働者のみならず其他の勞働者をも救濟し得る樣意を用ふると共に特に給料生活者を對象とする授職事業をも認め所謂下級知識階級の失業者救濟に努むることゝし、斯種施設をなせる六大都市關係公共團體に對し國庫補助を與へ且又低利資金融通の便を與へることゝなつたのである。

而して前述せる諸事業の外失業救濟の爲に特に起興したる事業にあらざるも其起興が失業救濟に役立つ場合に於ては特に其事業に對する起債を認め又勞働者の都市集中防止並就勞の規律公平を保たしむる目的を以て勞働手帳制度を設け登錄勞働者に對し寫眞貼付の勞働手帳を交付すると云ふ方法を採用するに至つたのである。

更に昭和五年に入りては一般官公營事業を失業の緩和に有効なる樣施行せしむることにしたが五月二十二日內務、大藏兩次官より各地方長官宛通牒が發せられ、失業救濟事業施行の場合に於ける諸條件を一層緩和して失業救濟の徹底を期することゝなつた。其主なる諸點を擧ぐれば左の如くである。

(一) 從來の失業救濟事業は失業者特に多き地方に對し之を認めたるが、今後は假令失業者多からざる地方の事業と雖其事業が他の失業者多き地方に於ける失業緩和に寄與すること大なる場合に於ては之を失業救濟事業として認容すること。

(二) 國產材料を相當多量に使用する場合は勞力費の事業費總額に對する割合を從來より著しく寛にして、以て間接に熟練勞働者の失業緩和に資すること。

(三) 國庫補助をなすべき新規事業に於ては從來事業直接の勞力費が事業總額の三割以上たるを要したのであるが今後は之に滿たざる場合にも右勞力費が一割以上にして國產材料費を合して事業費總額の五割以上である場合には之を認め、且工事施行上已むを得ざる場合は請負に附することをも認むることゝし、既定事業に付ても勞力費は事業費總額の二割以上であることを原則とし國產材量を多量に使用する際は前記條件に準じ之を認むること。

(四) 事業の施行主體は從來地方公共團體に限定せられて居たのであるが、新に公共組合の中、水利組合、北海道土工組合、耕地整理組合、土地區劃整理組合及森林組合の五者を認め之等事業が特に失業緩和に貢獻すること大なる際は起債並低利資金融通の便を與ふることゝせること。

更に昭和六年度に入りては從來の地方公共團體施行に係る失業救濟のみにては充分に救濟の目的を達成すること能はざる程失業者激增するに至つた爲、國直營の國道改良工事並府縣道改良工事を起興せしめ普く失業の緩和を圖つたのである。

昭和七年度に於ては更に救濟事業の徹底を期する爲左記方法に依り實施することになつた。

(一) 失業の防止並救濟の効果を十全ならしむるには單に內務省關係の諸事業のみを以てしては刻下の失業狀態に鑑み不充分なるに付各省關係の官營事業に於ても失業者特に多き全國四十都市及其附近の地域に於て土木建築事業を起興せらるゝに當りては能ふ限り職業紹介所より紹介せられたる要救濟失業者を使用し又右以外の地方に於ても生活困難なる者多數存する地方に於て事業を起興せらる場合に於ては成るべく之等の者を多數使

用することになつた。

（二）以上述たる官營事業以外に於て地方公共團體の施行する一般公營事業に付ても特に失業者多き地方に於て施行する事業費總額五萬圓以上の土木事業に於ては已むを得ざる場合の外使用勞働者の五割以上の要救濟者を使用せしめ又他の地方に於ける事業と雖も公營事業には要救濟失業者又は生活困窮者を使用する筈である。

（三）産業開發を圖る爲施行する道路、河川、港灣其の他の土木事業を失業者特に多き地方（全國三十四都市及其附近）に於て施行する場合は其使用勞働者數の七割以上は職業紹介所より紹介せられたる要救濟失業者より之を採用し又右以外の地方に於て施行する場合に於ても能ふ限り職業紹介所より紹介せられたる要救濟失業者又は方面委員等の認定を經たる生活困窮者より之を採用することゝし以て失業の緩和を圖ることになつて居る。

（四）以上の官公營事業及産業開發土木事業、其他民間事業等の施行の時期、地域、方法等に於て失業の防止並救濟を圖るも尚要救濟失業者多數存在するときは從來の失業救濟事業に代るべき失業應急事業を起興せしむることゝなつたのである。

失業救濟事業計畫並實施概要（自大正十四年 至昭和七年）

年度別	公共團体名	事業種目	事業費豫算額	勞力費豫算額	使用勞働者延人員	一日平均使用者數
大正十四年	大阪府	道路改修、河川埋立	円 四〇五、九〇八	円 二五二、九五五	人 九九、七六五	人
	大阪市	道路改修、橋渠架設、水路浚渫修築	二、〇二九、三四八	七四八、九四三	二〇〇、八一一	
	京都市	河川、溝渠浚渫	五三、〇〇〇	四〇、〇五二	二一、八九二	
	神戸市	下水改良工事、道路修繕	二九五、一八〇	一一五、〇〇八	五六、七八八	
	總計		二、七八二、四二六	一、一五六、九五八	三七九、二六四	
大正	大阪府	河川埋立	四九四、七四九	二三五、二五一	六九、五一〇	一、三四九
	大阪市	水路浚渫、道路修築	六〇七、七二三	二三五、四四六	九七、九八〇	一、〇七八

十五年	京都市	溝渠浚渫	六二、八九〇	四二、二六一	二七、七七九	二六一
	神戸市	道路修築、下水改良	三九八、七四〇	一四五、四二〇	八五、一二六	七六七
	総計		一、五六三、一〇三	六三八、三七八	二八〇、三九五	三、四五五
昭和二年	大阪市	道路、水路	四九四、九〇七	一六五、四六四	一〇二、三六三	六九一
	京都市	溝渠、河川	五四、八四九	四七、七〇〇	三一、六一六	三一三
	神戸市	道路、下水	七三六、〇〇〇	二六一、五三〇	一三一、五七九	八八三
	総計		一、二八五、七五六	四七四、六九四	二六五、五五八	一、八八七
昭和三年	大阪市	道路修築、水路浚渫	四九二、三一〇	一九一、七六五	一一〇、二三〇	九一一
	京都市	路面修繕	八七、九九二	四五、〇〇〇	三〇、〇〇〇	三〇〇
	神戸市	道路修繕、下水改良	二二六、九〇三	七八、五〇二	四七、三一一	四三〇
	総計		八〇七、二〇五	三一五、二六七	一八七、五四一	一、六四一
昭和四年	大阪府	道路改修	九二七、五三五	三八七、三七〇	二八、一〇七	二八四
	大阪市	地下鐵工事、道路改修	四、四二八、〇三八	一、四五四、六二九	二一一、四七九	九八〇
	京都市	道路改修、河川溝渠浚渫	二一九、一二四	一一九、六八二	八一、一六一	六二〇
	神戸市	道路改修、河川埋立	六四五、六七四	二二八、一五四	一一六、一〇二	九八五
	堺市	道路新設	一三九、七九七	四一、一四三		
	総計		六、三五〇、一六八	二、二三〇、九七八	三三六、八四九	二、八六九

六五

昭和五年	大阪府	河川改修	九八五、九〇二	五三四、一六九	二七七、一五一	一、一七四
	大阪市	高速度、河川改修、道路改修	三、一五〇、六三五	一、六〇五、二二一	七九一、三六八	三、二二四
	京都市	河川浚渫、修繕、下水敷設	一、四三六、四〇〇	五二七、〇八二	三三一、七〇七	一、一六四
	神戸市	道路改修、水面埋立	二六二、九三三	八八、九一〇	三九、八九四	二六七
	總計		一四、八三五、八六九	二、七五五、三七二	一、三九〇、一三〇	五、八一九
昭和六年	國營	國道改良工事	三、八六七、五四一	一、一二〇、九八一	七七三、六〇四	二、一六七
	大阪府	道路改築・護岸堤防	六、四九五、七四三	一、六二八、六二一	八二三、六八五	二、二四八
	大阪市	高速度、河川改修、道路築造	一七、二四九、八五〇	三、一六五、〇七七	一、七七一、八三三	四、八四一
	京都府	道路擴築、橋渠架換	三〇〇、一四〇	一三五、九五八	一一八、六三一	七一三
	兵庫縣	道路改良、橋渠架設	一、〇七〇、〇〇〇	三四九、五〇〇	三三、九三七	一、三三三
	滋賀縣	道路改良	三三〇、六四七	一三四、九五三	一一〇、八〇八	五七三
	奈良縣	道路改築	二九七、〇〇〇	一六一、四八九	一二五、四二七	六〇九
	和歌山縣	道路改修、橋渠架設	五五〇、六七六	二四三、四九四	二三四、八二四	一、二六三
	德島縣	道路改良	五八三、八二一	二四一、三八五	二一四、七二八	八九七
	高知縣	道路改良	五五〇、〇〇〇	二三八、〇四三	二一二、一三〇	八八二
	京都市	下水道敷設	八九五、〇〇〇	三四一、四六三	三六、六五一	八二六
	神戸市	道路、溝渠埋立	七五四、三一七	二五五、四二三	一五二、四七七	一、〇〇三
	堺市	道路新設	三六九、六三〇	八八、五三二	四九、七一七	三八一

六六

昭和七年

國營	國道改良	三、二九五、〇〇〇		一六三、五九七	
大阪府	道路改修	二、六三七、八六七	七五〇、五九一	四三九、七九四	一、五七〇
大阪市	高速度鐵道、道路、下水	一七、三六七、七二四	三、〇八二、二八九	九六九、六九二	二、六七九
堺市	河川浚渫、下水改良、道路新設	四四六、七八九	一五三、九四八	一〇一、四八一	四四二
京都府	道路改修、橋梁架設	四七一、〇〇〇	一七六、〇〇八	一八三、八六四	八七二
京都市	道路、下水	一、〇四二、七五〇	三六五、七八六	一五二、一四一	一、三四六
兵庫縣	道路改築	五一八、八八〇	一五九、一九八	一二九、五〇〇	八七七
神戸市	道路、下水	三八九、二二九	一三〇、一二六	八九、七六五	四九三
明石市	下水道築設	九五、四一〇	六、一〇六	三三、一四二	二一三
滋賀縣	道路改良	三一三、三三六	一三五、〇一三	九二、九八四	四九三
奈良縣	道路改良	三〇〇、一六五	一五九、〇八〇	四三、二三五	六八五
和歌山縣	道路改良	二五六、〇〇〇	一三七、六四六	三三、七八二	九五四
和歌山市	埋立	四六、二〇六	二八、四〇三	二六、四三九	六〇
徳島縣	港灣修築、河川改修	一、〇一四、四九一	二七八、四九七	二八三、二〇〇	一、四一六
徳島市	道路改修	四五、〇〇〇	三〇、〇〇〇	二七、九四六	一五八
高知縣	道路改良	五八、八八〇			
高知市	道路、下水	八九、六一五	四四、三四八	四四、三一三	二四三

備考　昭和五年度以降下段二行ハ豫定數ヲ示セリ

六七

自大正十四年度至昭和七年度 失業救濟事業職業紹介取扱成績調

年度	職業紹介所所在地市町名	紹介所名	求人數	求職者數	紹介員數	一日平均賃銀（日傭／技術）	登録者又ハ手帳交付數
大正十四年	大阪市	京橋			二〇〇、〇八一	円 一・七〇／二・七〇	人 三、四八四（一、〇三〇）
	京都市	中央、七條			二一、八九三	一・五四／四・〇〇	四九一（一三八）
	神戸市	東部勞働、西部勞働			五六、七八八	一・五〇／三・〇〇	一、一五九（四五）
	計				二七八、七六二		五、一三四（一、二一三）
大正十五年	大阪市	京橋、築港、天六、釜ケ崎	一三四、八四九	一五五、八八三	一三八、九〇七	一・九二／三・〇四	七、五三〇（四、〇一七）
	京部市	中央、七條	二六、八一五	二六、八七九	二六、八一五	一・四一／四・五三	五五二（一九三）
	神戸市	東部、西部	八五、一六一	八九、二九八	八五、一六一	一・六五／三・〇〇	二、二五三（六六四）
	計		二四六、八二五	二七二、〇六〇	二四〇、八八三		一〇、三三五（四、八七四）
昭和二年	大阪市	京橋、築港、今宮、鶴橋	八三、一一〇	八八、二〇七	八二、九八八	一・七〇／二・〇〇	四、六四三（一、九七〇）
	京都市	中央、七條	三〇、六六九	三〇、六六九	三〇、六六九	一・五〇／二・八〇	五九〇（一九四）
	神戸市	東部、西部	一二五、五三〇	一二五、四七七	一二五、四七五	一・五〇／三・〇〇	三、七一〇（一、七八七）
	計		二三八、三〇九	二四四、三五三	二三九、一三二		八、九四三（三、九五一）

備考
一、昭和七年度ハ十二月末日迄ノ計トス
二、登録者數ノ内（）内ハ朝鮮人ヲ示ス

昭和三年	大阪市	京橋、築港、今宮	五六、五五三	六二、七三三	五六、五五三	一・七〇 二・〇〇	四、六四三 (一、四八八)
	京都市	中央、七條	三一、三五五	三一、三五五	三一、三五五	一・五〇	一、七五一 (一、一〇三)
	神戸市	東部、西部	四七、一二四	四七、一二四	四七、一二四	一・五〇 三・〇〇	五三三 (七三)
	計		一三五、〇三二	一四一、二一二	一三五、〇三二		六、九一六 (三、六六四)

昭和四年	大阪市	京橋、築港、今宮	一〇六、六九〇	二二六、四四二	一〇六、六九〇	一・七〇 二・〇〇	八、四七六 (四、五四八)
	京都市	中央、七條	七一、六三八	七一、六三八	七一、六三八	一・三七 一・七八	一、〇七二 (五二七)
	神戸市	東部、西部	一一五、八六三	一一九、五五八	一一五、八六三	一・五〇 三・〇〇	二、〇三三 (七七八)
	堺市	堺市	三三〇	二七一	三三〇		七七八 (五七三)
	計		二九四、四二一	四一七、九〇九	二九四、四二一		一二、三五九 (六、四二六)

昭和五年	大阪市	京橋、今宮、築港、千鳥橋	五七九、二五九	七七五、五三二	五七六、九四六	一・七〇 二・〇〇	一七、七〇四 (二、四四七)
	京都市	中央、七條	一六〇、七一三	一六〇、七一三	一六〇、七一三	一・五〇 二・五〇	四、二二五 (二、九五七)
	神戸市	東部、西部	二九、三九六	二九、三九六	二九、三九六	一・三五 三・〇〇	三、七一六 (一、四六五)
	堺市	堺市	二六、二七七	三六、七六二	二六、二七七		七七八 (五七三)
	計		七九五、六四五	一、〇〇〇、四〇三	七九三、三三二		二六、四二三 (一六、四四二)

昭和六年						
大阪市	京橋、築港、今宮、千鳥橋	九四九、八四九	一、五三〇、七〇四	九四五、七八六	一・五〇 二・〇〇	一〇、七三七 (六、六一五)
堺市	堺市	一三二、八九〇	一七二、二二六	一三二、八九〇	一・三〇 二・五〇	一、五三五 (八九九)
岸和田市	岸和田市	一六、四一五	一五、六八五	一五、〇七四	一・〇〇	一三三 (三一)
京都市	中央、七條	四〇三、四〇六	四〇三、四〇六	四〇三、四〇六	一・五〇 二・〇〇	二、一五一 (一、三四二)
福知山町	福知山町	五、七〇五	五、七〇五	五、七〇五	九〇 一・二〇	二四一 (三二)
新舞鶴町	新舞鶴町	一、三七四	一、三七四	一、三七四	九〇 一・二〇	五一 (三)
神戸市	東部、西部	一五四、九六九	一九四、七六五	一五四、九七一	一・三五 三・〇〇	三、七一六 (一、四六五)
尼崎市	尼崎市	一七、九八六	三二、一五五	一六、四八一		五八七 (四二七)
明石市	明石市	一一〇、〇九二	一一〇、〇九二	一一〇、〇九二	一・二〇 二・〇〇	一、一五九 (二六〇)
高砂町	高砂町	一一〇、九〇八	一〇三、五一七	一〇一、四〇一	一・二〇 二・〇〇	一、二四三 (一一七)
加古川町	加古川町	一一七、九八一	一一〇、五一五	一一〇、五一五	一・二〇 二・〇〇	一、六一四 (六八)
飾磨町	飾磨町	四、七四一	四、七四一	四、七四一		
奈良市	奈良市	五、〇四〇	五、〇四〇	五、〇四〇	九〇	八六 (ナシ)
高田町	高田町	一一、五四〇	一一、五一〇	一一、五一〇	九〇	
大津市	大津市	一〇七、六七五	一〇七、六七五	一〇七、六七五	一・一〇 二・〇〇	一、四七九 (一、一六四)
彦根町	彦根町	四、二〇〇	四、二〇〇	四、二〇〇	一・〇〇 一・二〇	一三九 (ナシ)
和歌山市	和歌山市	一三、八二三	一三、八二三	一三、八二三	一・〇〇	五二九 (三七一)
徳島市	徳島市	一六六、二二一	一四八、八〇二	一四八、八〇二	一・〇〇	三、五九一 (二〇)
計		二、三三四、八一四	二、九六五、九三四	二、二九三、四八五		二七、九七〇 (一三、八一四)

七〇

昭和七年

大阪市	京橋、築港、今宮、千鳥橋	五四七、一四五	一、〇〇三、四五三	五四六、〇八五		七、一二五（三、四八八）
堺市	堺市	七六、四九二	一九、八五四	七六、四九二		一、五九九（九〇四）
岸和田市	岸和田市	二、五七二	二、五七二	二、五七一		二四七（九八）
京都市	中央、七條、勞働	二四九、二三三	二八三、七二〇	二四九、二三二		八、五一三（五、九七四）
福知山町	福知山町	一、二六六	一、二六六	一、二六六		二四一（三三）
神戸市	東部、西部	九六、二三七	二九五、七九〇	九六、二三七		一八九（二六）
尼崎市	尼崎市	一一、三五二	一三、四八八	九、八六六		六〇二（四三二）
西宮市	西宮市	二、八二四	二、八二四	二、八二四		三九五（一六七）
明石市	明石市	三五、七〇一	三五、三〇〇	三五、三〇〇		一、七八一（四三九）
高砂町	高砂町	一五、八六四	一五、八五三	一五、八四〇		一、一三六（三八四）
加古川町	加古川町	一四、七七一	一四、七七一	一四、七七一		八一一（一四三）
飾磨町	飾磨町	三〇一	三〇一	三〇一		
奈良市	奈良市	一五、六九〇	一五、六九〇	一五、六九〇		七〇六（三四一）
大津市	大津市	二五、七七九	二五、七七九	二五、七七九		四八八（二五六）
彦根町	彦根町	二八三	二八三	二八三		
和歌山市	和歌山市	二一、三二四	二一、三二四	二一、三二四		四五七（三七一）
徳島市	徳島市	一八、九九四	一八、五二七	一八、五二七		五四六（ナシ）
高知市	高知市	二七、二九七	二七、二九七	二七、二九七		九六六（四九）
計		一、一五三、一三五	一、八八八、〇九一	一、一四九、六八五		二五、八〇三（一三、九八四）

十、季節的移動紹介

當局管內に於ける季節的勞働の主なるものは酒造、寒天製造凍豆腐製造、季節的出稼女中、賣藥行商等である。

此の內職業紹介所がその紹介斡旋の取扱をなしつゝあるものは賣藥行商を除く他の勞働である。

而して之等出稼勞働者は主に京都、兵庫兩府縣下に多く、出稼先は灘、大阪、京都、伏見、奈良縣、和歌山縣より管外に亘つて居り毎年十、十一月頃より翌年三、四月頃迄冬季間農閑期を利用して出稼するものである。

大阪地方職業紹介事務局管內に於いて此の種季節的出稼者の職業紹介の必要から始めて職業紹介所の設置を見たのは昭和四年、兵庫縣美方郡東部及温泉町職業紹介所の新設を以つて嚆矢とする。昭和四年度に於ける季節的出稼勞働者の取扱成績は酒造に於いて求職者登錄數一九〇、求人數二四四、紹介數一六八凍豆腐製造職に於いて求職者登錄數二〇六四、求人數二一四七紹介數二〇〇九、季節的女中に於いて求職者登錄數、求人數、紹介數各一〇、その他に於いて一四件に過ぎなかつたが翌昭和五年度に至り養父郡、和田山町、篠山町各職業紹介所の新設を加へ、順次その取扱數も增加し、昭和七年度に於いてはその取扱件數千二百以上に達し、之が取扱職業紹介所の數は十三ケ所に達してゐる。

季節的出稼勞働者紹介事務打合研究會第一回は昭和五年十一月廿八日兵庫縣篠山町に於いて當局主催の下に開催したのを嚆矢として爾後毎年開催事務の打合研究を遂げて來てゐる。即ち左の通りである。

一、昭和五年十一月廿八日　於篠山町、當局主催
　出席者　二十二名

一、昭和六年九月十五日　於和田山町、當局主催
　出席者　十九名

一、昭和七年三月廿四、廿五日　於香住町、當局主催
　出席者　十七名

季節的職業紹介に關する聯絡手續方法に就いては昭和七年三月廿四、廿五日香住町に於ける事務研究打合會に於いて當局より指示事項として關係各職業紹介所に示達する所があつた。その主要事項は次の通りである。

求職取扱

一、記帳票簿殊ニ求職者ノ登錄票ハ適當ニ整備シ本人出頭ノ際之ニ登錄整理スルコト

二、登錄求職者ニシテ紹介不能ナルモノアルトキハ之ガ受付職業紹介所ニ於テ極力求人開拓就職斡旋其他授職ノ方法ヲ講ズルコト

三、就職地ニ職業紹介所アルトキハ該職業紹介所ト豫ジメ供給地職業紹介所ト連絡シテ本人就職上斡旋ノ便宜ヲハカルコ

ト

四、出稼勞務者業務ヲ終リ歸郷ノ場合ハ職業紹介所ニ出頭セシムルコト

求人取扱

一、求人ハ雇主ヨリ直接職業紹介所ニ申込マシムルコト

二、求人者ノ居所ノ最寄ニ職業紹介所アルトキハ可成該職業紹介所ヲ利用セシムルコト

三、求人開拓區域及ビ求職者取扱區域ハ相互各職業紹介所間ニ於テ協定スルコト

四、紹介斡旋ノ結了シタル場合ハ當該求人者ヨリ採用顚末通知等ヲ提出セシムルコト

聯絡手續

一、季節的出稼勞務者ノ需給聯絡ハ直接相互間ニ於テ之ヲ行フコト

二、求人及求職ニシテ相互開拓斡旋ヲナス場合一口ニ付遠近兩地ニ亘ルモノアル場合ハ先ヅ近接地ヘ斡旋紹介スルヲ原則トスルコト

三、就職先斡旋ニ際シテハ前年度ノ慣習ヲ踏襲スル様努ムルコト

尚更に事務取扱上の簡捷を計る爲季節的職業紹介所に限る永年使用制求職票立案の必要であるを認め、當局に於いては昭和七年九月より新形式に依る永年制求職票を管內一般使用せしむる事とした。

昭和四年度以降、季節的出稼勞働者紹介取扱成績を逐年別に擧ぐれば左表の通りである。

職別	項目	昭和四年	昭和五年	昭和六年	昭和七年	計
酒造	求職登錄	一九〇	五、一五〇	八、二二七	八、〇三九	二一、六〇六
	求人數	二四四	五、四〇二	九、〇三七	八、九一四	二三、五九七
	紹介數	一六八	四、六七三	七、九三五	七、六二〇	二〇、三九六
寒天	求職登錄			九三七	八三八	一、七七五
	求人數			九三四	八三六	一、七七〇
	紹介數			九三四	八三六	一、七七〇
凍豆腐	求職登錄	二、〇六四	二、三七三	二、四〇九	二、三〇四	九、一五〇
	求人數	二、一四七	二、六四六	二、七五五	二、六一九	一〇、一六七
	紹介數	二、〇〇九	二、三三三	二、三六三	二、二四九	八、九四三
季節女中	求職登錄	一〇	二七	二六八	三〇七	六一二
	求人數	一〇	三一	二八九	三一六	六四六
	紹介數	一〇	二三	二五〇	二八五	五六八
少年	求職登錄		一一	四六	四三一	四八八
	求人數		四二	八三	四六一	五八六
	紹介數		五	三一	四二三	四五九
其ノ他	求職登錄	一四	一六六	五〇六	一五三	八三九
	求人數	一四	一四四	四九四	一七七	八二九
	紹介數	四	一一〇	三〇三	一四五	五六二

七三

十一、除隊兵職業紹介に關する件

昭和五年十二月内務大臣から東京、大阪、名古屋、福岡各地方職業紹介委員會に對し「除隊兵の職業紹介に關し其實績を擧ぐるに有効適切なる施設に關する件」の諮問があつて當局委員は數次の愼重の結果左の答申を爲した。（參照　委員會答申錄）

大阪地方職業紹介委員會答申

兵役義務者にして除隊後失業に悩むもの比年增加の傾向あるは兵役義務の性質上洵に遺憾に堪へす速に之か適切なる對策を講し以て兵役義務者の不安を匡濟するは最緊要なりと雖單に法律を以て入退營者の職業の保障を期するか如きは一般徵兵適齡前の青年の就職を愈困難ならしめ且つ入營者に對しては入營以外の事由に依りて之を解雇し又は復職を拒否するの虞あるを免れす、就ては差當り陸海軍各官衙及各部隊並同上所在地の職業紹介所と緊密なる聯絡提携を保ち除隊兵職業紹介の實績を擧くるを以て適當の措置なりと認め之か施設の具體的意見を陳ふれは左の如し。

一、陸海軍關係官衙及部隊所在地に於て軍部、在鄕軍人會、商工會議所、府縣市當局及職業關係機關等より適當の委員を委囑し除隊兵の職業紹介委員會を設置すること

二、前項官衙及部隊並同上所在地に於ける職業紹介所には除隊兵職業紹介に從事する專任職員を置き相互に緊密なる聯絡を保ち提携協力すること

三、軍部、府縣市當局、在鄕軍人會並に職業紹介機關等の動員により求人開拓、臨時編成の事務所の開設其他必要なる施設を講し以て除隊兵職業紹介の活動を敏活ならしむること

四、軍部に於ては就職希望者の身上に關し職業紹介上適切なる資料を調へ適當の時期に職業紹介所に廻付すること

五、就職を容易ならしむる爲め在營者の職業の指導訓練に關し左記施設を行ふこと

（イ）職業市場の情況を知悉せしめ實生活の常識を涵養する爲め社會上經濟上の講話をなすこと

（ロ）職業指導並に選擇の爲め適性検査の施設をなすこと

（ハ）職業輔導の爲め短期講習を行ふこと

（ニ）職業適應性の維持涵養に留意すること

六、特科兵には職業適任資格を與へ其他の除隊兵には素質技倆證明の制度を設くること

七、前勤務先に復歸せしむる可能性あるものに對しては軍部當局より前雇主に對し復職の斡旋をなすこと

八、除隊兵にして生計特に困難なるものに對しては、就職の優先權を認むること

九、徵兵に因り從業者に缺員を生したる場合には除隊兵を以て之を補充すること

一〇、在營者就職の爲め面會外出等の必要あるものに對してはなるへく其の便宜を與ふること

斯して管下第四、第十六、第十一、第十各師團司令部では其各部隊の「除隊者並在郷軍人就職斡旋要綱」を、大阪地方職業紹介事務局では「除隊兵就職斡旋要綱」並に「除隊兵職業紹介取扱ニ關スル心得」を作製して相互に軍部と師團司令部所在の中央職業紹介所との密接な聯絡を計ることゝなつた。「除隊者就職斡旋要綱」は各師團大同小異はあるが、大綱は左の事項を定めて除隊者及在郷軍人の紹介の圓滑を期するに外ならない。

一、師團司令部及其管下ノ各部隊毎ニ就職斡旋委員ヲ組織セルコト

二、斡旋委員ニハ軍部以外ノ關係者職業紹介事務局長及擔任局員中央職業紹介所長等ヲ網羅セルコト

三、師團長監督ノ下ニ就職斡旋ニ關スル業務ノ監督、指導及統制ヲ行ヒ求人開拓ノ爲必要ナル調査宣傳ヲ行フコト

四、各部隊ハ就職希望者ヲ調査シ連名簿及身上調書ヲ作製シ之ヲ委員ニ交付スルコト

五、部隊委員ハ前項ノ調書ニ基キ希望者ヲ精査シ師團委員ニ交付スルコト

六、師團委員ハ就職ノ必要ノ程度ニ依リ之ヲ分類シ職業紹介事務局及職業紹介所ト聯絡ヲ計リ紹介ヲ行フコト

大阪地方職業紹介事務局管内で除隊兵を取扱ふ方法を規定した「除隊兵就職斡旋要綱」及「除隊兵職業紹介取扱ニ關スル心得」は左の通り軍部及職業紹介所間の聯絡を定めてある。

（甲號）　除隊兵就職斡旋要綱

一、職業紹介所ハ必要ニ應シ除隊兵職業紹介ノタメ専門部又ハ専門係員ヲ置クコト

二、職業紹介所ハ必要アル都度軍部隊其他關係者ト就職斡旋ニ關スル協議會ヲ開催スルコト

三、職業紹介所ハ聯隊區司令部ト連絡ヲ計リ入營ニ因リ缺員ヲ生セル雇傭主ニ對シ除隊兵ノ紹介斡旋ニ努ムルコト（別紙乙號「除隊者及在郷軍人就職斡旋要領」十九參照）

四、前職アルモノハ前職ニ復歸セシムルニ努ムルコト

五、職業紹介所ハ軍部隊ト協力シ除隊兵ニ對シ就職上ノ知識涵養ニ努ムルコト

六、職業紹介所ハ各部隊長ヨリ除隊前求職者ノ就職希望調書及在隊間ノ成績調書ノ送付ヲ求ムルコト

就職希望調書ニハ氏名、本籍、前職、特有技能、希望職業希望勤務地等職業紹介上必要ナル事項ヲ詳細記載スルコト

七、職業紹介所ハ軍部隊ト協力シテ特別ノ求人開拓ヲ行ヒ其ノ狀況ヲ關係軍部隊及職業紹介事務局ニ通報スルコト

八、除隊後直ニ就職シ得サル事情ノ者アル場合ニハ傭入ノ時期ニ付求人者ニ諒解ヲ求メ置クコト

九、除隊兵就職ノタメ面會外出等ノ必要アル場合ハ軍務ニ差支

ナキ時日ヲ軍部隊ト協議シ置キ面談等ノ機會ヲ作ルコト

十、紹介顚末ハ關係軍部隊及職業紹介事務局ニ通報スルコト

十一、職業紹介所ハ軍部隊ト連絡ヲ密接ニシナルヘク除隊前求職者ヲ紹介シ適確ナル職業紹介ニ努ムルコト

十二、職業紹介所長ハ本件施設狀況竝ニ其成績ヲ地方職業紹介事務局長及關係軍部隊ニ報告若クハ通報スルコト

（乙號）除隊者及在鄕軍人就職斡旋要領

第一　就職斡旋機關及其ノ業務

一、各獨立部隊（衛戍病院ヲ含ム）ニ部隊就職斡旋委員（又ハ主任以下同シ）ヲ設ク

二、聯隊區司令部ニ聯隊區就職斡旋委員ヲ設ク

三、師團司令部、臺灣軍司令部及關東軍司令部ニ師團（軍）就職斡旋委員ヲ設ク

四、各委員ノ編成ハ師團（軍）ニ於テ適當之ヲ定メ要スレハ軍部外ノ者ヲ顧問又ハ囑託ト爲スコトヲ得

五、部隊就職斡旋委員ハ當該隊長ノ命ヲ承ケ主トシテ除隊者ノ就職斡旋ニ任ス

六、聯隊區就職斡旋委員ハ當該司令官ノ命ヲ承ケ主トシテ當該管內ノ在鄕軍人ノ就職斡旋ニ任ス

七、師團（軍）就職斡旋委員ハ師團長（軍司令官）ノ監督ニ屬シ左ノ事務ニ任ス

（一）部隊及聯隊區司令部ニ於ケル就職斡旋ニ關スル業務ノ監督指導及統制

（二）求人開拓ノ爲必要ナル調査及宣傳等

八、右各就職斡旋委員ハ各々其ノ任務ニ應シ職業紹介所、職業紹介事務局其ノ他官公署、學校、會社竝ニ陸軍部內ノ他ニ就職斡旋委員ト連絡ヲ密ニシ就職斡旋ノ完全ヲ期ス

九、陸軍省恩賞課ニ於ケル就職斡旋ニ關スル主ナル業務左ノ如シ

（一）就職斡旋ニ關スル全國的監督指導及統制ニ關スル事項

（二）入營者職業保障法ニ關スル事項

（三）就職斡旋ニ關スル各種ノ準備及計畫

（四）求人開拓ノ爲必要ナル調査及宣傳等

（五）在鄕將校以下ノ必要ト認ムル者ニ付就職ニ關スル直接斡旋

第二　就職斡旋ニ關スル注意事項

十、除隊者ノ就職斡旋ニ就テハ現時ノ世相ニ鑑ミ徒ラニ都市集中ノ弊ニ陷ラサル如ク成ルヘク入營前ノ職業ニ復歸セシメ又地方歸農者ヲ減セサル如ク指導スルヲ要ス

十一、就職希望者ハ一般ニ其ノ希望高キカ爲却テ就職困難ニ陷リ易キヲ以テ彼等ニ求人求職ノ現況ヲ知悉セシメ以テ過度ニ其ノ希望ヲ大ナラシメサルヲ可トス

十二、就職希望者ニ對シテハ其ノ身上、學歷、從來ノ職業等ヲ

充分詮衡ノ上要スレハ職業紹介所職員等ニ依託シテ適性檢査ヲ行ヒ以テ妄ニ不相應ノ職ヲ求メサル如ク指導スルヲ要ス

十三、求人者アルトキハ特ニ其ノ人選ニ注意シ不適當ノ者ヲ斡旋セシカ爲軍隊ノ威信ヲ失墜シ且累ヲ將來ニ及ホスカ如キコトナキヲ要ス

十四、職業紹介ニ方リテハ文書ノミニテハ其ノ目的ヲ達スルコト困難ナルヲ以テ爲シ得レハ面接ノ上交渉スルヲ可トス、尚職業紹介所ニ交渉シ其ノ臨時出張所ヲ隊內ニ設クルトキハ成果大ナリ

十五、一地ニ數部隊アル場合ハ求人求職ノ狀況ヲ相互ニ通報シ又求人先ノ爭奪ヲ爲サヽル如ク上級機關ニテ適宜統制スルヲ要ス

十六、就職希望者ニ對シテハ休暇ヲ利用シ又ハ軍務ニ支障ナキ範圍ニ於テ特ニ便宜ヲ與ヘ直接ニ交渉セシムルヲ可トス

十七、求人アリタル場合ニ於テ就職希望者ナキトキト雖勉メテ速ニ回答シ以テ先方ノ感情ヲ害セサルニ注意スルヲ要ス

十八、除隊時尚就職決定セサル者ニ對シテハ狀況ニ依リ或ハ歸鄕後ト雖尚之カ斡旋ヲ繼續シ或ハ關係聯隊區就職斡旋委員ニ委託スルヲ可トス

十九、被傭者タリシ者ニシテ入營スヘキ者ニ就キ其ノ雇傭主ノ住所氏名等ヲ豫メ承知シ置クコトハ職業紹介所トシテ職業紹介上特ニ希望シアルコトナルヲ以テ徵兵檢査ノ際甲種合格者ニシテ入營見込ノ者ニ對シテハ檢査場ニ於テ被傭者ニ就キ其ノ雇傭主ノ住所氏名等ヲ質シ之ヲ壯丁名簿ニ附記シ聯隊司令部ハ入營三ケ月前ニ之ヲ關係職業紹介所等ニ通報シ其ノ缺員補充トシテ除隊者ノ採用勸奬ニ努ムル如クスルヲ得ハ就職上ノ好果ヲ得ヘシト思料ス

除隊兵職業紹介取扱ニ關スル心得

一般方針

一、歸鄕セシメ得ル者ハ出來得ル限リ歸鄕セシムルコト

二、前職アル者ハ出來得ル限リ復職セシムル樣努力スルコト

三、職業紹介所ニテ取扱フ求職者ハ家計其他ノ狀況ニヨリ特ニ就職セシムル必要アリト認メタル者トス

四、求職者ノ取扱ハ軍部隊ト同一所在地ニ在ル職業紹介所ニテ之ヲ行フモノトス

(一) 軍部隊

一、求職希望者ニ對シ就職上必要ナル事項ニ關シ講話ヲ行フコト

二、求職者多數ニ上ル場合ニハ軍部隊所在地ノ職業紹介所（以下單ニ職業紹介所ト稱ス）ニ對シ職員ノ臨時出張ヲ請求スルコトヲ得

三、求職調査票（別紙）ヲ除隊約二ケ月前ニ職業紹介所ニ送付スルコト

四、求職調査票送付後求職者ヲ職業紹介所ニ随時出頭セシムルコト
五、就職確定シタル場合又ハ申込條件ニ變更アリタル場合ニハ其ノ旨速ニ職業紹介所ニ通知スルコト

(二) 職業紹介事務局及職業紹介所

一、軍部隊所在地外ヲ希望スル求職者ニ對シテハ求職調査票副本ヲ添ヘ職業紹介事務局ニ聯絡ヲ計ルコト
二、就職確定シタル場合ハ關係職業紹介所ニ通知スルコト
三、打合會又ハ協議會ヲ開催スル場合ハ關係軍部隊及職業紹介事務局ニ豫メ通知スルコト
四、除隊兵ノ取扱成績ハ月報様式ニ依リ職業紹介事務局ニ報告スルコト

(三) 軍部隊、職業紹介事務局及職業紹介所

一、求人開拓ハ原則トシテ軍部隊、職業紹介事務局及職業紹介所協同シテ之ヲ行フコト
二、軍部隊、職業紹介事務局及職業紹介所ハ連名ヲ以テ求人依頼状ヲ發送スルコト

七八

求職調査表

兵第　聯隊第　中隊長 ㊞

本籍地		求職程度
除隊後ノ居住地		氏名　年　月　日生
階級		
賞罰		
考科概要		
入營前ノ職業（雇傭主ノ住所氏名）		
特業		
希望職業	第一希望	第二希望
就職希望地	第一希望	第二希望
保證人住所氏名		本人トノ關係
學歷概要		
給料（待遇）	希望給料	入營前最後ノ給料
家族關係	戸主トノ續柄	扶養家族數（妻帶者ノ有無）

注意
一、求職程度　甲ハ除隊後直ニ就職セサレハ忽チ生計ニ窮スル者
　　乙ハ除隊後可成速ニ就職ヲ要スル者
二、考科概要ニハ本人ノ身上性行經濟的實情、思想、嗜好、趣味等

ノ本人ノ考課ヲ可成詳細ニ記入スルコト
三、入營前ノ職業ニ就テハ本人ノ最モ自信アルモノヲ記入スルコト
四、學歴ハ最後ノ學校竝ニ其學歴及青訓關係ヲ記入スルコト
五、就職希望地ハ何等カ自己ノ目的又ハ其他ノ關係アル地ヲ選ブヲ可トス
六、希望給料ハ最低給料トス

之に關して軍部、事務局及職業紹介所は聯絡方法を協議して置く必要があり左記の會合を行つた。

第十六師團司令部打合會（昭和六年八月三十一日）

場所　第十六師團司令部
出席者　第十六師團司令部　多田參謀長
大阪地方職業紹介事務局　遊佐局長
〃　堂後囑託
京都府　高橋社會課長
京都市　鈴木社會課長
京都市中央職業紹介所　佐々木所長
同　七條職業紹介所　山田所長
京都市商工會議所　笹田庶務課長
軍人後援會　進藤主事

第四師團司令部打合會（昭和六年五月五日）

會場　第四師團司令部
出席者　第四師團司令部　德永中佐
〃　間宮少佐
大阪地方職業紹介事務局　遊佐局長
〃　堂後囑託
〃　普賢寺囑託
外委員二十名

除隊兵就職斡旋に關する狀況

之に關しては除隊前に其都度豫め打合會を開催して手順を定めて置く必要があつた。それで左記の會合を開ゐた。

一、昭和六年十一月除隊スベキ第四師團管下在阪部隊就職斡旋打合會

日時　昭和六年九月一、十八日
場所　第四師團司令部
出席者　第四師團司令部　德永中佐
外第四師團管下部隊斡旋委員十六名
大阪地方職業紹介事務局　遊佐局長
〃　堂後囑託
大阪市中央職業紹介所　松村所長

二、就職斡旋講話會

日時　昭和六年十月二十四日
場所　歩兵第三十七聯隊

就職希望者三十七名に對し遊佐局長より除隊後の就職上の講話を行ひ堂後囑託主として求職調査表に依り就職相談を行つた。

三、在阪部隊除隊兵就職斡旋求人開拓打合會

日時　昭和六年十一月二十日

場所　大阪地方職業紹介事務局

出席者　大阪地方職業紹介事務局　遊佐局長

〃　局員三名

大阪市立各職業紹介所長　八名

四、求人開拓「デー」

昭和六年十月廿六、七、八の三日間第四師團係員と共に大阪市内の主なる求人先を歴訪除隊兵求人開拓を行ふ

五、昭和七年七月末除隊すべき在阪部隊就職斡旋協議會

日時　昭和七年六月二十九日

場所　第四師團司令部

出席者　大阪地方職業紹介事務局　遊佐局長

〃　中道屬

〃　堂後囑託

大阪市　安達書記

大阪市中央職業紹介所　松村所長

〃　下村書記

〃　天六〃　山崎所長

〃　西野田〃　望月所長

〃　玉造〃　上村所長

〃　梅田〃　有家所長

八〇

大阪市九條職業紹介所　波部所長

〃　築港〃　三上所長

〃　第四師團司令部　井關參謀長

〃　徳永中佐

〃　間宮少佐

大阪聯隊區司令部　陶村大尉

外各部隊就職斡旋委員　六名

六、陸軍除隊兵並海軍退團兵の求職放送は左記の通りに大阪中央放送局求人求職職業紹介放送として行つた。

放送年月日	取扱職業紹介所	取扱軍部別
六、五、一一	大阪市中央紹介所	第四師團　在阪部隊除隊兵
六、五、二〇	京阪神各中央紹介所	第四、十六、十、十一師團除隊兵
六、一二、二二	右同	右同
六、一一、一六	大阪市中央紹介所	呉海兵團
六、一一、一六	右同	第四、十六、十、十一師團除隊兵
七、一、五	右同	右同
七、一二、六	右同	右同

十二、關東大震災求職者職業紹介状況

應急施設

一、罹災求職者應急取扱方に關する通牒

罹災者の關西方面に避難する者日を逐ふて增加の形勢にあるを察し九月五日職業紹介所の應急對策につき協議を爲し翌六日管内各職業紹介所長に對し左記通牒を發せり

記

發業第一一七號

大阪地方職業紹介事務局長　久田宗作

管内各職業紹介所長殿

震災罹災民求職者取扱方ニ關スル件通牒

同情スヘキ關東方面震災罹災者ノ關西方面各都市ニ避難スル者逐日增加ノ模樣ニ有之既ニ夫々御準備中ノコトヽハ存シ候ヘ共此ノ際各職業紹介所ハ是等避難民求職者ノ取扱ニ就テハ特ニ注意シ左記各項ニ依リ取扱上遺憾ナキヲ期セラレ度特ニ申進候

記

一、避難民求職者ノ取扱ニ就テハ特ニ注意シ同情ト親切トヲ以テ接スルコト

一、此ノ際避難民求職者ニ對スル準備トシテ特ニ求人開拓ニ努ムルコト

一、新聞等ヲ利用シ同情者ヨリ罹災民ニ對スル特別ノ求人ヲ募ルコト

一、府縣及市等ノ救濟部及其ノ他ノ社會事業機關ト協力シ密接ノ聯絡ヲ保ツコト

一、重要都市ニ於テハ停車塲又ハ着船塲ニ設クル救援部中ニ職業紹介所職員ヲ必ス加ヘ或ハ必要ニ應シ臨時出張所ヲ設クルコト

二、取扱状況の視察及應急施設の督勵

主要都市職業紹介所に於ける罹災求職者取扱状況の視察並應援の爲七日より職員を大阪、神戸、名古屋、各市に派遣した特に大阪市は避難者多く職業紹介所は全力を擧げて之に當るも尙手不足を訴ふる以て中央、梅田、九條の各職業紹介所及梅田收容所内臨時出張所に隨時數名の職員應援せり

三、事務打合會

九月十六日午前十時當廳に於て大阪市中央、神戸市中央、京都市中央職業紹介所長を招集し各地の狀況報告をせしむると共に爾後の活動方法に關し打合を爲したり

一般的活動狀況

九月十日久田局長は上京の上中央及東京事務局と罹災者の聯絡取扱方法に關し打合を爲し、次て九月十四日當廳の活動方針を定め各地の狀況を知悉し併せて中央關係官廳との聯絡に努め

た。即ち爾後の活動狀況を擧ぐれば左の通りである。

一、狀況視察及督勵

各地に於ける取扱狀況の視察及督勵の爲九月十九日より同二十五日迄の間に於て大阪市內、名古屋、四日市、岐阜、大垣京都、神戶の各市に職員を派遣し大いに鞭撻す。

二、求人募集の宣傳

イ、罹災者に對する求人募集の爲ポスター二千三百枚を印刷し大阪市の電車全部に一週間揭出せり。

ロ、別に小型ポスター一萬枚を印刷し大阪市內及附近に四千五百枚、名古屋市二千枚、神戶市千五百枚、京都市一千枚岐阜、大垣、尼崎各三百枚配布し揭出せり。

三、求人依賴

イ、會社工場に對する求人依賴

九月十八日關西に於ける主なる會社工場に對し求人依賴狀三三九通を發送、內十月三十日迄に回答を得たるもの二十五通ありたり。

ロ、各種同業組合に對する求人依賴

同日阪神地方に於ける各種同業組合に對し求人依賴狀一二七通を發送し尙職員を派遣して斡旋方依賴したり。

四、求人開拓

部署を定め職員を派し大阪市の會社、工場各種同業組合を歷訪し求人の開拓に努め之を職業紹介所に送付せり。

尙山口縣德山、廣島等へも職員を派し大口求人に對し實地調査せしめ斡旋に努めたり。

尙大正十二年十二月末迄の取扱數を擧ぐれば左の通である。

罹災求職者取扱數（各職業紹介所取扱）

取扱別／月別	求職者數 男	求職者數 女	求職者數 計	紹介件數 男	紹介件數 女	紹介件數 計
九月	一七、一五七	六〇五	一七、七六二	一三、九一五	五五八	一三、四七三
十月	一一、六九二	三九七	一二、〇八九	八、二〇〇	三七六	八、五七六
十一月	六、〇四四	一八七	六、二三一	四、一八六	一六七	四、三五三
十二月	二、五四九	七六	二、六二五	一、七三九	六九	一、八〇八
計	三七、四四二	一、二六五	三八、七〇七	二七、〇四〇	一、一七〇	二八、二一〇

罹災求職者日傭勞働紹介數（神戶市勞働紹介所取扱）

取扱別／月別	求職者數 男	求職者數 女	求職者數 計	紹介件數 男	紹介件數 女	紹介件數 計
九月	九六五	—	九六五	八四三	—	八四三
十月	一、一八二	—	一、一八二	八二八	—	八二八
十一月	一、一一〇	—	一、一一〇	八〇四	—	八〇四
十二月	一、一四六	—	一、一四六	九五六	—	九五
計	四、四〇三	—	四、四〇三	三、四三一	—	三、四三一

◎大阪市

罹災者は九月三日以來海陸兩方面から本市を目指して續々と

避難し來り漸時避難者增加するに依り大阪市中央職業紹介所に於ては各職業紹介所に對し取扱に就て全力を擧げて活動方を促すとゝもに全市の關門にして今回の避難の最も多かりし梅田驛前の大阪市梅田職業紹介所を臨時に擴張し天幕張を設けて特に避難民紹介の取扱を開始したのである。四日より九日迄の各職業紹介所に來たる避難求職者五百八十六人取扱ひたる內四百九十三名は特に罹災民に同情ある多數の篤志家の小口求人又は大口求人等に依つて好都合に紹介されたのである。特に求人の中には態々求職者を伴つて行く人も少くないと云ふ有樣であつた右の外大阪職業紹介所に於ても聯絡に依り相當の求職者を紹介してゐる。

◎神戸市

本市も海陸より東京、橫濱方面の避難民が大阪市に亞ぐ避難者を見たので市の救援部と聯絡を保ち五日より九日迄に八十八人を取扱ひ大部分は紹介されてゐる。尙右の外同所附帶事業である神戸市驛前の案內所では百五十人取扱つてゐる。

◎京都市

市內二ヶ所の職業紹介所で取扱ふ外七日よりは驛前及本願寺の避難者收容所とに臨時出張所を設け罹難者中の求職者を紹介し十日迄の求職者百八十八人に對し百三十名を紹介したと云ふ好成績であつた。

◎名古屋市

同市には相當罹難が多かつたが當地で就職希望を有するもの割合に少く再び出發するものが相當多かつたが五日より九日迄に名古屋市職業紹介所で取扱つた求職者百十六名中八十二名紹介してゐる。

尙此以外の職業紹介所に於ても極力避難求職者の職業紹介の勞を取つた事は云ふ迄もない。今四都市に於ける九月四日より三十日迄の罹災求職者取扱數を示せば左表の通りである。

取扱職業紹介所	求職者數	紹介件數
大阪市立職業紹介所（十二ヶ所）	一〇、五八〇	七、五二六
神戸市立職業紹介所（四ヶ所）	一、六八八	一、三七二
神戸市日傭勞働紹介所（二ヶ所）	九九六	九〇四
京都市立職業紹介所（四ヶ所）	一、四二〇	一、〇四九
名古屋市職業紹介所	一、七一二	一、四一四
合計	一六、三九六	一二、二六五

以上の如く罹災者の紹介に就ては管內各職業紹介所は出來得る限り之に努め相當好果を收めたる跡は窺れる。

十三、熟練勞働者の大口求人及び各種の集團的解雇の概況

大阪地方職業紹介事務局開設以來の熟練勞働者の大口求人、大口解雇並びに之が就職斡旋紹介顚末の概要經過昭和七年末迄のものを要約するに、大阪地方職業紹介事務局創設以來と云ふも、大正十二年四月大地局設置せられて翌大正十三年十一月廿七日施行規則公布せられたが、同規則の實施は翌大正十四年一月一日より施行されたので未だ聯絡手續の如きも管內に系統的に整備されてはゐなかつた。

然し乍此の種の問題に關しては大正十二年及大正十三年の二ヶ年間は最も熱心に考究された年で、加之熟練職工の大口求人大口解雇等最も頻繁に發生した年度であるが、各職業紹介所は常に緊密なる聯絡提携を保ち互ひに協調協力して其の都度々々極めて機宜の措置對策を講じつゝ最も優秀なる紹介成績を擧げてゐる。

先づ大正十二年四月新潟縣青海電氣化學工業株式會社青海工場より大阪市中央職業紹介所宛、カーバイト硫酸製造職工百人の申込ありしを嚆矢とする。當時大阪市內各職業紹介所へ通報し求職者斡旋せる處、同五月十日迄に希望求職者四名ありしに過ぎず、依つて當局に於いては同社員の來阪を需め工場の內容調査したる處、有力なる求人と認め管內二十二職業紹介所へ通報極力斡旋の結果同六月二十一日に至り應募者續出し結果社員出張の上合計九十八名を採用決定し現地へ向ひ出發せしめた。その後一部分は歸還したのもあるが家族移住者は全部落着き就業しつゝあつた。

次いで同年六月十一日に至り呉市職業紹介所より聯絡に係る呉軍港用達人長澤元太郎求人の軍港艦船及海軍工廠用石炭及錬炭の陸上積込職夫男百五十人、女五十人の申込を受けたるを以つて比較的現地最寄の十九職業紹介所に當局より通報し紹介斡旋に努むる事があつた。爾後大正十三年より大正十四年末頃にかけては大小幾多の求人申込、大口解雇相次ぎ應接多忙を極めたるも常に各職業紹介所は極めて機宜の紹介對策を講じ良好の成果を收めてゐる。

一般財界の不況に伴ひ求人は大正十五年より昭和六年に至る迄極めて不良にして特に求職數に就いては又此の期間中むしろ反對に增大の傾向あり、就職率を見れば昭和二、三、四、五、六の各年次最も低減を示してゐる。

昭和七年一月以降に及んで日支事件の突發に依り陸海軍官營工場方面に於いて俄かに職工增員の必要に迫られ求人活況を呈して來た。民間工場方面に於いても之と及びインフレ景氣影響に依りてか逐次工場の擴張職工の增員をなすもの相生じたる爲め昭和二年以來一般的操短の爲め逐年解雇された失業中の熟練職工も次第に就業の機會を得、昭和七年八月末に至り早くも旋

盤その他熟練職工の拂底を來し、各工場方面の熟練工求人あるもその需要數を充足するに困難を生ずるに至つた位である。昭和七年九月以降の實情は中修又は不熟練職工は相當あるも熟練工に至つては失業中の者は極めて少數の如く觀察される。

大正十二年以來昭和七年末に至る主なる熟練職工の大口求人大口解雇及之が就職斡旋狀況を逐年別に擧ぐれば次の通りとなる。

大正十二年四月新潟縣下青海、青海電氣化學工業會社青海工場、カーバイト硫酸製造職工一〇〇人求人。

大正十二年四月大阪市中央職業紹介所に職工百名求人申込をなせる青海電氣化學工業株式會社に對しては大阪市立、名古屋市立、神戸市立、東松原等各職業紹介所斡旋取扱の結果四、五、六、三ケ月間求職者百三十八人を紹介し内百二十二人就職せしむ。

大正十二年五月、神奈川縣浦賀船渠株式會社熟練仕上工五十名求人。

五月十三日同社高村職工課長、長崎市職業紹介所へ出張求人申込をなし、同十四日より十八日迄毎日應募者の詮衡をなし、二十七名採用決定し、同月卅一日迄に夫々就職濟。

求職者八十九名を紹介し都合六十五名の就職者を出せり。

大正十二年六月、神戸市川崎造船所職工大口解雇。

川崎造船所に於いては大正十二年春以來老朽職工陶汰の名目を以つて通計二百八十餘名を解雇した。之に對し神戸市職業紹介所を中心として各職業紹介所と聯絡し之が就職斡旋に盡力する所があつた。

大正十二年九月、關東大震災避難者職業紹介

關東地方大震災に依る避難者の職業紹介は各都市毎に救援部を設け之が受付並に紹介斡旋に力むる處があつた。事務局に於いては大阪、神戸、京都、名古屋の各市に職員應援に出動し罹災民に同情ある各種各方面の求人者より大口小口を問はず求人の開拓をなし就中東洋螺旋會社の五十名求人、大阪電機製作所の三十名求人等は何れも素人職工の申込であるが之等を筆頭として各方面に及んでゐる。

各紹介所の紹介取扱狀況は、大阪市に於いては九月九日現在にて求職者受付五百八十六人、内四百九十三名を紹介、京都市に於いては九月十日現在にて求職者百八十八名の内百三十名を紹介、神戸市に於いては九月九日現在で求職者二百三十八人の内、その大部分は紹介し、又名古屋市に於いては九月九日現在にて求職者百十六名の内紹介件數八十二名に上つてゐる。

然して更に同月中、下旬に至り罹災求職者數も逐次增加し来り各職業紹介所は之が取扱の為めに益多忙を極むるに至りたるが、九月十八日現在の數字に依るも管內求職者受付數八千九百四十八人、紹介數六千六百五十六人に達し、更に九月四日以降九月末日迄に於ける大阪、神戸、京都及名古屋の四大都市各職業紹介所の取扱總數は求職者一萬六千三百九十六人に及び內一萬二千二百六十五件と云ふ尨大なる計數を示してゐる。罹災者に對する職業紹介は主として上記の四大都市各職業紹介所扱のものであるが之が隣接都市の職業紹介所扱のものも少數あるわけで九月、十月、十一月と順次その扱件數は減少して居る。此の三ヶ月間に渡る扱數を總計して見ると、

		九月	十月	十一月
求職者	男	一六、五二七人	一一、九三八人	六、二三八人
	女	五七一	四一七	一九一
	計	一七、〇九八	一二、三五五	六、四二九
紹介件數	男	三、四五一件	八、三九五件	四、二三二件
	女	五七〇	三六一	一五三
	計	一四、〇二一	八、七五六	四、三八五

而して此の三ヶ月間扱を通計すれば、求職者三萬五千八百八十二人、紹介件數二萬七千百六十二人に上るわけである。

大正十二年十月、三菱長崎造船所解雇。

八六

十月十一日發表の同所解雇數は總計千餘名にして社員及職工を含み內職工は製鋼部と電機工場のみに行はれ浦上製鋼部は全く之を閉鎖し全部八百名を解雇、電機工場の分は二百五十名を工場と共に神戸に之を移し、その半數を解雇する事となつた。而して同月二十五日迄に社員三百三十名職工四百七十名に各自申渡を了し末日迄に通計千二百二十名を解雇したわけで、その職工の職種別を擧ぐれば左の通りとなる。

造船職工　四百名（木工、鐵工）
造機職工　三百五十名（仕上工、旋盤工、鑄物工、製罐工、鍛冶工、木工等）
製鋼職工　三百名（鑄物工、機械工、木型工等）

大正十二年十月、海軍工作廳第二次職工整理

華府條約の効力發生と海軍廢棄作業方法決定と共に十一月二十日發表の各工作廳の解雇職工數は左の通りである。

横須賀工廠	一、七〇〇名
同　建築部	二〇〇名
呉工廠	九〇〇名
同　建築部	二〇〇名
舞鶴工廠	九〇〇名
佐世保工廠	四〇〇名
同　建築部	二〇名

東京技術研究所　五〇〇名
其　他　二〇〇名
計　五、〇二〇名

その内同月末迄に發表された當局管内の解雇職工數は舞鶴の八百九十六名、呉の八百六十四名、佐世保の三百七十九名、計二千百三十九名である。既に關東震災後斯く多數解雇あり、爲紹介斡旋上多大の困難あり、當局に於いては管内各地の會社、工場の有力なものに三百餘ヶ所求人依賴狀を發送して各職業紹介所と協力して極力求人の開拓に力めた。而して有望なる所には直接局員及各職業紹介所員往訪の上交涉に當る事とした。

その結果、藤永田造船所五十名、鳥羽造船所四十三名奥村電機商會十三名、愛知時計五十名等を筆頭として各方面より相當求人あり、其の外職業紹介所としては人事相談、海外移民相談、失業調査その他就職斡旋方法を講じた。そして同月十日より二十一日迄十二日間呉及舞鶴兩地の求職者取扱成績は計求職者數四百五十四名、紹介數二百七十九名に達し、その他各地職業紹介所に於いても相當の成績を擧げたわけである。

大正十二年十二月、浦賀ドック熟練工五百名求人。

神奈川縣浦賀ドック株式會社より中央事務局に對し十二月二十一日付を以って仕上百五十名、鐵工百二十名木工百名、船工十名、旋盤十五名、銅工三十名、電氣工四十名、製罐工二十五名、鍛工十名、計五百名の求人申込あり。募集豫定地とし長崎、佐世保、呉、舞鶴名古屋の五地方を指定し、大正十三年一月及二月中、同社高村職工課長各地へ出張の上詮衡開始の筈で、我大地局へも聯絡通報あり。管内各職業紹介所に通報斡旋開始の所、呉市職業紹介所にては三月十九日現在にて五十三人を紹介、採用確定者三十九人、保留者七人を出し、長崎市職業紹介所は十一名を紹介したるも尙欠員補充の必要あり四月十一日に至り、第二次九十三名の求人を依賴し來る。四月十六日求職者五十七名紹介し、四十九名採用決定した。

大正十三年三月、鳥羽造船所職工百二十人求人。

三重縣志摩郡鳥羽造船所より呉市職業紹介所に對し三月十一日付熟練工各職種通計百二十人求人の申込があり、呉市職業紹介所にては極力求職者の斡旋に力めたる結果、同月十九日現在にて求職者數八十一人、紹介者五十三人、採用決定者三十九人に確定した。長崎市職業紹介所は求職者五十七名、紹介數五十九件、採用決定者四十九名を出した。

大正十三年五月、陸軍職工大整理。

五月末解雇發表の解雇職工は陸軍造兵廠、被服廠、糧秣廠、航空部其他通計四千五百名に上り、內當局管內の分は三千三百三十名で六百名の大阪工廠、三百名の名古屋工廠、二百名の京都宇治火藥製造所、百名の小倉兵器製造所を主とし、之が紹介對策として同月十二日協議の結果、管內十八ヶ所を以つて聯合職業紹介所を組織し、毎日八名宛、同月二十一日より二十四日迄工廠へ出張し求職者の斡旋紹介に當る一方、各方面へ求人開拓に力め、外に各地共夫々職業相談、人事相談等に盡力した。

大正十二年五月中大口求人。

同年五月中に現はれたる大口求人各種及之に對する紹介成績概要を示せば次の通りになる。

日本製鋼廣島工場四十五名紹介し、四十一名採用。東京光學工業八十一名紹介　四十四名採用。奥村電氣商會七十名紹介、三十五名採用。其の他川那坩堝、島津製作所、住友伸銅所、日清製粉神戸工場、山陽工作所、澤竹機械工業、大分セメント等は何れも五十名未滿の求人なるも、之れに對しては夫々各職業紹介所より若干の紹介斡旋をしてゐる。

大正十二年五月、造幣局職工解雇。

五月二十一日發表造幣局解雇職工總數六百九十二名、

之に對し大阪市中央、同梅田、天六、大阪婦人ホーム及當事務局聯合同局內に出張所を設け、五月二十一日より卅一日迄紹介事務取扱を開始したが、求職者數四百五十七人紹介件數四百四十三件をなし、一方管內地方に對しては一般的求人開拓斡旋に力むる所があつた

大正十二年六月、海軍職工大口解雇。

同年六月發表の解雇數は當局管內の分二千二百有餘の多數に上る。

佐世保、呉及舞鶴には夫々臨時出張所を設け、六月十日より廿四日迄紹介斡旋に力むる所があつた。取扱狀況は佐世保、呉及舞鶴を通計して求職者數千七百四十九人、求人數二千三十二人、紹介件數八百十九人、就職者數三百七十四人と云ふ成績を示してゐる。

大正十二年八月、日立製作所大口求人。

八月十四日茨城縣助川日立製作所日立工場求人二百二十八名求人の申込を受けた東京地方職業紹介事務局よりの聯絡に依り、管內二十三ヶ所の職業紹介所は特別奔走の結果應募者百六十三名あり、八月二十八日に至り同局より滿員取消の通知ありし爲紹介するに至らず遺憾の點があつた。

大正十二年十一月、長崎三菱造船所大口解雇。

十一月十五日長崎市三菱造船所に於いて製罐工百十四

人解雇さる。

大正十三年六月、大阪市電大口解雇。

大阪市電勞働爭議の犧牲者として百七十一名解雇されたが、各職業紹介所に於いてその就職斡旋をした。其の中大阪市中央職業紹介所にて扱ひたる成績は求職者五十人に對し四十三人を紹介し、内二十五人を就職せしめてゐる。

大正十四年四月、陸軍大阪工廠大口解雇。

男工二百九十二名、女工二十三名、合計三百十五名、名古屋工廠が男工二百九十八名、女工三十九名、合計三百三十七名、就中大阪工廠の分は大阪市中央紹介所扱に係る、求職者六十七名、紹介四十四名を出してゐる。

大正十四年四月、大阪陸軍被服支廠大口解雇。

男工三十一名、女工十九名、合計五十名を解雇し、廣島陸軍被服支廠は男工三十九名、女工七十一名、合計百十名を解雇した。

大正十四年四月一日、宇治火藥製造所。

男工二百二十三名、女工二十四名、計二百四十七名を解雇してゐる。前記陸軍被服支廠及宇治火藥製造所は何れも大阪市中央職業紹介所に就職斡旋方を依頼し來り、大阪市中央職業紹介所では各紹介所と協力して極力之が紹介斡旋に力むる處があつた。

大正十四年四月海軍工廠解雇。

四月十五日管内關係の分解雇總數一千七百名。その内主なるもの呉男工二百五十五名、女工四名、計二百五十九名。舞鶴男工百一名、女工六名、計百七名。德山燃料廠福岡採炭部百三十名、呉火藥部百名を解雇した大阪市中央紹介所へ聯絡と共に管内各職業紹介所に於いて協力して之が紹介斡旋に力むる所あつた。

大正十四年六月、長崎三菱造船所大口解雇。

六月二十三日長崎三菱造船所に於いて一千六百五十四名の職工を解雇した。

縣市及各職業紹介所協力の上極力之が紹介斡旋に盡力したが七月廿日現在に於ける斡旋成績は求職登錄百九十四名、人事相談二百三十四名、紹介件數二十六、就職者十六名を出してゐる。

大正十五年一月、海軍工廠見習工求人。

呉工廠の分各種通計百五十 人、佐世保工廠の分五十九名、合計二百十八人で呉市及長崎市職業紹介所を中心として管内一般各職業紹介所は少年職業指導協議會等の機會を利用して極力求職者の開拓に力むる所があつた。

昭和二年七月、神戸川崎造船所の大口解雇。

七月川崎造船所の解雇數二千九百八十一名、内本社工場二千百四十六名、兵庫工場五百九十九名、飛行機工場四十六名、葺合工場百九十名を出してゐる神戸市木村社會課長大奔走の結果各職業紹介所は右解雇職工の就職斡旋に力むる所があつたが、求職者の受付は一千八百五十七名に達し、求人開拓の結果一千四百九十八名の求人を得て八百八十五名を紹介してゐる。

昭和三年五月、陸軍大阪工廠の大口求人申込。

五月十一日、陸軍大阪工廠より濟南事件の爲め臨時旋盤工四百六十名の申込を大阪市中央職業紹介所になした所、之に對して各職業紹介所聯絡し、公告、掲示、新聞等を利用し、更に市内の主なる機械工場と聯絡をとり、かり集めた結果三百九十名の求職者を得、二百八十一名の採用決定數を得夫々就職せしめてゐる。

昭和四年二月、合同毛織株式會社の大口解雇。

二月合同毛織株式會社千九百五十名を解雇した。内中津工場の分九百五十名を有し、之に對して薩埵人事課長が大阪市中央職業紹介所長を訪ひ懇願ありし爲、中央紹介所は各所と聯絡の上極力之が紹介斡旋に力むる所あり、大阪市中央のみにて二十餘名の就職者を出してゐる。

昭和四年二月、三平金屬及村尾ドックの大口解雇。

二月、三平金屬工業長柄工場にて百四十名の職工解雇をしてゐる。同じく村尾ドックが四百名を解雇してゐる。

之等に就いては大阪市中央職業紹介所を中心として各職業紹介所と聯絡の上極力右解雇職工に對する就職斡旋に力むる所があつた。

昭和五年二月、大阪浪花染工場大口解雇。

二月、浪花染工場に於いて若干數の職工を解雇し、大阪市職業紹介所は之が就職斡旋に盡力する處があつた。

昭和五年四月、大阪機械工作所大阪鐵工所及堺梅鉢工場解雇。

大阪機械工作所及大阪鐵工所、堺梅鉢鐵工所等にて各若干數の大口解雇をしてゐる。

之に對しては大阪市内及大阪府下堺職業紹介所等に於いてその申込求職者を受付、之が紹介斡旋に力むる所あつたが、何分不況の折柄各方面共求人硬塞して之が紹介成績思はしからざるものがあつた。

昭和六年七月、三菱倉庫株式會社求人申込。

七月、同社より中等程度學校卒業の男子をタリーマン計量係として二十五名の求人申込あり、大阪市中央職業紹介所にて受付開拓の結果八十餘名の求職申込あり十八名を紹介就職せしむ。

昭和七年一月、大阪中山薄鐵板株式會社求人申込。

一月七日、同社工場より各種熟練職工八十名の求人あり、京阪神各職業紹介所へ通報盡力の結果四十四人を紹介し內十四名採用就職した。

その他の需要は會社に於いて直接一般應募者より詮衡の上之を採用充員したる由。

昭和七年二月、陸軍造兵廠大阪工廠大口求人。

陸軍造兵廠大阪工廠は時局に依る作業擴張の爲め臨時増員職工として旋盤工三百三十名、仕上工百名、鍛工三十名、外雜工若干名の求人を大地局へ申込ありたる爲、當局は京阪神地方各職業紹介所に之を通報し、互ひに協力の上極力之が應募就職者の紹介斡旋に力むる處があつた。その結果二月末日現在に於いて千二百五十九人を紹介し、その內採用確定就職のもの三百三十三名を出したるも工廠に於いては更に三月三日に至り旋盤工百名を追加申込したる爲、更に京阪神各職業紹介所協力して極力之が應募者の開拓に力むる所があつた。

工廠側は職業紹介所に求人申込をなせる外軍人出身の者を雜役工として採用し、直接之が詮衡面接をなしたる爲、當初職業紹介所に來所の應募就職者に對しては直接工廠より供給希望なかりし等の爲之を紹介しざりし等の爲、前記紹介成績よりも應募就職者の數は遙か多數に上れるはずであり、凡その倍はありし樣である。

昭和七年二月、大阪陸軍大阪工廠の大口求人申込。

二月五日、陸軍大阪工廠より滿洲事變の爲旋盤工四百三十名、仕上工百名、鍛冶工三十名、雜工若干名の求人申込あり。大地局より各職業紹介所へ聯絡通報の結果應募者二千五百人を得、その中千二百三十七名を紹介した。

昭和七年六月、陸軍大阪工廠大口求人。

陸軍造兵廠大阪工廠は六月五日フライス工十名、旋盤工十名、仕上工十名を申込、更に同月二十日及び二十三日再度に於いてフライス工十名或は二十五名を申込翌月十三日に至り旋盤工百名及フライス工十名の求人申込をし、都合百七十五名の申込をしてゐる。之に對して京阪神各職業紹介所は新聞掲載又は掲示放送等をなし、極力應募就職者の集中に力めたるも、時節柄應募就職者約千數百名に達し、之に對し八百五十名を紹介したる所、內二百五十二人を採用就職せしむる事が出來た。

求人數に對し遙か就職者數の多きは二、三月以來第一次の求人に於ける採用不足分を今回の求人に於いて補塡したる結果に依るものである。

而して今回採用確定就職者の職種別を見れば

旋盤工	一八八
仕上工	六三
フライス工	一三
計	二六四

となる。

職業紹介所(京、阪、神各)より紹介せるもの大部分を占め居るも別に工廠にて直接、面接採用せるもの若干名あり。之等は何れも職業紹介所を經ずして單獨に出頭したるものである。

昭和七年七月、舞鶴工作部大口求人。

七月十三日、舞鶴工作廠より旋盤工百二十名の求人申込あり、主として阪神兩市各職業紹介所へ通報し應募求職者の紹介斡旋に力むる處あつたが、應募求職者は若干名にして之に對し七十八名を紹介し、四十四名が採用確定就職した。

昭和七年七月、愛知時計會社大口求人。

七月六日付、名古屋市愛知時計株式會社より旋盤工五十名及仕上工十名の求人あり。大阪市中央職業紹介所へ直接通報ありしため同所に於いては專ら之が應募者の開拓をなし二十九名の書類を整備して之を名古屋へ送り、名地局の斡旋の下に書類豫選をなしたる結果四名採用決定し、四名出立夫々就職した。

昭和七年八月、陸軍大阪工廠大口求人。

八月八日、製圖工百名の求人あり、直ちに聯絡通報を發し放送したるも、主として大阪市內各職業紹介所の斡旋紹介を得たる結果七名を紹介し、三名採用決定就職してゐる。その他の不足分は直接工廠へ應募來所せしものに就きて工廠側に於いて面接採用補充し得たる由である。

昭和七年九月二十九日管內所長會議の折熟練職工に關する之が紹介要綱制定の議があり、十月十九日及十一月十八日各特別委員會審議の結果左記の通り成案可決を見て昭和七年十二月二十四日付で管內一般職業紹介所に通牒し、翌昭和八年一月二十日より此後之の要綱に依り熟練工の取扱をなす事となつた。その要綱は左の如し。

第一章　總　則

第一條　本要綱ハ金屬、機械、器具、船舶、車輛及兵器等ノ製作ニ從フヘキ職工ノ集團的職業紹介ニ之ヲ適用スルモノトス

前項ニ云フ熟練工トハ一定ノ技術ヲ修得シテ相當年數ノ經驗ヲ有スルモノヲ指ス

第二條　本要綱ハ大阪地方職業紹介事務局管內ニ之ヲ適用ス

第二章　求人ノ受付調査方法

第三條　職業紹介事務局又ハ職業紹介所ハ熟練職工求人ノ申込アリタル場合ハ求人者ニ面接ノ上一般雇傭條件ノ外左ノ各號ニ付精査確定ヲナスヘシ
一、職別求人員數
二、紹介期限、技能經驗ノ標準及限界
三、採用地域
四、一般募集方法
五、紹介方法
六、求職者ノ推薦方法
七、求職者ノ準備書類
八、採否決定ノ時期及方法
九、就職入場ノ手順
一〇、旅費ノ給額及支給法
一一、出張詮衡ノ日程及方法
一二、其他必要ナル事項
第四條　求人者ニ於テ身体並技能檢査ノ標準及身分審査事項ニ關スル内規アルモノハ之ヲ調査スヘシ
第五條　身体檢査ノ標準ハ左ノ各部ニ留意スヘシ
一、身長（標準、最短、最長）
二、体重（標準、最少、最大限）
三、胸圍（標準、最少、最大限）
四、視力（近視欠格限度、遠視欠格限度）
五、不適格標準疾病
六、事情斟酌ノ疾病
七、畸形

第三章　聯絡ノ方法

第六條　求人ノ受付ニシテ紹介困難ナルモノハ速ニ大阪地方職業紹介事務局ニ通報スヘシ
但採用地域ノ指定其他特別ノ事情アル求人ニ對シテハ關係職業紹介所ト直接聯絡ニ依ルコトヲ得
第七條　聯絡ハ求人聯絡日報、ラヂオ放送、電話其他便宜ナル方法ニ依リ通報スヘシ

第四章　紹介方法

第八條　求職者ノ紹介ハ聯絡通報ヲ受ケタル職業紹介所、直接求人者ニ對シ之ヲ紹介スヘシ
第九條　求職者ヲ紹介セムトスル場合ハ條件ノ適否ヲ審査シ適格者ニ對シテノミ之ヲ紹介スヘシ
第十條　紹介ノ場合ハ求職者ヲシテ特ニ條件トシタルモノ、外ハ自筆履歴書、印章及技能經驗ヲ證明スルニ足ル書類ヲ携行セシムヘシ
第十一條　紹介事務統制ノ必要アルトキハ求人受付職業紹介所之ニ當ル

第五章　顚末整理

第十二條　採否ノ結果ハ求人者ヨリ求人受付紹介所ニ報告ヲ徴スヘキモノトス
第十三條　紹介ノ顚末ハ其都度大阪地方職業紹介事務局ニ報告スヘシ
第十四條　顚末調査濟ノモノハ大阪地方職業紹介事務局ヨリ其ノ都度各職業紹介所ニ通報スヘシ

十四・大阪地方職業紹介委員會

大正十三年二月二十日勅令第二〇號を以て委員會官制が公布せられ、次いで同年三月十八日左の諸氏が委員に任命せられた

會長	大阪府知事	中川望
委員	大阪府書記官	吉村哲三
〃	兵庫縣書記官	黑瀬弘志
〃	タンロツプゴム極東株式會社支配人	武藤健
〃	大阪汽車製造株式會社々長	長谷川正五
〃	安川電機株式會社社長	安川第五郎
〃	勞働者利益代表者	宇野利右衛門
〃	〃	山名義鶴
〃	〃	久留弘三
〃	大阪市助役	加々美武夫
〃	大阪職業紹介所長	八濱德三郎
〃	大阪市主事	埴岡信夫
〃	職業紹介事務局事務官	久田宗作
幹事	地方事務官	山崎巖
〃	職業紹介事務局事務官	久田宗作

爾來會長は大阪府知事田邊治通、同力石雄一郎、同柴田善三郎、同齋藤宗宜の諸氏を經て現大阪府知事縣忍となり、委員に任命せられしは京都府書記官森岡二朗、兵庫縣書記官八木林作大阪市理事山口正、大阪市主事松村義太郎、大阪府書記官山本理一、京都府書記官大竹信治、兵庫縣書記官佐藤正俊、大阪府書記官上田莊太郎、兵庫縣書記官川崎末五郎、職業紹介事務局事務官齋藤亮、阪田齊次郎、京都府書記官福島繁三、京都府で阪本委員の任命となつたものである。

現在委員の氏名を擧ぐれば次の通りである。

會長	大阪府知事	縣忍
委員	京都府書記官	川久保常次郎
〃	大阪府書記官	崎山省吾
〃	兵庫縣書記官	石建國次郎
〃	タンロツプ護謨極東株式會社重役	武藤健
〃	大阪汽車製造株式會社々長	長谷川正五
〃	郡是製糸株式會社社長	遠藤三郎兵衛
〃	工業教育會	宇野利右衛門
〃	勞働代表	山名義鶴
〃	日本勞働總同盟	坂本孝三郎
〃	大阪市理事	山口正
〃	大阪市主事	松村義太郎
〃	大阪職業紹介所長	八濱德三郎
〃	職業紹介事務局事務官	遊佐敏彦
幹事	〃	遊佐敏彦
〃	地方事務官	藤澤喜久郎

尙委員會に對する諮問事項及之に對する答申並建議事項を擧ぐれば次の通りである。

社發二部第一七一號

大阪地方職業紹介委員會

刻下ノ失業狀態ニ鑑ミ大阪地方職業紹介事務局管內ニ於ケル日傭勞働者及俸給生活者ノ失業者ニ對スル職業紹介ニ關シ其ノ實績ヲ擧クルニ最適切ナル具体的方策ニ關スル其ノ會ノ意見如何

右諮問ス

大正十四年三月二十三日

內務大臣　若槻禮次郎

答申

大正十四年四月三十日

大阪地方職業紹介委員會々長　中川望

內務大臣　若槻禮次郎殿

社發二部第一七一號ヲ以テ諮問相成候大阪地方職業紹介事務局管內ニ於ケル日傭勞働者及俸給生活者ノ失業者ニ對スル職業紹介ニ關シ其ノ實績ヲ擧クルニ最モ適切ナル具体的方策ニ關スル件愼重審議ヲ遂ケ別紙ノ通及答申候也

一、大阪地方職業紹介事務局管內ニ於ケル日傭勞働者ノ失業保護ニ關シテハ左記各號ノ對策ヲ實施シ各地方ニ於テ該地方全体ノ需給調節ヲ講シ勞働市場ノ組織化ヲ圖ルヲ以テ最緊要事ナリト認ム

イ、日傭勞働者ノ雇傭ニ關シテハ公營勞働紹介所ヲ利用セシムル爲官公營事業ニ關シテハ關係官公衙ノ當該主任者、民間事業ニ關シテハ當該事業主ヲ以テ各協議會ヲ組織スルコト

ロ、勞力ノ供給者ハ請負ニ從事スル者妄ニ繩張リト稱シ一定ノ地域內ニ於ケル勞力ノ需給ヲ壟斷シテ公營勞働紹介機關ノ機能ヲ妨クル所尠カラス故ニ勞力供給ニ關スル取締法規ヲ設ケテ其ノ取締ヲ嚴ニシ以テ公營勞働紹介所ノ職能ヲ發揮スルニ努ムルコト

ハ、一般雇傭主ヲシテ公營勞働紹介所ヲ利用セシメント欲セハ賃銀立替拂、傷病者扶助等ノ施設ハ極メテ緊要ナリト雖現下ノ狀勢ニ於テハ自治体ニテ之ヲ實行スルコト容易ナラサルカ故ニ職業紹介法若ハ他ノ特別法規ニ依リ之カ實施ノ途ヲ講シ以テ日傭勞働紹介機關ノ活動ヲ完カラシムルコト

二、大阪地方職業紹介事務局管內ニ於ケル俸給生活者ノ失業保護ニ關シテハ左記各號ノ對策ヲ實施スルヲ以テ最緊要事ナリト認ム

イ、大阪地方職業紹介事務局管內ニ於ケル主要都市ニ俸給生活者專門職業紹介所ヲ設置シ以テ俸給生活者ノ失業保護ニ努ムルコト

ロ、俸給生活者ノ雇傭ニ關シ公營職業紹介所ヲ利用セシムル爲官公衙學校各種團体會社銀行工場及商店等ノ代表者ヲ以テ協議會ヲ組織スルコト

發業第三九八號

大阪地方職業紹介委員會

一、市町村職業紹介委員ノ最モ有効ナル活動方法如何
二、少年職業紹介ニ關シ最モ適切ナル具体的方策如何

右諮問ス

大正十四年九月九日

大阪地方職業紹介事務局長　久　田　宗　作

大正十四年十二月八日

大阪地方職業紹介委員會々長　中川　望

大阪地方職業紹介事務局長　久田宗作殿

答　申

大正十四年九月九日附發業第三九八號ヲ以テ諮問相成候一、市町村職業紹介委員ノ最モ有効ナル活動方法二、少年職業紹介ニ關シ最モ適切ナル具体的方策ニ付審議ヲ遂ケ別紙ノ通リ及答申候

一、市町村職業紹介委員ノ最モ有効ナル活動方法

市町村ハ職業紹介所ノ事業ノ運用ノ爲メ傭雇者、勞働者及一般代表市町村民ヨリ成ル委員ヲ設ケテ其ノ意見ヲ徴シ其ノ援助ヲ求ムルハ刻下ノ緊要事タルヲ以テ各其ノ地方ノ情況ニ應シテ之カ設置ニ努メ大要左ノ事項ニ就テハ委員ニ諮問シ又ハ其ノ補助ヲ求ムルヲ適當ナリト認ム

記

一、職業紹介所ノ事務ノ執行ニ關スルコト
イ、求人口ノ捜索並開拓ニ關スルコト
ロ、求人又ハ求職ノ取扱ニ關スルコト
ハ、就職後ノ保護ニ關スルコト
ニ、職業紹介所利用ノ宣傳ニ關スルコト
ホ、職業紹介ノ機能ヲ發揮スル爲メ同業組合又ハ勞働組合トノ聯絡ヲ密接ナラシムルコト
二、職業紹介所ノ設置又ハ廢止ニ關スルコト
三、職業紹介所ノ組織又ハ設備ニ關スルコト
四、職業紹介所ノ經費豫算ニ關スルコト
五、其ノ他職業紹介所ノ經營ニ關シ市町村長ニ於テ必要ト認メタルコト

二、少年ノ職業紹介ニ關シ最モ適切ナル具体的方策

少年ノ職業紹介ニ關シテハ大正十四年八月二十二日大阪地方職業紹介事務局收業第三四五號ノ一少年職業紹介ニ關スル件通牒少年職業紹介ニ關スル施設要領ヲ以テ大体妥當ト認ムルモ之カ實施ニ關シテハ左記事項ヲ附加スルノ要アリト認ム

記

一、少年職業紹介委員中ニ商工業者ヲ加フルコト
二、少年ノ就職後ノ保護ニ關シテハ少年職業紹介委員、學校職員、學務委員、民間篤志團体（婦人會、青年團、在郷軍人、

宗教團体、方面委員其ノ他一般社會事業團体等）ト聯繫シテ之ニ當ルコト

發社第三三八號

大阪地方職業紹介委員會

管内ニ於ケル少年職業紹介ニ關シ一層其ノ實績ヲ擧クルニ最モ適切有効ナル施設ニ關スル其ノ會ノ意見ヲ諮フ

大正十五年十一月一日

内務大臣　濱口雄幸

大正十五年十二月四日

大阪地方職業紹介委員會々長　中川望

内務大臣　濱口雄幸殿

答申

大正十五年十一月一日發社第三三八號ヲ以テ諮問相成候管内ニ於ケル少年職業紹介ニ關シ一層其ノ實績ヲ擧クルニ最モ適切有効ナル施設ニ關スル件愼重審議ヲ遂ケ別紙ノ通及答申候也

一、職業撰擇ノ重要ナルニ鑑ミ十六歳未滿ノ少年ノ雇傭ハ職業紹介所ヲ通シテ之ヲ行フコト但シ職業紹介所ノ設ナキ地方ニアリテハ特ニ小學校卒業兒童ノ就職斡旋ノ爲適當ノ施設ヲ爲スコト

二、職業紹介所々在市町村ニ於テハ學務委員、小學校教員、醫師、職業紹介所職員及商工業者ノ代表ヨリ成ル少年職業紹介委員ヲ設置シ委員ハ少年ノ職業紹介、職業指導並就職後ノ保護ニ關シテハ便宜民間篤志團体（婦人會、青年團、在鄉軍人宗教團体、方面委員其ノ他一般社會事業團体等）ト聯繫シテ目的ノ達成ヲ期スルコト

三、少年職業紹介ノ効果ヲ擧クルニ遺憾ナカラシムル爲左ノ各項ヲ實施スルコト

イ、國定教科書中ニ職業ニ關スル思想涵養上必要ナル事項ヲ一層多ク加フルコト

ロ、小學校ニ職業指導ノ擔任教師ヲ置キ尋常科最終學年ニ於テハ兒童ノ志望ニ應シ必要ナル程度ノ職業指導ヲ行ヒ高等科ニ於テハ特ニ職業教科ノ實績ヲ擧クルニ努メ兼テ職業紹介所トノ聯絡ニ當ラシムルコト

ハ、少年職業紹介ニ從事スル職業紹介所職員及小學校教員等ニ對シ職業指導上必要ナル事項ニ付講習會ヲ開催スルコト

發社第一〇四號

大阪地方職業紹介委員會

職業紹介事業ノ機能ヲ充分ニ發揮スル爲移動職業紹介ニ關シ最モ有効適切ナル具体的施設ニ關スル其ノ會ノ意見ヲ諮フ

昭和三年十二月十一日

内務大臣　望月圭介

收委第一號ノ二四

昭和四年三月十二日

大阪地方職業紹介職員會々長　力石雄一郎

内務大臣　望月圭介殿

答申

昭和三年十二月十一日發社第一〇四號ヲ以テ御諮問相成候職業紹介事業ノ機能ヲ充分ニ發揮スル爲移動職業紹介ニ關シ最モ有効適切ナル具体的施設ニ關スル件愼重審議ヲ遂ケ別紙ノ通及答申候也

曩ニ女工其他婦人ノ職業紹介ニ關シ職業紹介事業ノ國營ヲ實施スルト共ニ募集行爲及營利職業紹介事業ヲ禁止シ以テ斯業ノ全國的統制ヲ圖ルノ必要ヲ答申セリ、右ハ移動職業紹介ノ機能ヲ發揮セントスルニ當リ最モ緊要ナル根本的施設ナリト認ムルモ差當リ移動勞働ノ狀態ニ鑑ミ常時的季節的及朝鮮人移動職業紹介ノ三項ニ分チ之カ具体的施設ヲ述ヘントス

常時的移動職業紹介ニ關スル事項

常時的移動勞働ニ關シテハ最近稍職業紹介機關ノ活動ヲ見ルニ至リタリト雖未タ其ノ機能ヲ十分發揮スルニ至ラス、即チ之カ改善施設ヲ要スヘキ事項ヲ擧クレハ左ノ如シ

一、移動職業紹介ノ統制ヲ全カラシムル爲メ地方職業紹介事務局ヲ増設シ移動職業紹介ニ知識經驗ヲ有スル專任職員ヲ置キ情報ノ蒐集調査竝ニ指導監督ニ當ラシムルコト

二、現行聯絡規定ハ其ノ手續煩瑣ニシテ移動職業紹介ノ運用上支障尠カラサルカ故ニ左記趣旨ニ依リ之ヲ改正スルコト

イ、集團的又ハ廣範圍ニ亘ル移動職業紹介ニ關シテハ職業紹介事務局其ノ衝ニ當リ臨機適當ナル聯絡方法ヲ定メ之カ統制ニ任スルコト

ロ、前項以外ノ移動職業紹介ニ就テハ職業紹介所ニ於テ適宜必要ナル職業紹介所ト直接聯絡ヲ圖ルコト

三、簡易ナル職業紹介所ノ設置ヲ認ムルコト

四、必要ニ應シ職業紹介所ニ移動職業紹介ニ關スル專任職員ヲ置クコト

五、求職者ニ就職上竝ニ經濟上ノ便宜ヲ與フル爲メ左ノ事項ヲ行フコト

イ、汽車、汽船賃割引ニ關スル各種制限ヲ撤廢シ且ツ其ノ適用範圍ヲ擴張シ就職者ノ家族ニモ其ノ特典ヲ與フルコト

ロ、旅費貸付ノ施設ヲ奬勵シ且ツ一般勞働賃銀立替ノ施設ヲ講スルコト

ハ、宿泊ノ便宜ヲ圖ルコト

ニ、必要ニ應シ求職者ノ身元保證及前職證明ノ施設ヲ講ス

ルコト

ホ、求職者ノ身体、學力及技能ノ檢査ヲ行フコト

ヘ、多數紹介ノ場合ハ職業紹介關係職員ヲ隨伴セシムルコト

六、職業紹介所ハ勞働組合又ハ職工組合等各種團体ト聯絡ヲ執リ紹介ニ努ムルコト

七、職業紹介所々在市町村内ニ於テハ當該職業紹介所長ノ承認ヲ受クルニアラサレハ勞働者募集從事者ニ依ル募集ヲ行フコト能ハサルコト

八、移動職業紹介ニ要スル通信及交通費ハ之ヲ國庫ノ負擔トスルコト

季節的移動職業紹介ニ關スル事項

季節的移動勞働ノ雇傭ハ從來殆ト公益職業紹介所ノ活動ノ範圍外ニ屬シ專ラ勞働者募集從事者ノ募集又ハ不規律ナル慣習ニ據リテ行ハルヽ結果遺憾ノ點尠カラサルモノアリ即チ之カ對策トシテ前述セル外特ニ施設スヘキ事項左ノ如シ

一、季節的勞働ノ需要並ニ供給地ニ町村又ハ町村組合立ノ季節的職業紹介所ヲ設置セシムルコト

二、事情ニ依リ杜氏、漁業出稼組合等移動勞働者組合ヲシテ職業紹介所ヲ設置セシムルコト

三、關係官公署、公益團体等ト協力シテ移動紹介ノ遂行ヲ圓滑ナラシメ且ツ雇傭條件ノ履行及改善ニ努ムルコト

四、特殊ノ技術ヲ要スルモノニ關シテハ職業輔導ノ施設ヲ講スルコト

五、多數紹介ノ場合ハ適當ナル指導員ヲ附シ移動及就業上ノ保護ニ任セシムルコト

六、官公署ノ直營工事ニシテ多數ノ勞働者ヲ使用スル場合ハ職業紹介所ヲ利用セシムルコト

朝鮮人移動職業紹介ニ關スル事項

近時朝鮮人ノ内地ニ移動シ工場、鑛山、農業及土木等各方面ニ職ヲ求ムルモノ甚タ多シ之カ移動職業紹介ニ關シ特ニ必要ト認ムル施設左ノ如シ

一、朝鮮ニ職業紹介所ヲ普及セシメ内地職業紹介所トノ聯絡ヲ圖ラシムルコト

二、内地ニ於ケル勞働ノ需給關係ヲ在鮮勞働者ニ知悉セシムルコト

三、内地ニ於テ必要ナル地方ニ朝鮮人專門ノ職業紹介所、宿泊所又ハ住宅等ヲ設ケ之カ失業保護ニ努ムルコト

發社第一一四號

大阪地方職業紹介委員會

職業紹介事業ノ聯絡並監督上改善又ハ施設ヲ要スヘキ具体的事項ニ關シ其ノ會ノ意見ヲ諮フ

昭和四年十二月二十六日

内務大臣　安達謙藏

收委第一號ノ二四

昭和五年三月十八日

大阪地方職業紹介委員會々長　柴田善三郎

内務大臣　安達謙藏殿

昭和四年十二月二十六日附發社第一一四號ヲ以テ御諮問相成候職業紹介事業ノ聯絡竝監督上改善又ハ施設ヲ要スヘキ具体的事項ニ關スル件愼重審議ヲ遂ケ別紙ノ通及答申候也

從來本委員會ハ職業紹介事業ノ機能ヲ充分ニ發揮スル爲メニハ先ツ職業紹介事業ノ國營ヲ實施スルト共ニ營利職業紹介其他一般勞働者募集ヲ禁止シ以テ勞務ノ需給調節ヲ全國的ニ統制スル必要アル所以ヲ屢答申セルカ今回諮問ニ係ル職業紹介事業ノ聯絡竝監督ニ關シテモ亦如上ノ制度ヲ確立スルヲ以テ根本要件ナリト認ム

殊ニ失業狀態益深刻ノ度ヲ加フル現時ニ於テハ諸般ノ失業對策ト相俟テ速ニ職業紹介事業ノ國營ヲ實施シ以テ斯業統制ノ組織ヲ樹立シ職業紹介網ノ完成ヲ期スルハ焦眉ノ急務ナリトス

以上ノ趣旨ニ依リ之カ具体的施設ノ大要ヲ述フレハ左ノ如シ

一、監督ニ關スル事項

一〇〇

（一）内務大臣管理ノ下ニ職業局ヲ置キ左ノ事務ヲ管掌セシム

一、職業紹介ノ聯絡及監督ニ關スル事項
二、失業ノ防止及救濟ニ關スル事項
三、勞務ノ需給統制ニ關スル事項
四、失業保險ニ關スル事項
五、職業指導ニ關スル事項
六、職業紹介所職員養成ニ關スル事項
七、失業及勞働事情ノ調査ニ關スル事項

（二）産業及勞務需給ノ關係ヲ考慮シ適當ノ區域ヲ定メ地方職業局ヲ置キ管轄區域内ニ於ケル前項ノ事務竝職業紹介所相互ノ聯絡ニ關スル現業事務ヲ管掌セシム

（三）地方職業局ニ現業ニ精通セル勞務官ヲ置キ職業紹介所ノ監督指導竝聯絡ニ關スル事務ヲ掌ラシム

（四）人口、産業及勞務需給ノ情勢ニ鑑ミ職業紹介所ノ規準ヲ定ムルコト尚必要ニ應シ支所ヲ設クルコト

二、聯絡ニ關スル事項

（一）集團的又ハ季節的聯絡紹介ニ關シテハ地方職業局其ノ衝ニ當リ臨機適當ナル方法ヲ定メ之カ統制ニ任スルコト

（二）前項以外ノ聯絡紹介ニ就テハ職業紹介所ニ於テ適宜必要ナル職業紹介所ト直接聯絡ヲ圖ルコト

（三）聯絡ノ要否ノ認定ハ職業紹介所長ノ裁量ニ委スルコト

三、其他國營實施ニ伴ヒ施設スヘキ事項

（一）朝鮮、臺灣、樺太其他植民地ニ國營ノ職業紹介所ヲ設置スルコト

（二）職員ノ採用ニ關シテハ特別任用ノ方法ヲ講スルコト

（三）勞務者雇入解雇ノ屆出ニ關スル法規ヲ制定スルコト

（四）雇傭證明制度ヲ實施スルコト

（五）失業者ノ登錄制度ヲ實施スルコト

（六）勞働移動ニ關スル交通費ヲ減免スルコト

（七）職業輔導及再敎育機關ノ普及充實ヲ圖ルコト

發社第一四四號

大阪地方職業紹介委員會

一、管內ニ於ケル工場勞働者ノ職業紹介ニ關シ一層其ノ實績ヲ擧クルニ有効適切ナル施設ニ關スル其ノ會ノ意見如何

二、除隊兵ノ職業紹介ニ關シ其ノ實績ヲ擧クルニ有効ナル施設ニ關スル其ノ會ノ意見如何

右諮問ス

昭和五年十二月二十七日

內務大臣　安達謙藏

收委第一號ノ二五

昭和六年三月二十四日

大阪地方職業紹介委員會々長　柴田善三郎

內務大臣　安達謙藏殿

答申

昭和五年十二月二十七日附發第一四四號ヲ以テ御諮問相成候管內ニ於ケル工場勞働者ノ職業紹介及除隊兵ノ職業紹介ニ關シ其實績ヲ擧クルニ有効適切ナル施設ニ關スル件愼重審議ノ上別紙ノ通決議及答申候也

第一問　工場勞働者ノ職業紹介ニ關スル事項

工場勞働者ノ雇傭ハ現在尙職業紹介機關ノ介在ヲ待タス舊來ノ慣習タル直接募集又ハ緣故紹介等ニヨリ成立スル場合多ク從テ之カ職業紹介ノ實績ハ商業使用人其他ニ比シ遜色アルヲ免レサルハ甚タ遺憾トスルトコロナリ、惟フニ徒弟制度ノ崩壞竝ニ技術習得ノ方法カ特殊的熟練ヨリ科學的知識ニ漸次施行シツヽアル事情ハ自ラ雇傭形態ノ變化ヲ促シ將來職業紹介機關ノ活動分野ヲ擴大スルコト必然ナリ、之カ對策ハ從來本委員會ニ於テ答申セル職業紹介事業改善ニ關スル諸方策ヲ樹立シ速ニ職業紹介所ノ國營ヲ斷行スルト共ニ其ノ組織構成ノ擴張ヲ計ルノ要アリト認ムルモ差當リ工場勞働者紹介ノ現狀ニ鑑ミ實施スヘキ事項ヲ擧クレハ左ノ如シ

一、全般的ニ職業紹介所ノ規格統一ヲ計リ殊ニ大都市ニ於ケル一般職業紹介所ハ之ヲ廢合整理シ各專門部ヲ綜合シタル大規模ノ職業紹介所ヲ適當ニ配置スルコト

二、工業都市ニ於ケル職業紹介所ニハ各種工業ノ業態別ニヨル

部門ヲ設ケ各部門ニハ當該勞働事情竝ニ雇傭狀況ニ精通セル職員ヲ專任スルコト

三、職業紹介所ニ工場勞働者ノ身體檢査及技倆檢定ノ制度ヲ設クルコト

四、職業紹介所ハ求職者ノ身元、技倆、前職及身體狀況等ヲ登錄シ必要ニ應シ之ヲ證明スルコト

五、工業都市ニ於ケル職業紹介所ニハ各種工業ノ使用者及勞働者竝ニ其ノ他各方面ノ適任者ヲ以テ常設委員會ヲ組織セシムルコト

六、製糸、紡織等女工供給地ノ職業紹介所ニハ勞働者ノ父兄ヲ加ヘタル委員會ヲ設ケ常ニ家庭ト工場トノ聯絡竝ニ女工ノ保護指導ニ當ラシムルコト

七、工場勞働者ノ移動紹介ニ關シテハ現行聯絡規定ヲ改正シ其ノ運用ヲ圓滑ナラシメ左記事項ニ留意スルコト

イ、求職者ニ對シ勞働市場ノ情況及雇入工場ノ勞働事情ヲ知悉セシメ就職ノ意思ヲ確實ナラシムルコト

ロ、特殊技能ノ求人又ハ求職ニ對シテハ特別ノ告知方法ヲ講スルコト

ハ、集團的勞働移動ノ場合ハ職業紹介關係委員ヲシテ之ヲ指導引率セシムルコト

ニ、集團的勞働移動ニ際シテハ職業紹介機關ノ敏活ナル活動ヲ促スタメ臨機職業紹介所ノ動員ヲ行フコト

ホ、製絲、紡織等多數女工紹介ニ際シテハ特ニ需要地及供給地ノ職業紹介所ノ直接聯絡ヲ計ルコト

ヘ、勞働移動竝ニ聯絡事務ニ要スル經費ハ國庫ノ負擔トスルコト

八、就職者汽車汽船賃割引ニ關スル適用範圍ヲ擴張シ其ノ家族ニモ特典ヲ與フルコト

九、旅費貸付ノ施設ヲ講シ回收不能ノ場合正當ノ理由アルモノニ付テハ國庫ニ於テ之ヲ補償スルノ制度ヲ設クルコト

一〇、職業紹介所ニ於テハ適當ノ時期ヲ定メ工場職員トノ會合ヲ催シ意思ノ疏通ニ努メ以テ工場トノ聯絡ヲ緊密ナラシムルコト

一一、職業紹介所ハ特ニ雇傭主竝ニ勞働者ノ諸團體トノ聯絡ニ努ムルコト

一二、地方職業紹介事務局ハ其ノ管轄區域內ニ於ケル產業及勞働事情ニ關シ定期的基礎調査ヲ施行スルコト

一三、主要工業地域ニ簡易ナル再教育機關ヲ設ケ熟練勞働者ノ職業轉換ニ資スルコト

一四、工場勞働者ノ集團的雇入又ハ解雇ヲナサントスル場合ハ豫メ之ヲ當該地方職業紹介事務局ニ通告スルノ義務ヲ工場主ニ課スルコト

附帶事項

客年十月國勢調査ノ結果三十有餘萬ノ失業者數ヲ見タルカ爾來

財界ノ不況益々深刻ヲ極メ大小ノ解雇頻々トシテ行ハレ爲ニ失業者續出シ世相益々險惡ナラントスルノ際更ニ近ク軍備制限ノ結果多數ノ解雇ヲ見ントスルハ寔ニ遺憾トスルトコロナリ
惟フニ刻下ノ要務ハ速ニ失業ノ防止並ニ救濟ノ方途ヲ講シ須ク人心ノ安定ヲ期スルニアルヲ以テ此際左記諸方策ノ急速實施ニ努ムルノ要アリト認ム

一、工場ニ於ケル勞働時間又ハ勞働口數ヲ短縮シ以テ失業ヲ防止スルト共ニ就業ノ機會ノ增加ニ努ムルコト

二、鐵道ノ建設改良、官公衙ノ建築、橋梁ノ架設、都市計畫事業等ノ公企業ニ依リ熟練勞働者ノ失業緩和ヲ計ルコト

三、公企業ニ要スル從業員ノ採用ハ事業ノ直營又ハ請負ニ不拘總テ職業紹介所ヲ經由セシムルコト

四、公企業ノ既定年度ヲ繰上ケ事業ヲ施行シ失業者雇傭ノ途ヲ開クコト

五、家庭工業統制ノ方法ヲ講シ以テ產業ノ振興ト勞働需要ノ喚起トヲ計ルコト

六、失業者ヲ多數雇傭セル篤志ノ事業主ニ對シ適當ナル推奬援助ノ方法ヲ講スルコト

七、失業救濟基金制度及失業保險制度ヲ考究實施スルコト

第二問　除隊兵ノ職業紹介ニ關スル事項

兵役義務者ニシテ除隊後失業ニ惱ムモノ比年增加ノ傾向アルハ兵役義務ノ性質上洵ニ遺憾ニ堪ヘス速ニ之カ適切ナル對策ヲ講シ以テ兵役義務者ノ不安ヲ匡濟スルハ最緊要ナリト雖單ニ法律ヲ以テ入退營者ノ職業ノ保障ヲ期スルカ如キハ一般徵兵適齡前ノ青年ノ就職ヲ愈困難ナラシメ且ツ入營者ニ對シテハ入營以外ノ事由ニ依リテ之ヲ解雇シ又ハ復職ヲ拒否スルノ虞アルヲ免レス就テハ差當リ陸海軍各官衙及各部隊並同上所在地ノ職業紹介所ト緊密ナル聯絡提携ヲ保チ除隊兵職業紹介ノ實績ヲ擧クルヲ以テ適當ノ措置ナリト認メ之カ施設ノ具体的意見ヲ陳フレハ左ノ如シ

一、陸海軍關係官衙及部隊所在地ニ於テ軍部、在鄕軍人會、商工會議所、府縣市當局及職業紹介關係機關等ヨリ適當ノ委員ヲ委囑シ除隊兵職業紹介委員會ヲ設置スルコト

二、前項官衙及部隊並ニ同上所在地ニ於ケル職業紹介所ニハ除隊兵職業紹介ニ從事スル專任職員ヲ置キ相互ニ緊密ナル聯絡ヲ保チ提携協力スルコト

三、軍部、府縣市當局、在鄕軍人會並ニ職業紹介機關等ノ動員ニヨリ求人ノ開拓臨時編成事務所ノ開設其他必要ナル施設ヲ講シ以テ除隊兵職業紹介ノ活動ヲ敏活ナラシムルコト

四、軍部ニ於テハ就職希望者ノ身上ニ關シ職業紹介上適切ナル資料ヲ調ヘ適當ノ時期ニ職業紹介所ニ廻付スルコト

五、就職ヲ容易ナラシムル爲メ在營者ノ職業ノ指導訓練ニ關シ左記施設ヲ行フコト

イ、職業市場ノ情況ヲ知悉セシメ實生活ノ常識ヲ涵養スル爲

メ社會上、經濟上ノ講話ヲナスコト
ロ、職業指導並ニ選擇ノ爲メ適性檢査ノ施設ヲナスコト
ハ、職業輔導ノ爲メ短期講習ヲ行フコト
ニ、職業適應性ノ維持涵養ニ留意スルコト
六、特科兵ニハ職業適任資格ヲ與ヘ其他ノ除隊兵ニハ素質技倆證明ノ制度ヲ設クルコト
七、前勤務先ニ復歸セシムル可能性アルモノニ對シテハ軍部當局ヨリ前雇主ニ對シ復職ノ斡旋ヲナスコト
八、除隊兵ニシテ生計特ニ困難ナルモノニ對シテハ就職ノ優先權ヲ認ムルコト
九、徵兵ニ因リ就業者ニ缺員ヲ生シタル場合ニハ除隊兵ヲ以テ之ヲ補充スルコト
一〇、在營者就職ノ爲メ面會外出等ノ必要アルモノニ對シテハナルヘク其ノ便宜ヲ與フルコト

發社第九八號

大阪地方職業紹介委員會

管內大都市ニ於ケル各種勞務ノ需要供給ヲ圓滑ナラシムル爲職業紹介事業ノ現狀ニ鑑ミ職業紹介所ノ設置管理及經營上施設改善ヲ要スヘキ具體的事項ニ關シ其ノ會ノ意見ヲ諮フ

昭和七年九月二日

內務大臣　男爵　山本達雄

一〇四

收委第一號ノ一一

昭和七年十二月十五日

大阪地方職業紹介委員會々長　縣　忍

內務大臣　男爵　山本達雄殿

答　申

昭和七年九月二日附發社第九八號ヲ以テ御諮問相成候管內大都市ニ於ケル各種勞務ノ需要供給ヲ圓滑ナラシムル爲職業紹介事業ノ現狀ニ鑑ミ職業紹介所ノ設置管理及經營上施設改善ヲ要スヘキ具体的事項ニ關スル件愼重審議ヲ遂ケ別紙ノ通決議及答申候也

（別紙）

職業紹介事業ノ現狀ヲ考察スルニ其經營ノ主體施設ノ內容、運用ノ形態等區々ニ分レ之カ聯絡統制ノ上ニ於テ遺憾ノ點洵ニ尠カラサルヲ以テ曩ニ本委員會ハ本事業ノ國營ヲ實施シ之カ機關ノ整備ト經費ノ充實ヲ圖ラサル可ラサル所以ヲ答申セリ。然ルニ今ヤ產業界ノ大勢ヲ見ルニ勞務需給ノ調節ハ愈都鄙相互ヲ統制スル權威アル機關ノ發動ヲ要求スルコト切ナルモノアルヲ以テ大都市ノ勞務需給ノ圓滑ヲ計ルカ爲メニハ全國ノ職業紹介所ヲ速カニ國ノ經營ニ移スヘキ必要ヲ認メ本委員會ハ改メテ別途國立職業紹介制度斷行ニ關スル件建議シタルモ之ニ到ル一過程トシテ今次ノ諮問ニ對シ差當リ必要ナル具體的事項ヲ述フレハ左ノ如シ

一、大都市ニ於ケル職業紹介所ノ設置ニ付テハ事業ノ種類、事務分掌及配置ニ關シ左ノ各項ニ據ルコト

（一）求人、求職ノ登錄竝ニ紹介ノ重複ヲ避ケ且ツ聯絡統制ノ十全ヲ期スルタメ給料生活者、商業從事者、工業從事者、熟練勞働者、婦人、少年等ノ各專門部ヲ綜合シタル大規模ノ職業紹介所ヲ設置スルコト

（二）中央職業紹介所ニアリテハ特ニ臨時雇傭、授職、職業指導、實務講習、技術及學力檢定、再教育、共濟、移植民取扱等ノ諸部門ヲ設クルコト

（三）中央職業紹介所ニアリテハ遠隔地ノ勞務移動交換及調節ヲ適切且ツ容易ナラシムル爲特ニ移動交換部ヲ置キ之カ經費ハ國庫ニ於テ全額補助ヲナスコト

（四）中央職業紹介所長ノ權限ヲ擴充シ該都市ニ於ケル職業紹介所ニ關スル一切ノ事務竝ニ各職業紹介所ノ統制ヲ掌ラシムルコト

（五）日傭勞働紹介ニアリテハ集合者ノ利便ト事務ノ執行ヲ容易ナラシムル爲日傭勞働紹介所ヲ相當增設シ取扱數ヲ一定限度ニ制限スルコト

（六）日傭勞働紹介所二箇所以上ヲ設置シタル場合ハ其一ヲ選ンテ事業上ノ統制ニ當ラシムルコト

（七）日傭勞働紹介所ヲ普通勞働、失業應急勞働ノ二部門ニ分チ更ニ必要ニ應シ土木建築、運輸等作業ノ種別ニ依リ適當ノ係ヲ置クコト

（八）日傭勞働紹介所ニ勞務供給請負ノ權能ヲ附與スルコト

二、大都市ニ於ケル職業紹介ノ管理ニ付テハ特ニ職員ノ資格及地位ノ現狀ニ鑑ミ職責遂行上遺憾ノ點尠カラサルヲ以テ左ノ事項ヲ考慮シ速ニ職業紹介所職員制ヲ制定スルコト

（一）職員養成機關ヲ設置スルコト

（二）給料ノ水準ヲ高メ任用資格ヲ定ムルコト

（三）職業紹介所ノ規格ヲ定ムルコト

（四）職業紹介所ノ管理及監督系統ノ單純化ヲ計ルコト

三、大都市ニ於ケル職業紹介所ノ經營ニ付テハ左記ニ依リ經營主體ノ經費ヲ輕減シ職業紹介所ノ活動ヲ敏活ナラシムルコト

（一）職業紹介所職員ノ俸給全額ヲ國庫ニ於テ補助スルコト

（二）職業紹介事務ニ關スル郵便、電信、電話及交通ノ料金ヲ免除スルコト

（三）職業紹介所ノ相互連絡ノ爲專用電話ヲ架設スルコト

四、大都市ニ於ケル職業紹介所ノ內容愈々複雜ヲ極メ其取扱亦區々タルニ鑑ミ左ノ事項ニ對シ適切ナル規程ヲ定メ事業ノ整備ヲ計ルコト

（一）日傭勞働者ノ登錄、登錄ノ失效及勞働紹介所相互間ノ聯絡ニ關スル事項

（二）少年職業指導及紹介ニ關スル事項

（三）少年、女工、熟練職工及季節勞働者等ノ移動紹介ニ關

スル事項

（四） 勞働手帳ノ制定ニ關スル事項

五、大都市ニ於ケル勞務統制ノ爲勞務ノ告知、斡旋及供給請負業者ノ取締、雇入、解雇ノ屆出竝ニ不正求人者及求職者ノ取締等ニ關スル法規ヲ制定スルコト

六、大都市ニ於テハ職業紹介機關ノ統一ト充實ヲ圖ルタメ該都市ニ於ケル私營公益職業紹介所ニ對シ相當補助獎勵ノ方法ヲ講スルコト

七、前各項ノ目的達成ノ爲職業紹介事務局ノ官制ヲ改正シ地方職業紹介事務局職員ノ地位竝ニ權限ヲ擴張スルコト

發委第二號

昭和七年十二月十五日

大阪地方職業紹介委員會々長　縣　　忍

内務大臣　男爵　山本達雄殿

職業紹介所國立ニ關スル件建議

職業紹介ニ關シテハ既ニ大正十年以來職業紹介法其他ノ關係法規制定セラレ其實績ヲ擧クルコト尠カラサルモ今ヤ國家非常時ニ際シ左記各項ノ理由ニ依リ職業紹介所國立ノ制度ヲ樹立シ以テ失業ノ防止竝救濟ノ普及徹底ヲ期スルハ現下喫緊ノ要務ナリト認ム因テ政府ハ速ニ之ヲ斷行セラレムコトヲ茲ニ建議候也

記

一、職業紹介網ノ普及充實

二、勞務需給ノ全國的統制

三、失業保險制度ノ實施

四、海外移植民事務ノ施行

五、國家總動員ニ於ケル勞働統制

六、失業强制登錄ノ實施

七、雇傭屆出制度ノ實施

八、授產再教育共濟施設ノ擴充

九、職業紹介所從事者ノ教養機關ノ設置

一〇、職員制ノ制定

十五、求人開拓週間實施要綱

職業紹介所の普及徹底を圖り一般の利用を勸奬すると共に多數の未就職者斡旋の爲五月二十六日より三十一日迄を求人開拓週間として全國一齊に實施するに至つたが其の實施要綱並趣意書左の通りである。

一、時　期　昭和五年自五月二十六日至五月三十一日

一、機　關　職業紹介所、職業紹介事務局

一、方　法

イ、求人開拓趣意書及ポスターは地方職業紹介事務局經由適宜各職業紹介所に配布すること

ロ、職業紹介事業の宣傳を兼ね主として未紹介求職者に對する求人及紹介見込ある求人を訪問開拓すること

ハ、之が爲め豫め求人開拓先を調査し置くこと

ニ、新聞社と聯絡を圖り趣意の普及に努むること

ホ、實業團体、職業紹介委員等の協力を求むること

ヘ、其他詳細なる實行方法は適宜地方職業紹介事務局に於て定むること

求人開拓週間趣旨書

我國現下の狀勢を顧ますると、打續く不景氣に因りまして各方面に亘り就職の機會を得ない人々が尠くありません。

試みに最近全國の職業紹介所に現はれた狀勢を見た丈でも求職者登錄者中未だ就職の出來ない人が六萬有餘人に達して居るのであります。此等の人々は働ける身体を持ち働く意志を持ち乍ら、尙働く可き職が無くて困つてゐるのであります。之は個人にとりましても又國家社會にとりましても此の上も無い不幸であり損失であります。此等の人々の救濟の爲には種々な對策が講ぜられて居りますが、此の際職業紹介機關の機能を向一層促進して其の活動に依つて出來得るだけ人を求むるものと職を求むるものとの結合を圖つて速に就職の途を講ずることが極めて緊要なことゝ考られます。

職業紹介事業は大正十四年職業紹介法施行以來全國的に其の組織が整備せられ公益無料の主義の下に求人者求職者相互の利益の爲に活動を致して居る次第でありますが、我國の現下の狀態は最早や一人の就職口をも見出すことが出來ず、又一人の求職者をも紹介就職し得られざる狀態でありませうが、職業紹介事業は本來の性質から見て新に職業を創造するものではありませんが吾々職業紹介事業に携るものは此の際懸命の努力を拂つて此等の人々の爲めに速に就職の途を講ずる樣に致さなければならぬと考へます。

併し此の事は職業紹介所だけが如何に努力致しましても社會一般の協力が無ければ其の効果を收むることは出來ません。結局大方の各位が職業紹介所の使命を御了解下さつて多數の失業者

の為に此の際さし繰つて職業紹介所を御利用下され、此等の失業者に職を與へる樣にして戴かねばなりません。

今回我國として初めての求人開拓週間を設け全國職業紹介所が一齊に本月二十六日より三十一日に至る一週日の間其の全能力を擧げ各々就職口を開拓せんと企圖しましたことは、職業紹介事業の趣意を普く社會に宣傳して其の理解を求むると共に多數の就職口を開拓して出來得る丈け多く求職者に適當な就職の途を斡旋せんとするに外ならぬのであります。

各位に於かれては右求人口開拓週間の趣旨を御了解下さつて進んで職業紹介所を利用せられ此の際職無くして苦んで居る人々の為に一臂の勞を惜まれざらんことを切望して已まぬ次第であります。

昭和五年五月

中央職業紹介事務局長

大野緑一郎

第一回求人開拓週間

中央職業紹介事務局主催の下に昭和五年五月二十六日より三十一日に至る間全國の公益職業紹介所を動員し一齊に活動し求人開拓週間を實施したる處、各道府縣の積極的應援、各新聞社を初め各方面の少なからざる厚意に依り意外の成績を擧げ其の求人數(全國)二〇、一六三人を算し之を昨年の同期間の求人數一〇、八四八人に比するに、九三一五人の増加となり、求人口

硬塞せる今日に於ては多大の成績を擧げたのである。

今其の成績を各事務局別に示せば左の通りである。

地方事務局別　種別	取扱求人數	取扱職業紹介所數
東京地方職業紹介事務局	九、四九八	一二三
大阪　〃	六、二〇四	六四
名古屋　〃	二、七九〇	三六
福岡　〃	一、六七一	三〇
計	二〇、一六三	二五三

前年同期に於ける取扱數と比較

地方事務局別　種別	求人開拓週間中取扱求人數	前年同期間ニ於ケル取扱求人數	比較(増)
東京地方職業紹介事務局	九、四九八	六、三三一	三、一六七
大阪　〃	六、二〇四	二、六九六	三、五〇八
名古屋　〃	二、七九〇	七六九	二、〇二一
福岡　〃	一、六七一	一、〇五二	六一九
計	二〇、一六五	一〇、八四八	九、三一五

第二回求人開拓日

職業紹介法十週年記念求人開拓日は昭和六年十月二十六日より二十八日迄三日間全國職業紹介所一齊に行はれたが、右期間中取扱ひたる求人數は全國で二六、〇五六人にして之を各地方職業紹介事務局管内別に觀れば左の通りである。

東京地方職業紹介事務局	一一、四三一人
大阪　〃	三、八〇九

名古屋 〃	二、〇七四
福岡 〃	一、六〇六
青森 〃	三、一五九
長野 〃	二、一一〇
岡山 〃	一、八六七
計	二六、〇五六

尚右求人取扱數を前年同期三日間の求人合計數六、五四三人と比較するに一九、五一三人の增加となり、二九八、二三%の增加率を示してゐる。

職業紹介總動員日實施

本事業は別記計畫に基き職業紹介事業に對する一般の理解を深め以て其の利用を勸めると共に事業の普及に努むる爲め昭和七年十月十日を期し全國一齊に之を實施したのである。

管內に於ける當日受付たる求人數は二、五九八人にして之を前年同期に於ける求人數と比較するに

	男	女	計
昭和七年十月十日	一、五一九人	一、〇七九人	二、五九八人
昭和六年十月十日	三八四	二九九	六八三
比　較（增）	一、一三五	七八〇	一、九一五

にして昭和六年に比較して三八〇%の增加率を示してゐる。之は總動員日實施の効果が主因にして酒造出稼者の出稼季節に依る取扱增加にも因るのである。

職業紹介總動員日實施計畫

一、期　日　昭和七年十月十日（月曜日）

二、目　的　職業紹介事業ノ宣傳並ニ利用勸奬

三、行事施行者

1、主　体

イ、中央及地方職業紹介事務局

ロ、職業紹介所

ハ、道府縣

ニ、市町村

2、參加者（豫定）

イ、文部省

ロ、陸軍省

ハ、海軍省

四、行　事

左ノ行事中施行者ノ立場ニ於テ適當ナリトスルモノヲ施行ノコト

1、求人開拓（主トシテ未紹介求職者ニ對スル求人開拓）

2、求人者懇談會

3、講演會

4、活動寫眞會

5、ラヂオ放送

6、ポスター掲示

7、ビラ配布

8、勤續者慰安並ニ表彰

9、其他優良求人者並ニ職業紹介事業ニ對スル功勞者表彰等

五、施行上ノ注意（以下略）

十六、道府縣外職業紹介

遠隔地の職業紹介は一般職業紹介と其の趣を異にし實際問題として種々困難なる事情が附隨して、當局者は始終惱されつゝある狀態で、本紹介に就いては特に意を用ひ聯絡紹介方法等に就ても不絶考究を重ね又就職旅費割引、旅費貸付等と就職者の利便を圖る等萬全を期しつゝある。

當局管內職業紹介上に現はれたる之の種移動者の移動狀態を見るに、季節的出稼のものと、常時移動のものとあり、季節的出稼のものには酒造勞働者、凍豆腐、寒天製造勞働者とあり、本取扱に就ては昭和四年より之の種取扱職業紹介所の普及を見、年々其の取扱數も增加し昭和七年中には出稼者七千名を算するに至つた。常時移動のものには小店員、僕婢、店員、紡織、製絲、金屬工業、機械器具、探鑛冶金、土方日雇、豊作園藝、漁撈養殖、飲食店雇人、外交集金人等が主なるもので、其の就職者數昭和七年中には約二千名で一般職業紹介の二%に過ぎず、年々增加の傾向であるとは雖、猶一層の活動を必要とす。

酒、凍豆腐、寒天製造勞働者の移動は、之の製造期間が冬季に限られて居る事情と且農村に於て農閑期を利用せんとする條件の一致により、酒造勞働者にありては古から知られて居る京都府下の丹波杜氏、兵庫縣下の但馬杜氏、岡山縣下の備中杜氏

廣島縣下の廣島杜氏等として農村青少年の冬季出稼を爲すもので、出稼地方は兵庫縣の灘地方が斷然首位を占め、大阪、京都奈良、和歌山、廣島、岡山、三重、鳥取、島根等の地方が之に次ぐ主なるもので、他は少數ながら本邦全般に亘り、朝鮮迄も出稼し居る狀態である。凍豆腐、寒天製造勞働者は兵庫縣下及京都府下より奈良、大阪、京都、兵庫、和歌山の各地方へ出稼を示す。

而して之等勞働者の稼働期間は十一月より翌年三月頃迄で、この紹介は十月より始り十二月にて先づ一段落を告げて居る。

又近來少年職業指導と云ふことが大に重視され、少年職業紹介に就ても職業紹介所附近小學校と聯絡提携、就職斡旋に力め其の實績も大に擧げられつゝある狀態で、其の卒業期が三月に當れる關係上斡旋成績も三、四、五月に量的膨脹を示して居る其の就職方面は男子にありては小店員、が大半で、女子は殆んど僕婢である。其の需要地は京阪神地方が殆んど全部を占めて居る。

尙機械器具、金屬工業等の熟練職工の移動は此の種工業界の景況に依り、非常時的に現はれるもので移動方面は矢張り商工業都市たる、京阪神地方が主で、夫に海軍關係のある舞鶴呉等に於ても相當の出入がある。其の他のものは僅かながら常時的に京阪神地方の都市へ移動が行はれる。

過去十年間の成績を年次別に一瞥すると次表の通りである。

	求人数 男	求人数 女	求人数 計	紹介件数 男	紹介件数 女	紹介件数 計	就職者数 男	就職者数 女	就職者数 計	備考
大正十二年	二、五七五	四一六	三、〇〇一	九三一	六四	九九五	七〇六	五四	七六〇	七月分ヨリ
〃十三年	七、三四二	七四三	八、〇八五	二、八四二	三七八	三、二二〇	一、八六八	三二二	二、一九〇	
〃十四年	二、三二二	八六五	三、一八七	一、〇六九	四三五	一、五〇四	八八二	四〇三	一、二八五	四月一日 名古屋事務局設置
大正十五年 昭和元年	二、一四二	四九四	二、六三六	一、二一三	三一三	一、五二六	一、〇七七	二九四	一、三七一	
昭和二年	一、八七九	四一二	二、二九一	一、二五二	二〇五	一、四五七	九六一	一七四	一、一三五	四月一日 福岡事務局設置
〃三年	一、四九六	二八〇	一、七五六	九六〇	一三三	一、〇九三	六三四	一〇五	七三九	
〃四年	五、六九二	三八八	六、〇八〇	四、〇三三	一八〇	四、二一三	三、八四〇	一五三	三、九九三	
〃五年	七、〇九九	四一六	七、五一五	六、五四二	三二六	六、八六八	五、八二一	二七九	六、〇九〇	
〃六年	九、〇二〇	一、三三四	一〇、三五四	七、七八五	六六七	八、四五二	七、一八〇	五二九	七、七〇九	七月一日 岡山事務局設置
〃七年	九、五六七	二、〇二五	一一、五九二	八、九二八	九七六	九、九〇四	八、一六六	八五〇	九、〇一六	

前表中大正十三年及昭和四年以降の取扱著しく増加を示し、昭和二、三年に於て少し減少を示して居る。

大正十三年の増加は浦賀船渠、鳥羽造船所等の造船方面より熟練機械職工の大口求人に因る、特異現象にして、昭和四年以降の激増は季節的出稼勞働者の取扱職業紹介所の普及を見、酒、凍豆腐、寒天製造勞働者の取扱増加に因るものにして總數の約七五%を占めて居る。

昭和二、三年の減少は昭和二年四月一日福岡地方職業紹介事務局の新設に依り管内職業紹介所の移管に依るものである。

一一一

十七、勞働賃銀立替

日傭勞働紹介に際し差當り賃銀の即日支拂を受け得ない、主として官廳向勞働者に對し之が賃銀立替拂を行ひ、日傭勞働者の利便を圖るため大正十二年七月一日より大阪職業補導會事業部に於て資金壹萬圓を以て創められた。

從來人夫請負供給者に依る勞働者は其の親方に約三割弱の頭金を刎ねられて居るに鑑み、日傭勞働紹介が漸次是等請負人の手を離れ直接官廳、會社、工場等に供給することになり益々此の必要に迫られ大阪市、神戸市、其他に於ても之が立替を行つたのである。

次で大正十四年六月勅令第二百四十號に依り職業紹介法施行令改正され翌十五年一月三十日「收業第四十五號賃銀立替並就職旅費貸付狀況ニ關スル件通牒」に依り之が成績の取纒をすることゝなつた。

大阪市に於ては昭和五年八月立替拂を一時中止し、翌九月より直營土木事業の一部に付き工事費の一部の資金前渡に依り賃銀支拂を行つてゐる。

京都市に於ては大正十四年失業救濟土木事業起工に際し五日間の勞働賃銀の概算前渡を受け之を行つたが昭和七年末勞働紹介所設置に伴ひ勞働賃銀立替規程の認可を受け八年一月より實施の筈である。

一一二

勞働賃銀立替年別調

大阪市

年別	立替		回收	
	人員	金額	人員	金額
大正十五年	二七〇、四七四	四六七、四一八・二一円	二七五、〇三九	四七八、二六三・〇〇円
昭和二年	七〇、一〇三	一一七、六六六・六七	七二、七四三	一三一、三七三・七六
〃三年	八〇、三九七	一二九、〇八四・二七	七三、〇三八	一二〇、九二九・四八
〃四年	七四、七二一	一三一、七五一・五七	七九、〇九二	一三二、九二九・六九
〃五年	一〇九、二三四	一九二、〇二三・七八	一一六、七一六	一九八、四八七・二五

備考　昭和五年八月ヨリ立替ヲ一時中止ス

大阪職業補導會、大阪市勞働共濟會

年別	立替		回收	
	人員	金額	人員	金額
大正十五年	一二七、七九八	一八七、二九五・三二円	一二六、九二八	一八〇、二四〇・五九円
昭和二年	一二六、九九五	二〇三、六二〇・六九	一二〇、九〇八	一九八、八八九・二八
〃三年	一四九、〇九九	二六一、六一八・〇五	一五五、〇〇四	二六五、八三四・〇四
〃四年	一一三、四三〇	二一九、三一七・三九	一一五、五三七	二二三、三一四・七一
〃五年	二八六、五二一	五一九、九一六・一六	二七四、三六七	四八七、六九一・八六
〃六年	四一〇、一七四	八三八、八〇七・四四	四六九、五一〇	八三一、八五九・四〇
〃七年	四五一、五五〇	七七六、三六五・一三	四六二、八二五	七八〇、四一四・五三

備考　大阪職業補導會ハ昭和三年五月大阪市勞働共濟會ニ依託ス

神戸市

年別	立替 人員	立替 金額	回收 人員	回收 金額
大正十五年	一五九、二五七	二五八、三七八・二五円	一五九、二五七	二五六、三七八・二五円
昭和二年	二〇九、六九五	三一八、五九二・四一	二〇九、六九六	三一六、五九二・四一
〃　三年	三〇八、九九二	五二三、八五五・二三	三〇八、九九二	五二三、八五五・二三
〃　四年	二四六、八〇五	四〇五、八六三・二三	一九七、四一九	三二七、八七〇・〇四
〃　五年	四三〇、四八四	六七二、九四三・九三	三七三、〇〇五	六〇六、四七九・九七
〃　六年	三三五、一一六	五一八、二一〇・三八	三三七、八七六	五〇六、五七四・八九
〃　七年	三五二、八三三	五四四、〇五一・一三	三七五、八六五	五九二、〇九一・〇五

廣島社會協會

年別	立替 人員	立替 金額	回收 人員	回收 金額
大正十五年	一、八五八	一、三九五・三六円	一、五〇五	一、九〇一・二八円
昭和二年	二九六	四一四・四〇	三三二	四六四・八〇

備考　昭和二年ハ四月迄ノ成績ナリ

一一三

十八、就職者汽車汽船賃割引証

大正十二年九月二十二日鐵道省告示第百八十二號を以て國有鐵道旅客及荷物運送規則改正せられ同年十月一日より職業紹介所の紹介にて就職の爲め旅行するものに對しては汽車汽船賃の割引をせらるゝことになり職業紹介上多大の便宜を受くるに至つた。

次で大正十三年一月二十日より職業紹介事務局の取扱つた就職者に對しても之が適用を受け、昭和三年十二月六日內務省告示第三百二十號に依り急行列車にも乘車し得ることになり、尙ほ常例に依り一時の出稼をなす者に對しても昭和四年三月二十八日內務省告示第七十九號に依り割引の特典を與へられ之が利用範圍益々擴大せられた。

是が交付の趨勢を見るに當初より昭和三年まで漸減した。即ち大正十四年、昭和二年に亘り名古屋竝に福岡事務局に管轄區域の一部移管の結果である。

昭和四年三月職業紹介事務局又は職業紹介所就職者汽車汽船賃割引証交付規程改正され、今まで職業紹介事業の圏外にあつた酒造勞働者、凍豆腐及寒天製造從業者等所謂季節的出稼者に對しても之が適用された結果、里庄村職業紹介所に於て始めて備中杜氏の取扱を行ひ次で溫泉町、村岡町に季節的職業紹介所設置され丹波杜氏其他の紹介を行つた。昭和六年に至り復又岡

山事務局開局に依り管轄區域縮少せるが逐年季節的勞働者竝一般取扱の職業紹介所の增加に伴ひ交付數激增し將來益々之が遞增を辿りつゝある。

私設汽車汽船會社に於ても鐵道省に準じ割引をなす者あり。

就職者旅客運賃割引實施會社線

社名	本社所在地	等級割引率	備考
南海鐵道株式會社	大阪市南區難波	三等五割	連帶
淡路鐵道株式會社	兵庫縣津名郡洲本町	〃	非連帶
嶋谷汽船株式會社	神戶市前町一八	〃	〃
日本郵船株式會社	〃 海岸通	三等二割	〃
合名會社尼崎汽船部	大阪市港區富島町	〃	〃
阿波共同汽船株式會社	德島市	〃	〃
宇和島運輸株式會社	大阪市港區富島町	〃	〃
攝陽汽船株式會社	〃 安治川町	〃	〃
大阪商船株式會社	〃 北區宗是町	〃	〃

就職者汽車汽船賃割引証交付數

年別	交付數	取扱紹介所數	總紹介所數
大正十三年	二、一〇六	四九	八八
〃十四年	一、二二八	二七	七〇
〃十五年	一、二六八	四〇	六九
昭和二年	八五三	三〇	六一
〃三年	四四七	三二	六一
昭和四年	四、六六八	三八	六七
〃五年	一〇、五八一	四三	七五
〃六年	一三、六六二	五一	五九
〃七年	一四、三七二	四一	六七

就職者汽車汽船賃割引証交付數調

	大阪地方職業紹介事務局	大阪市中央	〃京橋	〃九條	〃堀江	〃今宮	〃天神橋六丁目	〃梅田	〃玉造	大阪	大阪基督教	內鮮協和會泉尾	〃豐崎	〃木津
大正十二年														
〃十三年		二五	三三	七		一	四	一五	二	一四三		一	一八	
〃十四年							三		三	四			一四四	九四
〃十五年	一				一			一					一二八	一〇七
昭和二年	四							三		二			九六	六九
〃三年										二		一七	九四	
〃四年		二九									三		一二八	
〃五年		六									三		一六〇	
〃六年	一	六							二四				一〇三	
〃七年	八	二四							七		一		八六	
備考			昭和三年五月返納				昭和六年八月天六ト名稱變更					昭和三年九月鶴橋ト改稱		昭和三年一月泉尾ト改稱

一一五

	內鮮協和會中道			九九	一八六	一四三						昭和三年七月廢止
	〃鶴橋						七	二八	三〇	二二	一八	
	〃木津川							一	一八	二六	一五	
京都	京都市中央		六	一				一	一	一	九	
	〃七條			五			一				一	
	新舞鶴町		一〇	二	六	一	五		一	五	六	
	福知山町									八六四	九七〇	
	上宇川村									四一四	四一六	
	梅田村										三八五	
	須知町										一三三	
兵庫	神戸市中央		三三	六八	六九	二四四	七七	一四一	一七	六	一〇	
	〃葺合		一	一	一			一二	五	二	五五	昭和三年四月春日野ト改稱
	〃兵庫		一	四								昭和二年三月廢止
	〃湊川		三	八	七	三八	八	七	二	二	一	
	〃林田					三	二	四	一	一	三	
	神戸無料			二								昭和三年四月廢止
	尼崎市						一	一				
	高砂町						一	四一	八四	一一四	一〇三	
	姫路市							六	一七	一	二〇	
	村岡町							一、〇八五	二、五一五	二、四八七	二、六八七	昭和六年五月美方郡東部ニ變更
	温泉町							九八五	一、三九三	一、五八七	一、五九八	
	加古川町								二、二八七	四五	七〇	
	篠山町								七二九	二、五六八	二、五八九	
	八鹿町								二八三	一一		
	養父郡									六五〇	六九八	

一一六

兵庫	西宮市										一三	
	明石市									二四	一五	
	香住町									九一一	一、一九九	
	和田山町									五八七	二五	
	柏原町									一、八五〇	二、〇九九	
	朝来郡										五四七	
	飾磨町										一一	
	洲本町										二	
	日高町										三六〇	
奈良	奈良市							二				
	高田町								五	一三	四	
	御所町										一	
滋賀	大津市		五	一			二		一	五	一	
	彦根町							四	一	二		
和歌山	和歌山市									二		
	新宮町									三四	九九	
	箕島町										三〇	
徳島	徳島市		七	二	一〇	三	一	二		五三三		
高知	高知市					一	一	四	一〇〇	一九	六	
	愛婦高知支部					二			三		一	
岡山	岡山市		三	八	四	一三	七					昭和四年三月廢止
	岡山市西大寺町			七	四	三六	一二	一二	四〇	一八		昭和四年三月岡山市ト名稱變更
	愛婦岡山支部						三	一			岡…………	

一一七

一一八

府縣	名稱									備考
	倉敷				一					
	里庄村						一、七四三	二、四〇一	二三〇	
廣島	廣島社會協會中央	六六	一七	四	六	一〇	二三	一五	九	昭和二年四月廣島市中央ト改稱
	〃 東松原	八五	四七	四二	五	一二	二二	三〇		〃 東松原 〃
	〃 宇品	四	六五	一〇						
	尾道市		六	二	五	一〇	一八	一〇	三五	
	呉市	三六三	七四	四五	二六	六〇	七五	四	三一	
	福山市	四六	四五	二五	四七	二四	一九五	二五三	三六	
	三原町								三	
鳥取	鳥取市							二	三三	
	米子市						三	六	四	
島根	松江市			一	二			一	一	
香川	高松市			一		一	一	三		昭和五年二月高松市ト改稱
	丸龜市	一〇	一五	三		三	一	四	二	
愛媛	松山市	三	二	五	一三	一六	二四	一九	五	
	愛婦愛媛支部	一五	九	四	二	三	四	五	三	
	宇和島市				一四	四	一〇	三	五	
	今治市			一	五	九	一三	一七	一三	
	三津濱町	七		六	二	三	一			
	八幡濱町	二	二	二	六	一三	八	八四	八	
	大洲村	二	六	二	二二	七	八	四		
	川之石町			一	四一	三三	二五	一八	五	
愛知	名古屋市中央	二四四	名……							
	〃 熱田	八五								

山事務局移管……………………………………

愛知 慈友會	愛知 豊橋市	三重 明照淨濟會	三重 松坂町	岐阜 岐阜市	福井 福井	石川 金澤市	石川 大聖寺町	富山 富山市	山口 下關市	山口 宇部市	福岡 門司市	福岡 小倉市	福岡 若松市	福岡 戸畑市	長崎 長崎市	長崎 佐世保市	佐賀 佐賀市	熊本 熊本市	鹿兒島 鹿兒島市	鹿兒島 笠砂村	計
六	二	八	一	三五	二四	一	一	二	一〇		二		三		四五二	一八五	七七		一	一五〇	三、一〇六
古屋事務局移管……									三		二四		二		一九	三	一七三		五	二〇七	一、二三八
									三	一	一九	四一		三	五五	七七	一三〇	一	一四	一三六	一、二六八
									……福岡事務局移管……												八五三
																					四四七
																					四、六六八
																					一〇、五八一
																					一三、六六三
																					一四、三七三

一一九

十九、ラヂオ求人求職放送

大阪地方職業紹介事務局管內で「ラヂオ」求人求職放送を開始したのは昭和六年一月十二日(月曜日)の午後九時五十五分からであつて、毎月曜日毎に、放送職業紹介所の範圍は最初の試みとして京阪神三都市の職業紹介所に限られたが、其後「ラヂオ」放送の効果が可成り良好で就職率が二四%の良好成績を示してゐるので管內各職業紹介所からの希望に依り回數增加を大阪中央放送局に交渉して遂に昭和七年十月一日から毎週月、火、水木の四回毎に毎日午後零時五十五分から行ひ、之が現在に及んでゐる。そして放送職業紹介所の範圍も管內全般に亘るやうに擴大されたのである。放送回數求人の種類放送を行つた結果の就職率等に關する詳細は別表の通りである。

大阪地方職業紹介事務局ラヂオ放送職業紹介成績

種別＼區域別	性別	京都	大阪	神戸	總計
求人數	男	70	564	219	853
	女	119	1.288	13	1.420
	計	189	1,852	232	2.273
求職者數	男	136	1,295	136	1.567
	女	153	1.407	21	1,583
	計	289	2.704	157	3.150
紹介狀交付數	男	136	655	103	894
	女	151	490	12	633
	計	287	1,125	115	1.527
就職者數	男	25	233	76	334
	女	38	95	5	138
	計	63	328	81	472
求職率(%)	男	193.90	229.60	62.10	183.60
	女	128.50	109.40	161.50	111.50
	計	152.90	146.00	67.70	138.60
就職率(%)	男	18.40	18.00	55.90	21.30
	女	24.80	6.70	23.80	8.70
	計	21.80	12.10	51.60	15.00
放送取扱紹介所數		3	8	3	14
放送件數		57	135	38	230

〔備考〕上記は昭和七年一月十一日より六月二十七日に至る毎月曜日(放送回數二十五回)の成績とす

大阪地方職業紹介事務局ラヂオ放送職業紹介成績

種別	性別	京都	大阪	神戸	總計
求人數	男	142	1.164	109	1,415
	女	207	472	247	926
	計	349	1.636	356	2.341
求職者數	男	104	1.006	58	1.168
	女	111	660	214	985
	計	215	1.660	272	2.153
紹介狀交付數	男	98	480	93	671
	女	91	286	74	451
	計	189	766	167	1.122
就職者數	男	19	213	18	250
	女	37	122	108	267
	計	56	335	120	517
求職率	男	73.20	86.40	53.20	82.50
	女	53.60	139.80	86.60	106.30
	計	62.10	101.80	76.40	92.00
就職率	男	18.30	21.10	31.00	21.40
	女	33.30	18.50	50.40	27.10
	計	26.00	20.10	46.30	24.00
放送取扱紹介所數		3	6	4	13
放送件數		83	192	50	325

一二一

〔備考〕上記は昭和六年一月十二日より五月二十五日迄に至る毎月曜(放送回數二十回)の成績とす

介成績　　昭和六年一月—五月間

通信運輸				戸内使用人				雑業				計			
求人	求職	紹介	就職	求人	求職	紹介	就職	求人	求職	紹介	就職	求人	求職	紹介	就職
				4	5	5	2	9	26	26	3	32	43	43	5
				3	4	4		11	25	25	5	54	39	39	11
				7	9	9	2	20	51	51	8	86	82	82	16
				1	8	5		20	13	13	2	110	61	55	14
2	3	3	1	54	35	20	8	43	14	13	12	153	72	52	26
2	3	3	1	55	43	25	8	63	27	26	14	263	133	107	40
2	7	2	1	14	91	30	10	85	178	147	59	981	527	326	149
6	11	5	2	6	9	2	1	31	71	18	8	96	226	72	37
8	18	7	3	20	100	32	11	116	249	165	67	1.077	753	398	186
								3	31	2	2	26	196	20	11
30	11	4	1	2	9	1	1	34	34	14	6	162	174	87	27
30	11	4	1	2	9	1	1	37	65	16	8	188	370	107	38
6	8	4	1	10	43	10	2	3	6	4		117	143	90	29
					10			41	23	13		86	90	43	16
6	8	4	1	10	53	10	2	44	29	17		203	233	133	45
				6	14	7	3					111	142	75	36
				6	14	7	3					111	142	75	36
				1	4	2	1	4	30	6	2	21	98	31	12
1	2	1	1									17	28	9	6
1	2	1	1	1	4	2	1	4	30	6	2	38	126	40	18
								2	5	2	2	19	42	13	12
								2	5	2	2	19	42	13	12
62	16	10	7	1	3	3		2				85	48	35	16
61	9	5	2	9	5			77	139	69	66	162	157	74	68
123	25	15	9	10	8	3		79	139	69	66	247	205	109	84
												12	3	3	1
												12	3	3	1
								1				10	7	7	1
								1				10	7	7	1
												2			
												85	57	48	40
												87	57	48	40
72	34	16	9	31	154	55	15	129	289	200	70	1.415	1.168	623	250
98	33	18	7	80	86	34	13	237	306	152	97	926	985	499	267
170	67	34	16	111	240	89	28	366	595	352	167	2.341	2.153	1.122	517

所別＼種別	性別	工業及鑛業				土木建築				商業				農林業			
		求人	求職	紹介	就職	求人	求職	紹介	就職	求人	求職	紹介	就職	求人	求職	紹介	就職
京都中央	男	4	7	7		15	5	5									
	女	40	10	10	6												
	計	44	17	17	6	15	5	5									
京都七條（伏見）	男	72	30	27	9	5	6	6		11	3	3	2	1	1	1	1
	女	29	13	9	2					25	7	7	3				
	計	101	43	36	11	5	6	6		36	10	10	5	1	1	1	1
大阪中央	男	447	148	87	41					433	103	60	38				
	女	5	11	3	3					48	124	44	24				
	計	452	159	90	43					481	227	104	62				
大阪九條	男	17	104	16	7	5	42	2	2	1	19						
	女	95	119	67	18					1	1	1	1				
	計	112	223	83	25	5	42	2	2	2	20	1	1				
大阪天六	男	93	82	68	24	3	2	2	1					2	2	2	1
	女	43	54	29	15					2	3	1	1				
	計	136	136	97	39	3	2	2	1	2	3	1	1	2	2	2	1
大阪小橋（婦人）	男																
	女	50	28	23	17					55	100	45	16				
	計	50	28	23	17					55	100	45	16				
大阪梅田	男	8	34	11	3	3	8	4	1	5	22	8	5				
	女	16	26	8	5												
	計	24	60	19	8	3	8	4	1	5	22	8	5				
大阪玉造	男	17	37	11	10												
	女																
	計	17	37	11	10												
神戸中央	男	18	28	21	8						1	1	1				
	女	14	4							1							
	計	32	32	21	8					3	1	1	1				
神戸春日野	男	12	3	3	1												
	女																
	計	12	3	3	1												
神戸湊川	男	6	5	5	1	2				1	2	2					
	女																
	計	6	5	5	1	2				1	2	2					
神戸林田	男	2															
	女	85	57	48	40												
	計	87	57	48	40												
總計	男	696	478	256	104	33	63	31	4	453	150	74	46	3	3	3	2
	女	377	322	197	105					132	235	98	45				
	計	1,073	800	453	209	33	63	31	4	585	385	172	91	3	3	3	2

介成績（職業別）昭和七年 一月 六月

運.信運輸 求人	運.信運輸 求職	運.信運輸 紹介	運.信運輸 就職	戸内使用人 求人	戸内使用人 求職	戸内使用人 紹介	戸内使用人 就職	雜業 求人	雜業 求職	雜業 紹介	雜業 就職	總計 求人	總計 求職	總計 紹介	總計 就職
1	5	5						5	62	62	4	7	74	74	5
1	4	4						4	7	7	1	5	11	11	1
2	9	9						9	69	69	5	12	85	85	6
5	4	4		8	16	16	4	11	20	20	9	63	62	62	20
2	4	4		15	23	23	9	24	32	30	8	114	142	140	37
7	8	8		23	39	39	13	35	52	50	17	177	204	202	57
2	13	5	2	11	71	24	10	59	183	147	112	326	646	377	112
8	23	6	3	35	44	26	16	38	120	30	63	243	722	169	63
10	36	11	5	46	115	50	26	97	303	177	175	569	1.368	546	175
2	15	3	2									20	68	42	15
								56	21	10	1	356	116	67	1
2	15	3	2					56	21	10	1	376	184	109	16
6	79	22	6	4	6	3	1	6	40	12	4	21	351	149	14
6	79	22	6	4	6	3	1	6	40	12	4	21	351	149	14
				70	148	65	53					84	207	77	58
				53	18	5	1	11	70	17	7	438	159	50	14
				123	166	70	54	11	70	17	7	522	366	127	72
												48	104	31	13
				30	10	5	3					230	61	35	3
				30	10	5	3					278	165	66	16
				1	1	1						56	147	58	22
				1	1	1						56	147	58	22
1	8	5	1	1	6	5	1	5	49	25	4	30	123	70	13
1	8	5	1	1	6	5	1	5	49	25	4	30	123	70	13
				1	1	1	1	7	24	5	3	207	130	99	72
2	3			105	23	11	5	82	32	19	11	13	21	12	5
2	3			106	24	12	6	89	56	24	14	220	151	111	77
								1				3	4	2	2
								1				3	4	2	2
												9	2	2	2
												9	2	2	2
11	45	22	5	92	243	112	69	84	338	259	132	853	1.567	894	334
19	113	36	9	242	124	73	35	221	322	125	95	1.420	1.583	633	138
30	158	58	14	334	367	185	104	309	660	384	227	2.273	3.150	1.527	472

一二四

所別＼種別	性別	工業及鑛業				土木建築				商業			
		求人	求職	紹介	就職	求人	求職	紹介	就職	求人	求職	紹介	就職
京都市中央	男									1	7	7	1
	女												
	計									1	7	7	1
京都市七條(伏見)	男	7	4	4	3					20	10	10	3
	女									73	83	83	20
	計	7	4	4	3					93	93	93	23
大阪市中央	男	204	228	116	36					50	151	85	40
	女	26	41	16	7					136	494	91	21
	計	230	269	132	43					186	645	176	61
大阪市九條	男	18	53	39	13								
	女									300	95	57	
	計	18	53	39	13					300	95	57	
大阪市小橋(婦人)	男												
	女	3	9	4	2					2	217	108	1
	計	3	9	4	2					2	217	108	1
大阪市天六	男	14	59	12	5								
	女	74	26	13	6					300	45	15	
	計	88	85	25	11					300	45	15	
大阪市梅田	男	8	61	17	7	10	31	8	2	30	12	6	4
	女									200	51	30	
	計	8	61	17	7	10	31	8	2	230	63	36	4
大阪市玉造	男	50	141	54	20	5	5	3	2				
	女												
	計	50	141	54	20	5	5	3	2				
大阪紹介所	男	21	53	35	6					2	7	5	1
	女												
	計	21	53	35	6					2	7	5	1
神戸中央	男	90	53	42	34	20	30	30	25	97	47	27	13
	女									13	21	12	5
	計	90	53	42	34	20	30	30	25	110	68	39	18
神戸市春日野	男	2	4	2	2								
	女												
	計	2	4	2	2								
神戸市林田	男	9	2	2	2								
	女												
	計	9	2	2	2								
總計	男	423	658	318	128	35	66	41	29	200	234	140	62
	女	103	76	33	15					1.024	1.006	396	47
	計	526	734	351	143	35	66	41	29	1.224	1.240	536	109

一二五

二十、入營者職業保障法

入營者職業保障法は一身一家の利害を顧みず國民の代表として兵役に服する人々の爲に之を後援し支持して後顧の憂のない様に保障を與える法律として昭和六年四月二日に公布されて同年十一月一日から實施された。

此法律の實施直後當局では「入營者職業保障法便覽」を印刷して管内各關係方面に配布し、此法律の普及徹底を期すると共に入營者並に退營者届出は一々之を關係職業紹介所へ通報して、届出をした雇傭主と聯絡を計らしめると同時に、他方では關係軍部隊とも聯絡して在入隊者に此法律を知悉せしめた。又軍部と協力して此法律の適用を享けていない除隊者の再雇傭方に對しても此法律の發生した本旨から國民として自覺に訴へて雇傭主の理解を求めるのに努力した。此意味に於て主なる京阪神三職業紹介所に於ても、第四師團司令部管下の除隊兵就職斡旋委員會々議に遊佐地方事務局長及堂後囑託出席して此法律の本旨並關係者の採るべき處置對策に就て協議を行ったのである。

最後に入營者職業保障法施行規則第六條に依る入營者及退營者届出數を左に掲げる。

第一、規則第六條第一項第一號の規定に依る届出

月別	國							公共團体							其他						
	届出件數	被傭者總數	入營被傭者數 職員	職工	其他	計	%	届出件數	被傭者總數	入營被傭者數 職員	職工	其他	計	%	届出件數	被傭者總數	入營被傭者數 職員	職工	其他	計	%
昭和六年 十一月	一	一〇三			一	一	〇、九七								一	三三四	一	四		五	一、五〇
十二月	一六	五、三三三	四		二九	三三	〇、六二	二	九、二六九	二	一	一	四	〇、〇四	四〇	二三、七三四	一三	四六	一五	七四	〇、〇六
昭和七年 一月	一四	六、七三三	七	五	九	二一	〇、三一	七	一一、一一〇	三	二三	一二	三七	〇、三三	九八	一〇〇、五四九	七六	二二二	五四	三五二	〇、三五
二月	五	五、三六三	二		二	四	〇、〇七	九	二三、二九〇	四	三	一四	二一	〇、〇九	四〇	六三、九一〇	一四	八五	二四	一二三	〇、二一
三月								一〇	二四、六〇二	六	一	三三	四〇	〇、一六	四五	三五、五五四	二一	五五	二七	一〇三	〇、二九
四月	二	一、三六六	二			二	〇、一五								二四	四、五三六	一〇	一一		二一	〇、四六
五月								二	一〇四			二	二	一、九二	八	一九、一九一		一四	二	一六	〇、〇八
六月								一	二〇、六一五			二	二	〇、〇一	一一	三一、六七七	四	一七	二	二三	〇、〇七
七月								一	三、九一八			四	四	〇、一〇	四	七、一〇九		一二	一	一三	〇、一七

月別		昭和六年 十一月	十二月	昭和七年 一月	二月	三月	四月	五月	六月	七月	八月	九月	十月	十一月	十二月
國	届出件數	一	一	一	一			一				一	三	一	
	退營被傭者數 職員		三	一	四										
	職工														
	其他	一						一				一	三	一	
	計	一	三	一	四			一				一	三	一	
公共團体	届出件數				一			一	一					一	
	退營被傭者數 職員				一			二							
	職工														
	其他							二	二					一	
	計				一			四	二					一	
其他	届出件數		四	三		五	九	一〇	七	八	一	七	四	一四	一八
	退營被傭者數 職員		一				二	一	二		三	三	一	五	七
	職工		七	三		八	一五	一六	一六	一一		三	四	一二	一〇
	其他						一	三		二		四	一	一	九
	計		八	三		八	一八	二〇	一八	一三	三	一〇	六	一八	二六

第二、規則第六條第一項第二號に依る届出

	八月	九月	十月	十一月	十二月
					三
					一〇、〇七八
					二
					二
					〇、二二
					二
					二〇、六一五
					六
					五
					二
					〇、〇五
	三	一四	三	八	二七
	四[illegible]七二	二一、一〇	三、一三	一七、二四六	四五、五九五
	二	九	二	三	一〇
		一五		九	二八
	四	二三	一	二	四四
	六	四七	三	一四	八二
	〇、一五	〇、四三	〇、九六	〇、六[illegible]	〇、一八

二十 內職紹介概觀

職業紹介所が附帯事業の一として內職の紹介を始めたるは實に大正八年六月京都市職業紹介所創設以來同所に於て取扱ひたるを以て嚆矢とする。其後名古屋市職業紹介所に於ても大正十年十一月より開始し十二年四月當事務局設置にあたり管內職業紹介所として同年十二月迄に前記二紹介所並に大阪婦人ホーム神戸市中央、尼崎市、福井、金澤市、松山市、愛婦愛媛支部及長崎市の十ケ所にて取扱ひ、翌十三年には婦人ホーム中止し、新たに天神橋六丁目並に福山の二紹介所、越えて十四年には津市紹介所に於て各取扱を見てゐる。大正十五年より昭和七年に至つては名古屋、福岡、岡山の各事務局設置に伴ふ管轄區域の減少により現今では京都市中央、神戸市中央、同湊川、尼崎市の四紹介所となり、其取扱數に於ても別表の如き激減振を示してゐる。

かゝる現象は只に紹介所數の減少のみに止まらず、一方時代の進展は文化の發達と共に專ら手工業時代より機械工業へと著しく推移し來り、所謂內職としての需要範圍は大に縮少されたわけであるが、更に今一つの大なる原因として次の事柄を擧げる事が出來る。

大正の末期以來漸次惡化し來つた社會の狀態は年と共に不況の深刻味を增し之に伴ふ產業の不振は多くの失業者を出し、之

等失業者及新たに就職せんとする者等あらゆる求職者は紹介所を利用せんものと同所に殺到する者日々夥しき數に昇り、之が爲紹介所に於ても專ら本來の事業に忙殺され、其結果該事業の存續困難となり、自然中止のやむなきに至りたるものと思考せらる。

次に內職の種類は多岐に亘り、仕事の數量も其他に於ける產業の消長季節等に左右せられ必ずしも一樣ならざれども各年を通じ主なる職業を擧げれば京都市中央職業紹介所に於ては和洋裁縫、刺繡、編物、袋物、羽織紐房付、玩具、肩掛加工等、神戸市中央紹介所は羽織組紐、和服裁縫、同湊川紹介所は和服裁縫、尼崎市紹介所は封筒製造、毛糸編物、狀袋貼、ハンカチ及ショール下附、名古屋紹市介所は足袋仕上、袋物細工、紙袋貼編物、メリヤスカゞリ等、福井紹介所は籐表製造、麻裏草履、和服裁縫、金澤市紹介所は荷札製造、燐寸箱貼、狀袋貼、紙函製造等、愛婦愛媛支部紹介所は毛糸編物、和洋裁縫、籐表製造上簇器製造、狀袋貼等、松山市紹介所は蠶上簇器製造、狀袋貼和服袋縫、麥稈帽製作等、福山市紹介所は敷物製造、藺細工等長崎市紹介所は狀袋貼、籐表製造、下駄鼻緒製造等が多數紹介されてゐる。

内職紹介取扱成績

第一表（年別調）

	求人數 男	求人數 女	求人數 計	求職者數 男	求職者數 女	求職者數 計	紹介員數 男	紹介員數 女	紹介員數 計	取扱紹介所數	備考
大正十二年	二九七	二、七五八	三、〇五五	三一	二、三三九	二、四六〇	一七七	一、九〇八	二、〇八五	一〇	自四月至十二月
〃十三年	一六〇	三、四二〇	三、五八〇	六七	一、四四一	一、五〇八	四一	一、一二四	一、一六五	一二	
〃十四年	三六	一、八二六	一、八六二	三	一、四七三	一、四九四	一七	一、一八六	一、二〇三	一〇	四月以降名古屋事務局へ移管ノ四ケ所減少
〃十五年	一〇	一、〇九四	一、一〇四		七八四	七八四		七四三	七四三	五	
昭和二年		五五九	五五九		三六四	三六四		三四七	三四七	四	四月以降福岡事務局へ移管ノ ケ所減少
〃三年		四七五	四七五		四二三	四二三		三〇九	三〇九	四	
〃四年		二六一	二六一		二〇〇	二〇〇		一八二	一八三	三	
〃五年		三六二	三六二		二九七	二九七		二八七	二八七	五	
〃六年		二六七	二六七		一九八	一九八		一七一	一七一	三	七月以降岡山事務局へ移管ノ ケ所減少
〃七年	一三	二三三	二三五	一三	一八八	二〇〇	一三	七三	八四	三	
計	五一五	一一、二四五	一一、七六〇	三三	七、六〇六	七、九二八	二四七	六、三三〇	六、五七七		

第二表（職業別調）

職業別	求人數	求職者數	紹介員數
和洋裁縫	五、五六八	三、九八八	三、三〇二
刺繍	一一二	三一	三三
編物	一、〇三五	六三一	五六〇
袋物	三三三	一六八	一五四
羽織紐組紐	二、〇四九	一、三五六	九八九
状袋貼	四三五	三〇八	二七三
玩具	九五	六五	五七
メリヤスカガリ	九〇	九五	八四
籐表製造	一四	二七	一三
荷札造リ	一九	一七	一四
燐寸箱貼	四九	二	二
紙函製造	九三	五〇	四一
上族器製造	二八六	三三三	三一六
麻裏草履	四八	三三	二九
敷物製造	九五	二七	一八
紐房付	七七	七五	六五
肩掛加工	一一三	三四	二五
ハンカチ及ショール下付	二五六	一六五	二一五
麦稈帽製造	一〇〇	四〇	四〇
鼻緒製造	三一	三一	二一
水引	一三〇	九五	四九
絞リホドキ	五	三	三
人造竹皮製造	三三	一九	一六
鹿の子絞り	二五	一六	一〇
糸ツナギ	五五	三三	三三
筆耕	二	五	二
足袋仕上	一八九	一〇一	九七
前掛縫ひ	二二	一三	一三
楊子削り	一三	一三	一二
靴下ホドキ	三二	二四	二四
紙袋貼	一七九	二一	八一
紙札糸付	二〇	一六	一六
金糸	三	四	一
其他	二八九	一三	九三
計	一一、七六〇	七、九二八	六、五七七

二十二、優秀職員の表彰其他

職業紹介法施行十週年に當り管内より左記五名は成績優秀にして他の模範となるべき職員として左記表彰狀に記念品を添へ表彰された。

表彰狀

職業紹介事業ニ關シ盡瘁スル所尠カラス仍テ茲ニ職業紹介法十年ニ際シ記念品ヲ贈リ之ヲ表彰ス

昭和六年十一月三日

内務大臣正三位勳一等　安達謙藏

表彰者氏名

大阪職業紹介所長	八濱德三郎
神戶市中央職業紹介所長	緒方庸雄
大阪市京橋職業紹介所長	山岨一郎
大阪市中央職業紹介所長	松村義太郎
堺市職業紹介所長	井上正夫

依つて昭和七年十一月三日午後一時より大阪府知事官邸別館に於て遊佐大阪地方職業紹介事務局長より夫々表彰狀の傳達を行ひ次で祝辭を述べ、柴田大阪府知事、兒玉大阪市助役、武藤大阪地方職業紹介委員の祝辭あり、八濱大阪職業紹介所長表彰者一同を代表し答辭を述べ、終りて懇談會に入り、午後四時終了せり。尙參列者は左の通りである。

大阪府知事	柴田善三郎
大阪府學務部長	蜂須賀善亮
〃　社會課長	大谷繁次郎
兵庫縣社會事業主事	小田直藏
大阪市助役	兒玉孝顯
〃　社會部長	山口正
神戶市主事	西野作太郎
堺市主事補	藤江一馬
大阪地方職業紹介委員會委員	武藤健
〃	宇野利右衛門

各職業紹介所長、各新聞社記者、以上四十七名

二十三、管内各職業紹介所別

大阪

- 大阪市中央職業紹介所　大阪市西區阿波堀通一丁目五一（電新町四五〇〇・四五〇一・四五〇二）
- 大阪市京橋職業紹介所（勞働）　同市東區京橋前ノ町一（電東四七九・五〇九）
- 大阪市九條職業紹介所　同市港區九條南通一ノ一四〇ノ四（電西一九〇・四一三）
- 大阪市築港職業紹介所　同市港區南海岸通一丁目大棧橋南側（電西三四九）
- 大阪市西野田職業紹介所　同市此花區玉川町四ノ六〇（電土佐堀四四二〇）
- 大阪市天六職業紹介所　同市北區天神橋筋六丁目北市民館內（電堀川八七〇）
- 大阪市小橋婦人職業紹介所（婦人）　同市東區小橋東之町四二（電南三〇一）
- 大阪市梅田職業紹介所　同市北區西梅田町大阪驛前（電北二一七〇）
- 大阪市玉造職業紹介所　同市東區中道黑門町二〇二（電東一五〇四）
- 大阪市千鳥橋職業紹介所（勞働）　同市此花區四貫島元宮町千鳥橋南詰南（電土佐堀五〇四〇）
- 大阪市萩之茶屋職業紹介所（休正）　同市西成區花園町三六五（電戎一九六〇）
- 大阪市今宮職業紹介所（勞働）　同市西成區東入船町二二（電戎五二〇）
- 大阪市淡路職業紹介所（勞働）　同市東淀川區國次町三四一
- 大阪市今里職業紹介所（勞働）　同市東成區片江町二九七番地ノ一八
- 大阪職業紹介所　同市浪速區惠美須町二丁目一一六（電戎六一〇）
- 大阪基督教青年會職業紹介所　同市西區土佐堀通二丁目一二（電土佐堀九四六・六〇八〇）
- 大阪婦人ホーム職業紹介所（婦人）　同市北區中之島六丁目六（電土佐堀七二七〇）
- 大阪基督教女子青年會職業紹介所（婦人）　同市北區西扇町一三（電北一三〇）
- 內鮮協和鶴橋職業紹介所（朝鮮）　同市東區東桃谷町三ノ一七八（電天王寺三九四）
- 內鮮協和會豐崎職業紹介所（朝鮮）　同市東淀川區長柄東通一ノ四一（電堀川一九八〇）
- 內鮮協和會木津川職業紹介所（朝鮮）　同市大正區南恩加島町六ノ四五五（電櫻川四九一〇）
- 堺市職業紹介所　堺市宿院町東三丁目二五（電一三一〇）
- 岸和田市職業紹介所　岸和田市岸城町一七五〇（電四四七）

京都

- 京都市中央職業紹介所　京都市上京區丸太町通千本東入（電西陣三四〇五・三四二三）
- 京都市七條職業紹介所　同市下京區新町通七條下ル（電下三四〇四・三四一〇）
- 京都市伏見職業紹介所　同市伏見區役所前（電一四六二）
- 京都市勞働紹介所（勞働）　同市下京區新町通七條下ル東入
- 新舞鶴町職業紹介所　加佐郡新舞鶴町役場內（電（兼）一三五・三二〇）
- 福知山町職業紹介所　天田郡福知山町字內記一三ノ四（電（兼）四二・一九七）
- 上宇川村職業紹介所　竹野郡上宇川村字平八八二ノ二（電（兼）中濱二一ノ甲）

梅田村職業紹介所　船井郡梅田村役場内(電(兼)檜山五)
須知町職業紹介所　同　郡須知町役場内(電(兼)須知四二)

兵庫

神戸市中央職業紹介所　神戸市湊東區相生町一丁目(電元町三九・一三八一・三七六〇)
神戸市春日野職業紹介所　同　市葺合區吾妻通一丁目(電葺合四七一〇)
神戸市湊川職業紹介所　同　市湊東區湊川公園内(電湊川六〇八)
神戸市東部勞働紹介所(勞働)　同　市神戸區三ノ宮東遊園地内(電三宮一八〇三)
神戸市西部勞働紹介所(勞働)　同　市湊東區川崎町一ノ一(電兵庫二二〇)
神戸市林田職業紹介所　同　市林田區大橋町三丁目二(電兵庫二六四〇)
尼崎市職業紹介所　尼崎市南城内一九九(電五〇一)
西宮市職業紹介所　西宮市役所構内(電西宮五五八)
明石市職業紹介所　明石市役所構内(電二一一七)
姫路市職業紹介所　姫路市役所内(電一七七〇)
高砂町職業紹介所　加古郡高砂町役場構内(電二四九)
温泉町職業紹介所　美方郡温泉町役場内(電湯村一七)
美方郡東部職業紹介所　同　郡村岡町官有地内(電(兼)村岡一)
篠山町職業紹介所　多紀郡篠山町役場内(電(兼)二九・二五九)
加古川町職業紹介所　加古郡加古川町役場内(電五八)
飾磨町職業紹介所　飾磨郡飾磨町宮一六一・一六二(電飾磨二六八)
由良町職業紹介所　津名郡由良町役場構内(電(兼)六)
養父郡職業紹介所　養父郡八鹿町八鹿一八〇九(電(兼)五七)
洲本町職業紹介所　津名郡洲本町役場内(電(兼)七二三三)
日高町職業紹介所　城崎郡日高町役場内(電(兼)江原七)
朝來郡職業紹介所　朝來郡和田山町和田山一九九(電(兼)和田山二〇)
香住町職業紹介所　城崎郡香住町役場内(電(兼)一)
柏原町職業紹介所　氷上郡柏原町柏原五一八

奈良

奈良市職業紹介所　奈良市役所構内(電二・九〇・九一)
奈良縣高田町職業紹介所　北葛城郡高田町大字高田二六二(電五七二)
御所町職業紹介所　南葛城郡御所町役場内(電(兼)二)

滋賀

大津市職業紹介所　大津市役所構内(電七五九)
彦根町職業紹介所　犬上郡彦根町役場内(電一四一)
長濱町職業紹介所　坂田郡長濱町役場構内(電七四〇)

一三三

和歌山	和歌山市職業紹介所	和歌山市小人町一ノ二（電一七〇七）
	新宮町職業紹介所	東牟婁郡新宮町役場内（電（兼）五二七）
	箕島町職業紹介所	有田郡箕島町役場構内（電（兼）三）
徳島	徳島市職業紹介所	徳島市徳島町字會所町二五三ノ三（電一一五二）
高知	高知市職業紹介所	高知市本町三〇九ノ七（電一六〇〇）
	愛國婦人會高知縣支部婦人職業紹介所（婦人）	同　市西弘小路五〇七愛國婦人會高知縣支部内（電（兼）二〇五）

大阪市に於ける職業紹介所

一、創　業　期

大阪市の職業紹介所は大正七年四月九條南通一丁目に九條職業紹介所を創設したるに始まる。

當時社會の情勢は歐洲の戰亂の餘波を受け產業界の異常なる發展に伴ひ、物價の暴騰を來し社會の不安其極に達し、所謂米騷動を惹起したる狀態なるが、更に勞働問題漸く擡頭し來り、職業紹介所を增設の必要愈切迫せしを以て、時の救濟課長天野時三郎、池上市長と種々劃策し更に西野田、今宮等職業紹介所の設置を見た。是等職業紹介所間の聯絡機關の必要を感じ、大正八年八月一日中央職業紹介所の開設となつた。當初取扱方法は却々特色があつて、成るべく一般口入業者に模倣するを得策と認め、暖簾式、前垂式を採用し、求人並に求職者に應對せり又、勤務時間も午後六時乃至七時頃迄執務し一般利用者に便宜を與ふるに努めた。

大正八年五月二十四日大阪市條例第三號により雇傭契約成立したる時は紹介手數料として雇傭主より金十錢、被傭者より金五錢を徵することゝなり、同年六月同條例施行細則の公布により紹介を受けんとする者の手續及豫約手數料の還付に關する規定制定せられ、而して是等の諸規定は大正十年職業紹介法の施行と共に消滅したるものである。

二、軍縮解雇職工就職幹旋期

創業期の後を受けて大正十一年は諸規程の完成に努力したが四月には紹介規程、庶務規程及ひ求職者心得等告示せられた。此等の規程は當時市社會部事業課長山口正氏が當所の所長兼務時期に發せられたもので、七月には埴岡信夫氏が初代の專任所長として赴任せられた。爾後大正十四年の前半に至る迄滿三ケ年在勤せらる。その間大正十二年九月關東大震災による避難民の就職幹旋、大正十四年二月少年職業指導事業の爲め小學校との聯絡會議等の特筆すべき事業を見たが、通じてこの期間に流る丶事業は軍縮による解雇職工の就職斡旋であつた。今職業紹介所が参劃した當時の軍縮による解雇職工斡旋情況（各職業紹介所の分）を擧げて見ると、

大正十二年十一月十日海軍工廠の第二次整理の豫告が發せられた。呉、舞鶴、佐世保各工廠通計して吾々に通報せられた解雇職工總數は千九百七十六名であつたが當市職業紹介所の活動によつて二百一件の紹介を見、殊に愛知時計電機會社へ紹介したものは二十名で最も多數を占めた。

大正十二年五月海軍工廠の第二次整理が行はれ吾々に通報せられた解雇職工數は四千七百六十三名であつた。就中呉の分に對しては大分セメント、鳥羽造船所、浦賀ドック、京都奥村電機等の諸會社工場に就職斡旋をなし、求人九百八名に對して求職者七百十一名、紹介四百六名で、之が就職者二百八名の多きに達して居る。又舞鶴鶴の分に對しては小松製作所、浦賀ドック、奥村電機等に就職斡旋をなし、求人二百五十五名、求職者百十七名、紹介九十五名に達した。

大正十四年陸軍造兵廠の解雇職工二千五百名、海軍工廠の千七百名が通報せられたが、其内大阪工廠解雇職工の就職斡旋狀況を見ると其求職者六十七名あり。之が就職斡旋による紹介は四十四名に達した。

尚この期間中に注目すべき事項として少年職業相談所との聯絡關係と關東大震災による避難民の就職斡旋とも書き添へて置かなければならない。

少年職業相談所は元來救濟課の主管に屬する一事業所であつて、大正九年十月三日北區中之島四丁目筑前橋北詰に獨立した建物によつて二十歳以下の男女の選職相談を施行し來たものであるが、事業の內容が職業紹介事業と相觸るゝこと深く、依つて十二年五月七日その事業を當所內で施行し當所の事業と相互の聯絡を密接にすることゝした。そして大正十三年六月一日より取扱年齢を十八歳以下に低下した。然るに聯絡が密になるに從ひ殆んど區別を設くるの必要を認めざるに至り、後大正十五年四月一日之を當所に併合して少年部に改稱した。次に關東大震災による避難民の就職斡旋について記述して見たいが、何分詳細な記錄が乏しい爲甚だ遺憾とする。當所創立十週年記念パンフレットに掲載せる紀本米造氏の「中央職業紹介所の回顧」の一部を參考として當時の模樣を瞥見しやう。

關東大震災の當時は下り列車が大阪驛に着く每に多數の避難民が續々と吐き出された。そして內三十名が梅田女學校跡に收容され、鼠島の隔離所及市電教習所にも央々多數の避難民が收容せられた。特に大阪驛前では天幕張りを施してこの就職斡旋を當所が中心となつて出張紹介に當つた、處が何分多數の避難民で早朝から夜遲くまで汗だく〳〵で努力したが、設備は完全でなく、避難民に自制力がなく、十分の活動が出來なかつたがそれでも一生懸命であつた。結局之等避難民の一部は大日本麥

酒株式會社日本捺染會社等に紹介せれた。

三、事業内容整備期（自大正十四年下半期 至昭和二年）

大阪市に於ける職業紹介事業の中樞機關として生れた當所も創立後既に六ケ年の星霜を重ねて來た。其間殊に軍縮による大量の解雇職工の斡旋に努め、最も困難な試練を受けて熟練職工の移動紹介の容易ならざるを体驗すると共に、職業紹介事業は物品の需給を調節するに非ずして人の需給に參劃するものであるとの所感を一層深くするに至つた。斯くて事業そのもの丶内容につき改善と刷新を計り又職業紹介所の分布問題についても考究を要するものあるを悟つた。大正十四年の後半から昭和三年に至る間は正しく事業の整備期となるべきもので、更に之を具さに研討すれば昭和二年を境として前後の二期に小分することが出來る。この前期は事業内容の整頓期であり、後期は就職保護施設の整頓期である。

前期　事業内容の整頓

大正十四年四月大阪市は接續町村を市域に編入したる爲め、大大阪として見たる職業紹介所の分布は舊市に偏在の傾きがあつたので、堀江店員職業紹介所、老松職業紹介所を廢止し、京町堀婦人職業紹介所を當所婦人部に併合し、小橋婦人職業紹介所を新設する等職業紹介所行政方面にも劃期的な刷新が行はれた。

現業方面に於ては幾多の改善と充實を期する必要から、先づ事業に關する諸般の調査を實施する。今その主なるものを記すると、

勤續情況に關する調査　大正十四年四月開始
求職者に關する調査　同　年六月開始
求人者に關する調査　同　年十一月開始
保證人無き爲紹介不能に終りし者に關する調査
大正十五年一月開始
求職者數を超過する求人の職業調査
大正十五年三月開始
本市主要製造工業營業狀態調査
昭和二年一月開始

等の調査であつて、之等の調査の結果は事業内容の整頓に重大なる役割を演じたものであつて、夫々當時パンフレットにて發表されて居る。殊に勤續狀況に關しては職業紹介所創設以來最も苦心を重ねた大調査であつて、現松村所長が大正十四年七月赴任早々のことゝて特に惱んだものであつた。而してこの調査の結果が後期に上る求職者保護施設の整頓を促したものであつた。其他求職者に關する調査及び求人者に關する調査は職業紹介所の分布の爲め行ふ廢合新設に寄與するところとなり、保證人なき爲め紹介不能に終りし者に關する調査は、信用共濟施設

を呼び、其他の各調査も總て夫々事業に貢献するところがあつた。

大正十四年十二月二十八日には給料生活者紹介手續要項が定められ、翌大正十五年一月一日には知識階級部を給料生活者紹介部と改稱し、簇出する給料生活者の爲めに策應することゝした。又大正十五年二月には市立各紹介所の紹介手續統一に關する件を所長會議に付して統制をとつた。この頃次第に增加する求人求職者は當所の舊來の建物を不便とするの情勢を見るに至つて之を改築するの議が起つた。そして大正十五年五月創設費八萬餘圓を以て改築の工を起し、十二月二十七日新館が落成した。この期間當所は一時北區天神橋筋二丁目舊天滿簡易食堂を假事務所として居た。

昭和二年一月二十二日には職業紹介事務章程並に職業紹介各部事務章程が傳達せらるゝに至つた。

後期　就職者保護施設の整頓

前期に於て行はれた諸般の調査は就職者の保護施設の整頓を誘導した。就中勤續調査に於ける就職者の退職率の高きは、一面修養機關によつて變轉する社會情勢の基礎知識の涵養によつて智的方面の保護施設によつてこれを緩和し、勤續の奬勵を爲すと共に他方に於ては就職者の爲の金融機關を設けて經濟的保護施設を講じて、高利貸及び前借等に依る苦惱を除去するの必要を痛感した。仍ち精神修養の爲めには每月第一金曜日の夜金曜講座を開講することゝ定め、社會、經濟、教育、衛生、軍事の諸問題に關し各その方面の名士を招聘して講話を聽かしむることゝした。又每年六月一日には市立職業紹介所の紹介による勤續者を集めて之を表彰することゝし、講座は昭和二年その第一回を開講し、表彰は同年六月一日之れを行ひ、每年同日に施行することゝ定め、何れも今日迄及んで居る。

次に經濟的保護施設としては大正十五年九月既に大阪勞働共濟會によつて實施せられたが、更に昭和二年九月十九日三年以上の勤續者の爲め有限責任大阪市昭和信用組合を設立した。同組合は產業法に依る組合であつて、けだし、職業紹介所の紹介による就職者によつて組織する信用組合は之れを以て嚆矢とする。

この外當所の職員指導による就職者の親睦機關の生れたのもこの期間であつて、給料生活者紹介部の紹介による勤續者によつて組織されて居る信交會はその一例で、大正十五年六月に小橋婦人職業紹介所で生れた就職婦人の團体紫苑會と共にその活動を繼續して居る。

尙この期に於て特筆すべきことは、大阪市職業紹介委員會の設置、海軍滿期兵及び陸軍除隊兵の就職斡旋を開始したる外、求職者に導する施設として求職婦人講話會、百貨店に關する座談會、雇傭主懇談會等の會合を催した。

更に此期間特記を要するものは昭和二年四日済南事變による影響としての臨時熟練工の紹介であつた。以下當時の狀況を述べんに、五月五日陸軍造兵廠大阪工廠から臨時旋盤工四百六十二名の求人を受けた。何分十一日から十六日迄六日間に充員せしめたいと云ふ工廠の要求であつたので、當所は直ちに第一次及び第二次聯絡の手續をとり、大阪地方職業紹介事務局にも通報し、更に市內十數ケ所の要所に公示した。其後次第に募集人員增加の傾向を見たから紹介事務打合會を開き、目下の折柄此の官設工場の要求を充すべく新聞記事廣告は素より、大阪市內の主なる機械工場十數ケ所の人事當局とも聯絡をとつた外、位置の關係上各所より送る求職者は凡て京橋紹介所に於て之を纒めて紹介することに定め、班を編成して同所に出張し以て紹介の敏捷を計り工廠當局との聯絡を密にし各所及ぶ限りの努力を拂つた。今十一日より廿八日迄の紹介狀況を示すと、

		內譯		比較%
應募者數	九〇四	工廠直接扱數	五二四	五六・八
		紹介所扱數	三八〇	四三・二
採用決定數	五六四	工廠直接扱數	二八三	五〇・〇
		紹介所扱數	二八一	五〇・〇
就職人員	四四三	工廠直接扱數	二三八	五三・五
		紹介所扱數	二〇五	四六・五

右表中紹介所扱數中には大阪市立各職業紹介所及神戶、京都兩市各職業紹介所並に尼崎、堺、東松原、呉、松山等の諸職業紹介所取扱數の合計を表したものでこの中當所の扱數は左の通りであつた。

紹介數	採用決定數	就職者數
一五〇	一〇九	七八

重なる光榮

侍從の御差遣

昭和四年六月上旬　天皇陛下におかせられては大阪市の產業一般と社會事業御奬勵の有り難き思召しを以て當市に行幸あらせられたが、其光榮の日、わけて當所は畏くも甘露寺侍從の御差遣に浴した。惟ふに今日の如き社會狀態の動搖期に際して、之に適應する社會政策的諸施設の設備如何は一國の思想問題並に社會組織の健不健に重大なる關係を有するものである。隨て識者の考慮を促す當面の問題として日夜其對策に腐心しつゝある所であるが、恐れ多くも　陛下は夙に此の點に聖慮を注がせられ、今回の侍從御差遣の光榮となつたものと拜察する次第である。加ふるに侍從を職業紹介所に御迎へ申上たのは此度を以て嚆矢とするところで、獨り當市の職業紹介所の所員のみならず、全國の斯業關係者の永久に忘るゝ事の出來ない所のものであり且本邦職業紹介所の歷史に光榮の一頁を飾るものである。

東久邇宮殿下の御視察

越て七月五日には更に東久邇宮殿下の御視察を忝ふし重なる

光榮に感激した次第である。

四、會社工場整理職工就職斡旋期（自昭和四年末 至昭和五年）

―給料生活失業者の援助―

打ち續く財界の不況は泡沫の運命にある大中小商店、會社を既に整理し、尚飽き足らずして自他共に曾ては其基礎の鞏固を許した會社にまで其觸手を伸べるに至つた。即ち昭和四年末より昭和五年末に至る一年有餘は實に各種の工場、會社が整理、縮小、廢業、馘首に色彩られた。當所は先きに軍縮による解雇職工の就職斡旋に嘗めた苦き經驗は再び今期に至り繰り返されるに至つた。即ち先づ昭和四年一二月には京都奥村電機株式會社、大阪合同毛織株式會社、三瓶金屬工藝株式會社、村尾ドック株式會社及ゼネラルモータース株式會社、何れも三百名乃至二千名の解雇職工を出し、又昭和五年二月には浪速染工場、四月には大阪機械工作所、大阪鐵工所及び梅鉢鐵工所等の諸會社に於て大解雇頻々として起り、さなきだに求職者の殺倒率の高きに悩む紹介機關の過重の負擔を負はすに至つた。五年五月二日大阪毎日新聞は當時の模樣を斯く報じて居る。「大阪の產業界は將に罷業時代の現出」と大きく見出しを出して「爭議中の工場五十二に及ぶ原因は事業の不振に基く賃金値下げ」と說明して居る。勿論當所に於ても事業を創造して失業者を雇ひ入れる機能はなく、さりとて押し寄せる求職者を無下に突き離し難く、苦心と焦慮を重ねつゝ同業機關と聯絡して燒石に水ながらも努力を拂つた。

而して此期間中に特筆すべきことは、昭和五年一月求職少年の爲めに始めて職業解說映畫を調製し、又ラヂオ放送を開始したことの外、給料生活者失業者の漸增するに鑑み、大阪市授職所を設け、之を當所に併置せらるゝこととなつた。即ち昭和四年十二月給料生活者授職規定を翌五年一月より正式に事業を開始した。そして昭和六年三月迄これを接續し專ら筆寫、謄寫、計算、文書整理、飜譯、タイプライティング等の臨時事務の委託を受けしもの、賃金の立替をも施行したものである。

五、大會社雇入斡旋期（自昭和六年 至昭和七年）

―滿洲事變と當所―

當所は從來大會社又は官廳等より依賴を受くる場合は概ね一齊解雇の跡始末として解雇者の就職斡旋に限られて居た。而して雇入斡旋の依賴を受けたることは甚だ稀であつた。然れども當所は沿革の第二期に於て軍縮による解雇職工に對し、又第五期に於て會社工場の整理職工に對し就職斡旋に盡すところあつた。この努力は遂に報ひられて大會社の雇入れに就てもその依賴を受くるに至つた次第である。即ち昭和六年以後今日に至るまでを雇入斡旋期として主なる經過を辿て見やう。

大會社との交涉は先きに昭和四年一月高島屋に對し男子店員

二百名を紹介したる因緣により、今期も又同店によつて開始された、即ち昭和七年二月同店より南海店新設の爲め之れに要する新規採用者の依賴を受け、七月十五日迄に男女店員等總計八百四十五名を就職せしめた。次ぎに汽車製造株式會社は昭和七年八月職工の斡旋は全部當所に依托せらるゝ事となつた。殊に同社は曾て當所計畫中の熟練工養成施設に共鳴し、機械工志望少年の爲め當所の指定實習工場としての役割を快諾せられ、既に三十二名の第一回實習生を委託するに至つた。

特に大阪市役所の如きは社會部に對し現在百三十八名の勤續者あり。

尚この期間に於て昭和七年九月の小額給料生活者の失業應急事業として大阪市計畫の事業に從事せしむべき從事員の詮衡を行ひ、應募者千十七名より嚴選して二百十五名の紹介を行つたこと等がある。

滿洲事變と當所

昭和七年一月十三日には滿洲四平街の邦人事業家より始めて二名の店員の求人を受け、現に勤續中である。翌二月五日には大阪工廠より旋盤工三百三十名、仕上工百名、鍛工三十名、雜工若干名の求人を受け、之れに對し市立各職業紹介所と聯絡提携して紹介に當つた。求職者の受付總數二千七百九十四名、紹介數千二百七十五名、就職者は三百十九名に達した。この中當

所よりの就職者は八十四名であつた。又同月二十五日大阪被服支廠より手縫工及びミシン工の熟練工百五十五名の求人を受け婦人を扱ふ市立紹介所と聯絡して紹介に當つたが、求職受附數は四百二十六名、紹介數百六十一名、就職者數六十八名であつた。

越て三月十日滿洲國の建國と共に本市の商況は活況を呈するに至り、國旗店よりの店員求人、運送店よりの店員求人、藥種商よりの藥劑師求人等が續々現はれ又製造工業方面に於ては金屬工場、機械工場、車輛工場等よりの熟練工の雇入に接して現に夫々紹介に當りつゝある。

今大阪市に於ける職業紹介事業史として特記すべきものを列擧すれば左の通りである。

大正八年二月　七日	九條職業紹介所設置
〃　八年七月　一日	西野田職業紹介所設置
〃　八年七月　五日	今宮職業紹介所設置
〃　八年七月二十日	京町堀職業紹介所設置
〃　八年七月二十二日	堀江職業紹介所設置
〃　八年八月　一日	中央職業紹介所設置
〃　八年九月　一日	天神橋六丁目職業紹介所設置
〃　八年九月　一日	老松町職業紹介所設置
〃　八年九月三十日	築港職業紹介所設置
〃　八年十二月　一日	京橋職業紹介所設置
〃　九年十月　一日	梅田職業紹介所設置

〃　十年四月一日　玉造職業紹介所設置
〃　十二年十二月十七日　安治川職業紹介所設備其他認可
〃　十四年四月一日　今宮町職業紹介所ヲ引繼キ萩ノ茶屋職業紹介所ト改稱ス
〃　十四年十一月六日　安立町臨時勞働紹介所設備其他認可
〃　十四年十一月廿六日　釜崎臨時勞働紹介所設備其他認可
〃　十四年十一月九日　西野田臨時勞働紹介所設備其他認可
〃　十五年三月三十一日　鶴橋臨時勞働紹介所設備其他認可
〃　十五年三月三十一日　天神橋六丁目臨時勞働紹介所設備其他認可
〃　十五年六月　天神橋六丁目西野田、安立町臨時勞働紹介所廢止
〃　十五年八月十七日　今宮、堀江、京町堀職業紹介所廢止
〃　十五年十月十一日　鶴橋臨時勞働紹介所廢止
〃　十五年十二月十二日　老松町職業紹介所ヲ小橋婦人職業紹介所ト變更ス
昭和二年四月七日　釜崎臨時勞働紹介所廢止
〃　二年四月七日　今宮職業紹介所設備其他認可
〃　二年四月八日　西野田職業紹介所廢止
〃　二年四月八日　西野田職業紹介所設備其他認可
〃　二年十二月十九日　鶴橋臨時勞働紹介所設備其他認可
〃　三年三月三十日　同右　廢止
〃　五年六月十二日　安治川職業紹介所廢止
〃　五年六月十三日　千鳥橋職業紹介所設備其他認可
昭和七年九月十二日　淡路職業紹介所設備其他認可
〃　七年九月三十日　今里職業紹介所設備其他認可

職業紹介委員

本市の職業紹介委員制度は昭和二年三月十九日職業紹介委員設置の件市會議決、同年三月二十二日達第二〇號大阪市職業紹介委員規定の制定公布、同四月一日より施行せられ、昭和二年七月十八日第一期委員四十九名の任命を見た。次いで昭和四年七月十八日第二期委員四十九名、昭和六年十月十六日第三期委員三十名の任命があつた。

而して同市の委員は當初一般勞働、給料生活者、日傭勞働、少年勞働、婦人勞働の五部に分れて居つたが第二期委員は一般並日傭勞働、給料生活者、少年並婦人職業の三部となり、第三期委員に於ては之等の部門を廢した。

尚各期委員の活動狀況の概要を擧ぐれば

一、第一期委員

市長諮問事項

（イ）就職者の健康保險の爲め健康保險法に準ずる制度を採用するの可否

（ロ）朝鮮人勞働者の失業及其の對策

（ハ）職業紹介所に於て取扱ふべき婦人職業の範圍及程度

（ニ）給料生活者の需給調節の方策

二、第三期委員

市長諮問事項

（イ）失業對策として雇傭主、勞働組合、學校當局及職業紹介機關の聯絡關係を適切有效ならしむる方策

財團法人大阪市勞働共濟會

現行人夫供給請負制度の缺陷を匡救する爲め、本市職業紹介所に於ては直接事業主に對し人夫供給の計畫をたて、之が實施に伴ふ支障の一として供給業者の如く業務上の負傷災害の危險を如何にして負擔するかの問題を解決しなければならなかつた。其の結果大正十三年六月一日遂に一種の傷害保險制度とも云ふべきものを樹つるに決し相互救濟の組織を作つた。これ即ち大阪市勞働共濟會である。

最初日傭勞働者の業務上の傷害及死亡に對する共濟を目的としたが、更に會員福祉の增進に必要なる諸施設をも行ふことゝなり、無料宿泊所、宿泊共濟事業、健康信用共濟事業等の實施を見たのである。時勢の要求に應じ大正十五年十二月十一日其組織を財團法人に改め、更に昭和三年大阪職業補導會の事業を繼承して勞銀立替並人夫供給事業をも開始した。更に昭和四年九月十五日失業傷害保險制度を確立して負傷災害共濟の徹底を圖り、昭和七年一月勞働者災害扶助法實施せらるゝに至り、規程の大改正を行ひ、之に策應し又同年六月失業保險規程を設けて、一般職業紹介所の紹介に依る就職者の共濟施設を設くるに至つた。

其他福利增進を圖る爲日用品の供給、食堂、洗濯、理髮、圖書、販賣貸本金曜講座等も特別經濟の許に施設した。

大阪市昭和信用組合

職業紹介所の紹介による勤續者昭和二年六月末調査によればその數七八八〇人に達し、尙逐年增加の趨勢にあるを以て之等に對し金融機關の必要を認め、信用組合を設立するに至つた。設立に際しては他に前例なきことゝて產みの惱みは一通ではなかつたが、大阪府靑木商務課長、上田主任等の援助により昭和二年九月十九日設立、許可の指令に接し、翌十月十五日第一回拂込を完了し、愈々その事業を開始するに至つた。爾來五年の星霜を經其成績向上し、昭和六年度末現在組合員數一、一八五人、出資口數六、四四〇、拂込出資金一一八、一一六圓、貯金四六八、二六二圓貸付金六〇、八二一圓に達した。

大阪市少年職業指導研究會

少年職業指導の主要なるに鑑み、大正十四年二月初めて全市小學校長を中央公會堂に集めて適性檢査、個性調査等につき協議會を開催した。これ本市に於いて職業紹介所と小學校との聯絡の始めであつた。次いで同年七月八日內務省社會局第二部長及文部省普通學務局長の連名通牒に接して一層研究を續けて來

たのであつた。同年十二月十四日中央職業紹介所に於ける聯絡小學校職業指導擔任者協議會に於て研究會設立の件を諮つたが滿場一致贊成あり、愈々設立の事に決し昭和三年一月二十一日發會式を擧ぐるに至つた。

同會に於て職業指導の參考として調査刊行せるもの左の通りである。

染色加工業・石鹼製造業・硝子製造業。セルロイド製造業。玩具製造業、百貨店。タイピスト、電動機電氣機械製造業、通信業、塗裝工業、結髪美容術。紙函製造業、金物商、米雜穀商

其他調査完了未刊のもの十二種、調査中のもの十六種に達して居る。

昭和五年七月會則の改正を行ひ一層其陣容を整へ今日の隆盛を見るに至つた。

信交會

大阪市中央職業紹介所給料生活者部の紹介に依つて就職した人々の中には既に會社の課長、官公署の主任等重要な地位に就いて居る人があり、昭和六年中就職した人數でも一一三〇人に達して居る。之等の人々の間に連鎖を設け相互の親睦を圖るべき機關を作ることが必要であるとの議起りその氣運が釀成せられた。依つて同年十一月上旬有志相集り發起人會を開催し、昭和三年十一月二十四日創立總會となつたものである。現在會員數五十六人にして、年々數回會合を催し相互の親睦を計ると共に共勵自疆の道を講じ眞摯な活動を續けて居る。

大阪市職業紹介事業後援會

本會は大阪市立職業紹介所の事業を後援する爲に昭和四年九月六日設立せられたものである。其後約一年を經て基礎漸く堅固となつたので、目的の範圍を擴張して同市職業紹介所の後援會と改正したが、更に大阪市職業紹介事業後援會と改むるに至つた。

現在會長は小畑源之助にして理事二名、評議員三十二名を以て事務を處理して居る。

本會の事業として施行したるもの左の通りである。

一、求職者に對する醫療保護事業
二、小額給料生活者の爲め授職事業
三、海外渡航者の爲め語學講習及渡航斡旋
四、外勤及販賣員講習會
五、求職婦人の執務實習施設
六、就職者慰安會
七、女店員講習會
八、會報の發行
九、滿蒙勞働事情調査
十、保姆勤務實習
十一、百貨店員講習會

大阪市天六職業紹介所

大阪市北區天神橋筋六丁目
北市民舘内

一、大正八年九月一日創立
一、大正十四年十一月一日北市民舘内へ移轉す
一、大正十四年十二月十四日臨時日雇勞働紹介事務取扱を開始す
一、昭和元年十二月三十一日婦人紹介事務取扱を廢す
一、昭和四年六月四日　陛下行幸
一、昭和五年二月二十三日家政婦派遣事務を開始す
一、昭和五年六月十六日婦人紹介事務取扱ひを再開始す
一、昭和六年五月十三日少年職業紹介事務取扱を開始す
一、昭和六年八月十五日「天神橋六丁目職業紹介所」を「天六職業紹介所」と改稱す
一、昭和七年七月十三日婦人部を設置す

職員

主任	宮本悌	大正八年九月一日
所長	川崎直鋭	〃十一年五月三十一日
〃	宮本悌	〃十一年六月九日
〃	矢野弘三	〃十二年八月九日
〃	奥村久楠	〃十四年二月九日
〃	山崎文太郎	昭和三年四月三日
〃	波部光民	〃四年四月十五日
〃	志賀志那人	〃六年四月三十日

大阪市梅田職業紹介所

大阪市北區西梅田町大阪驛前

一、大正九年十月一日創立

職員

所長　三宅政治
深井一郎
宮本悌
川崎直鋭
高木貞治
黒田恒齊
石川道彦
山崎文太郎
富田幸雄
有家廣治

現在職員

所長	有家廣治	昭和七年四月四日任命
書記	中西新九郎	〃二年五月二十一日
〃	永田顯雄	〃五年三月十二日
事務員	植松操	〃七年四月八日

大阪市玉造職業紹介所

大阪市東區中道黒門町二〇二

一、創立　大正十一年四月十日
大正十五年十二月二十二日小橋婦人職業紹介所設置と共に婦人部の取扱を廢したり
昭和五年四月三十日現廳舍新築し之に移轉す

職員

所長(兼)　山口正　自大正十一年四月十日至〃六年六月二日

遠藤丈太郎　大正十一年四月十日事務員任命仝年六月二日任書記所長ヲ命ス〃年十一月十七日退職
松田百三郎　自大正十一年八月八日至昭和四年四月三十日
松家岩吉　自大正十一年十一月十七日至〃十二年一月二十五(所長)
大河内周　自大正十二年一月二十五日至昭和四年四月十五日(所長)
諫早淑子　自大正十五年八月六日至昭和二年一月二十六日
悅過竹次郎　大正十五年八月二十六日事務員任命昭和三年十月三十一日任市書記所長ヲ命ス昭和三年十月三十一日轉今宮紹介所
片山春子　自大正十五年十月二十一日至昭和二年七月二十九日
小笠原龍哉　自昭和四年四月十五日至〃五年一月三十一日
黑澤芳雄　自昭和四年五月二十六日至〃五年六月三日
郡昇作　自昭和四年五月三十日至〃七年二月八日
佐竹太助　自昭和四年十月三十日至〃七年九月五日
富田幸雄　自昭和五年一月三十一日至〃七年一月十五日(所長)
上田絲勳　自昭和五年六月九日至〃六年十二月三十一日
今井貞造　自昭和六年十二月三十一日至仝七年四月十一日
上村種男　自昭和七年一月十五日至現在(所長)
荻野節二郎　自昭和七年一月八日至現在
田中郁藏　自昭和七年五月十一日至現在
井上三郎　自昭和七年九月五日至現在

大阪市千鳥橋職業紹介所

大阪市此花區四貫島元宮町
千鳥橋南詰南

人口の增加と全國的經濟不況は全く疲弊せる農民の漸次都會への進出となり、加ふるに鮮人の內地に移住する者多く、吾大阪に於ても失業市民の激增する折柄之れが救濟機關としては、京橋、築港、今宮の三既設勞働紹介所あるのみにて、新開地西大阪に於ける斯界の必要は焦眉の急となり、千鳥橋附近は西大阪に於ける工業地帶にして、北は西淀川區一帶、西は櫻島方面に對し勞働者の集合地となれる關係上此處に千鳥橋勞働紹介所の設立を見るに至り、昭和五年八月本建築に着手、同年十一月末竣工、十二月三日より事務開始の運びに至る。職員としては後藤書記所長として就任。當時は所員三名なりしも現在は山岨內田、川面、久保、藤丸、眞藤、品治の各所員である。

昭和五年十二月三日事務開始當初に於ける本所發行登錄票數は八百三十七人にして、年內の就勞率は約四十%の割合にして昭和六年度初旬より漸次良好となり、同年二月初旬に於ては百%、每日就勞する狀態にて非常なる好成績を示してゐる。此處に於て二月上旬築港、京橋西紹介所より八十名の登錄切替を行ひ、尙四月京橋紹介所より五百五十名の登錄票切替轉入し、當時手帳現在數は二千六百番となれり。而して昭和七年三月從來の登錄票を全部無効となし、同日より新勞働手帳を發行、これにより本所屬有効登錄票は千貳百に減少し、現在（昭和七年十月末調）千五百十九に至る。

大阪婦人ホーム職業紹介所　大阪市北區中之島六丁目六

日露戰役後に於て社會狀態の各方面に亘り著しく發展を遂げたるが、就中婦人の職業問題漸く世人の注意を促し來りたるを以て、基督教婦人矯風會大阪支部は婦人ホーム設立の要を痛感し、明治四十年五月二十八日遂に創立を見たるが之に職業紹介部を設け婦人の職業紹介を始むるに至つた。

次いで大正十年職業紹介法の施行せらるゝに及んで同法により認可を受け大阪婦人ホーム職業紹介所と改稱するに至つた。

所長　林　歌子　自大正十三年十二月二十六日至現在

主任　谷口　슕枝　自大正十年十二月二十六日至昭和六年七月三十一日

〃　小山ミツ　自昭和六年七月三十一日至現在

財團法人 大阪基督教女子青年會職業紹介所　大阪市北區西扇町一三

昭和四年十月、足繁くなる人事相談の中に職を求むる人の指導の如何に緊急なるかに心し、大阪基督教女子青年會總幹事淺井氏は社會部の仕事として法規に據る職業紹介所設置を發案された。

而して昭和六年十一月廿八日職業紹介法に依る認可を受け、昭和七年二月二日開所し、專ら婦人求職者の職業紹介に努む。

因に職業紹介所設立當初よりの職員は、

所長（兼）淺井治子

事務員　白石喜代子　退職

同（專）城後小咲

堺市職業紹介所　堺市宿院町東三丁目二五

歐洲大戰後の財界不況に際し失業者續出し之が救濟の爲職業紹介所設置を要望する聲日に高く、時の市長齋藤研一、助役大嶋仲太郎主唱となり大正九年七月二十六日創立を見たものである。尚設置に關しては時の社會課員住友茂章の劃策によつたものである。當初市役所構內にあつたが大正十二年七月一日現廳舍を新築之に移轉した。昭和五年三月失業救濟事業の開始と共に日傭勞働紹介をも併て取扱ふことゝなり、失業者の登錄を行ひ、越へて昭和六年度より國道第十六號線の改良工事起工せらるゝや大阪市今宮職業紹介所及岸和田市職業紹介所と協力して之に要する人夫の紹介をも行ふことゝなりたり。

職員

所長（兼）住友茂章　大正九年七月二十六日事務兼掌　自昭和二年六月一日至〃三年四月十六日

書記（兼）伊庭龜吉　自大正九年七月二十六日至〃年十二月三十一日

雇　増田長三郎　自大正十年一月一日至〃十一年三月三十一日

所長（兼）中井主三　自大正十一年一月十六日至〃十五年十一月五日

書記	前田作一	自大正十一年一月十八日至〃十二年四月十六日
事務員	生地種三郎	自大正十一年四月十一日至昭和七年二月二十日
所長（兼）	槇野隆太郎	自大正十五年十一月十三日至昭和二年五月八日
事務員	小林庄太郎	自昭和三年四月十九日至〃四年五月十八日
所長	井上正夫	大正十二年四月十六日書記補昭和三年四月十六日所長任命
書記補	泉音松	昭和四年五月十四日
事務員	泉森嘉榮	昭和七年三月一日
〃	大橋順市	昭和七年四月一日
〃	吉川千代	大正十二年九月二十五日

大阪職業紹介所

大阪市浪花區惠美須町二丁目一一六

沿革

明治四十二年時の内務省床次地方局長は東京大阪の二大都市に公設職業紹介所の必要を感じ、兩市當局に對し其の設置を奬勵せるも、大阪市に於ては容易に之が設立を観るの運びに至なかつた。時の市會議員青木庄蔵は大に之を遺憾なりとし、之が設立の急務を岡島千代造外數名の同志に諮り、折しも八濱德三郎が先年神戸に於て布教の傍ら職業紹介所を經營し、其後東京に移りて之が研究に從事せる由を聞き、同人を招きて之が經營の任を託する事となつた。明治四十四年十二月その設立趣意書を發表し、大阪職業紹介所の名の下に全市に數箇所の職業紹介所を創立せんことを計畫し、先づ南區惠美須町憲兵屯所跡に地をトし、之が設立に着手するや偶〻同所は舊今宮村共有の寳庫（御綸旨を奉安せる）に隣せしかば這般の地域に勞働者を出入せしむるは皇室に對して不敬なりとの附近一帶の住民の反對運動に加ふるに斯業の如き益々勃興するに於ては營業上の一大脅威なりとの口入業者、木賃宿業者等の反對運動も頗る猛烈なりしを以て關係官公署に於ては此等反對運動の調停は愚か斯業の許可さへも逡巡し、一時は實現の程も危まれた。遂に萬難を排し翌四十五年二月財團法人の許可を受け、現所在地たる舊憲兵屯所跡を大阪市より借入れ、同所の建物に大修繕を加へ、別に宿泊所を増築し同年六月一日より職業紹介並に宿泊救護事業を開始し、超へて大正八年五月更に事務所及び宿泊所を改築し今日に及ぶ。是れ本法人沿革の大要である。

大阪職業紹介所設立趣意書

當今經濟狀態の變革は、動もすれば中產階級の民をして其產を傾かしめ、細民をして其業を失はしむ。刻下大阪市内に流浪せる失業者浮浪人の數は無慮數千人を下らざるべし。彼等の多くは身体に疾病的故障ありて普通の勞働を取ること能はざるが爲め自然に生存競爭場裡の落伍者たらざるを得ざる也。彼等は窮乏の餘に竊盜罪を犯すか乞丐の群に身を墮すか或は自から死を招くか此三者中の一を擇ばざるべからざるの悲境に陥れるなり。浮浪人の多くは飢餓凍餒の爲めに自暴自棄して犯罪の危險性を有するに至る。是れ實に國家の患の存する處なれば社會政策上特に注意を要する所也。曩に畏くも仁愛に富ませ給ふ
聖上陛下は彼等の窮狀に深く御軫念あらせられ、內帑の金壹百五拾萬圓を御下賜あり、無告の窮民をして其賴る所あらしめよと宣ひき、苟も臣民たる我等に特に聖旨に畏みて窮民の救恤に盡瘁し、今後聖慮を煩し奉るの機會を絶滅せんことを期せざるべからず。

然れども窮民に金錢又は物品を施與するは、彼等をしていよ〳〵乞丐根性を增長せしめ獨立心と德義心とを減殺せしむる虞あるが故に、理想的の救民救助法としては輓近泰西諸國に行はるゝ職業紹介事業に如くはなし。即ち職業紹介事業は失業者に金錢を施す代りに職業を與へ彼等をして自ら助けしむる一種の慈善事業たるなり。職業紹介業は英語にて「エンプロイメントエキスチエンジ」と云ひ、之を邦語に俗譯すれば桂庵即ち雇入口入業なり。我國の桂庵は營利を主眼として個人の營む所の事業なれども泰西の職業紹介所は營利を度外に置き經濟界の利益を主眼として失業者に職業を紹介すると共に、企業家のために所要の使用人を供給せんと努むる公益事業にして、多くは市町村の直接經營に係れるものなり。西曆一千八百八十七年の慈善大會に於ける研究に依れば、二萬七千九百六十一人の窮民中殆ど其半ばは救助よりも職業を與ふる必要あるものなりと云ふ。

救助よりも勞働を與ふる必要あるもの	四〇・四％
連續救助の必要あるもの	一〇・三％
一時救助の必要あるもの	二六・六％
救助すべからざるもの	二二・七％

然るに從來の慈善事業にては斯る區別を誤り、濫りに金錢若くは物品の施與に重きを置きしが故に徒らに惰民を養成し反て彼等に不道德を敎ふるに異らざる結果を生ぜし也。諺に云ふ「窮民を絶滅せんと欲せば先づ彼等をして勤勞せしめよ」と實に勤勞以外に彼等を救濟するの途あらざる也。既に獨逸、佛蘭西、英吉利、丁抹、北米合衆國等に於ては各都市到る處に公設職業紹介所を設け驚くべき效果を擧げつゝあるなり。我政府も玆に觀る所ありて大に該事業の設立を奬勵せられ、ために東京市に於ては市內に公立私立の職業紹介所十個以上を見るに至れり。我等も同志と共に先づ大阪市內に二箇所の模範職業紹介所を創立し無料を以て諸般の職業及勞働を紹介し、特に一百名を容るゝに足る寄宿舍を設けて勞働者を宿泊せしめ之を慰撫監督し以て幸福なる生涯を送らしめん事を期す。其主任者として多年細民の研究に從事し、失業者に對して熱き同情を懷ける八濱德三郎氏を迎ふる事となりたれば、玆に我儕の企圖する所を世に公にし。廣く有志諸彥の贊助を仰がんと欲す。翼くは上は
陛下の聖旨を畏み下は同胞の窮乏を憐み、以て臣民としての本分を盡されん事を。

明治四十四年十二月

發起人

岡島千代造
青木庄藏
岡島伊八
金澤利助
中村伊三郎
森　平兵衛

附屬勞働寄宿舍

貧民の過半は木賃宿の生活を送つた者である。監獄が惡事修練の場所であると同樣に、木賃宿は惡事を見聞するに屈竟の場所である。故に當所所屬の勞働下宿は此等の青年を收容して、大に道德的感化を與へて見たい仕組である。次に機械工業の發達に連れて作業上の危險が殖へ、勞働者の負傷疾病の場合も大に增して來た其の上に、雇主と被傭人の間に主從的温情が破壞され、往時のやうに雇主が被傭人を保護するの義務が無いと云ふ工合になつて來たから、當所は青年以外の勞働者をも收容して彼等の保護を以て任ずる決心である。當所には法話とか講話とか云ふやうな事は一回も催した事は無い。當所の精神教育の方針は「清潔」の二字である。泰西の諺にも「清潔は神聖に近い」とあるやうに清潔は衛生上有益であると共に道德上にも有益である。「耳から」でなく「眼から」である。故に一日一回の入浴は規則として守らせて居る。便所と浴室と夜具の三つを以つて彼等を教育して居る考である。

宿泊料は一泊五錢で、食事は一切外で喰べる仕組である。晝間は何等の理由があつても在宿を許さない。朝は五時の振鈴と共に一同床を離れ、五時半には一人も殘らず仕事に出掛ける。晩の五時にならねば泊めない。全く軍隊的である。故に怠惰なものは迚も宿泊する事が出來ない。今まで不規律な生活に慣れた者に規律ある生活の習慣を付けるのが當所唯一の目的である

昨年八月一日開業の日から本年四月三十日までの收容延人員は一萬三千三百七十人で目下の收容人員は一晩七十人である。當所は宿泊希望者頗る多く毎晩八時には滿員であるから地方出の堅氣な勞働者に限り宿泊を許可して居る。

木津川職業紹介所　大阪市港區南恩賀島町六ノ四五五

職員

西光松太郎　自昭和四年一一月至〃五年七月
宋基錫　自昭和五年七月至〃七年七月
阪口臣平　自昭和七年七月至現在
李正燦　自昭和四年十一月至仝六年六月
佐枝濱次　自昭和五年七月至〃年九月
鎌田海男　自昭和五年九月至現在
禹命瀅　自昭和六年六月至現在

内鮮協和會鶴橋職業紹介所　大阪市東區東桃谷町三ノ一七八

同　木津川職業紹介所　大阪市港區南恩賀島町六ノ四五五

內鮮協和會豊崎職業紹介所

大阪市東淀川區長柄東通一ノ四一

大正七、八年頃より朝鮮人の內地に來住するもの漸く繁く、大正十三年には大阪府下に在住する者約五萬人を算するに至りた其の多くは安定せる職業なく、言語、風俗、習慣等の相違せる爲生活に困窮せる者多數あるに鑑み、時の大阪府知事中川望、內務部長平賀周、社會課長山崎巖等主唱となり內鮮協和會を設立し、其の施設の一として職業紹介所をも設くるに至つた。當初泉尾、豊崎、木津の三ヶ所を設置したが「泉尾」を「中道」と改稱し、昭和三年七月之を廢止し、「木津」を「泉尾」と更に「鶴橋」と改稱し、又昭和四年十一月木津川を新に設置し今日に至る。現在豊崎、鶴橋、木津川の三ヶとなつてゐる。

職員

木津職業紹介所

三木正一	自大正十三年十一月至〃十四年七月
阪本深藏	自大正十三年十一月至〃十四年七月
小出忠一	自大正十三年十一月至〃十四年九月
安鐘哲	自大正十三年十一月至〃十五年七月

泉尾職業紹介所

廣瀨勝	自大正十三年七月至〃十四年七月
井上佐	自大正十三年九月至〃十四年九月
阪本深藏	自大正十四年九月至〃年十一月
權泰用	自大正十三年十二月至〃十四年九月

中道職業紹介所

井上佐	自大正十四年九月至〃十五年十一月
權泰用	自大正十四年九月至〃十五年十二月
安鐘哲	自大正十五年七月至〃年十一月
李宗憲	自大正十四年九月至〃十五年二月

鶴橋職業紹介所

岩本文輔	自昭和三年十月至現在
宋基錫	自昭和三年十月至〃五年七月
李正粲	自昭和三年十月至〃四年十月
林之淵	自昭和三年十月至現在
佐枝濱次	自昭和五年九月至現在

豊崎職業紹介所

廣瀨勝	自大正十三年九月至〃十五年八月
吉田正	自大正十三年九月至〃十四年十一月
岡田照次	自大正十三年九月至〃十四年二月
大島敏夫	自大正十三年九月至昭和四年二月
宋基錫	自大正十三年九月至昭和三年三月
岩本文輔	自大正十四年二月至〃十四年九月
井上佐	自大正十五年八月至現在
小出忠一	自昭和二年十二月至現在

岸和田市職業紹介所

岸和田市岸城町一七五〇

產業の不振其深度甚しく失業問題の深刻化、加之、大正十二年九月一日關東地方大震災は我財界に絶大なる影響を齎し、之等諸原因により夥しき失業群を生じ、之か救濟機關の設置は瞬時も忽にすべからざる状態に立至りたるを以て、本市は大正十三年四月拾五日廳舍の一部を事務室に充て職業紹介所を開設し專ら失業救濟及勞務需給調節を圖るに至れり。當時市長は舟木二三二、助役山本眞一郎なりき。爾來利用者漸增し場屋の狹隘を感ずるに至りたるを以て、簡易保險積立金より資金の融通を受け、昭和二年二月工費九千九百餘圓を投じ現廳舍を建築し之に移轉したり。

昭和六年四月國道第十六號線改修工事を失業救濟事業として施行せらるゝに當り、當所に於ても失業者の登錄を行ひ大阪市今宮職業紹介所及堺市職業紹介所と協力紹介を爲したり。尚同工事は昭和七年度も繼續施工につき引續き供給を爲す。

職員

所長	前川由太郎	自大正十三年四月十一日至昭和三年八月十五日
〃	青井群三郎	自昭和三年八月二十五日至〃六年八月十三日
〃	辻尾義正	自昭和六年八年十三日至現在
主任	木岡磯太郎	自大正十三年四月十一日至昭和三年八月十一日
雇	南保雄	自大正十三年四月十一日至昭和二年四月二十六日
〃	山本茂	自昭和五年一月八日至〃七年七月四日
〃	土肥忠次郎	自昭和三年一月十日至〃六年一月二十日
主任	北條邦雄	自昭和三年八月十一日至〃六年五月二十六日
雇	阪口眞作	自昭和六年七月一日至現在
主任	松原勘次	自昭和七年七月四日至現在

京都市中央七條職業紹介所

創立年月日及動機

歐洲大戰以來産業界は著しく勞務需給の均衡を失し多數の失業者、無業者續出し此の間にあつて不正紹介業者の介在となり彼等の生活が脅威され、往々不德や犯罪に導かれ、延いては社會の秩序を亂すことも尠くないのである。

茲に於て勞務需給を調節し、失業を保護し、職業轉換希望者及無業者の便宜を計り、進んで小學校卒業兒童、除隊兵の職業紹介、更に內職の奬勵紹介の機關の必要を痛感し、時の市長代理助役鷲野米太郎の提唱により勸業課長富田直詮豫算を編成、大正八年三月市會の協賛を得て下京區寺町四條下ル大雲院の塔頭の一寺を借受け同年六月一日より事務を開始した。即ち職業紹介法の發布に先立ち、京都市職業紹介所の建設を見たのである。

求人求職の申込數著しく增加し大雲院に於ける一職業紹介所では充分の機能を發揮出來ぬため同年十月下京區(現在中京區)壬生車庫前通三條下ル二豊旅館の一部を賃借し壬生職業紹介所を設置した。

創立以來の重要事項

一、大正八年六月一日　下京區寺町通リ四條下ル貞安前町大雲院山内に京都市職業紹介所を設置。附帶事業として副業紹介、無料宿泊所を併置

一、大正九年五月一日　上京區上立賣大宮西入西陣尋常小學校内に京都市職業紹介所西陣臨時出張所を開設し西陣機業を中心とする織維工業失業者の職業紹介に努む

一、大正九年七月七日　從來勸業課救濟係の所管の職業紹介所は社會課の設置に伴ひ同課所管に變更

一、大正九年十月二十日　西陣臨時出張所を閉鎖、同時に東本願寺婦人法話會職業紹介所に一切の事務を引繼きたるも同所も亦大正十一年一月二十五日限り之を閉鎖

一、大正十年六月一日　下京區壬生朱雀町五番地二豐旅館の一部を借受け京都市壬生職業紹介所開設

一、大正十年七月一日　曩に發布されたる職業紹介法の施行に付從來求職者より徵收したる紹介手數料金五錢也は廢止

一、大正十年九月十七日　京都市職業紹介所に於て執りし職業紹介所中央事務（庶務、統計、調査、聯絡）は事務所狹隘のため市役所社會課分室に移し執務

一、大正十年十二月二十八日　京都府指令十社會第六四九號を以て京都市職業紹介所並に壬生職業紹介所設置認可さる

一、大正十一年三月二十二日　市告示第九五號を以て京都市職業紹介所規程並同庶務規程公布即日施行

一、大正十一年四月十六日　下京區新町七條下ルに建設費參萬六千圓を以て京都市職業紹介所新設、大雲院山内及社會課分室の事務一切を移轉

一、大正十二年九月一日　關東大震災に關し京都驛、東本願寺婦人法話會本部に臨時出張所を設け罹災者の慰問、救護並職業紹介に努め罹災求職者二、四一七名紹介件數一、六八八名の成績を收めた

一、大正十二年十一月十日　海軍工廠第二次整理職工豫告發表舞鶴工廠に於て八九六名解雇所員二名五日間新舞鶴町に出張、海軍當局並京都府新舞鶴町、大阪地方職業紹介事務局と協力職業紹介に努む

一、大正十三年三月二十四日　陸軍省宇治火藥製造所職工一九四名（男一五六女三八）解雇に付同所に出張職業紹介に努む

一、大正十三年五月十一日　第三次整理として一、〇三六名解雇に付き六日間出張職業紹介に努む

一、大正十三年十二月三十日　大阪地方職業紹介事務局指令發第六四五號を以て京都市職業紹介所に於て京都府、滋賀縣内に於ける職業紹介所の相互聯絡に關する事務を管掌することを指定さる

一、大正十四年一月一日　市告示第一號を以て職業紹介法施行規則第十一條により京都市職業紹介所に於て市內職業紹介所相互の聯絡に關する事務を掌るべきことを京都市長より指定さる

一、大正十四年四月六日　陸軍省宇治火藥製造所職工二四七名解雇に付き所員出張職業紹介に努む

一、大正十四年五月六日　上京區丸太町通リ千本東入ル地に建築費四萬二千圓を以て新築落成に付壬生職業紹介所は京都市中央職業紹介所と改稱移轉聖上御成婚二十五年式御擧行の日をトし五月十日より事務を開始し同時に京都市職業紹介所は京都市七條職業紹介所と改稱

無料法律相談副業紹介の事務を中央職業紹介所に移管

一、大正十四年五月六日　職業紹介法施行規則第十一條による指定職業紹介所を京都市中央職業紹介所に變更さる

一、大正十四年五月二十三日　城崎方面の大震災により罹災避難者多數入京に付き府市關係方面と協方、二條京都兩驛に出張所を設け慰問救護並に職業紹介に努む

一、大正十四年六月二日　職業紹介法施行規則第十二條による指定職業紹介所を京都市中央職業紹介所に變更

一、大正十四年七月三日　久邇宮家より下男一名の求人御申込を拜し、所長參殿御紹介申上ぐ、公益職業紹介所にて宮家より求人の御用命を拜するは嚆矢である。

一、大正十四年十二月十七日　日傭勞働者失業救濟事業として溝渠浚渫事業を開始。翌十五年三月三十一日終了

一、昭和二年二月十二日　少年職業指導性能身体檢査施行に關し京都府少年敎育相談所京都帝國大學文學部心理學敎室の援助を受け第一回實施

一、昭和二年三月七日　奥丹後大震災に付き罹災避難者の慰問救護職業紹介のため三月八日より二十二日まで二條。京都兩驛に出張所開設二條驛に中央職業紹介所より、京都驛に七條職業紹介所より所員出張執務

一、昭和二年十月二十七日　市告示第四四九號を以て京都市少年職業紹介委員會規程公布

一、昭和六年四月一日　隣接市町村編入の結果伏見市職業紹介所を京都市伏見職業紹介所と名稱變更

一、昭和六年十月二十六日より向ふ三日間職業紹介法發布十周年記念求人開拓日施行

一、昭和七年四月十一日　市告示第八九號を以て京都市新町通り七條下ル東入京都市七條職業紹介所内にて京都市勞働紹介所開所

一、昭和七年六月二十五日　大日本職業指導協會主催に係る職業指導デー施行

一、昭和七年九月二十一日　職業紹介法施行規則第十二條により京都府を一區域と定め區域内職業紹介所相互の聯絡に關する事務を管掌すべきことを指定さる（昭和七年十月一日より實施）

職員異動状況

囑託主任	野田貞憲	自大正八年六月一日至七月三十一日
書記	近藤長兵衛	自大正八年六月一日至十一年四月十日
〃	鹽見要人	自大正八年六月十二日至九年十月一日
〃	塚田實一	自大正八年六月十八日至十三年三月三日
書記補	福崎文造	自大正八年六月至九年九月三十日
書記	小島與右衛門	自大正八年八月二日至〃十二月十二日
書記補	山田忠三郎	自大正八年十月二十二日至十年二月五日
所長	栂尾密道	自大正九年三月至十三年五月一日
評價人	西安三郎	自大正九年四月至八月二日
雇	富田精義	自大正九年五月至九月二十一日
書記	矢野林	自大正九年七月至十一年七月十五日
〃	泉如琴	自大正九年九月二十二日至十三年四月三十日
〃	藤田親枝	自大正九年十月一日至十二年六月十五日

雇	田村カネ	自大正九年十月一日至十年二月二十八日
書記補	豊島きぬ	自大正十年二月五日至〃十一月二十八日
書記	長谷川タネ	自大正十年三月一日至十二年二月十四日
〃	高畠基次	自大正十年四月六日至十一年四月八日
〃	田原貞輔	自大正十年六月一日至十五年三月三十一日
〃	久保七郎	自大正十年六月一日至十一年四月六日
〃	大西多三郎	自大正十年十二月五日至十一年七月十一日
雇	前田好子	自大正十一年三月十九日至十二年六月十五日
書記	鈴木快俊	自大正十一年四月六日至〃九月二十七日
〃	木本彌吉	自大正十一年四月六日至十三年五月一日
〃	小森喜三郎	自大正十一年四月十日至昭和七年二月二十日
〃	森本静志	自大正十一年四月二十六日至〃七月六日
〃	松田光敏	自大正十一年七月四日至十五年四月二十九日
雇	萬代ハルヱ	自大正十一年九月十五日至十二年七月十九日
書記	岡本駒次	自大正十一年十一月二日至十二年三月二十四日
雇	柳田その	自大正十二年二月十二日至〃二月廿八日
〃	堀あや	自大正十二年六月二十八日至十三年六月三十日
書記	吉村ちよ	自大正十二年七月二日至昭和三年一月二十日
雇	山田フミ	自大正十二年八月二日至十月十日
雇	神谷いし子	自大正十二年十月十一日至十三年四月三十日
書記	北村勉三	自大正十三年四月三十日至十四年三月三十一日
〃	岩見勇造	自大正十三年四月三十日至十五年十二月一日
雇	谷垣次郎	自大正十三年四月三十日至〃十一月十五日
所長	難波宗治	自大正十三年五月一日至十四年十月十日
雇	知野見静子	自大正十三年五月一日至十四年六月卅日
書記	吉原忠雄	自大正十三年七月二十一日至昭和六年九月七日
〃	中山公政	自大正十三年十二月十九日至十四年四月一日
雇	山中文作	自大正十四年四月一日至十五年八月十二日
書記	西村六郎	自大正十四年四月一日至〃十一月十日
雇	山本聖子	自大正十四年七月一日至十五年十二月十日
中央職業紹介所長	藤田平二	自大正十四年十月十日至十五年九月十四日
七條職業紹介所長	中川喜久	自大正十四年十月十日至昭和二年十一月四日
書記	竹村信次	自大正十四年十二月二十日至昭和七年四月一日
〃	本多良策	自大正十五年三月三十一日至昭和七年四月一日
雇	宮部徳藏	自大正十五年四月二十九日至昭和七年四月一日

雇	山本勝	自大正十五年八月二十七日至昭和二年一月十日
書記	杉田光敏	自大正十五年十二月一日至昭和二年三月四日
〃	川内知光	自大正十五年十二月十日至昭和七年四月一日
雇	佐々木信行	自昭和二年一月十二日至二年十一月二日
〃	河合孝勝	自昭和二年三月卅一日至二年四月廿五日
〃	山本賢照	自昭和二年四月廿六日至二年十一月卅日
七條職業紹介所長	光明正道	自昭和二年十一月二日至四年四月一日
雇	中原晃眞	自昭和二年十一月二十九日至四年六月十二日
〃	田中大眞	自昭和二年十二月一日至三年六月三十日
〃	森サト	自昭和三年一月廿六日至六年三月卅一日
〃	高田一雄	自昭和三年七月四日至四年六月十四日
臨時雇	城地武夫	自昭和四年一月十四日至四年三月卅一日
〃	喜多重俊	自昭和四年　月十四日至七年三月卅一日
七條所長	山田久次郎	自昭和四年四月十日至七年四月一日
雇	北昭保明	自昭和四年五月三日至四年七月九日
〃	西尾滋	自昭和五年八月三十日至七年四月一日
〃	伊藤益次郎	自昭和五年八月卅日至六年四月二十四日
〃	杉浦文次郎	自昭和五年九月一日至七年四月一日
〃	若部初郎	自昭和六年九月一日至七年四月一日
〃	佐竹自治男	自昭和六年四月一日至六年十二月十二日
〃	井上信子	自昭和六年四月八日至七年八月二十七日
〃	池畠茂德	自昭和六年五月四日至七年四月一日
雇	武村義畠	自昭和六年十二月十二日至七年四月一日
書記	濱田正信	自昭和七年二月二十六日至七年四月一日
書記所長兼務	鈴木康四郎	自昭和七年四月一日至七年六月十五日

現在職員

中央職業紹介所長	佐々木直一	大正十五年九月十四日
書記	原田由雄	〃十年八月二日
〃	長束松太郎	〃十二年三月二十三日
〃	藤井高一郎	昭和六年九月七日
〃	江藤要人	〃四年七月九日
雇	竹本海空	〃五年五月三日
〃	池山薫子	〃七年九月七日
七條職業紹介所長事務取扱	漆葉見龍	昭和七年八月十五日
書記	宇佐美定治	〃六年四月一日
〃	西山富久尾	大正十二年九月二十一日
〃	弓削森貞	昭和七年四月一日
〃	今西寅藏	〃四年六月十四日
雇	古川敬八	〃四年六月十七日
伏見職業紹介所長事務取扱	漆葉見龍	昭和七年六月十五日
書記	松本良芳	〃五年八月三十日
雇	北村申二	〃五年八月三十日

京都市伏見職業紹介所　京都市伏見區役所前

創立　大正十五年六月一日。

伏見の地は京都に隣接し、郊外住宅地として累年發展の傾向あり、試に大正十四年の人口を見るに其數三萬餘を數へ益々增加繁盛ならんとす。從て勞務需給の活動漸次頻繁となり、失業者も亦簇出し、職業紹介を目的とする機關の設置を要望する聲益々多數を加へ、單獨公營職業紹介所設置の機運漸く熟した。時恰も內務省土木工營事業完了に伴ふ失業勞働者救濟を動機として、大正十四年、當時伏見町主事古川正義氏等蹶起、之が設立運動を開始し、町會に提案する事前後五回に亘り遂に可決する所と成れり。

創立以來の重要事項

大正十五年五月十六日　設立認可さる
〃　十五年六月　一日　開所（町役場内に於て事務を開始）
昭和三年六月十四日　新設事務所竣成移轉
〃　四年五月　一日　伏見町に市制を施行せる爲伏見町職業紹介所は當然伏見市職業紹介所と改稱す
〃　六年四月　一日　京都市隣接市町村合併に伴ひ京都市伏見職業紹介所として一切の事務を繼承す

所長異動狀況

清水勝太郎（兼任）　大正十五年六月一日就任　〃　十五年十二月二十三日　滿期退職
古川正義（兼任）　大正十五年六月一日就任　昭和六年三月三十一日　伏見市解散と同時に退職
山田久次郎（兼任）　昭和六年四月一日就任　七年三月三十一日　京都市勞働紹介所長就任と共に離任
鈴木康四郎（兼任）　昭和七年四月一日就任　〃　七年六月十五日　京都市庶務課長就任と共に離任
漆葉見龍　昭和七年六月十五日就任　現職中

京都市勞働紹介所　京都市下京區七條通千本東入

創立　昭和七年四月一日。

本市の日傭勞働紹介は、世界大戰の餘波を受け經濟界は異常なる好況を呈し、之が爲め生產設備等に於ても過大なる膨脹を爲した。其の結果生產過剩を來し、戰後年を經るに隨ひ加速度的に經濟界の破綻を來し、失業者は勞働市場に溢れ實に慘憺たる狀態を招來した。此處に於て政府は大正十四年八月六大都市當局を內務省に招じ、協議の結果、六大都市に對し失業救濟事業を起工せしめ、之が所要日傭勞働者は總て紹介所より供給せしめ、應急對策を講じた等の刺戟により、大正十四年以來の直轄失業救濟土木事業に使用する勞働者供給を以て、其の事業を當時中央、七條兩職業紹介所にて其の事務を取扱つて來た。

然るに近時都鄙を通ずる不況は一層日傭勞働者の失業洪水を

現出し、到底兩所に於て一般、日傭紹介を併せ取扱ふことは困難に至り、加之、之等日傭勞働者紹介の取扱は一般求職者取扱に悪影響を與ふる等の事情の爲、當時の社會課長鈴木康四郎は日傭專門の紹介所の必要を痛感し、市長森田茂を動し遂に昭和七年四月本所の設立を見た。

創立以來の重要事項

1、三井家義金に依る食糧劵給付

本市失業登錄勞働者中繼續して失業するものに對し三日目及二日目毎に獨身者には食劵、有家族者には白米引換劵の三井家義金による食糧劵を昭和七年六月二十一日より本所及中央、伏見紹介所に於て給付せり。開始以來即ち昭和七年六月より同九月迄に給付せる世帶數四〇、九八三、給付枚數一七二、七一四枚、之が換算金額八、六三五圓七〇錢に達せり、

2、全市一齊失業登錄施行

本所新設に伴ひ全市に亘る失業登錄の必要を痛感し、六月下旬より七月上旬に亘り一齊に之を施行し、七月末の勞働手帳交付者數は實に八、三六六名を數ふるに至れり。

其　他

1、本所は失業救濟事業(下水道築造、京津國道改良工事)に使用する日傭勞働者の紹介が大半で、毎月三萬人内外の就勞人夫を取扱へり。猶之のみに滿足せず京都市々民共濟會と協力して積極的に、砂礫採集、汚水掃除、加茂川草刈、高瀨川護岸工事、無料宿泊所敷地埋立工事等の事業を起し、尚各學區有志及衛生幹事を訪問、勸誘して通常清潔法使傭人夫の供給等極力失業洪水の緩和に努め、其の成績も大に擧げつゝあり。

2、勞働者訓練上の苦心

創立の動機中に既述せる如く、求職勞働者中强談又は威嚇等に依りて職を獲得せんとするもの又は多數勞働者の集合を利用して不穩ビラを撒布、危險思想を傳播する者等あり右に對し本所の方針として、前者に對しては如何なる事情あるも一切職を與へず、比較的單純なる一知半斷なる者には其の誤れるを諭すと共に極力就職を斡旋し、後者に對しては常に警察と密接なる聯絡を採り、未然防止に努めたる結果幸にして最近之の弊を一掃し、曾て不穩の言辭を弄したる者にして現在却て他の人夫より成績良好なるものあり又不穩ビラの効力なきを自覺し、之が撒布等の愚擧に出ずるもの全く其の影を絶つに至れり。

後援機關

京都市々民共濟會は當所唯一の後援機關で、市長を總裁に、事務所を市社會課内に置き、當市に於ける救貧、医療救護、其他あらゆる救濟事業に活躍せるか、本所とは特に密接なる關係を有し共濟會自ら自己の損益に於て積極的に救濟事業を計畫し之に要する技術者、監督、人夫等は凡て紹介所經由の失業者を

使用す。其他本所取扱人夫の賃銀立替拂を行ふ等莫大なる後援を得つゝあり。

職員異動狀況

所長	山田久治郞	昭和七年四月一日
書記	本田艮恭	〃
〃	濱田信治	〃
〃	竹村信治	〃
雇	宮部德藏	〃
〃	齋藤豐二	昭和七年七月二十七日
〃	池畠茂德	昭和七年四月一日
〃	若部初郞	〃
〃	中山政信	昭和七年九月十六日
〃	武村義昌	昭和七年四月一日
〃	西尾滋	昭和七年四月一日、〃年七月廿六日退任
〃	杉浦文治郞	昭和七年四月一日。〃年九月十五日〃

新舞鶴町職業紹介所

京都市加古部新舞鶴町役場內

大正十二年十一月舞鶴要港部工作部に於て軍縮整理による多數の職工解雇行はるゝに際し、久田大阪地方職業紹介事務局長より之が救濟準備方照會ありて新舞鶴町北吸官舍乙第七號內に臨時職業紹介所を設け紹介斡旋に努めし處、久田局長より職業紹介法に依る紹介所設置を切望せらるゝ所あり、一面工作部に

數千の職工あるに依り之が異動の場合に紹介斡旋の要あると當時町內亦相當の失業者ありて就職斡旋の一日も忽にすべからざる狀況にありたるに依る。

創立以來の重要事項

一、大正十四年四月二十日　舞鶴要港部工作部職工一〇七名解雇あり、三舞鶴地方就職希望者の紹介に努む
一、昭和六年四月九日より十日間舞鶴海軍共濟組合會舘新舞鶴分舘內に臨時職業紹介所を設け解雇職工の紹介斡旋をなす
一、昭和六年九月十七日より向三ケ月失業救濟事業就勞者紹介のため所員現場へ毎日出張す

職員

所長	上山彌之助	自大正十三年四月九日至〃年十月三日
〃	佐々木研之亮	自大正十三年十月八日至昭和四年三月二日
〃	榎金太郞	自昭和四年三月卅一日
書記	村上正次	自大正十三年三月十三日至〃年三月廿八日
〃	上山彌之助	自大正十三年三月廿九日至〃年四月八日
〃	村上正次	自大正十三年四月九日至〃十五年三月卅一日
〃	佐々木研之亮	自大正十五年三月卅一日至昭和四年三月二日
書記	榎金太郞	自昭和四年三月卅一日
〃	村上正次	自大正十三年三月廿九日至同年四月八日
〃	岩室和一	自大正十三年四月九日至十五年七月十二日
〃	村上正次	自大正十五年三月三十一日

〃　榎　金太郎　自大正十五年十月十四日至昭和四年三月卅一日
〃　高木菊藏　自昭和四年四月一日

福知山町職業紹介所　京都府天田郡福知山町字内記一三ノ一

本町人口は貳萬千五百餘を算し、年次膨脹の趨勢にして商工業を主とし、農業蠶業之に亞ぐ。從つて是等の使用人の需給調節を要し、又農閑期に於て酒造及寒天製造業從事員として京阪神方面に出稼する者相當多數あり。爲に從來行はれ來つた緣故紹介のみに於ては到底圓滑を期する能はず。之に加ふるに近時義務敎育並中等敎育を了したる者にして京阪神方面に於て職を求めんとする者年次增加せる狀態に鑑み、是等季節的出稼者の移動紹介並靑少年の就職をして完からしめんが爲、町長高木半兵衞氏は之が設立に關し町會の議決を經ると共に昭和六年三月二十八日職業紹介法に據る認可を受け同年四月一日開所するに至つた。

職業紹介所設置以來、前述勞務の需給調節に關し、一般紹介少年職業指導及紹介季節的職業紹介、失業救濟事業に使用する日傭勞働紹介の各般に涉り努めつゝあり。

因に職業紹介所設置當初よりの職員は

所長(兼)　吉岡正雄　昭和六年四月一日
主事(〃)　篠木玉治　〃
書記(専)　細見五郎兵衞　〃

上宇川村職業紹介所　京都府竹野郡上宇川村字平

創立　昭和六年八月十四日。

當地方は耕地少く且冬期降雪多く、爲に純農業を以てしては到底生活の維持困難なる事情にあり。古來より男子は寒天製造及米搗等の爲、奈良縣下、大阪府下に出稼を爲すを例とせり、其後明治初年より、伏見及奈良縣下での酒造勞働者に轉ずるものあり。明治二十五、六年頃より漸く多數の之等酒造勞働者の出稼を見るに至り、丹波杜氏として斯界に名聲を博する處となる。

又女子にありては丹後縮緬の織工として相當出稼を爲し居れり。然るに近年の經濟界の不況は勞働市場の硬塞を招來し、爲に失業の續出村經濟に及ぼす影響甚大なり。爰に於て、之が振興策として少年求職者の職業指導等の見地より、時の村長岡田新三郎は職業紹介所設置の急務なるを村會に諮り、昭和六年七月六日本所の設立を見るに至る。

創立と殆んど同時に少年職業指導精神の普及且指導の爲郡内各小學校及關係當局の出席を求め講演會を催した。

職員

所長(兼)　岡田新三郎　昭和六年八月十四日
書記(専)　田中半治　〃
〃(兼)　井上利兵衞　〃

梅田村職業紹介所　京都府船井郡梅田村役場內

本村は古來農業を基とし、冬期降雪多く剩餘勞力を酒造從業員或は養蠶敎師として他地方に出稼するもの多數であり、從來村當局に於て斡旋就職に努力したが、郡制廢止以來事務の繁忙を來し十分の斡旋出來得ざるに鑑み、昭和七年四月四日是等季節的出稼者並に其他の求職者の爲職業紹介所を設置したのである。

開所に先立ち町村名譽職員、其他方面委員等の參集を求め該施設に關し將來の援助方を依賴した。五月五日失業問題に付學校長及囑託員、實業補習學校職員等會合意見の交換し、理解と援助を求めた。

職員左の如く創立以來異動なし。

所長(兼)　辻　馬次郎　昭和七年四月四日
書記(專)　中南長太郎　〃

須知町職業紹介所　京都府船井郡須知町役場構內

本町は古來山陰國道に沿ひ商、工業頗る繁盛を極め、郡內西部諸物貨の集散地たりしが、明治四十二年山陰鐵道開通以來本町は其交通機關に阻害せられ年と共に衰微し、爲に出稼者年々激增し、近時釀造從業員の如きは、近くは西宮、灘方面、遠くは九州方面に相當出稼し、叉竹野、高原、質美、胡麻の隣接町村よりも多數從業員として出稼をなし、其他養蠶敎師として數

多諸國に移動し　尙諸工場店舖へ男女靑少年の雇傭せらるゝ者續出するに至つたのであるが、是等求職者に對し適當なる紹介斡旋をなす機關なき爲求職求人相互間に不便尠からず、徒に失望者或は失業者の頻出するを遺憾とし、本郡釀造從業員組合會計兼書記船越治三郎氏、本町長田端長久郎氏、助役渡邊常三郎氏等の諸氏拮据計畫せられ遂に町會の決議を經て本職業紹介所の設置を見るに至つたのである。

職員

所長(兼)　田端長久郎　昭和七年六月一日
主事(兼)　荒井左馬吉　〃
書記(專)　船越治三郎　〃
囑託(兼)　渡邊常三郎　〃
〃(〃)　岩崎眞一　〃
〃(〃)　澤田吉次郎　〃
〃(〃)　吉田兵進　〃
〃(〃)　鹽田和三郎　〃

神戶市中央職業紹介所　神戶市湊東區相生町一丁目

一、創立年月日及動機

神戶市職業紹介所創立の動機は職業紹介法公布約四年前に遡る。即ち國を擧げて生活不安米騷動の折柄大正七年八月皇室の御仁慈に因て御內帑金の下賜に、當時焦眉の急を告げ居りし、

食糧問題解決策として食堂及市場を新設し、次で翌大正九年四月、時の市長代理助役乾長次郎は兵庫縣救濟協會の施設であつた生田川口入所の設備を繼承して市直接職業紹介事業を經營するに至り、當所は全く神戸市內に於ける公設救濟事業の一施設として創設せるものである。

二、創立以來の重要事項

一、大正九年四月一日神戸市葺合區吾妻通四丁目五番地兵庫縣救濟協會施設生田川口入所の設備一切を繼承し神戸市立職業紹介所と改稱した

一、大正九年五月三日神戸市湊東區相生町一丁目二七ノ一に移轉し將來設置さるべき公私各職業紹介事業の中樞機關たる意味にて神戸市中央職業紹介所と改稱した

一、大正十年五月一日神戸市兵庫職業紹介所を神戸市兵庫區芦原通六ノ一六神戸市立西部共同宿泊所內に開設

一、大正十年八月二十九日西部勞働紹介所を神戸市兵庫區川崎町に設置し日傭勞働者專門紹介取扱ふ

一、大正十年十月一日東部勞働紹介所を神戸市神戸區加納町六丁目東遊園地內に設置し日傭勞働者專門紹介取扱を開始した

一、大正十年十二月二十五日葺合職業紹介所を神戸市葺合區神若通二ノ二神戸市立東部共同宿泊所內に開設した

一、大正十一年九月十一日湊川職業紹介所を神戸市湊東區福原町湊川公園內に開設した

一、大正十二年九月關東大震災に依る罹災求職者神戸市に殺倒せしため紹介所員の總動員をなし九月五日以來翌大正十三年一月末迄求職者千五百四十三名中千百五十四名を就職せしめた

一、大正十三年一月二十七日攝政宮殿下御成婚記念に神戸市勞働紹介所の紹介に依る就職者の相互扶助並思想の向上を圖る目的にて神戸信愛共濟會を創立し市立東部勞働紹介所に於て事務を開始す、本會の事業は大正十四年十一月に至り神戸勞働保險組合に繼承された

一、大正十三年五月神戸市職業補導會の援助を得て中央職業紹介所出張所たる案內所に於て窮迫者の爲携帶品保管の上旅費貸與を開始した

一、大正十三年六月二十八日より十月末迄東西兩勞働紹介所の未就職者に授產の目的にて製薪及製繩を營み授職せしめた

一、大正十三年十一月二十六日神戸市商工會議所に於て勞務需給懇談會を開催、百有餘名の求人者來會、大野社會局社會部長、久田大阪地方聯業紹介事務局長、平田兵庫縣產業部長、松岡兵庫縣社會課長等列席

一、大正十三年十二月六日神戸市訓令甲第三〇號に依り職業紹介法施行規則改正に伴ひて聯絡事務を掌るため中央職業紹介所を指定された

一、大正十四年一月二十日大阪地方職業紹介事務局指令第六四號に依り職業紹介法施行規則第十二號に依り兵庫縣及德島縣下の聯絡事務管掌につき中央職業紹介所を指定さる

一、大正十四年三月小學校新卒業少年少女職業紹介につき市立兒童相談所と協力、求職兒童のメンタルテストを行ひたる上職業紹介に努め三四兩月の求職者二百七十名中約七割を就職せしめた

一、大正十四年九月二十九日神戸市職業紹介委員規定を制定し神戸市告示第二九號を以て告示、十月二十六日兵庫縣會議事堂に於て福原中

央職業紹介事務局事務官、加藤内務省社會局屬等臨席の上第一回職業紹介委員會を開催した

一、大正十四年十二月十二日より三十一日まで十五日間冬季失業救濟土木事業被傭勞働者の登錄を市内各職業紹介所及神戸職業補導會に於て行ひ、登錄者千百五十八名に達す

一、大正十五年一月中央職業紹介所内に少年部を特設し專任職員二名之が事務に從事した

一、大正十五年四月十一日（大正十四年十月一日東川崎町一ノ三九に改築中移轉執務の處）舊廳舍跡に中央職業紹介所の改築工事竣成し假廳舍より復歸した

一、大正十五年四月十二日中央職業紹介所内に男子一般紹介より俸給生活者の取扱を分離し專門的取扱をなした

一、大正十五年四月十五日中央職業紹介所新築落成式を同所會議室に催した

一、大正十五年四月十五日より五日間中央職業紹介所に於て東京、大阪地方職業紹介事務局、東京府職業紹介所、大原社會問題研究所、其他より三百餘點出品を得て陳列し、新築落成職業紹介事業資料展覽會を開催した

一、昭和二年三月末兵庫職業紹介所を廢止し大橋町三丁目に林田職業紹介所を新築した

一、昭和二年五月從來俸給生活者專門紹介部を第二部と稱せしを俸給者部と改稱、一部を更に專門化し第一部、二部と分ち工鑛業、通信運輸土木建築等に關する技術者の紹介は第一部に於て、商業、戸内使用人、其他雜業に關する從業員の紹介は第二部に於て夫々取扱つた

一、昭和二年七月七日神戸市訓令甲第十四號を以て少年職業指導委員規定を公布し委員二十五名囑託した

一、昭和二年七月二十三日川崎造船所本社工場、兵庫及葺合各工場を通して約三千有余人の從業員の大整理發表せしに依り市役所名を以て右從業員求職希望者の登錄を行ふ旨同月二十五日公布、次で中央職業紹介所臨時出張所事務取扱規定を制定し同月二十六日より十日間出張所を神戸市立第一高等女學校内に設置し、職員總動員の下に求職者の登錄及紹介を行つた

一、昭和二年七月二十六日第四回職業紹介委員會を開催、神戸市職業紹介委員會名を以て「政府は全國官營工場に對して求人開拓に努力せられることを望む」旨を社會局長官に電送する一方別に神戸市長名を以て社會局長官へ同日右に關し陳情書を提出した

一、昭和二年十一月二十一日神戸市商業會議所に於て第四回求人者懇談會開催、求人者百二十六名學校當局者六十餘名、計百九十餘名並福原、齋藤、兩職業紹介事務局事務官出席

一、昭和二年十一月二十四日より三日間市立各職業紹介所に於て昭和二年度冬季失業救濟土木事業求職者登錄を行ひ内地人二千八百三十一名、朝鮮人千七百八十七名計三千八百七十八名の登錄者を得た

一、昭和二年十二月一日より昭和二年度冬期失業救濟土木事業開始され之が所要勞働者紹介の爲宮本通　中山手通、水笠通、細田町の四ケ所に職業紹介所臨時出張所を設置した

一、昭和二年十二月二十三日東部勞働紹介所改築竣工移轉した

一、昭和三年二月二十八日内訓第一號に依り職業紹介所紹介勤續者選奬に關する内規を定めた

一、昭和三年三月三十一日葺合職業紹介所を廢し吾妻通一ノ四五ノ一市電春日野終點電氣局用地に春日野職業紹介所を新築竣工した

一、昭和三年九月二十七、八、九の三日間市立楠高等小學校に於て熊谷內務省社會局技師、今田文學士、岩井京都帝大助教授、緒方中央職業紹介所長を講師として職業指導講習會開催、聽講者百五十名

一、昭和三年九月川崎造船所製鈑工場より職工募集に就き申込を受けし爲、市內各所を始め大阪市及福岡地方職業紹介事務局管內各職業紹介所等へ聯絡を執り同年十一月迄市內各所より千百七十七名、大阪、熊本其他より移動紹介百九十五名、計千三百七十二名に達し市內三百二十六名地方七十四名の多數を就職せしめた

一、昭和三年十一月川崎造船所職工職業紹介に關する諸資料を册子に輯錄し(三七九頁)「解雇ヨリ歸趨マデ」と題して刋行し關係各方面に配布

一、昭和四年三月二十三　四兩日晝夜四回に亘り神戸市各職業紹介所の紹介就職者懇談會を中央職業紹介所及市立楠尋常小學校に於て開催婦人部二十八名、俸給者部三十名、少年部二百名、一般部二百三十名　合計四百八十八名の出席者あり。其の結果就職者にて昭生會を組織した

一、昭和四年三月三十一日西部勞働紹介所改築工事落成した

一、昭和四年十二月十五日より昭和五年一月三十一日まで第二回勤續調査(昭和二年實施)の際に於ける勤續者千二百名に其の後の就職者四千六百三十九名を加へた計五千八百三十九名に就き第二回勤續調査を實施、調査の結果勤續者は千四百十七名に達した。

一、昭和五年二月十一日神戸商工會議所に於て神戸市職業紹介所紹介勤續者選奬式擧行式後引續き就職者懇談會を開催被選奬者百三十三名內受賞者三十名、就職者懇談會出席者二百名、講演並余興あり盛會を極めた

一、昭和五年三月十四日より二十九日まで第一回職業補導講習會開催、謄寫科、簿記科、珠算科各五十名の聽講者があつた

一、昭和五年五月四日市立兵庫高等小學校に於て職業紹介所開設滿十週年記念講演と映畫の會を開催した

一、昭和五年五月二十一日より三十一日まで全國求人開拓週間實施、所員交替にて市內各事業主を訪問開拓」期間中の求人數男三七一、女一二四、計四百九十五名

一、昭和五年十一月二十八日本廳談話室にて大口求人者懇談會開催した

一、昭和六年一月二十八日知識階級失業者の一時的生活安定に資する爲謄寫、筆耕、タイプ等短期授職の目的にて中央職業紹介所內に俸給者授職部を開設した

一、昭和六年二月十六日より二十三日まで及三月二日より九日まで第三回職業補導短期講習會を中央職業紹介所俸給者授職部に於て開催、受講者邦文タイプライター科、計理事務科及謄寫科男女計百五十名引續き同所に於て九、十兩日謄寫科講習生作品展覽會開催

一、昭和六年三月十六日午後六時より楠尋常小學校に於て第五回少年就職者招待會開催、來會者五百餘名、尙ほ遊佐大阪地方職業紹介事務局長の奬勵の辭があつた

一、昭和六年五月六日本廳議員控に於て第十三回職業紹介委員會開催、左記事項に關し諮問協議答申した

（一）　失業救濟事業繼續施行に伴ふ勞働紹介所取扱上改善すべき事

項如何

一、昭和六年六月九日中央職業紹介所紹介部門を改稱、即ち一般一部を工業部に、二部を商業部と改めた

一、昭和六年六月十一日兵庫縣廳に於ける川崎造船所解雇職工の對策に關する縣市聯合協議會に基き中央職業紹介所内に臨時内外移轉植民斡旋相談所を開設、日伯協會より職員出張、離職々工二十五名の相談に應じた

一、昭和六年九月二十六日中央職業紹介所事務分掌を決定し紹介取扱及び特殊事務取扱を決定した

一、昭和六年十月二十七日職業紹介法公布十週年記念求人開拓日記念行事として少年職業指導實業方面聯合見學として甲子園千代田帽子製造工場及塚口森永製菓工場を見學した

一、昭和六年十月二十八日神戸商工會議所に於て職業紹介法發布十週年記念全國求人開拓日に際し市内各種同業組合懇談會開催、大野内務省社會局社會部長の講演があつた

一、昭和六年十二月一日より翌七年一月二十日まで第三回勤續調査實施

一、昭和六年十二月十八日中央職業紹介所に於て京阪神三都市俸給者職業紹介事務打合會開催　遊佐大阪地方職業紹介事務局長、堂後同囑託、山田京都市七條職業紹介所長、川上大阪市中央職業紹介所給料生活者紹介部主任等列席、俸給生活者職業紹介に關する件につき協議

一、昭和七年二月十一日神戸商工會議所に於て第三　選奬式開催、引續き勤續者懇談會を開催、被選奬者六十名中受賞者二十五名、來會者四百余名、一同記念撮影をした。

一、昭和七年三月十二より二十七日まで市立第三神港商業學校及び神戸補導會内に於て瀧谷商大教授他六氏を講師とし保險外務員科及石津彌一氏を講師として謄寫科の短期職業補導講習會開催

一、昭和七年七月十五日本廳議員控室に於て少年職業指導委員會特別委員會開催「少年少女就職後ノ保護指導ニ對シテハ如何ナル施設ヲ適當トスルカ」に對して審議

三、職業紹介附帶事業

(一) 内職紹介

婦人の内職紹介は家庭工業に乏しき本市にありては内職の原料供給と製品の消化に困難を感じ、苦心の結果大正十年六月以降京都より講師を招聘し婦人羽織紐編技術の養成を圖り數回紐編講習をなし、京都の羽織紐商と特約して爾後受講者に紐編の内職紹介を試みしが、機械編製品の出現によつて原料供給杜絶した爲昭和二年限り中止した。其後輸出帽子編の内職紹介を暫時試みしが發展を見ず、現在にては大正十四年以降、商店、個人等に需要する和服裁縫の内職紹介を行つてゐる。

(二) 俸給生活者授職

昭和五年十二月俸給生活者授職部を設置し求職者中一時的生活資料を得さしむる爲筆耕、謄寫、タイプライター等簡易な仕事を授くることゝした。

(三) 人事相談

一般市民及地方よりの來神者の爲に職業問題を始とし産業、

地理、法規、移民等の相談に應じ、尚ほ窮迫者には旅費の貸與をなす爲大正十一年六月一日神戸驛前に中央職業紹介所の出張所として案内所を設置した。

昭和五年十月十五日神戸驛の改築に伴ひ中央職業紹介所内に移轉した。

（四）職業補導講習

就職の便宜上一定の技能を習得せむとする男女求職者のため昭和五年三月十四日より二十九日まで湊川實修學校に於て第一回短期實務講習會開催謄寫科、簿記科、珠算科各科受講者五十名に達した。次で昭和五年十月第二回を、昭和六年二月第三回を、昭和七年三月第四回を夫々開催した。

（五）昭生會

昭和五年三月中央、湊川、林田、春日野の各職業紹介所の就職者相互の親睦、修養を圖り且つ生活の向上を期する爲昭生會を組織した。昭和七年二月會則一部を改正し中央職業紹介所少年部の紹介に係る就職者のみにて組織することゝした。

（六）勞働保險

東西兩勞働紹介所より紹介就職する日傭勞働者は全部大正十五年一月以來神戸勞働保險組合に加入せしめ疾病、傷害、失業死亡の場合保險給附をなし、保險給附無き月は其の掛金高に應じて割戻金を支拂ふ。昭和六年末現在會員數千百十六名である

神戸市湊川職業紹介所　神戸市湊東區湊川公園内

當所は大正十一年の創立にして、當市に於て最も繁華なる湊川公園に連なる湊川新開地方面の飲食店、其他商店に使用しつゝある從業員の職業紹介等一般紹介を爲すに適當なる場所と認められ、設立せられたるものにして同年九月十一日より事務開始し、初代の所長として中村嘉三次就任、昭和三年十一月七日退任其後を受けて藤原正就任、昭和六年九月十七日退任、同年十月二日加藤増雄所長として就任し現在に至る。所員として當初より從事したるは荒瀬直輔、中村増雄、宮本悌、小手川澄雄佐藤一平、長尾正信、加藤増雄、角野清平、田邊タミ、山下ケイ、福岡照子の各人にして何れも退職なし、現在勤務中の者は安藤昭夫（昭和六年六月一日就任）及高瀬百合（大正十五年二月廿四日就任）の兩所員である。

開所當時よりの重要事項としては總べて神戸市中央職業紹介所と共同にて計畫を實行せる關係上、當所としては特に中央紹介所を離れて計畫實行をなせる事務にして此點記載すべき事項を認めないのである。

尼崎市職業紹介所　尼崎市南城内一九九

歐洲戰後財界不況の餘波を受け都鄙を通じて失業者增加の傾向特に著しくなつたから大正九年十月五日清野兵庫縣知事より郡市長を招集し之が對策として職業紹介所設置方に關し訓示す

るところがあつた。之を動機として同年八月二十七日市會の決議を經て同年十月二十五日開所を見るに至つたものである。

當地は工場地帶として異狀に發展して居る關係上これ等諸工場等の職工解雇、雇入等多く職業紹介所の取扱狀況より見るも此方面に特色を有して居るものである。

職員

主事	大河内茂太郎	自大正九年十月廿五日至十年五月十二日
書記	長尾たきの	自大正九年十月三十日至〃十年九月廿日
雇	藤澤能子	自大正九年十月卅一日至〃十年四月一日
書記	西松春藏	自大正九年十一月十一日至〃十二月十五日
〃	内田鋭夫	自大正十年一月七日至〃十一年二月十二日
所長（兼）	久保次夫	自大正十年四月二日至〃十一年十一月廿二日
雇	前田せい	自大正十年四月五日至〃年八月五日
書記	田村博保	自大正十年十二月八日至現在（大正十二年所長任命）
雇	濱田三枝	自大正十一年六月廿二日至十二年十二月二日
雇	石橋春江	自大正十一年七月十日至〃年十一月十五日
書記	萩原謹二	自大正十一年八月七日至〃十二年一月廿三日
雇	山口半次郎	自大正十一年九月十四日至〃十三年六月十四日
〃	見砂正太郎	自大正十三年一月十九日至〃年十二月十八日
〃	長尾たきの	自大正十三年十二月十二日至昭和五年三月卅一日
〃	下村涙穗	自大正十四年十二月三日至〃十五年一月廿八日
〃	海邊作藏	自昭和五年四月十四日至〃年六月三十日
〃	瀨川半次郎	自昭和五年五月二十二日至現在

西宮市職業紹介所　西宮市役所構内

一、職業紹介所設置の動機と其沿革

職業紹介所設置の動機を顧るに既に町政時代に教育課の一部に職業相談所を設けられたるに創る。次で市政を布き市の發展に伴ひ市廳舍新築され、職業紹介事業の必要を認め、昭和三年十月始めて廳舍地階二十坪を畫して西宮市職業紹介所が生れた爾來職員の努力と市民の理解に依り利用者漸增し、狹隘を感じ昭和五年五月市內字六堪寺一〇五八番ノ一に地をトし木造二階建の現在職業紹介所を建築した。尙ほ特筆すべきは本建築工事從業者は全部失業中の大工、左官、手傳人夫等を使用したことである。

二、創立以來の重要事項

創立當時は市民の理解なく之が利用者尠きため、職業紹介所の立前を說明した平易な宣傳ビラを新聞紙に折込み、又は撒布する等事ある每に宣傳に勉めた。

昭和四年七月一日就職者の身元保證の一端として横濱火災海上保險株式會社の信用保險制度を採用した。

求職者中一時凌として夏季衞生掃除人夫の取扱を昭和五年七月に始めた。其後每年夏季之が取扱を行つた。次で同年末より失業離食者救濟の一部として正月餠の賃搗と蓑虫捕りを勵行した。即ち正月餠の賃搗はトリ粉持ちで一升八錢と云ふ破格の安

値にて取り扱つた爲、俄然申込が殺倒した。延いて寒餅の賃搗も始めて相當の成績を上げた結果年中行事の一となつてゐる。蓑虫捕りは其の蓑虫の皮が加工し革細工に使用される爲、某商店と特約して一枚五厘替にて買上を開始せしが、幾ヶ月ならずして買上單價の引下となり好結果を見なかつた。依て現今にては希望數量に應じ捕獲せしむることにしてゐる。

昭和六年二月九日就職兒童一般智能檢査を施行した。同年四月二十四日尼崎市と合同して隣接市町村長兩市長、各小學校長並訓導、大阪地方職業紹介事務局長及係官、兵庫縣社會課等約四十二名の出席を乞ひ、就職斡旋懇談會を開催した。

昭和七年一月例年通り新卒業兒童のため學校關係職員と懇談會を開催、尚ほ卒業兒童の職業選擇に資する目的にて中央職業紹介事務局よりフイルムを借用し市內各校兒童の爲映寫會を開催した。

昭和七年夏期休暇を利用し伊丹小學校兒童約貳拾名の商業實修を斡旋した。是は初めての試みにして使用者、實習者共成績良好であつた。

明石市職業紹介所　明石市役所構內

輓近世相の實況に鑑み、昭和三年度に於て現市長磯野鶴太郎當時の助役別府靜輔及現學務課長大塚勝治等の努力により、諸般の準備を進め、昭和四年一月九日より開所の運びに至る。

此處に於て同日付を以て前記大塚勝治兼任所長として就任し職員には書記山口良廣專任として就任、同年四月十七日退任、其後を襲ふて書記桝田重次同日就任、今日に至る。昭和四年度に於て職員定數の增員あり、同年七月一日付を以て雇井上芳郎專任職員として現在に至る。

姫路市職業紹介所　姫路市役所內

本市は從來他都市に比し社會施設は極めて幼稚であり時代の趨勢に伴ひ之が施設の必要を感ずるに至り、曩に市營住宅、實費診療所等設立され遂に前市長滋岡長彥氏は社會施設の充實を計る意味に於て先づ職業紹介所を設置される事となり、昭和四年市會の協贊を得て同年四月に認可を受け六月十一日より開所するに至つたのである。

職員

所長（兼）	西川嘉吉	自昭和四年六月一日至〃六年四月六日
書記（專）	遠野健治	自昭和四年六月一日
書記（專）	前田土松	自昭和四年六月十一日
所長（兼）	鳥羽巽	自昭和六年四月六日至〃年六月十三日
所長（〃）	倉岡瑞穗	自昭和六年六月十三日

温泉町職業紹介所　兵庫縣美方郡温泉町役場內

創立　昭和四年十一月二十六日。

本町は十一大字十三部落より成り戶數千十四戶、人口五千九百六十四人を算し、全戸數の七割は農業に從事するものである然るに當地方一帶は冬季間積雪夥しく、爲に屋外勞働に從事するに由なく、且家庭副業としても何等見るべきもゝなきを以て之の間全く徒食するの外ない。然るに幸にも自然の配材の然らしむる所に依り、昔から靑壯年の男子は概ね酒造又は凍豆腐製造勞働者として縣下及京都、大阪、和歌山、奈良、三重、鳥取島根其他の府縣へ、又一部は京阪神地方に下男、下女奉公に何れも三ケ月乃至六ケ月間の出稼をなし之に依りて一縷の活路を得漸く地方經濟並に個人の生計を支持する狀態である。如斯は獨り本町のみに止まらず、近隣一帶の町村に於ても大同小異の狀況で、常に隣友提携、共存共榮を策しつゝあつた所以である然るに近時の農村疲弊、加之他地方に於ける此種出稼勞働者の進出等の事情の爲め、爰に勞務需給調節機關たる職業紹介所の必須欠くべからざるを痛感し、町長田中壯太郎氏は專ら町の輿論を喚起すると共に隣友町村を始め郡關係諸團体當路の共鳴と應援に依り昭和四年十一月二十六日本所の設立を見たのである。

本所は當初毎年自十月一日至三月三十一日間の季節的に開所せるが、輓近の世相に鑑み、少年職業紹介の緊切、且常に圓滑なる勞資相互の聯絡を計る等之が機能を充分に發揮せんが爲め常設の經營と爲す必要に迫られ、昭和六年四月二日常設職業紹介所として組織の變更を爲すに至る。而して現今本所の聯絡小學校も十三校を數へるに至れり。

職員移動狀況

所長（兼）	田中壯太郎	自昭和四年十一月二十六日
主事（〃）	朝野淳藏	昭和四年十一月二十六日囑託〃七年四月一日主事〃年三月卅一日囑託
書記（專）	森作治	自昭和六年三月三十一日
〃	中西實治	自昭和四年十一月廿六日至〃六年三月卅一日
囑託（兼）	坂出敏夫	自昭和四年十一月二十六日
〃	山村隆	〃
〃	松森友治	〃
〃	株本定雄	自昭和六年十一月四日
〃	森田利一	自昭和七年八月二十三日
〃	井上哲夫	自昭和四年十一月廿六日至六年五月廿八日
〃	福島賢介	自昭和四年十一月廿六日至六年十一月四日
〃	岸本忠夫	自昭和四年十一月二十六日〃七年八月十日

美方郡東部職業紹介所　兵庫縣美方郡村岡町官有地内

美方郡東部五町村より冬季酒造勞働、凍豆腐製造の爲縣下灘方面を始めとし大阪府、京都府、奈良縣等に出稼する者年々四五千人に達し、其他店員、女中等として出稼する者約一千人に及ぶの狀態である。これ等出稼者の保護並紹介斡旋の爲職業紹介所設置の必要を認め、村岡町長西谷忠雄、美方郡諸團體事務所幹事井上哲夫等主唱者となり昭和四年十一月二十六日村岡町に於て季節的職業紹介所を經營せしめた。昭和六年五月四日村岡町、兎塚村、熊次村、小代村、射添村の共同經營に變更し、美方郡東部職業紹介所と改稱し、常時開所のことゝなつた。

職員

村岡町職業紹介所

所長(兼)　西谷忠雄　自昭和四年十一月廿六日至五年三月廿八日
書記　井上哲夫　自昭和四年十一月廿六日至六年五月四日
外囑託八名

美方郡東部職業紹介所

所長(兼)　西村藤十郎　自昭和六年五月四日
書記　井上哲夫　〃
外囑託五名

篠山町職業紹介所　兵庫縣多紀郡篠山町役場内

創立　昭和五年八月十一日。

當地方は古來酒釀造從事の爲め冬季、本邦各府縣は勿論朝鮮地方に迄出稼し、丹波杜氏として斯界の歡迎を受け、之に從事するもの四千人の多きを算する古き歴史がある。然るに其後時代の進運に伴ひ之が團體的統制機關の必要を認め、明治三十八年、多紀郡釀酒業組合を設置し、爾來就職斡旋は主として同組合に於て爲し來りたるが、近時斯業の不振と著しく他地方より此の種勞働者の進出とを受けた結果失業者漸次增加する處となつた。爰に於て一層此の種勞働者の斡旋と且又少年職業紹介の緊切を痛感し、昭和五年八月十一日之が最も適切なる職業紹介機關たる本所の設置を見たる所である。

本所は創設以來斯業の目的遂行に不斷の努力を拂ひ、昭和五年十一月及昭和六年五月に出稼勞働者紹介斡旋に關し關係職業紹介所員及大阪稅務監督局當局の出席を得て種々協議、考究を爲し、又少年職業紹介に就ても附近も學校も密接なる聯絡を採り、昭和六年十月之等聯絡小學校及關係當局の出席を求め少年職業指導の精神普及の講演會及協議會を開く等萬全を期しつゝあり。

職員異動狀況

所長(兼)　古川岩太郎　昭和五年八月十日
主事(〃)　山内庄平　〃
〃　稻山和太郎　〃
事務員(專)　西山貫三郎　〃
〃　(兼)　酒井保藏　〃

飾磨町職業紹介所　兵庫縣飾磨郡飾磨町一六一・一六二

紡績、電氣、化學等の諸工場に於ける職工及勞働者並飾磨港に於ける石炭仲仕等の需給調節の爲昭和六年八月一日職業紹介所を設置したるものなり。

同年十一月より失業救濟事業に使用する勞働者の紹介を開始す。

職員

所長(兼)　前川萬吉　自昭和六年八月一日至〃年十二月十一日
〃　(兼)　岡上彦三　自昭和六年十二月二十六日

書記　中川勝巳　自昭和六年十二月二十六日

由良町職業紹介所　兵庫縣津名郡由良町由良組一四七六

昭和五年三月四日當町會に於て議員樫原茂より町立職業紹介所設置に關する動議ありたるも經費節減の折柄とて延期說多く充分調査したる後のことゝした。其の後當局に於て各方面につき調査を爲したる結果職業紹介所設置の必要を認め、昭和六年度豫算案には之が經費を計上し町會に諮り可決せられ、昭和六年七月廿二日之が設置の認可を受け直に職業紹介所廳舍建築に着手し、同年十月一日新建築廳舍に於て開所するに至れり。

昭和七年一月職業紹介委員規程を設け、同月八人の委員を囑託し町長の諮問機關として職業紹介事業のため努めしむることゝなれり。又當紹介所に於ては設置以來特に少年職業指導紹介に意を注ぎ、阪神方面への移動紹介を行ひつゝあり。

設置以來の職員を示せば

所長(兼)　橋本卯男　昭和六年十月一日
書記(專)　山中林三郞　〃

養父郡職業紹介所　兵庫縣養父郡八鹿町八鹿一八〇九

創立　昭和六年十月二十九日。

本郡は古來より冬季降雪の季節に於て主として酒造、凍豆腐製造勞働者として京阪神の地に出稼するもの多かりしに、近時財界の不況と、他地方より此の種勞働者の進出とにより著しく

其の範圍を蠶食され、農村唯一の後半期經濟に及ぼす影響多大にして、殊更ら疲弊せる農村は一層困憊せる狀態なり。

茲に於て之が救濟に最も適切なる職業紹介機關の必須を痛感し、昭和九年十月九日本所の前身と見るべき八鹿町職業紹介所の設置を見たる所なるも、本郡十四ヶ町村の失業對策及之が斡旋を一村經營の職業紹介所に委ぬると言ふことは種々不便あるを以て、昭和六年十月二十九日本郡十四ヶ町村組合經營たる本所の設立に至つたる所なり。

創立以來の重要事項

特色たる季節的出稼者の組合、斡旋は勿論、少年職業紹介及養蠶人夫等常に之が開拓斡旋に不斷の努力を爲し、昭和五年十一月四日季節的出稼者紹介斡旋に關し各町村及關係當局の出席を得て、研究協議を遂げ、昭和六年十月二十六日本縣主催を以て少年職業紹介事務打合會を開催し、日高、養父郡内小學校當局の出席を求め種々協議懇談せる等萬全を期しつゝあり。

職員

所長(兼)　佐々木小一郞　昭和六年十月十五日
主事(〃)　足立義夫　〃
書記(專)　福本保一　〃
〃(兼)　田尻賴造　〃
〃(〃)　笹谷半司　〃

日高町職業紹介所　兵庫縣城崎郡日高町日置六五ノ一

本町は但馬の中央に位し、山陰線鐵道江原驛あり、府縣道及村道は四通八達して交通至便である。每年酒造勞働者の出稼其他店員女中として出向もの、他地方より當町内諸工場及店舗に入り込むもの、或は養蠶人夫等として入稼のもの、勞働者の出入相當ある爲、之等のものに對して不便不利を除き將來圓滑なる助長を圖り以て地方の福利を增進し、殊に青年男女子に對し充分なる保護を加へて前途を誤らざる樣指導する爲め國本町長主唱の下に昭和七年町會に於て設置の決議を得たのである。

職員

所長(兼)　上坂豐治　昭和七年五月十五日
主事(〃)　森垣利助　〃
書記(専)　谷口定雄　〃

朝來郡職業紹介所　兵庫縣朝來郡和田山町和田山一九九

創立　昭和七年六月八日。

當地方は大部分農家なるも、冬季降雪多く、米麥其他一般農作物より生ずる收入比較的少なく、之が爲農家の青壯年の多くは、古から雪中に農家の全部が袖手徒食する時期を利用して各方面に酒造從業者とし、或は凍豆腐、寒天等の製造に阪神地方及京都、奈良方面へ出稼をなし、其の收入に依り漸く農家の經濟を保持しつゝある狀態である。近年の不況は出稼者の需要も漸次減退し、農家經濟の窮乏甚しく、之れが勞力の需給關係の圓滑を圖り一層農家出稼を奬勵し、餘剩勞力の消化に努め以て農家經濟の緩和に資する爲、昭和五年十一月七日當地和田山町長原田傳太郎より和田山町職業紹介所の設立を申請したるに、同年十二月六日設立認可の指令あり。從來之れが紹介所により季節的出稼者の就職斡旋に努め、其後環境を相同ふする郡内各町村長より新に郡組合を組織し、其れにより朝來郡職業紹介所を設立し、郡内一般の求職者紹介を爲さしむるを適當と認め、昭和七年五月十六日代表者生野町長安井至より朝來郡職業紹介所申請をなしたるに、同年六月六日認可同時に和田山町職業紹介所は廢止となりたるものなり。

職員異動狀況

所長(兼)　福富正喜　昭和七年六月八日
主事(〃)　足立秀雄　〃
書記(専)　藤井政一　〃
〃(兼)　金山福治　〃

柏原町職業紹介所　兵庫縣氷上郡柏原町柏原五一八

本郡内に於ては冬期出稼特に酒造從事の出稼者多數ある爲め此等の者に對し一層の奬勵と便宜の方法を與へる等柏原町長其他關係者主唱の下に設置を見るに至つたのである。

職員

一七一

所長（兼）　宮垣幸吉　昭和六年九月十六日
主事（〃）　飯谷萬治郎　自昭和六年九月十六日至〃年十二月一日
〃　安井隆太郎　昭和六年九月十六日
〃　吉竹力男　昭和六年十二月一日
書記（專）　酒井富助　〃
〃（兼）　田俊之助　〃
〃　荻野幸太郎　〃
囑託（〃）　片山修　〃

香住町職業紹介所　兵庫縣城崎郡香住町役場內

地方特殊の季節的出稼者即ち酒造從事者、凍豆腐製造從事者並に女中奉公者の就職上の便宜を得せしめ、併て小學校卒業者の就職斡旋を主なる目的として冬期、春期の兩期を限り取扱を爲すところのものを必要と認め、昭和六年四月二十二日創設したり。

職員

所長（兼）　植田榮助
主事（〃）　小幡勝治郎
書記（〃）　濱田助六
〃　倉橋薫太郎
（開所以來異動なし）

一七二

洲本町職業紹介所　兵庫縣津名郡洲本町役場內

昭和七年度豫算編成期に於て現町長の提案に依り町會に於て滿場一致可決五月一日より開所した。創立以來日尚ほ淺く記述すべき事項なし。職員左の如し。

所長（兼）　白川久雄　昭和七年四月三十日
書記（專）　山畑安吉　〃
〃（兼）　竹田重治　〃

奈良市職業紹介所　奈良市役所構內

昭和二年六月十五日、當時の世相に鑑み、設置の必要を認め開所す。

本所は、昭和四年四月十日市廳舍の改築に關し、市立第一尋常高等小學校內に移轉し、同年十二月十五日市廳舍工事竣工と共に市廳內に移轉す。而して事業の進展に伴ひ既存の箇所にては位置の不便と建物の狹隘を感ずるに至り、昭和七年經費二千七百圓を投じて同年四月現在の場所に新築着工、同年七月一日竣工と同時に移轉せり。

職員異動

所長（兼）　田中敏一　自昭和二年六月十五日至〃五年四月八日
書記（〃）　內田正平　昭和二年六月十五日
〃　河合忠吾　自昭和二年六月十五日至〃三月三十一日
雇　西村七三郎　自昭和二年六月十五日至二年十一月四日

書記 横山兵吉 昭和二年十一月四日
所長（兼） 兼田一男 昭和五年四月八日
雇 山添喜之助 昭和五年四月二十二日
書記（兼） 森田昇 昭和七年九月二十日

奈良縣高田町職業紹介所

奈良縣北葛城郡高田町大字高田二六二

現所長東辻常松夙に職業紹介事業に理解を有し、町當局に職業紹介所設置方建言慫慂したるが遂に當局に於ても之に共鳴し昭和五年四月二十三日より開所するに至つた。

職員

所長（兼） 西精一 自昭和五年四月二十三日至六年十二月
書記 東辻常松 自昭和五年四月二十三日（七年一月三十一日所長任命）
〃 西川常太郎 自昭和五年四月二十三日
〃 松尾宗吉 〃

御所町職業紹介所

奈良縣南葛城郡御所町役場内

郡方面委員會に於て郡單位の職業紹介所設立の意見あり、且町産業委員會に提案せし結果その贊成を得たるに依り昭和六年四月四日設立を見たるものにして助役中島義一、書記杉浦増太郎主唱劃策せるものである。

職員

所長 中島義一 自昭和六年四月四日
書記 杉浦増太郎 自昭和六年四月四日至〃年十月十三日
〃（兼） 奥野利一 自昭和六年四月四日
〃 古川重太郎 自昭和六年十月十三日

大津市職業紹介所

大津市役所構内

創立 大正十一年四月一日。

時の市長今屋友次郎氏の主唱により創立さる。本所は最初大津市金塚町榮泉寺内に創設、大正十一年八月一日、同市上榮町一四番地ノ一に移轉。而して昭和三年十月二十日同市橋本町六十八番地に新築移轉し、現在に至る。

職員異動状況

所長（兼） 中野次七 自大正十　年四月一日至十三年四月廿日
書記（〃） 西條菊次郎 大正十一年四月一日
雇 野一色耕太 自大正十　年四月十八日至〃五月卅一日
所長 佐藤嘉門 自大正十二年五月一日至十四年十月廿日
書記兼所長 木村眞三 自大正十二年四月三十日至十四年十一月卅一日
書記 青柳牧備 自大正十三年五月廿四日至十四年五月一日
所長（兼） 掛田郁郎 自大正十四年十月卅一日至昭和二年一月一日
書記 小山正太郎 自昭和二年一月一日至〃年七月廿三日
書記兼所長 栁畑久治郎 自昭和二年八月二日

長濱町職業紹介所　滋賀縣坂田郡長濱町役場構内

財界の變動に依り會社、工場等に於て閉鎖、休止、繰短等の止むなきもの相次ぎ、失業者簇出に鑑み是が對策として昭和六年一月二十九日町役場の一部を劃し長濱町職業紹介所を設置す翌七年三月五日長濱町大字西本一三番地ノ一に木造二階建壹棟を新築移轉し面目一新せり。

滋賀縣に於ける失業救濟事業に伴ひ失業登錄を行つた結果昭和六年登錄者五十名、同七年二四三名にして夫々相當就勞せしむ。開所當時より職員の異動なく左の通り。

所長（兼）	福田寅吉	昭和六年三月一日
書記（專）	木幡源次郎	〃
〃（兼）	渡邊薫	〃

彦根町職業紹介所　滋賀縣犬上郡彦根町役場內

昭和四年九月六日町長平塚分四郎の主唱により開所するに至つたものである。

昭和六年七月一日より滋賀縣失業救濟土木事業の開始により之が日傭勞働者の紹介を開始す。

職員

所長（兼）	吉田久一郎	自昭和四年五月六日至六年八月二十日
書記	長谷川勝次郎	自昭和四年五月六日
〃（兼）	奥村三好	〃

和歌山市職業紹介所　和歌山市小人町一ノ二

本職業紹介所は大正八年十月七日に失業者の救濟及勞務需給の調節を圖る目的を以て合宿所內に設置せられ、大正十一年一月二十二日職業紹介法に依り認可を得たものである。

昭和三年四月交通及設備上不便の點多きに鑑み現在の位置に廳舍を建築移轉す。尚創立以來現在に至る職員の異況は左の通りである。

事務員	大西幸弘	自大正八年十月七日至十年九月七日
〃	山本楠之助	自大正八年十月七日至十年五月二十五日
〃	落合金之助	自大正九年一月廿八日至十年二月廿六日
〃	今西慶次郎	自大正十年三月十六日至十四年三月廿八日
〃	水上萬太郎	自大正十年三月廿七日至十五年二月十三日
〃	黑田幹	自大正十年五月廿五日至昭和二年三月卅一日
〃	千葉義福	自大正十一年一月卅一日至十二年三月卅一日
所長	横谷重太郎	自大正十一年七月二十六日至十四年二月四日
事務員	山下晃	自大正十二年四月十日至昭和四年四月十日
所長	米田德兵衛	自大正十四年三月廿五日至昭和四年十月廿三日
事務員	柳瀨文眞	自大正十五年八月十六日至昭和五年一月廿四日
〃	松田寅	自昭和四年四月十日至〃年十二月十七日
所長	宮本竹次郎	自昭和四年十月廿三日
事務員	山田晋	自昭和四年十二月十七日
傭	楠見啓太郎	自昭和五年一月二十四日
事務員	三毛信次	自昭和六年五月二十九日

新宮町職業紹介所　和歌山縣東牟婁郡新宮町役場内

昭和五年二月二十五日新宮町會の決議を經同年四月三十日大阪地方職業紹介事務局長の認可を得て同年五月八日新宮町役場構内に設置せらる。

大正十年六月職業紹介法施行以來新宮町に於ても社會諸般の狀勢により失業者續出の傾向あり、其筋に於ても之れが勞務需給調節の機關たる職業紹介所の設置の必要を屢々町當局に對し奬勵せるも容易に之れが設置の機運に到らざりしか、昭和四年十二月社會係小西勝二郎は木村町長の命を受け大阪、宇治山田和歌山、神戸の各都市に於ける社會事業を視察歸町して以來町當局並に町有力者に職業紹介所設置の急務なるを力說し、昭和五年二月二十一日新宮町會に提出し同年二月二十五日新宮町會は本町の現勢に鑑み勞務需給の調節を圓滑にし失業者の保護救濟機關として新宮町職業紹介所を設置するの決議を得、同年五月八日新宮町役場內に設置するに至つたのである。

徳島市職業紹介所　徳島市徳島町字會所町二五三ノ三

創立　大正十一年八月十五日。

大正十年四月法律第五十五號職業紹介法の發布に因る。

職員異動狀況

所長(專)	鹽川久太郎	自大正十一年八月三日至昭和四年十一月廿日
書記(〃)	片山豊	自大正十一年八月三日至昭和二年三月廿一日
書記補	三橋隆一	自昭和二年四月一日至昭和二年四月八日
書記	高田敬一	自昭和二年四月一日至二年五月十一日
書記補	笠井武雄	自昭和二年四月一日至三年一月廿一日
〃	神崎石太郎	自昭和三年一月廿一日至三年三月廿一日
書記	武市正秀	自昭和三年五月十六日至四年四月十二日
雇	和田仁義	自昭和四年四月廿二日至五年十月十一日
書記	西純一	自昭和四年十一月三十日
所長(兼)	木曾壽一	自昭和五年六月三日至六年八月十四日
雇	津山義隆	自昭和五年十月十三日
所長	高尾仁右衛門	自昭和六年八月十七日

高知市職業紹介所　高知縣高知市本町三〇九ノ七

大正十年職業紹介法の制定に伴ひ本市に於ては大正十四年頃現市長川島正仲及社會課長山崎秀吉の諸氏が其の必要を主唱し大正十五年度の通常市會に於て議決し同年七月一日に創立を見同日より市役所構內に於て事務を開始したのである。

事務執務に對し狹隘を告ぐるに至つたので種々改造し職業紹介所の機能普及に努めた。失業者の增加に依り益々紹介所の新築必要に迫り昭和六年度の臨時市會に於て漸く敷地購入費の可決を見、更に昭和七年度通常市會に於て建築費の可決を見たので直ちに同年六月二十日に起工十月七日に落成式を擧行し同月十日に新館に移轉し現在に至る。

職員

書記 片岡種雄 自大正十五年六月五日至昭和五年八月七日
〃 宇田コマ 自大正十五年七月二日
〃 山下不二雄 自昭和五年十二月廿七日至七年二月十八日
所長（兼） 池內實吉 自大正十五年七月一日至昭和六年四月一日
〃（專） 森下藤吉 自昭和五年八月三十一日書記任命
書記 中村春正 自昭和七年二月十七日

愛國婦人會高知縣支部婦人職業紹介所

高知市西弘小路五〇七愛國婦人會高知縣支部內

創立　昭和二年五月十五日。

愛國婦人會は其使命として、社會事業に相當貢獻すべき立場にあり、特に婦人の職業問題に關して最も理解ある同情を有するは勿論である。本會本部に於ては既に職業紹介所の施設あり當支部も之が設置の必要を認めたるは縣下の實情として相當多數の求職者あり、就中婦人專門の紹介所を設くることは地方婦人の申込を容易ならしむる利便あり、一面當支部は中流以上の家庭の主婦と連絡を有するを以て之が紹介斡旋上比較的便宜多く、事業上常に婦人との交涉多く、本事業當事者として相應はしかるべく、之が實施の曉には求人求職雙方に滿足を得せしむること尠なからざるを信じたるに由る。

職員異動状況

所長 吉松八藏 自昭和二年五月十五日至三年五月十一日
事務員 川添辰 自昭和二年五月十五日
〃（兼） 大食猪太郎 自昭和二年五月十五日
所長 生城重藏 自昭和三年五月十六日至三年十一月廿八日
事務員 有澤益美 自昭和三年七月二十八日
所長 土居晴見 自昭和三年十二月三日至六年三月九日
〃 西野維城 自昭和六年三月二十日

二十四、當局發行印刷物

大正十二年

一、時　報（四月以降）

大正十三年

一、職業紹介所調
二、管内自由勞働者調査
三、大阪市内日傭勞働者分布要圖
四、關門若三市に於ける仲仕勞働狀態
五、大正十二年職業紹介事業年報
六、時　報（月刊）

大正十四年

一、職業紹介所設置に關する參考事項
二、新原海軍炭坑勞働事情
三、管内鑛山勞働者異動調査
四、管内木土建築工事調査
五、大正十三年職業紹介事業年報
六、時　報（月刊）

大正十五年

一、少年職業紹介施設及取扱成績
二、職業選擇法
三、適性檢査の話
四、筑豊炭山勞働事情
五、灘酒造業と勞働事情
六、岡山縣に於ける藺工業と麥稈眞田
七、大阪に於ける刷子製造業と勞働事情
八、大阪市に於ける機械工業勞働事情の概要
九、熟練職工勞働賃銀調
一〇、大阪に於ける莫大小業と勞働事情
一一、管内重要市町村大正十四年勞働需給調査
一二、大正十四年職業紹介事業年報
一三、時　報（月刊三月迄）

昭和二年

一、知識階級職業紹介月別成績表　自大正十二年四月 至昭和元年十二月
二、管内女子工場勞働者の概況
三、女工其他婦人の職業紹介に關する參考意見
四、管内職業紹介事業に現れたる職業婦人の概況
五、護謨工業と勞働事情
六、管内各府縣職工移動調　昭和二年　自一月 至六月
七、優秀求人求職者調査
八、日本全國官公私高等學校專門學校入學卒業生名簿
九、大正十五年及昭和元年職業紹介事業年報

昭和三年

一、俸給生活者取扱成績表（昭和二年）
二、管内營利職業紹介成績調（昭和二年自一月 至十二月）

三、泉南泉北織物業概況
四、年末年始に於ける失業状況調査
五、川崎造船所整理從業員取扱概要
六、大阪工廠旋盤工募集に關する取扱成績
七、管內勞働事情第一輯
八、選擧關係事務に關する職業紹介所利用状況調査
九、自大正十四年至昭和二年求人聯絡取扱成績比較表
一〇、昭和二年職業紹介事業年報

昭和四年

一、管內勞働事情第二、三輯(三月)
二、管內勞働移動事情調査
三、昭和三年度管內職工異動調(四月)

昭和五年

一、管內勞働事情第四輯(島根、鳥取)三月
二、京阪神に於ける日傭勞働紹介の現況と其實務(三月)
三、兒童の希望職業に關する調査(三月)
四、赤穗鹽田勞働事情(一月)
五、職業紹介所設置の勸め
六、藺刈人夫紹介斡旋顚末(一月)
七、朝鮮人勞働者調査(五月)
八、管內に於ける失業救濟事業の概況(五月)
九、泉州織物不況に依る失業状況(五月)
一〇、高島屋吳服店大阪支店就職斡旋に關する報告(四月)

一一、大阪に於ける最近重要産業の概要(八月)

昭和六年

一、百貨店小店員の適性に就て(三月)
二、管內少年職業紹介事業現況(十月)
三、海軍解雇職工紹介顚末(五月)
四、國道改良工事に使用する日傭勞働紹介現況(八月)
五、府縣道改良工事に使用する日傭勞働紹介の現況(八月)
六、府市失業救濟事業並一般日傭勞働紹介の現況(八月)
七、職業紹介法施行十周年記念求人開拓日に於ける活動状況並成績報告(十月)
八、大阪就職助成社に關する調査(十月)
九、京都市七條職業紹介所取扱に係る市民共濟會を通じての事業(十月)
一〇、管內朝鮮人在住状態調(十二月)

昭和七年

一、勞働事業調査(五月)
二、管內勞働事情第五輯(兵庫、德島、高知)(八月)
三、昭和六年度管內各府縣職工異動調(六月)
四、昭和七年度管內各府縣應急並産業開發土木事業計畫概要(九月)
五、第二回全國職業指導デー管內成績(七月)
六、昭和六年度管內少年職業紹介事業成績(九月)
七、職業紹介案內(十月)

二十五、職業紹介事業史年表

大正十年四月職業紹介法公布せられ、同年七月一日よりその一部を除き實施せられた。依て職業紹介事業の監督は內務大臣及地方長官に於て管掌することゝなつて居たが、大正十二年三月一部除外の規定が廢止せられ同年四月一日より中央及東京、大阪兩地方事務局の設置を見たのである。當時我大阪地方職業紹介事務局は大阪府會議事堂內の一室にあつて管轄區域は愛知富山以西二府二十七縣で職業紹介所は六十六ケ所であつた。

爾來職業紹介事業に對し一般の理解が普及徹底するに從つて職業紹介所の數も漸時增加した。茲に於て大正十四年四月名古屋地方職業紹介事務局設置と共に愛知、三重、岐阜、石川、富山、福井の六縣を、昭和二年福岡地方職業紹介事務局設置に際し九州及山口の九縣を、昭和六年七月岡山地方職業紹介事務局設置に際し岡山、廣島、鳥取、島根、香川、愛媛の六縣を各移管し、現在大阪、京都、兵庫、滋賀、奈良、和歌山、德島、高知の二府六縣となつた。局長は初代久田宗作、二代齋藤亮を經て現遊佐敏彥となつた。當局設置以來の重要事項並職員の動靜を列擧すれば次の通りである。

年月日	摘要
大正一二、四、一	中央職業紹介事務局を東京市麴町區元衛町一番地社會局內に、東京地方職業紹介事務局を仝局內に大阪地方職業紹介事務局を大阪市西區江ノ子島上ノ町大阪府會議事堂內に設置す
一二、四、一	大阪地方職業紹介事務局管轄區域二府二十七縣職業紹介所數六十六ケ所
同　日	職業紹介事務局事務官遊佐敏彥東京地方職業紹介事務局長に職業紹介事務局事務官久田宗作大阪地方職業紹介事務局長に任命せらる
同　日	社會局第二部長田子一民中央職業紹介事務局長に任命せらる
一二、四、二九	電氣化學工業株式會社靑海工場より職工約一五〇名の求人申込あり大阪、神戶、廣島の各市職業紹介所協力紹介に努む、就職者一二五名に達す
一二、四、三〇	大阪職業輔導會發會式を擧ぐ
一二、五、二	中央職業紹介事務局長より附帶事業報告の件通牒を受け各職業紹介所長宛移牒す
一二、七、一	中央職業紹介事務局長より道府縣外職業紹介報告の件通牒を受け各職業紹介所長宛移牒す
一二、九、一	關東地方大震災による罹災避難者紹介の爲各職業紹介所一齊活動を爲し紹介斡旋に努む
一二、一〇、一	就職者汽車汽船賃割引實施せらる
一二、一〇、一一	三菱長崎造船所に於て社員三三〇、職工一、二二〇名解雇す是等離職者の紹介斡旋に努む
一二、一〇、二五	田子中央職業紹介事務局長三重縣知事に轉任、社會局第二部長三矢宮松中央職業紹介事務局長

に任命せらる

一二、一一、四・五　大阪市中央公會堂に於て管內職業紹介所長事務打合會を開催す

一二、一一、二〇　海軍職工整理管內吳、佐世保、舞鶴、の各工廠に於て職工 一、一三五名解雇す、各職業紹介所と協力離職者の紹介斡旋に努む

一二、一二、二〇　浦賀船渠株式會社より職工約五〇〇名の求人申込あり長崎、佐世保、吳、名古屋等各地の職業紹介所協力紹介斡旋に努む、就職者四八四名

一二、一二、三一　管內職業紹介所數六十九ケ所

一三、　二、二〇　職業紹介委員會官制公布、同二十二日中央職業紹介委員會委員任命せらる

一三、　二、二三　就職者汽車汽船賃割引證交付規程中改正せらる（職業紹介事務局紹介就職者に對しても割引の特典を附與せらる）

一三、　四、　一　當廳々舍を北區中島四丁目中島ビルディング內へ移轉す

一三、　五、二〇　海軍職工整理管內吳、佐世保、舞鶴各工廠に於て職工 四、七六三名解雇す、各職業紹介所と協力離職者の紹介斡旋に努む

一三、　五、三一　陸軍廠工及造幣局職工整理、離職者の紹介斡旋に努む

一三、　九、一三　三矢中央職業紹介事務局長朝鮮總督府警務局長に轉任、社會局第二部長守屋榮夫中央職業紹介事務局長に任命せらる

一三、一一、二七　職業紹介法施行規則改正、季節的職業紹介所及職業紹介委員の設置並聯絡事務に關する規定公布せらる

一三、一二、一〇・一一　社會局に於て全國職業紹介所長事務打合會開催せらる

一三、一二、二九　勞働者募集取締令公布せらる

一三、一二、三一　管內職業紹介所數八十八ケ所

一四、　一、　一　聯絡事務取扱指定職業紹介所設置、聯絡に關する事務取扱開始

一四、　二、　四　電信發信略號及聯絡日報中使用すべき略號を制定す

一四、　三、一八　大阪地方職業紹介委員會委員任命せらる

一四、　三、二〇　職業紹介所經費國庫補助に關し中央職業紹介事務局長より事務取扱手續に付通牒せらる

一四、　三、二三　大阪地方職業紹介委員會に對し「刻下の失業狀態に鑑み大阪地方職業紹介事務局管內に於ける日傭勞働者及俸給生活者の失業者に對する職業紹介に關し其の實績を擧ぐるに最適切なる具體的方策に關する件」內務大臣より諮問あり（同年四、二九答申）

一四、　四、　一　陸軍職工整理、管內の分離職者 一、〇九九名各職業紹介所協力紹介斡旋に努む

一四、　四　一一　職業紹介事務局官制改正せらる、名古屋地方職業紹介事務局設置につき愛知、三重、岐阜、福井、石川、富山の六縣を同局に移管す

一四、四、二〇　海軍職工整理管内の分（呉、舞鶴其他計六一六名解雇）

一四、五、二三　北但地方震災に付罹災者紹介斡旋に努む

一四、六、二三　長崎三菱造船所に於て職工一、六六五名解雇す

一四、六、二四　職業紹介法施行令改正せらる（市町村は其經營に係る職業紹介所の紹介に依る日傭勞働者に對し賃銀の一時繰替を爲すことを得る旨規定せらる）

一四、七、八　少年職業紹介に關し社會局第二部長、文部省普通學務局長連名通牒發せらる

一四、九、九　大阪地方職業紹介委員會に對し「市町村職業紹介委員の最も有効なる活動方法及少年職業紹介に關し最も適切なる具体的方策」に關し大阪地方職業紹介事務局長より諮問あり（同年一二、八答申）

一四、一〇、二二　二三　大阪市中央公會堂に於て管内職業紹介所長事務打合會を開催す

一四、一二、　失業救濟事業開始せらる

一四、一二、一九　營利職業紹介事業取締規則公布せらる

一四、一二、　六大都市に於て第一回失業救濟事業を開始す

一四、一二、三一　管内職業紹介所數七十ケ所

一五、五、一三　知識階級失業者職業紹介に關し中央職業紹介事務局長より通牒あり

一五、一一、一　大阪地方職業紹介委員會に對し「管内に於ける少年職業紹介に關し一層其の實績を擧ぐるに最も適切有効なる施設に關する件」內務大臣より諮問あり（同年一、二四答申）

昭和元、一二、三一　管内職業紹介所數六十九ケ所

二、自二、二八　至三、一　社會局に於て全國職業紹介所長事務打合會開催せらる

二、三、一一　北丹地方震災につき罹災者紹介斡旋に努む

二、四、八　職業紹介事務局官制改正福岡地方職業紹介事務局設置に付山口縣外八縣に移管す

二、四、九　職業紹介事務局事務官齋藤亮大阪地方職業紹介事務局長に任命せらる

二、六、一四　俸給生活者職業紹介事務擔任者を設置す

二、七、一　當廳々舍を西區靱南通五丁目一番地に移轉す

二、七、二三　神戸市川崎造船所に於て職工三、五一〇名解雇す各職業紹介所協力離職者の紹介斡旋に努む

二、一〇、二七　二八　大阪市中央公會堂に於て管内職業紹介所長事務打合會を開催す

二、一一、二一　大阪地方職業紹介委員會に對し「女工其他婦人の職業紹介に關し其實績を擧ぐるに最も有効適切なる具体的施設に關する件」內務大臣より諮問あり（昭和三、一、二三答申）

二、一二、三一　管内職業紹介所數六十一ケ所

三、二、二八　守屋中央職業紹介事務局長辭職、社會局社會部長大野綠一郎中央職業紹介事務局長に任命せらる

三、四、三〇　管内日傭勞働紹介所長事務打合會を開催す

三、一一、二九　三〇　大阪市中央公會堂に於て管内職業紹介所長事務打合會を開催す

三、一二、　六　就職者汽車汽船賃割引證交付規程改正せらる（急行車に乗車差支なきことを規定せらる）

三、一二、一一　大阪地方職業紹介委員會に對し「職業紹介事業の機能を充分に發揮する爲移動職業紹介に關し最も有効適切なる具体的施設に關する件」内務大臣より諮問あり（昭和四、三、二〇答申）

三、一二、三一　管内職業紹介所數六十一ヶ所

四、　三、二八　就職者汽車汽船賃割引證交付規程一部改正せらる（常例に依る出稼者に對しても割引證を交付し得ることゝなる）

四、一一、一四　職業紹介事務局事務官遊佐敏彦局長に任命せらる

四、一一、一八／一九　社會局に於て全國職業紹介所長事務打合會開催せらる

四、一二、二六　大阪地方職業紹介委員會に對し「職業紹介の聯絡並監督上改善又は施設を要すべき具体的事項に關する件」内務大臣より諮問あり（昭和五、三、一八答申）

四、一二、三一　管内職業紹介所數六十七ヶ所

五、　一、二七　ラヂオ放送開始（毎週月曜日午後九時五十分より）

五、　五、一六／一七　大阪市中央職業紹介所に於て管内職業紹介所長事務打合會をす開催

五、　五、自二六至三一　全國一齊に求人開拓日を實施す

五、　六、自一七至二一　第一回職業紹介實務講習會を開催す受講者二三名

五、一一、　四　除隊兵紹介斡旋を開始す

五、一二、二七　大阪地方職業紹介委員會に對し「管内に於ける工場勞働者の職業に關し一層其の實績を擧くるに有効適切なる施設及除隊兵の職業紹介に關し其の實績を擧ぐるに有効適切なる施設に關する件」内務大臣より諮問あり（昭和六、三、二四答申）

五、一二、三一　管内職業紹介數七十五ヶ所

六、　四、　九　海軍職工整理、呉工廠、舞鶴工作部に於て職工四、三六七名を解雇す、各職業紹介所協力離職者の紹介斡旋に努む

六、　五、自一八至二二　第二回職業紹介實務講習會を開催す受講者二一名

六、　六、一九　職業紹介事務局官制改正、岡山地方職業紹介事務局設置に付岡山縣外五縣を同局に移管す

六、一〇、一五／一六　帝國教育會舘に於て全國職業紹介所長事務打合會開催せらる

六、一〇、自二六至二八　全國一齊に求人開拓日を實施す

六、一一、　三　大阪府知事官邸別館に於て優良職員表彰狀傳達式を擧行し大阪市中央職業紹介所長松村義太郎、神戸市中央職業紹介所長緒方庸雄、大阪市京橋職業紹介所山岨一郎、堺市職業紹介所長井上正夫、大阪職業紹介所長八濱德三郎の五氏に對し

内務大臣表彰状を傳達す
六、一二、一　入營者職業保障法實施せらる
六、一二、一八　社會局社會部長富田愛次郎中央職業紹介事務局長に任命せらる
六、一二、三一　管内職業紹介所數五十九ヶ所
七、五、自一〇至一四　第三回職業紹介實務講習會を開催す受講者二一名
七、九、二八二九　大阪府立工業奬勵舘に於て管内職業紹介所長事務打合會を開催す
七、九、二　大阪地方職業紹介委員會に對し「管内大都市に於ける各種勞務の需要供給を圓滑ならしむる爲職業紹介事業の現状に鑑み職業紹介所の設置管理及經營上施設改善を要すべき具体的事項に關する件」内務大臣より諮問あり(昭和七、一二、一五答申)
七、一〇、　陸軍造兵廠大阪工廠、呉海軍工廠、舞鶴工作部等より多數熟練工の求人申込あり、各職業紹介所協力の上斡旋に努む
七、一一、一　ラヂオ放送時間を毎週月、火、水、木曜日午後零時五十分よりと改正す
七、一二、一五　職業紹介所國營に關し大阪地方職業紹介委員會より内務大臣宛建議す
七、一二、三一　管内職業紹介所數六十七ヶ所

職員ノ動靜

在職期間	官職	氏名
大正十二年四月一日任命、昭和二年四月九日福岡地方職業紹介事務局長に轉任	職業紹介事務局事務官	久田宗作
昭和二年四月九日名古屋地方職業紹介事務局より轉任、昭和五年十一月十四日中央職業紹介事務局へ轉任	同	齋藤亮
昭和五年十一月十日東京地方職業紹介事務局より轉任現在に至る	同	遊佐敏彦
大正十二年四月七日任命、大正十三年六月十九日中央職業紹介事務局へ轉任	職業紹介事務局屬	奥山昌則
大正十二年四月一日任命、同年六月三十日依願免官	同	椿時久
大正十二年四月二十八日任命現在に至る	同	中道登茂雄
大正十二年四月二十八日任命昭和三年一月三十一日東京地方職業紹介事務局へ轉任	同	吉武宗秀
大正十二年五月八日任命、昭和六年七月一日福岡地方職業紹介事務局へ轉任	同	小野千三
大正十二年九月一日任命、昭和二年八月十七日名古屋地方職業紹介事務局へ轉任	同	中野熊一
大正十二年十二月五日任命、昭和二年四月九日東京地方職業紹介事務局へ轉任	同	藤木清信
大正十二年十二月五日任命、大正十四年七月三十一日依願免官	同	奥森喜一郎
大正十二年十二月二十八日任命、大正十四年三月十六日依願免官	同	大村清人
大正十二年四月二十八日雇となり大正十四年三月十六日屬に任命現在に至る	同	稻田基隆

大正十四年八月二十四日任命、昭和二年四月九日東京地方職業紹介事務局へ轉任	職業紹介事務局屬	內藤紫樓
昭和二年四月九日東京地方職業紹介事務局より轉任、昭和三年十月二十五日依願免官	同	山崎清四郎
昭和二年四月九日東京地方職業紹介事務局より轉任、昭和五年六月二日靑森地方職業紹介事務局へ轉任	同	赤澤滋雄
昭和三年一月三十一日中央職業紹介事務局より轉任、昭和六年七月一日長野地方職業紹介事務局へ轉任	同	金森守
昭和五年五月十日東京地方職業紹介事務局より轉任現在に至る	同	齋藤衛
昭和六年七月一日福岡地方職業紹介事務局より轉任現在に至る	同	安田佐七郎
昭和六年七月二十日中央職業紹介事務局より轉任現在に至る	同	森川万治（中）
大正十三年七月三十一日任命現在に至る	囑託	普賢寺博育
大正十三年七月三十一日任命、昭和三年九月三十日依願退職	同	高田重男
昭和二年六月十四日任命現在に至る	同	堂後建次郎
昭和三年十月二十七日任命現在に至る	同	鈴木信
大正十二年四月七日任命昭和二年四月十二日福岡地方職業紹介事務局へ轉任	雇	河島幸助
大正十二年四月十一日任命、大正十三年三月五日依願解雇	同	井筒ちよか
大正十二年四月十一日任命、大正十五年十一月二十九日依願解雇	同	延地ハルヱ
大正十二年四月二十日任命大正十二年十月六日依願解雇	同	小島孫作

大正十二年四月二十八日任命、大正十四年十月二十六日依願解雇	雇	高柳光二
大正十二年十月二十日任命、大正十四年三月六日依願解雇	同	竹內末喜
大正十三年五月五日任命現在に至る	同	嘉納サク
大正十四年三月二十三日任命、昭和四年八月二十三日依願解雇	同	金子三郎
大正十四年十一月十八日任命、昭和二年四月十六日依額解雇	同	保坂英雄
大正十五年六月三十日任命現在に至る	同	北村義雄
昭和二年四月一日任命、昭和三年三月二十三日依願解雇	同	星野光子
昭和二年三月三十一日任命、同年六月七日依願解雇	同	西尾重次郎
昭和二年六月二十五日任命、昭和四年九月十日依願解雇	同	森清一
昭和二年七月五日任命現在に至る	同	下埜稔
昭和四年八月三十一日任命現在に至る	同	田中收
昭和四年九月二十日任命現在に至る	同	並川桂

二十六、大阪地方職業紹介事務局設置十周年記念式

昭和八年四月一日は當廳設置滿十周年に相當する爲め同日午前十時大阪府知事官邸別館に於て記念式を擧行した。式の順序は

一、開　　式
二、局 長 式 辭
三、勤續者有家廣治、植松操、望月武夫、悅過竹次郎、後藤新一、佐々木直一、長東松太郎、三原常太郎、角野チト田村博保、小倉喜代三、小倉源二、中道登茂雄、稻田基隆の十四名に對し感謝狀並記念品贈呈
四、大阪府知事祝辭（別項參照）
五、大阪地方職業紹介委員會委員武藤健祝辭
六、神戸市社會課長木村義吉祝辭
七、感謝狀受領者總代佐々木直一答辭
八、閉　　式

尙大阪朝日新聞社よりは特に記念品を贈られ、又中央職業紹介事務局長及京都市長よりは祝電を送られた。

因に當日出席者は左の通りである。

縣大阪府知事、崎山大阪府學務部長、川久保京都府學務部長藤澤大阪府社會課長、宇野、八濱、武藤、松村各委員、木村神戸市社會課長、大阪朝日新聞社、大阪每日新聞社、管內各職業紹介所長等計七十名。

大阪府知事祝辭

大正十年職業紹介法ノ成立ニ次イデ職業紹介事務局官制ノ公布ニ伴ヒ、東京ト共ニ本事務局ノ設置ヲ見テ茲ニ滿十年ニ達セリ、顧フニ職業紹介事業ハ遠ク封建ノ時代ヨリ民間ノ營利事業トシテ其ノ發達ヲ見タルモ社會公益ノ見地ヨリスレバ缺陷ヲ免レサルモノアリ、近時社會經濟上ノ進展ニ伴ヒ殊ニ世界大戰後ニ於ケル經濟界ノ變動ハ俄カニ失業問題ノ擡頭ヲ促シ失業保護ニ關スル施設ノ緊要日ニ加ハリ聯絡統一アル職業紹介ノ體系ヲ整備スルノ急月ニ迫レリ、之レ國家機關統制ノ下ニ紹介制度ノ設立セラレタル所以ニシテ洵ニ時代ノ趨勢ト要求トニ應ジタルモノト謂ハザルベカラズ、而シテ爾來十年間世界ハ經濟上ノ不振ニ直面シ失業者續出ノ悲境ヲ繼續シテ之ガ就職紹介ハ難中ノ難事ニ屬セリ、然ルニ局員各位ハ克ク其ノ重大ナル責務ニ精進シテ不屈不撓ノ活動ヲ繼續シ實績ノ見ルベキモノ尠カラズ吾人ハ國民ト共ニ其ノ多年ノ心勞ヲ謝セザルヲ得ズ特ニ此ノ記念ノ佳節ニ方リ表彰ノ榮譽ヲ荷ハレタル諸氏ハ熱心精勵其ノ職務ニ盡瘁シ以テ斯界ニ範ヲ垂レタル人々ニシテ其ノ功績ニ對シテハ滿腔ノ敬意ヲ表スルモノナリ、今ヤ我國ハ國步多難ノ世局ニ逢著シ失業問題ハ刻下社會

問題ノ中心ヲナシ之ガ正當ニシテ有效ナル對策ハ朝野ヲ擧ゲテノ最モ重大ナル問題ナリ、希クハ諸氏此ノ現下ノ社會狀勢ニ鑑ミ益々奮勵努力以テ斯業ノ發達ニ資シ產業ノ振興ト國民福祉ノ增進トニ盡サレンコトヲ玆ニ此ノ盛式ニ臨ミテ欣快ニ勝ヘズ聊カ所懷ヲ陳ヘテ祝辭トス

昭和八年四月一日

大阪府知事　縣　　忍

一八六

二十七、管内職業紹介所職員狀況

（昭和七年十二月末現在）

大阪市立職業紹介所（十三ケ所）

氏名	所長又ハ職員ノ別	專任兼任ノ別	就任年月日	退職年月日	備考
宮本悌	職員	專任	大正八、九、一	不明	
山口正	所長	兼	〃一二、四、一〇	大正一二、六、二	
川崎直鋭	〃	專任	〃一二、五、三一	不明	
遠藤丈太郎	〃	〃	〃一二、六、一	大正一二、一二、七	
松田百三郎	職員	〃	〃一二、八、八	昭和四、四、三〇	
松家岩吉	所長	〃	〃一二、一二、一七	大正一三、一、一五	
大河内周	〃	〃	〃一三、一、一五	昭和四、四、一五	
矢野弘三	〃	〃	〃一三、八、九	不明	
奥村久楠	〃	〃	〃一四、二、九	〃	
西田藤太郎	職員	〃	〃一五、四、		（中央）
諫早淑子	〃	〃	〃一五、八、六	昭和二、一、二六	
堤ヨシ	所長	〃	大正一五、四、三		（小橋）
片山春子	職員	〃	〃一五、一〇、二〇	昭和二、七、二九死亡	
手島清芳	〃	〃	昭和二、四、一		（京橋）
中西新九郎	〃	〃	〃二、五、三一		（西野田）
望月武夫	所長	〃	〃二、九、七		（〃）
山崎文太郎	職員	專任	昭和三、四、三		（天六）
波部光民	所長	〃	〃四、四、五		（九條）
郡昇作	職員	〃	〃四、五、三〇	昭和七、二、八	
佐武太助	〃	〃	〃四、一〇、三〇	〃七、九、三〇	
悦過竹次郎	所長	〃	〃五、一、三一		（今宮）
小崎一雄	職員	〃	〃五、三、三		（天六）
永田顯雄	〃	〃	〃五、三、二		（梅田）
志賀志那人	所長	兼任	〃六、四、三〇		（天六）
三上光介	〃	專任	〃六、八、一五		（築港）
後藤新一	〃	〃	〃五、一二、七		（千鳥橋）
金井貞藏	職員	〃	〃六、一二、三一	昭和七、四、二	
上村種男	所長	〃	〃七、一、一五		（玉造）
堀尾一男	囑託（醫）	〃	〃七、一、一七		（中央）
川合淳	職員	〃	〃七、二、八		（西野田）
木下壽美藏	〃	〃	〃七、二		（築港）
荻野節二郎	〃	〃	〃七、二、八		（玉造）
富田幸雄	〃	〃	〃七、四、四		（中央）
有家廣治	所長	〃	〃七、四、四		（梅田）
横山儀三郎	職員	〃	〃七、四、八		（中央）
植松操	〃	〃	〃七、四、八		（梅田）
谷川豐榮	〃	〃	〃七、四、一四		（九條）
田中郁藏	〃	〃	〃七、五、二一		（玉造）
藤井義雄	〃	〃	〃七、六、八		（天六）
淺井靜子	〃	〃	〃七、六、八		（小橋）

岐部忠義	職員	専任	昭和七、七、一一	（中央）
村川敬藏	〃	〃	〃 七、七、一三	（天六）
井上恒吉	〃	〃	〃 七、八、三一	（中央）
奥本壽弘	〃	〃	〃 七、八、三一	（西野田）
田中清次	〃	〃	〃 七、八、三一	（九條）
野村英通	〃	〃	〃 七、一一、四	（天六）
古武實	所長	〃	〃 七、一二、二一	（淡路）
池上久道	職員	〃	〃 七、一二、二八	（天六）
金澤一之	所長	〃	〃 七、六、九	（今里）
松村義太郎	〃	〃	大正一四、七、六	（中央）
荒尾敦次郎	職員	〃		（〃）
下村進	〃	〃		（〃）
川上賢吏	〃	〃		（〃）
江波憲治	〃	〃		（〃）
津田米太郎	〃	〃		（〃）
小林順道	〃	〃	大正一三、八、二	（〃）
糸山政六	〃	〃	〃 一三、八、四	（〃）
上田兼薫	〃	〃	〃	（〃）
大北辰三郎	〃	〃		（〃）
田邊和子	〃	〃		（〃）
中田ヤス	〃	〃		（〃）
寺井靜子	〃	〃		（〃）
中馬睦齊	〃	〃		（〃）

小笠原龍哉	職員	兼任		（中央）
石井惠司	〃	〃		（〃）
松尾謹一	〃	〃		（〃）
筒井善三郎	〃	〃		（〃）
山岨一郎	所長	専任	大正一三、六、六	（京橋）
土岐達文	職員	〃		（〃）
干村秀雄	〃	〃		（〃）
藤田融	〃	〃		（〃）
泉照藏	〃	〃	大正一三、四、一	（〃）
谷本祐一	〃	〃		（九條）
乾德次郎	〃	兼任		（〃）
大塚正	〃	専任		（天六）
安達銀市	〃	〃		（〃）
新庄一美	〃	〃		（〃）
金政芳榮	〃	〃		（小橋）
西野入香代	〃	〃		（〃）
堀井俊一	〃	〃		（玉造）
井上三郎	〃	〃		（今宮）
辻竹藏	〃	〃		（〃）
島津治郎	〃	〃		（淡路）

大阪職業紹介所

八濱德三郎	所長	専任	明治四五、一、五

小倉 喜代三 職員 専任 大正一四、四、一五
下西 卯之助 〃 〃 〃 一五、一二、一九

大阪基督敎青年會職業紹介所

三浦 懿美 所長 兼任 大正一四、九、一八
小倉 源二 職員 専任 大正七、七、一

大阪基督敎女子青年會職業紹介所

淺井 治子 所長 兼任 昭和七、二、一
白石 喜代 職員 専任 〃 七、二、一
城後 小咲 〃 兼任 〃 七、二、一

大阪婦人ホーム職業紹介所

林 歌子 所長 兼任 大正一〇、一二、二六
谷口 益枝 職員 〃 〃 一〇、一二、二六 昭和六、七、三一
小山 ミツ 〃 〃 昭和六、七、三一

内鮮協和會職業紹介所 （三ヶ所）

廣瀬 勝 所長 専任 大正一三、九、 大正一五、八、
吉田 正 職員 兼任 〃 一三、九、 〃 一四、一一、
岡田 照次 〃 〃 〃 一三、九、 〃 一四、一一、

大島 敏夫 〃 専任 昭和四、二、
宋 基錫 〃 〃 〃 一三、一〇、 〃 七、七、
井上 佐 所長 〃 〃 一三、九、 （豐崎）
三木 正一 職員 〃 〃 一三、一、 大正一四、七、
阪本 深藏 〃 兼任 〃 一三、一 〃 一四、六、
小出 忠一 〃 専任 大正一三、一、 （豐崎）
權 恭用 〃 〃 〃 一三、三、 大正一五、三、
岩本 文輔 所長 〃 〃 一四、一、 （鶴橋）
李 宗憲 職員 〃 〃 一四、九、 大正一五、三、
安 鐘哲 〃 〃 〃 一五、九、 〃 一五、一一、
李 泳懋 〃 〃 昭和二、六、 （豐崎）
林 之淵 〃 兼任 〃 三、九、二九 （鶴橋）
李 正燦 〃 専任 〃 三、一〇、 昭和六、六、
西光 松太郎 所長 〃 〃 四、二、 〃 五、七、
佐枝 濱次 職員 〃 〃 五、七、 （鶴橋）
鎌田 海男 〃 〃 〃 五、九、 （木津川）
禹 命澐 〃 〃 〃 六、六、三〇 （〃）
阪口 匡平 所長 〃 〃 七、六、四 （〃）

堺市職業紹介所

伊庭 絁吉 職員 兼任 大正九、七、二六 大正九、一二、三一
堀田 長三郎 〃 専任 〃 一〇、一一、一 〃 一一、三、三一
前田 作一 〃 〃 〃 一一、一一、一八 〃 一三、四、一六

一八九

一九〇

中井主三	所長	兼任	大正一二、一、二六	大正一五、一一、五
井上正夫	〃	専任	〃 一三、四、一六	
吉川千代	職員	〃	〃 一三、四、一	
槇野隆太郎	所長	兼任	〃 一五、一一、一三	昭和二、五、八
住友茂章	〃	〃	昭和二、一二、二六	〃 三、四、二六
小林庄太郎	職員	専任	〃 三、四、九	〃 四、五、一八
泉音松	〃	〃	〃 四、五、一四	
泉森嘉榮	〃	〃	〃 七、三、一	
大橋順一	〃	〃	〃 七、四、一	

岸和田市職業紹介所

前川由太郎	所長	専任	大正一三、四、一一	昭和二、八、一五
木岡磯太郎	職員	〃	〃 一三、四、一一	〃 三、八、一一
南保雄	〃	兼任	〃 一三、四、一一	〃 二、五、二六
土肥忠次郎	〃	専任	昭和三、一、一〇	〃 六、一、二〇
北條邦雄	〃	〃	〃 三、八、一一	〃 六、五、二六
青井群三郎	所長	〃	〃 三、八、二五	〃 六、八、一三
山本茂	職員	〃	〃 五、一〇、八	〃 七、七、四
阪口眞作	〃	〃	〃 六、七、一	
辻尾義正	所長	〃	〃 六、八、一三	
松原勘次	職員	〃	〃 七、七、四	

京都市立職業紹介所（四ヶ所）

野田貞憲	囑託	専任	大正八、六、一	大正八、七、三一
近藤長兵衛	職員	専任	大正八、六、一	大正一二、四、一〇
鹽見要人	〃	〃	〃 八、六、一三	〃 九、一〇、一
塚田實一	〃	〃	〃 八、六、一八	〃 一三、三、三
福崎文造	〃	〃	〃 八、六、	〃 九、九、三〇
小島與右衛門	〃	〃	〃 八、八、二	〃 八、一二、一二
山田忠三郎	〃	〃	〃 八、一〇、一三	〃 一〇、二、五
栂尾密道	所長	〃	〃 九、三、	〃 一三、五、一
西安三郎	職員	〃	〃 九、四、	〃 九、八、二
富田精義	〃	〃	〃 九、五、	〃 九、九、二一
矢野林	〃	〃	〃 九、七、	〃 一一、七、一五
泉如琴	〃	〃	〃 九、九、一三	〃 一三、四、三〇
藤田親枝	〃	〃	〃 九、一〇、一	〃 一三、六、一五
田村カネ	〃	〃	〃 九、一〇、一	〃 一〇、二、二八
豊島きぬ	〃	〃	〃 一〇、二、五	〃 一〇、一一、二八
長谷川タネ	〃	〃	〃 一〇、三、一	〃 一三、二、一四
高島基次	〃	〃	〃 一〇、四、六	〃 一一、四、八
田原貞輔	〃	〃	〃 一〇、六、一〇	〃 一五、三、三一
久保七郎	〃	〃	〃 一〇、六、一	〃 一一、四、六
原田由雄	〃	〃	〃 一〇、八、二	（中央）
大西多三郎	〃	〃	〃 一〇、一二、五	大正一一、七、一一
前田好子	〃	〃	〃 一一、三、一九	〃 一三、六、一五
鈴木快俊	〃	〃	〃 一一、四、六	〃 一一、九、二七
木本彌吉	〃	〃	〃 一一、四、六	〃 一三、五、一
小森喜三郎	〃	〃	〃 一一、四、一〇	昭和七、二、二〇（死亡）

森本静志	職員	専任	大正一一、四、二六	大正一二、七、六	
松田光敏	〃	〃	〃 一一、七、四	〃 一五、四、二九	
萬付ハルエ	〃	〃	〃 一一、九、五	〃 一三、七、一九	
岡本駒次	〃	〃	〃 一二、一、二	〃 一三、三、二四	
柳田そめ	〃	〃	〃 一五、二、二	〃 一三、二、一六	
長東松太郎	〃	〃	〃 一三、三、一三		（中央）
堀あや	〃	〃	〃 一三、六、一八	大正一三、六、三〇	
吉村ちよ	〃	〃	〃 一三、七、二	昭和三、一、二〇	
山田フミ	〃	〃	〃 一三、八、二	大正一三、一〇、一〇	
西山富久尾	〃	〃	〃 一三、九、二二		（七條）
神谷いし子	〃	〃	〃 一三、一〇、一一	〃 一三、四、三〇	
北村勉三	〃	〃	〃 一三、四、三〇	〃 一四、三、三一	
岩見勇造	〃	〃	〃 一三、四、三〇	〃 一五、一二、一	
谷垣次郎	〃	〃	〃 一三、四、三〇	〃 一三、一一、一五	
難波宗治	所長	〃	〃 一三、五、一	〃 一四、一〇、一〇	
知野静子	職員	〃	〃 一三、五、一	〃 一四、六、三〇	
吉原忠雄	〃	〃	〃 一三、七、三	昭和六、九、七	
中山公政	〃	〃	〃 一三、一二、一九	大正一四、四、一	
山中文作	〃	〃	〃 一四、四、一	〃 一五、八、一三	
西村六郎	〃	〃	〃 一四、四、一	〃 一四、一一、一〇	
山本聖子	〃	〃	〃 一四、七、一	〃 一五、一二、一〇	
藤田平二	所長	〃	〃 一四、一〇、一〇	〃 一五、九、一四	
中川喜久	〃	〃	〃 一四、一〇、一〇	昭和二、一一、四	
竹村信次	職員	〃	〃 一四、一二、二〇		（労働）

本多良恭	職員	専任	大正一五、三、三一		（労働）
宮部徳藏	〃	〃	〃 一五、四、二九		（〃）
清水勝太郎	所長	兼任	〃 一五、六、一	大正一五、一二、二三	
玉井虎雄	職員	専任	大正一五、六、一	昭和二、八、四	
生野周旭	〃	兼任	〃 一五、六、一	〃 二、八、五	
山本勝	〃	専任	〃 一五、八、二七	〃 二、一、二〇	
佐々木直一	所長	〃	〃 一五、九、一四		（中央）
杉田光敏	職員	〃	〃 一五、一一、一	〃 二、三、四	（死亡）
川内知光	〃	〃	〃 一五、一二、二〇	〃 七、四、一	
古川正義	所長	兼任	〃 一五、一二、二三	〃 六、三、三一	
佐々木信行	職員	専任	昭和二、一、一三	〃 二、一一、二	
河合考勝	〃	〃	〃 二、三、三一	〃 二、四、二五	
山本賢照	〃	〃	〃 二、四、二六	〃 二、一一、三〇	
下村小四郎	〃	〃	〃 二、八、五	〃 三、一、九	
光明正道	〃	〃	〃 二、一一、二	〃 四、四、一	
中原晃眞	〃	〃	〃 二、一一、二九	〃 四、六、二三	
田中大眞	〃	〃	〃 二、一二、一	〃 三、六、三〇	
薄田城之助	〃	〃	〃 二、一二、五	〃 三、一〇、八	
宇佐美亘治	〃	〃	〃 三、一、一四		（七條）
森サト	〃	〃	〃 三、一、一六	〃 六、三、三一	
高田一雄	〃	〃	〃 三、七、四	〃 四、六、一四	
黒川捨雄	〃	〃	〃 三、一〇、八	〃 五、四、一九	
山田久次郎	所長	〃	〃 四、四、一〇		（労働）
北昭保明	職員	〃	〃 四、五、三	〃 四、七、九	

今西　寅藏　職員　専任　昭和四、六、一四　（七條）
吉川　敬八　〃　〃　〃　四、六、一七　（〃）
江藤　要人　〃　〃　〃　四、七、九　（中央）
佐竹　自治男　〃　〃　〃　五、四、一九　昭和六、三、一三
竹本　海空　〃　〃　〃　五、五、三　（中央）
西尾　滋　〃　〃　〃　五、八、三〇　〃　七、七、二六
伊藤　銈次郎　〃　〃　〃　五、八、三〇　〃　六、四、二四
松本　良茂　〃　〃　〃　五、八、三〇　（伏見）
北村　申二　〃　〃　〃　五、八、三〇　（〃）
杉浦　文次郎　〃　〃　〃　五、九、一　〃　七、九、一五
若部　初雄　〃　〃　〃　六、四、一　（勞働）
井上　信子　〃　〃　〃　六、四、八　〃　七、八、二七
池畠　茂德　〃　〃　〃　六、五、四　（勞働）
藤井　高一郎　〃　〃　〃　六、九、七　（中央）
武林　義昌　〃　〃　〃　六、一二、一三　（勞働）
濱田　正信　〃　〃　〃　七、二、二六　（〃）
鈴木　康四郎　所長　兼任　〃　七、四、一　昭和七、六、一五
弓削　森貞　職員　専任　〃　七、四、一　（七條）
漆葉　見龍　所長　兼任　〃　七、六、一五　（七條伏見）

新舞鶴町職業紹介所

村上　正治　職員　兼任　大正一三、三、一三
岩室　和一　〃　〃　〃　一三、四、九　大正一五、七、一二
上山　彌之助　所長　〃　〃　一三、四、九　〃　一三、一〇、三

一九二

佐々木研之助　所長　兼任　大正一三、一〇、八　昭和四、三、二
榎　金太郎　〃　〃　昭和四、三、三
高木　菊藏　職員　〃　〃　四、四、二

福知山町職業紹介所

吉岡　正雄　所長　兼任　昭和六、四、一
篠木　玉治　職員　〃　〃　六、四、一
細見五郎兵衛　〃　専任　〃　六、四、一

須知町職業紹介所

田端　長久郎　所長　兼任　昭和七、六、一
荒井　左馬吉　職員　専任　〃　七、六、一
船起　治三郎　囑託　〃　七、六、一
渡邊　常三郎　〃　〃　七、六、一

上宇川村職業紹介所

岡田　新三郎　所長　兼任　昭和六、八、一四
田中　半治　職員　専任　〃　七、四、一
井上　利兵衛　〃　兼任　〃　七、四、一

梅田村職業紹介所

辻　馬次郎　所長　兼任　昭和七、四、四
中南　長太郎　職員　専任　〃　七、四、四

神戸市立職業紹介所（六ケ所）

遊佐敏彦	職員	専任	大正九、四、一	大正一〇、二、八	
小向政治	所長	〃	〃 九、四、一	昭和四、三、三〇	
角野チト	職員	〃	〃 一〇、一、二七		（中央）
佐藤力太	〃	〃	〃 一〇、三、四	大正一二、六、一六	
與儀忠雄	〃	〃	〃 一〇、六、二	〃 一二、六、一九	
藤原正	所長	〃	〃 一二、一、一四	昭和三、一二、七	
井口靜雄	職員	専任	大正一二、二、一〇	大正一三、二、一〇	
森田進	〃	〃	〃 一二、四、一八	〃 一五、五、二八	
三原常太郎	〃	〃	〃 一二、四、		（中央）
荒瀬直輔	〃	〃	〃 一三、七、一	〃 一三、九、一八	
中村増雄	〃	〃	〃 一三、	〃 一三、一、一五	
緒方庸雄	所長	専任	〃 一三、七、一〇		（中央）
宮本悌	職員	〃	〃 一三、一、一五	〃 一五、四、一	
賀來才二郎	〃	〃	〃 一四、六、一五	昭和三、一二、七	
岡田順治	〃	〃	〃 一四、八、一五	〃 六、八、二一	（死亡）
小手川澄雄	〃	〃	〃 一五、四、九	〃 二、	
道面登志子	〃	〃	〃 一五、七、八	〃 四、九、二五	
井上博	〃	〃	〃 二、四、二一		（中央）
大西義一	〃	〃	〃 二、五、二三	昭和四、一〇、四	
朴文順	〃	〃	〃 二、六、二六	〃 六、八、二九	
山岡福一	〃	〃	〃 二、一〇、一九		（中央）
坪井順次	〃	〃	〃 二、一二、二三	〃 四、五、五	（死亡）
佐野隆治	〃	〃	〃 二、一二、二六	〃 四、一〇、一四	
佐藤一平	職員	専任	昭和三、九、二六	昭和六、四、一七	
中村嘉三治	〃	〃	〃 三、一二、一三	〃 六、九、一七	
泰山捨藏	所長	〃	〃 三、一二、一八		（春日野）
長尾正信	職員	〃	〃 三、一二、二六	〃 五、一、九	
塚本正一	〃	〃	〃 四、四、一		（中央）
宮田又次郎	所長	専任	昭和四、四、五		（林田）
細川廣太郎	職員	〃	〃 四、四、二三	昭和六、三、一一	
安田澄	〃	〃	〃 四、一〇、四		（中央）
井上英治	〃	〃	〃 四、一〇、一五	〃 六、二、二八	
尾代登	〃	〃	〃 四、一〇、二三	〃 七、六、六	
島田保忠	〃	〃	〃 四、一一、六	〃 五、一〇、三〇	
藤澤勝三郎	〃	〃	〃 五、六、七		（西部勞働）
田中雅一	〃	〃	〃 五、一〇、二五		（林田）
武田勝	〃	〃	〃 六、三、一		（中央）
藤原正	所長	〃	〃 六、三、九		（東部勞働）
安藤谿雄	職員	〃	〃 六、六、一		（湊川）
淀井定雄	〃	〃	〃 六、六、		（林田）
葛原成章	〃	〃	〃 六、九、九		（春日野）
杉原貫猷	〃	〃	〃 六、九、九		（中央）
山上勳	〃	〃	〃 六、一〇、一		（〃）
加藤増雄	所長	〃	〃 六、一〇、二		（湊川）
河野貞二	〃	〃	〃 七、一、一五		（西部勞働）
中川浩二	職員	〃	〃 七、一、一二		（中央）
井上茂知	〃	〃	〃 七、七、八		（中央）

美濃長九郎	職員	専任	昭和七、八、二〇		（東部労働）
西野啓太郎	〃	〃	〃 七、一〇、六		（〃）

尼ケ崎市職業紹介所

大河内茂太郎	職員	専任	大正九、一〇、二五	大正一〇、五、一三
藤原能子	〃	〃	〃 九、一〇、三一	〃 一〇、四、一
西松春蔵	〃	〃	〃 九、一一、一一	〃 九、一二、一五
内田鋭夫	〃	〃	〃 一〇、一、一七	〃 一一、三、一三
久保次夫	所長	兼任	〃 一〇、四、二	〃 一一、一一、二三
前田せい	職員	専任	〃 一〇、四、五	〃 一〇、八、五
濱田三枝	〃	〃	〃 一一、六、三	〃 一三、三、二
石橋春江	〃	〃	〃 一一、七、一〇	〃 一一、一一、一五
萩原謹二	〃	〃	〃 一一、八、七	〃 一三、一、一三
山口牛次郎	〃	〃	〃 一一、九、一四	〃 一三、六、一〇
見砂正太郎	〃	〃	〃 一三、一、一九	〃 一三、一二、一八
長尾たきの	〃	〃	〃 一三、一二、二	昭和五、三、三一
田村博保	所長	〃	〃 一四、六、三〇	
下村涙穂	〃	〃	〃 一四、一二、三	大正一五、一、一八
海邉作蔵	〃	〃	昭和五、四、一四	昭和五、六、三〇
瀬川牛次郎	職員	〃	〃 五、五、一三	

西宮市職業紹介所

荒木忠伸	職員	専任	昭和三、二、一	昭和五、二、一六
岩田修一	〃	〃	〃	〃 五、三、
前島次郎	所長	兼任	昭和三、一一、一	不明
水谷潔志	〃	専任	〃 五、三、	〃
万信太郎	職員	〃	〃 六、三、三一	
大友秀雄	〃	〃	〃 七、四、一	
大西秀雄	所長心得	〃	〃 七、一一、一〇	
岡積二郎	職員	〃	〃 八、四、一	

明石市職業紹介所

大塚勝治	所長	兼任	昭和四、一、九	
山口良廣	職員	専任	〃	昭和四、四、一七
柳田重次	〃	〃	〃 四、四、一七	
井上芳郎	〃	〃	〃 四、一一、九	

姫路市職業紹介所

西川嘉吉	所長	兼任	昭和四、六、一	昭和六、四、六
遠藤健治	職員	専任	〃	（山田ト改姓）（昭和七、一、八）
前田土松	〃	〃	〃 四、六、二一	
鳥羽巽	所長	兼任	〃 六、四、六	〃 六、六、一三
倉岡瑞穂	〃	〃	〃 六、六、一三	

篠山町職業紹介所

古川岩太郎	所長	兼任	昭和五、八、一〇	
山田庄平	職員	〃	〃	

稲山 平太郎 嘱託 専任 昭和 四、八、一〇
西山 貫三郎 職員 〃 〃
酒井 保藏 〃 兼任 〃

温泉町職業紹介所

田中 壯太郎 所長 兼任 昭和 四、一一、二六
坂出 敏夫 嘱託 〃 〃
山村 隆 〃 〃 〃
松森 友治 〃 〃 〃
中田 實治 職員 専任 〃 昭和 六、三、三一
井上 哲夫 嘱託 兼任 〃 四、一一、二六 〃 六、五、二八
福島 賢介 〃 〃 〃 〃 六、一一、四
岩本 忠夫 〃 〃 〃 〃 七、八、一〇
森 作治 職員 専任 〃 六、三、三
株本 定雄 嘱託 兼任 〃 六、一一、四
森田 利一 〃 〃 〃 七、八、二
朝野 淳藏 職員 〃 〃 七、四、一

美方郡東部職業紹介所

西谷 忠雄 所長 兼任 昭和 四、一一、二六 昭和 五、三、二
輪達 義輝 嘱託 〃 〃 〃 六、二、二八
毛戸 兼藏 〃 〃 〃 〃 六、五、四
奥田 富太郎 〃 〃 〃 〃 五、八、二三
井上 哲夫 職員 専任 昭和 四、一一、二六

中村 貞夫 嘱託 兼任 昭和 四、一一、二六
日下 繦雄 〃 〃 〃
西上 賢三 〃 〃 〃
中島 武夫 〃 〃 〃 四、一二、一 昭和 五、一〇、一
西村 藤十郎 所長 〃 〃 五、三、六
田野 八十一 嘱託 〃 〃 六、五、四
淺田 馬之助 〃 〃 〃

養父郡職業紹介所

足立 義夫 職員 兼任 昭和 六、一〇、一五
福本 保一 〃 専任 〃
田尻 頼造 〃 兼任 〃
笹谷 半司 〃 〃 〃
守本 弘 所長 〃 〃

朝來郡職業紹介所

福富 正嘉 所長 兼任 昭和 七、六、八
足立 秀雄 職員 〃 〃
藤井 政一 〃 専任 〃
金山 福治 〃 兼任 〃

香住町職業紹介所

植田 榮助 所長 兼任 昭和 六、四、二
小幡 勝治郎 職員 〃 〃
濱田 助六 〃 〃 〃

一九五

倉橋	薫太郎	職員	兼任	昭和六、四、三	

飾磨職業紹介所

前川	萬吉	所長	兼任	昭和六、八、一	昭和六、一二、一
中川	勝己	職員	專任	〃	
岡上	彦三	所長	兼任	〃 六、一二、二六	

洲本町職業紹介所

白川	久雄	所長	兼任	昭和七、四、二〇	
山畑	安吉	職員	專任	〃	
竹田	重治	〃	兼任	〃	

由良町職業紹介所

橋本	卯男	所長	兼任	昭和六、一〇、一	
山中	林三郎	職員	專任	〃	

日高町職業紹介所

上坂	豊治	所長	兼任	昭和七、五、一五	
森垣	利助	職員	〃	〃	
谷口	定雄	〃	專任	〃	

柏原町職業紹介所

宮垣	幸吉	所長	兼任	昭和六、九、一六	
飯谷	萬次郎	職員	〃	昭和六、九、一六	昭和六、一二、一
吉竹	力雄	〃	〃	〃 六、一二、一	

高砂町職業紹介所

山田	知秀	所長	兼任	昭和三、一〇、一	
松島	熊太郎	職員	專任	〃 三、一〇、一	

加古川町職業紹介所

小山	十次	所長	兼任	昭和五、一一、一	
佐野	貞治	職員	專任	〃 五、一一、一	
大内	貫一	〃	兼任	〃 五、一一、一	

大津市職業紹介所

中野	次七	所長	專任	大正二、四、一	大正一三、四、三一
西條	菊次郎	職員	兼任	〃	
中野	義明	〃	專任	〃 一二、八、三一	〃 一三、四、二
木村	眞三	〃	兼任	〃 一三、四、三一	〃 一四、一〇、三一
佐藤	嘉門	所長	專任	〃 一三、五、一一	〃 四、一〇、二〇
青柳	牧衛	職員	〃	〃 一三、五、二四	〃 一四、五、一
掛田	郁郎	所長	〃	〃 一四、一〇、三一	昭和二、一、一
小山	正太郎	職員	〃	昭和二、三、一	〃 二、七、一三
桐畑	久次郎	所長	〃	〃 二、八、二	

彦根町職業紹介所

吉田	久一郎	所長	兼任	昭和四、五、六	昭和六、八、二〇
長谷川	勝次郎	職員	專任	〃	
奥村	三好	〃	兼任	〃	

長濱町職業紹介所

福田 寅吉 所長 專任 昭和六、三、一
木幡 源次郎 職員 〃 〃
渡邊 薫 〃 兼任 〃

奈良市職業紹介所

田中 敏一 所長 兼任 昭和二、六、一五 昭和五、四、八
河合 忠吾 職員 〃 〃 〃 五、三、三一
西村 七三郎 〃 〃 〃 〃 二、一一、四
内門 正平 〃 〃 〃
横山 兵吉 〃 專任 〃 二、一一、四
兼田 一男 所長 兼任 〃 五、四、八
山添 喜之助 職員 專任 〃 五、四、二三
森田 昂 昇 兼任 〃 七、九、二〇

高田町職業紹介所

西 精一 所長 兼任 昭和五、四、二三 昭和七、一、三一
西川 常太郎 職員 〃 〃
松尾 宗吉 〃 〃 〃
東辻 常松 所長 專任 〃 七、一、三一

御所町職業紹介所

中島 義一 所長 兼任 昭和六、四、四

杉浦 增太郎 職員・專任 昭和六、四、四
奥野 利一 〃 〃 〃 昭和六、一〇、一三
吉河 重太郎 〃 〃 〃 六、一〇、一三

和歌山市職業紹介所

大西 幸弘 職員 專任 大正八、一〇、七 大正一〇、九、七
山本 楠之助 〃 〃 〃 一〇、五、二五
落合 金之助 〃 〃 〃 九、一、二六 〃 一〇、二、二六
今西 慶次郎 〃 〃 〃 一〇、三、二六 〃 一四、三、二八
水上 萬太郎 〃 〃 〃 一〇、三、二七 〃 一五、二、一三
黑田 幹 〃 〃 〃 一〇、五、二五 昭和二、三、三一
千葉 義福 〃 〃 〃 一二、一、三一 大正一三、三、三一
横谷 重太郎 所長 兼任 〃 一二、七、二六 〃 一四、二、四
山下 晃 職員 專任 〃 一三、四、一〇 昭和四、四、一〇
牛田 德兵衛 所長 兼任 〃 一四、二、二五 〃 四、一〇、二三
柳瀬 文眞 職員 專任 〃 一五、八、一六 〃 五、一、二四
松田 寅 〃 〃 昭和四、四、一〇 〃 四、一二、一七
宮本 竹次郎 所長 兼任 〃 四、一〇、二三
山田 晋 職員 專任 〃 四、一二、一七
楠見 啓太郎 〃 〃 〃 五、一、二四
三毛 信次 〃 〃 〃 六、五、二九

新宮町職業紹介所

倉本 盛三郎 所長 兼任 昭和五、五、八 昭和七、三、三一

小西　勝二郎　職員　専任　昭和五、五、八
佐海　保太郎　〃　〃　〃　六、五、一六
玉置　盛三　〃　〃　〃　六、五、一六

徳島市職業紹介所

鵜川　久太郎　所長　専任　大正一一、八、三　昭和四、一一、三〇
片山　豊　職員　〃　〃　〃　四、三、三〇
三橋　隆一　〃　〃　昭和二、四、一　〃　二、四、八
高田　敬一　〃　〃　〃　〃　二、五、一一
笠井　武雄　〃　〃　〃　〃　三、一、三一
神崎　石太郎　〃　〃　〃　三、一、三一　〃　三、三、三一
武市　正秀　〃　〃　〃　三、五、一六　〃　四、四、三
和田　仁義　〃　兼任　〃　四、四、三　〃　五、一〇、一一
西　紀一　〃　専任　〃　四、一一、三〇
木曾　壽一　所長　兼任　〃　五、六、三　〃　六、八、一四
津山　義隆　職員　専任　〃　五、一〇、一三　〃　七、一一、三〇
高尾仁右衛門　所長　〃　〃　六、八、一七
庄野　生三　職員　〃　〃　七、一一、三〇

高知市職業紹介所

片岡　種雄　職員　専任　大正一五、六、五　昭和五、八、一七（死亡）
池田　實吉　所長　兼任　〃　一五、七、一　〃　六、三、一
宇田　コマ　職員　専任　〃　一五、七、二
山下　不二雄　〃　〃　昭和五、一二、二七　〃　七、二、二八

森下　彦吉　所長　専任　昭和六、四、一
中村　春正　職員　〃　〃　七、二、二七

愛國婦人會高知縣支部職業紹介所

吉松　八藏　所長　専任　昭和二、五、一五　昭和三、五、一一（死亡）
川添　辰　職員　〃　〃　〃　三、六、八
大倉　猪太郎　〃　兼任　〃
生城　重藏　所長　専任　〃　二、五、一六　〃　三、一一、二六
有澤　益美　職員　〃　〃　三、七、二六
土居　晴見　所長　〃　〃　三、一二、三　〃　六、三、九
西野　維城　〃　〃　〃　六、三、三〇

昭和九年三月發行

大阪地方職業紹介事務局

大阪市北區老松町三丁目三七
印刷者　河合喜登

大阪市北區老松町三丁目三七
印刷所　河合商店印刷部
電話北四六〇番

◇釜ケ崎

（『中央公論』第四十八年三号・昭和八（一九三三）年三月一日・武田麟太郎）

釜ヶ崎

武田麟太郎

カツテ、幾人カノ外來者ガ、案内者ナクシテ、コノ密集地域ノ奥深ク迷ヒ込ミ、ソノママ行先不明トナリシ事ノアリシト聞ク——このやうに、ある大阪地誌に下手な文章で結論されてゐる釜ヶ崎は「ガード下」の通稱があるやうに、惠美須町市電車庫の南、關西線のガードを起點としてゐるのであるが、さすがその表通りは、紀州街道に沿つてゐて皮肉にも住吉堺あたりの物持ちが自動車で往き來するので、幅廣く整理され、今はアスファルトさへ敷かれてある。それでも矢張り他の町通りと區別されるのは、五十何軒もある木賃宿が、その間に煮込屋、安酒場、めし屋、古道具屋、紹介屋なぞを織り込んで、陰鬱に立ち列んでゐるのと、一帶に強烈な臭氣が——人間の臓物が腐敗して行く臭氣が流れてゐることであらう。

一九三二年の冬の夜、小さな和服姿の「外來者」が唯一人でこの表通りを南の方へ歩いてゐた。冷い雨が降つて、彼のコオモリ傘を握つた指先きも凍つて痺れてゐるのに、別にここで宿を求めるでもなく、人を訪ねるけしきもなく、ゆつくりとした足どりであつたが——その樣子を、家の軒端に立つて、今まで首巻き代りにしてゐた手拭ひで頬被りし、腕組んでゐる宿なしたちも別に注意しなかつたし、交番所の年とつた巡査も怪しまなかつたところを見ると、その外來者は、この土地に適した顔かたちをしてゐるのだらう。さう云へば、實は彼は東京に住む小說家であるが、批評家たちがいつでも口癖のやうに「彼にはルンペン性があつて、どうもよくない」と顔をしかめてゐるのも思ひ當るふしがないでもない。——しかし、彼はこの寒さに何の氣紛れからして、あんなに物思ひに沈んだ表情でこの地帶を行くのかと、人は問ふかも知れぬ。それは過去をなつかしむ感情に驅られた結果である。と云ふのは、彼はこの街で生れ、十二まで育つたのであるが、ほんの三日前、ここで彼を手塩にかけて大きくした母親が急死し、その追憶の念が、彼の足を知らぬうちに、こちらへと向けさせたわけである。もとより彼はまだ年少で、自分の激情を制するすべもわきまへぬ男故、要もないかうした夜歩きや感傷癖を許してやつてもよいだらう。

すでに、街から醱酵する特殊な臭ひは聯想作用を起して、彼の胸に種々な過去の情景を浮びあがらせ、彼はそれに簡單に陶醉して了つてゐたので、その尖つてゐる眼もいつに似ず柔和に光り、何も見てゐないに近かつたのである。噫、去來する思ひが——たとへば、袋物工場に通つてゐた母親が、夜も休まず石油の空箱を臺にして（その箱の隅には小さな蜘蛛が綿屑みたいな巣をかけてゐた！）セルロイド櫛に、小さな金具の飾りをピンセットで挾み、アラビアゴムと云ふ西洋の糊でつける仕事をしてゐる横に、新聞紙にくるんだ芋が置かれてある有樣や、そして、その芋は彼女の夕飯代りなのだが、夜更けると子供たちが腹をすかせるので、彼女は大半を殘して置き、子供たちがせびると「何云ふねん、こちらおかんのや」と云ひながらも分けてやり、または、その飾り附けの出來あがつた櫛を十歳の少年である彼と共に大きな重い風呂敷包みにして、大國町の問屋に運ぶ時の手のだるさやら、そんな稼ぎものの彼女にも係らず、ある夜は餅金屋の親爺に罵られて（彼が今にいたるまで鴉金の名稱を忘れずにゐるとは、何と云ふ因果なことであらう。それは鴉貸出した金が夕方には利子をくはへて元の巣へ飛び戻つて來る――鴉のやうに、と云ふので、さう呼ばれてゐた。一圓を借り入れると、先づ十錢は天引、手取りは九十錢であるが、その後、一圓の五歩の利息を加へて、八日間に返濟しなければならぬ）彼女はしかたなく、片隅に積んであつた小便臭い家族たちの蒲團を頭にかついで外へ出て行くと、その頃流通してゐた十錢紙幣の油じみたのを持つて歸つて來たが、その夜の明け方の爽さやら。或は、ぐうたらな遊び好きの少年であつた彼が、尾上松之助の俠客物が見たくて、彼女に嘘をつき金をねだり、すると彼女はまた思ひ餘つて、卷いてゐた帶を解いて絆の前掛けだけになり――帶は彼の入場料になつて、彼は活動寫眞に感激した餘り、二階の上りつぱなの壁に、墨で以て、眇眼の尾上松之助の似顔繪を大きく畫いたり――

妙なもので、遠い以前の習慣を、足は忘れずにゐて思ひ出したものか、無意識にふと立ちどまり、そこで小說家がはつとして眼を轉じるならば、ちやうど彼が生れて育つた家の、路次先きまで來てゐるのであつた。雨にペタペタに濡れて光る浪花節のポスターが、床屋の表にぶらさがつてゐるが、その横を折れて二軒目がさうである。――この床屋も代が變つたであらう、彼はいつも小僧のために「虎刈り」にされてゐた。今夜はもはや客がないと見え、ガラス戸を閉て、白いカーテンを張りめぐらしてあるので、內らは覗けぬ。

路次に入ると暗がりで、軒並みの家々の影も、永い年月が經つてゐる故、古びて歪んでゐるやうに思はれ、しかもどこもしんとして靜かなのが、少し小說家にはよそよそしく感じられないでもなかつたが、懷しい場所に再び立ち入つたこと、彼の氣持はすつかり滿足してゐた。――自分が十二年もゐた家に、今は如何云ふ人が住み、如何云ふ生活がなされてゐるかと、想像するのは、甘い樂しみであつたから。

すると、彼はその家の戸口に女が出て來たのを認めたのである。それは恐らく、そこのお神さんで、外出しようとするのだが、雨はまだ止まぬかと模樣を見てゐるのだらうと、察した彼は、迂濶に佇んでゐたりして、不審がられるのを恐れ、わざと、もちろん軒燈もないから見えるはずもないが、隣家の表札に眼を近づけたりするのであつた。だが、それは無效であつたと云へる。女は片足を踏み出すと、突然、彼の袂を——それから身體全體を抱へるやうに摑へて了つたのである。そこには必死な抵抗すべからざるものがあつた。驚きと怖れから、小說家は身をもがいたが、慣れた——たしかにさうすることに慣れた、特殊な技巧のある女の兩腕は强くて離れず、それではこの女は、とすぐに彼は氣がつかぬでもなかつたものの、まだ半信半疑のうちに、もはや土間にひきづり込まれてゐて——そこに、昔の彼が顏を洗ひ水を飲んだ場所がちらと見えたかと思ふと、どんと揚げ板の上へあげられ、更にむりやりに尻を押されて、つまづきさうになりながら階段に足がかゝる時には、やつと一切を理解し得たので、少しの落ちつきも取りもどし「おい、さう押すなよ、危い」と、女の方を——化粧した吹出物のある顏を振りかへつて云ひ、それからひよいと正面に向き直ると——彼の眼には、二階への昇り下りにしめつぽい手垢ですつかり黑く汚れた壁の上に、まぎれもなく彼の筆になる尾上松之助の似顏繪がはつきりと殘つてゐるのが、うつつたのである。うつると同時に、一種の感慨に胸をせめつけられ、急に酸つぱい氣持がこみあげて來て、不覺にも尾上松之助はぼうつとぼやけて了ひ、女に抗つてゐた身體の力もそのまま拔けて了つたやうな氣がした。

女は、まだ雨しづくの垂れさうな彼のコーモリ傘と泥を齒の間に挾んだ下駄とを敷居の上に寢かせてから、高くつつた黃色い電燈の光を裏から受けてゐるので埃の浮いて見える歪つな日本髮の頭を傾け、彼の樣子を——今にも泣き出さんばかりのその表情を、けげんさうに、打守るのであつた。もちろん彼女には譯はわからず、この何と云ふ氣弱な男であらう、淫賣婦に有無を云はさず亂暴に引張りあげられたのを、どぎもを拔かれ、後悔してゐるのかと、考へたかも知れぬ。そこで、彼女も少し他氣にとられ、ぽかんとした顏で、寒さに齒をガチガチと打ち鳴らしながら、

「すんまへん」とは、云つた。——それから、氣の毒さうに、彼の方へ掌を差し出したのである。

小說家は、彼がこの家で生れたこと、あすこに見えるあの落書こそは彼の手になるものであること、しかも、思ひ出の積つてゐるその建物は、今は淫賣婦の仕事場になつてゐること——それらを、彼女の前に斷り出したくなつたほど、感傷に溺れきつてゐた故、女の請求をはねつけるだけの勇氣もなく、一體何ほど與へればよいか、と細い聲で質問するのであつた。

「すんまへん」と、また彼女はあやまるやうに云ひ、——「五十錢やつとくなはれ」と、態度は柔しく嘆願するのであるが、その精神には、今にも彼の懷中に手をさし入れるばかりの執念深さがあつた。

彼が、どうかして母や弟妹をこの窮乏から救ひ出したいものと、來る日も來る日も考へつめてゐたこの三疊の部屋は、薄い雨戸を眞中に立てて、二つに區切られてゐ、あちら側にも人の動く氣配があつたが、ちやうどその時、その中から口爭ひをはじめた男と女の聲が聞えて來たのである。

——女の聲がののしるには「そんなあほらしいことできるかいな——そんなことはなア、十錢淫賣のとこでも云ふとくなはれ、うちはちとちがふ—」と、云ひ、見そこなつては困る、あほたんめと、附け加へるのであつた。——小說家は、その言葉に氣をとられながら、それでは隣りにゐる女も五十錢の口なのであらう、だから　十錢のものよりも格式を以て客に望んでゐると云ふわけであらうと考へ、妙なところに——人はどん底まで來ても、まだこれより卑しい下のものが存在するのだと自分を慰めて、高い心を失はないでゐることに、感心してゐた。——しかし、相手の客は、嗄れた聲から察するとかなり年配らしいが、なかなか承知しないと見え、諍ひは益々烈しくなつて、果ては彼らの身體が雨戸にぶつかり、今にもその賴りなく、がたつくしきりは倒れさうに動くのであつた。——それをこちらの女は、實に無關心な表情で見てゐたが、暫くすると、お前はどうしても暴れる氣か、それならば、ちよつとこちらへ來てくれと、別の男のへんに調子の低いおどかし聲がして、ぐづねてゐたのは「よし、歸つたる、歸つたら文句ないやろ、五十錢かへせ」と喚きちらし、女は女で息をはづませて癇高く——「一旦もろたもんが返へせるもんか」なぞと叫びつつ、やがて、彼らはガタガタと階段をころがるやうに下りて行く音がした。——いや、階段は小說家の坐つてゐる側にあるし、そしてこの小さな家にそれが二つもあつたはずはないと、彼は怪しんで背延びをし、雨戸越しに、何やら取り散らけた喧嘩の現場を見るのであつた。すると、あちらの壁が無慘にくり拔かれてあつて、洗ひ晒しの浴衣地をカーテンみたいにしたのが、汚く垂れさがつてゐ、隣家の二階と通じてゐるのが分つたのである。では、隣りも同樣かうした宿になつてゐるのかと、彼は、そこに住んでゐた荒木と云ふ葬式人夫の一家や、恐ろしく出つ齒であつたが秀才で、今宮の職工學校に通つてゐた息子のことを思ひ浮べるのであつた。——

それから、女は小說家の顏をちらとのぞき、そこに敷きつぱなしになつてゐる薄く細長い、淺黃の蒲團の上に倒れて見せた。——彼はそれには及ばぬと、幾度も繰りかへして說明しなければならなかつた。しかし、女はなかなか承服せず、執拗に誘ひの言葉をかけるのである。彼女は、男とはそんなものではないと充分悟つてゐるやうにふるまつてゐたので、無償に金を拂ふのを想像できなかつたのであらう。

「それではすんまへん——錢もろといて遊んでもらはなんだら」と、又も云ふのであつた。それは、勞なくして賃錢を受取ることを恥づかしく思ふけなげな心持からと云ふよりは、寧ろ、彼が遊ばないのを口實に全額でなくとも、五十錢の何割かの拂ひ戾しを請求しはしまいかと、恐れたが故であつたやうだ。

「ほんまに、えらいすんまへんな」と、やつと彼女は納得して云つたが、それでもまだ——「ほんまにかましまへんか」と、尙も云ひながら、そこに坐り直すと、バットの箱から、吸ひさしの煙草を出し、ちやうど彼が點けた燐寸の火に、顏をかゞめて、吸ひつけるのであつた。赤つぽい髮の毛や、垢ずんだ首の皺や、襦袢の襟が近づき——しかし、その時、彼は何か發見したやうな眼つきになり、ちつと彼女の身體つきを檢ベ、眺め廻したのである。

　女の煙草は短かゝつたので、すぐになくなつた。小說家は自分の箱を荒れた疊の上に置いて、一本つけては如何かとすすめるのであつた。だが、女は女らしく遠慮して、

「五十錢たゞもろて、その上、煙草のませてもろたりしては――それこそ、冥加につきます」と、辭退して手を出さなかつた。それ位いいぢやないかと、尙も彼が云ふと、強情に身を引かんばかりにして、

「いいえ、いけまへん」と、しほらしい表情をして見せたが、急に彼は自分の觀察が誤つてゐるか如何かをためしたくなつて、何の惡い氣もなく、

「あんたは、女とちがふな」と云つたのである。それを相手は隨分と意地惡くきいたかも知れなかつた。――どうして、そんなこと云ひ出したのだらうと、暫くの間、女は彼の顏を見つめてゐた。それから、兩手を揉むやうにして、下うつむいて、嘆息した。

「やつぱり――分りまつか」と云つて默り込み、それでもまた勇氣を取り戾したのか、

「そやけど、今までに一ぺんも見現はされたことはおまへなんだ、ほんまだつせ――兄さんにかかつてはじめて――かやくやな」と、てれ臭さうに、力を入れて云つた。

　思つた通り男だつたのかと、小說家はうなづいたが、何とも分らぬ變な氣持になつて――「ほう、そいで」と云ひ出すと、相手はその顏色を讀んで、すぐ答へた。

「ええ、ちやんと、そいで商賣してますねん、をなごとしてな」と、奇妙な陳述をするのであつた。小說家は飽かず、この相手を見てゐると、そいつは、女でないと云ふことが明白になつてから、今までと著しく態度を變へた。すぼめるやうにしてゐた肩も張り、

「ほんなら、一本いたゞきまつさ」と、遠慮を打捨て、手を出して煙草の箱を取つたが、その指も骨ばつて來たやうにさへ思へたのである。そして、

「もうとしですよつてに、身體が堅うなつてしもて――」と云ひ、問ひに應じて、二十歳であると云つた。

「まだ子供の時は、これでも、綺麗や云ふて、お客がたんとつきましてな――なんにも知らんとな」と、女のやうに口へ手をやつて笑つたが、急に煙草を揉み消すと、

「あんまり、ゆつくり、ここにをられしまへん――何やつたら、わてのホースにおいでやすな」と、彼(女)は小說家が奇怪な話に興味を持ち出したのを知つて、さう誘ひ、こゝでは、部屋代をとられる故、散財をかけては濟まぬ、自分のところへ來い、と云ふのである。「ホース」と云ふは「ハウス」か「ホーム」の訛りであるらしかつた。――「すぐ、そこだす、第二愛知屋だす」

そこで、小說家は偶然なことから、彼の懷古心を滿足させ得たことを思ひ起し、今更のやうに、感慨深く部屋を見廻し、玩味し、剝げた壁や疊に、もはやかうした宿らしく人間の汁液が浸み込み饐えた臭ひがこもつてゐるのや、天井の薄い板もところ〳〵外れて垂れさがつてゐるのを、認めるのであつた。そして、再びその部屋を、樂書を見ることはなからう、と思つた。――

れいの女裝の男は階下へ、彼のために傘と下駄とを持つて行き、破れた障子の中へ首を突つ込むと、中の者に何やら云ひ、それから、大きな聲で、「おほきに」と、挨拶して、彼を促して、外へ出た。

表通りの方へは行かず、「こつちから」と、露路の奧を突き抜けると、木柵があつて、南海鐵道のレールが走つてゐ、ずつと遠く天王寺公園に當つて、エッフェル塔のイルミネションが、暗い空に光りを投げてゐる。――その黑い木柵の間を、彼(女)は着物も長襦袢もたくしあげて跨ぎ、危うおまつせ、と彼のために傘を持つてやつて、案內するやうに云

ふのであるが、もとより、小說家は子供の時に、そのレールの上に針金を絡かせ、電車の車輪にしかせてペチャンコにしたり（彼はそれでナイフを作らうとしたのである）石を積みあげて、食物や道具を一ぱい載せてゐるにちがひない貨物車の顚覆を企てたことがある位だから、必ずしも見知らぬ場所であるとは云へなかつた。——北の方から電車が進んで來、警笛を鳴らし、蒼白く烈しいヘッド・ライトは、それを避ける彼らの影を、雨に濡れた軌道の小石の上に大きく振り廻すのであつた。越えると空き地があり——その暗い中に、何やら人のざわめきがし、群れ集つてゐる氣配があつた。

「轢死人があつたんか知らん」と、女裝の男は云つた。——

（こゝで、もう一度、小說家の煩しい回想を許してやりたいと思ふ。かつて、このあたりではよく人々が轢き殺された、彼らの生命が安かつたせいかも知れぬ。夜更けて、けたゝましい警笛が長く尾を引いて鳴り、急停車する地響きがあると、仕事をしてゐる手を休めて、彼の母親は「また誰ぞ死んだ」と云つたものである。その時は身に迫るやうな寂しさを子供は感じた。そして、朝になると、今彼らの眼の前にある廣場に、蓆のかけられた血のしたゝる屍骸が横つて、檢死の濟むのを待つてゐた。多くは無一物で、生きても死んでゐる者たちであつたが、ある冬の朝、近所のお神さんたちは、昨夜の轢死人は懷中に十圓もの金を持つてゐた、と噂し、そんな大金を持つてゐながら、どうしてまた死ぬ氣になつたのであらうと、訝つてゐたので、それを聞いてゐた子供たちは大急ぎで柵をくゞり抜け、もしや、その不要な金を子供たちに分けてくれけせぬかと、一散に走つて行つたことである。）——

處々高低のある、雨で軟くなつた土をごぼ〱と踏んで、彼らは、人だかりの方へ近づいた。外套をすつぽり着た巡査が懷中電燈を照して色々と命令し、人夫風の男が、ぐつたりした老人の大きな身體を、寢臺車に擔ぎ込まうとしてゐた。それはトルストイのやうな顏をし、白い鬚を長く延ばした爺さんであつたが、なか〱重いと見え、人夫は白い息をふう〱と吐いて少し手古づり、すると、人々の間から、白けた絆纏の浮浪者が出て——「爺さん、しつかりせえよ」

と聲をかけて片足をかつぎ、黒い布被ひのある車へ載せるのであつた。そして、力なくだらりと垂れた老人の足からは、竹の皮の冷飯草履がぬげて落ち、垢ぎれでひゞ割れた大きなその足裏が氣味惡く、懐中電燈の光にうつし出されるのであつたが、れいの浮浪者は逸早く、草履を自分の足に――彼ははだしだつたので、ひつかけた。すると、巡査は癪にさわつたやうに、「おい、おい」と頭を振つて注意し、――「そら、病院のや、いれとけ、いれとけ」と叱つた。浮浪者はすなほに、その病院の名らしく燒印の押されてある草履をぬぐと、肘で拭ふのであつた。何故なら、すでに彼の足の泥がつき、濡れて了つてゐたのである。少してれて、それを老人の足指にはめようとしたが、すぐ落ちてダメなので、人夫は默つてひつたくり、車の底へ押し込んだ。

「兵隊辰やな」と、女裝の男は、鮮で齒をガチ／＼寒さうにならしながら、小説家に説明して云つた。その聲に、巡査はちらと、こちらを見たが、人夫が寢臺車の梶棒を握つて立ち上ると、「爺さん、もう戻つてくれるな」と云つた。さつきの浮浪者は、それに應じて、「旦那、兵隊辰はもう二度とこゝへ歸つてけえしまへん――今さき、觸つたら、もう冷たうおました」と低く云つたが、巡査は苦々しい顔をした。――「困つたやつちや、――わしの責任になるがな」そして、今まで、爺さんの寢臥してゐた席を靴の先きで蹴り飛ばした。

車はゆつくりと去つて了ひ、人々も散るのであつた。あとには、雨が再び寒く降りはじめ、女裝は「おゝ寒むやこと、すつかり冷えこんでしもたわ」と、云つた。廣場はもとの靜けさに戻り、あちらこちらに火が燃え、雨の中に明るさが溶けて見えるのである。それは浮浪者たちが、大きな穴を掘り、その中で物を――塵芥を燃しながら、その白つぽいむせかへるやうな煙の横に、うづくまつて、眠りをとつてゐるのであつた。

「今晩は」などゝ、その穴の側を通りながら、小説家の同伴者は聲をかけ、「降つて困りまんな」と云ふのである。

兵隊辰とは——歩きつゝ、彼（女）が語つたところによると、以前は軍人で、日清日露も兩方とも出征して勳章を貰つたが、心臓を患ひ、子供身寄もなくて、こゝまで零落したのである。最近は殊に衰へ、寝込んでゐたので附近の宿なしたちが心配して、慈善病院に入れるやう「旦那」に交渉し、そして入れたのであつたが、すぐと、不自由な身體をひきづつて、この空き地へ立ち戻つて來た、驚いて連れて行くと、また、ひよろ／＼と歸つて來、それを再三再四繰りかへしてゐたと、云ふ。

「なんでや」と、小説家はたづねた。彼は、さうした慈善病院の官僚的な冷い有様や、堅い寝心地の硬い木のベッドよりも、弱つた神經のうちから馴れた野宿を思ひ出すあの浮浪者魂のことを、考へてゐたにちがひない。

しかし、相手は、

「なんでだつしやろな」と無關心に答へ——「寒い、寒い——兄さん、お酒はどうだす」と、云ふのであつた。なるほど、廣場を過ぎたところに、焼酎屋があつたが、彼は、

「さあ、金があるか知らん」と心配すると、

「いや、大丈夫」と、女裝は力を入れて「おます」と、勝ち誇つた。先程、小説家が彼に五十錢與へた時、その財布の中を、のぞいて數へて了つたのだと云つた。それは、商賣からして、無意識に行ふのである。

——油障子を半分だけ閉めた中の、二すじの長いテーブルには、人々が——ボタンのない外套の上から繩をしめたのや、羽織もなく寒々とした黄色い顔の男や、半纏にゲートルを卷いて、何か知らぬが大きな風呂敷包みを膝にくゝりつけたのや、眼脂で眼蓋のくつつきさうになり、着物の黒襟が汚れてピカピカに光つてゐる女やら——みんなすでに酔拂つてゐて、頭を重く垂れ、時々あげてあたりを睨むと譯の分らぬ叫びをあげて會話し——一切が不健康に濁り、空氣は淀んで腐つてゐるやうに見えた。小説家と女裝の男とは、あいたところに腰をかけ、値段書きのぶらさげてある背後の

羽目板にもたれ、急に冷くなつた足先を土間で踏みならしながら、店のものが大きなコツプに燒酎をちつと見るのであつた。透明な液體は溢れて、木目のはつきりした汚いテーブルの上に流れると、女裝は口を近づけて吸ひ込み、舌なめづりするのである。更に彼は媚びるやうに小說家を見てから、艶つぽい聲で店員に註文を發すると、豚の腎臟をそのまま薄く切つたのが皿を副へて持つて來られ、彼(女)は指でそのぺろぺろした血のかたまりみたいなものを、つまみあげて、彼に、

「どうだす、ひとつ」と云ふのであつた。——「ちよつと臭がしますけど、通人の食べものだつせ」

さうかも知れぬ。しかし、小說家は手を出すことをしなかつた。

やがて、簡單に醉ひが身體に廻ると、興奮して女裝は、多辯になり、ハンカチを出して胸にあてたりして、口惜しがるのであつた。それは、またしても、彼(女)が今まで本當は男であるのを發見されたこともなく——また眞實女であつて、その他の何ものでもないと、自分自身も永い間信じきつてゐたと云ふことで、縷々としてつきなかつた。彼(女)はその日常生活の末々端々にいたるまで女子として行動し——そして賣淫婦として存在することによつて、一家三人が第二愛知屋(木賃宿)に一部屋を借り受けてこの數年暮しを立てて來、もちろん、その弟で十四歲になるのも昨年あたりから女になつて、客をとることを覺え、彼らの母親はかなり樂になつたが、——「やつぱり歲のすけないのは、骨がやはらかいし、肉もしまつてまへんよつてに、もうわてらと較べもんにならん位、よう賣れます」と、感心して、彼は云つた。——その弟が、先日警察の手入れであげられ——そこで、肉體を發見され、釋放される時には、折角延ばして結つてあつた髮の毛を短く刈り取られて了つた。——「早う生えてくれんと、商賣でけしまへん、ほんまに無茶しよる」と、彼は憤慨して抗議した。「そんなことする罰は法律にはないさうだす」と、彼は知合の——同じく第二愛知屋に宿泊してゐる辯護士(!)に聞いたと云つた。色々と話の末、彼(女)は今後も完全な「女」として生きる決心を告げ、(さう

した女としての暮し、その衣裳、殊に下着や腰にまとふものを身體につける時の悦びを興奮した調子で彼は語つたが、妙な商賣の思ひつきから、すでに救ふべからざる倒錯症にかゝつてゐることを證據立てた）——最後に、

「かうなつたからには、意地でも、どうかして、子供を産んで見せます！」と、斷言したのである。小説家は、その言葉が單に彼(女)の醉ひから無責任に放たれたものではなく、本當にさう信じてゐるらしいのを見て驚いた。

「なに、子供を産む——何ぬかしてんね、ど淫賣の癖に、ふん、父無し子か！」と叫んだものがあつた。奥の方にゐてボタンの一つもない外套を着た男であるが、とつくに醉ひ倒れて、テーブルに兩手を投げ出して眠つてゐたのに、さう呶鳴ると立ちあがり、彼らの方へ危げにやつて來た。

　皮膚の上に、もう一枚皮膚ができたやうに、垢と脂で汚れきつてゐるが、眼蓋や唇のぐるりだけ、赤ん坊みたいに段どつて生地の肌色が現れてゐた。——彼はたしかに、さう聲をかけたのを機會に、小説家の方へ來て、燒酎をせびらうとしたのである。それは、すぐ「産むなら、なア、この旦那の子供を産めよ——ほんまやぞ、なァ、旦那」と云つて齒を出してお世辭笑ひしたのでも分つた。ところが、彼は今一ぱいの燒酎が咽喉をよく通らないほどになつてゐて、酒はだらしくなく、口から涎のやうに流れ、コップはぽんとテーブルの上に投げられ、ころがるのであつた。

「なア」と、彼は聯想するやうに云つた。「なア、ほかのやつの子を産むな、間男の子なんか産んでくれるな」——

　それから、彼は急に泣き出して了ひ、「わいの嬶は、間男しやがつて、そいつの子を産みやがつて」と嗚咽したが、やがて濡れた顔をあげると、

「何もそんなこと、最初から分つてたんや、わいは、大體、女の癖に新聞讀んだりするやつは好かん」と、そむかれた彼のお神さんのことを罵つた。

　その云ふことは前後取りちがへてゐ、呂律も廻らず、そのまま文字にうつすこともならぬが、彼が若い時、郷里へ歸

つて貰つた女房を連れ、大阪へ戻る途中、花嫁である彼女が姫路のステーションで新聞を買つて、讀んだと云ふのである。「わいさへ新聞みたいなもん讀んだことあれへんのに」――そこで、實に彼は癪にさわり、生意氣に思へたので、すぐそのまま引き返へして、離緣しようかと一時は考へたが、せつかく人手を煩はし、世話して貰つたのにと、胸を撫で我慢した――それがいけなかつた、やはり、新聞の一つも讀まうかと云ふ女は「學問」を鼻にかけ、他に男をこしらへて出奔して了ひ、自分の觀測に誤りなかつたことを思ひ知らねばならぬやうな始末になつたのである。――！

「ああ、やけぢや」と、彼は結んだ。

「兄さん、大分廻つてる――苦しさうや」と、女裝は云つた。すると、

「あたりまへや」と、何故か彼は「女」には荒々しく云ひ、もう二日も前から飯を食つてゐないことを告白して、苛い顏をした。小說家は、もしさうなら、如何に酒好きであるにじろ、燒酎なぞ飮む金で何故腹をこしらへなかつたか、と責めるのである。ひよつとすると、これは昔このあたりによく見かけたアルコール中毒かも知れぬ、と彼は考へた。

するど、外套の男は腰紐代りの繩に手を入れ、しごきながら、

「ほんまのこと云ふたろか」と云ふのであつた。小說家は云つてくれと云ふ顏をした。

「そりや、さうや、且那の云ふ通りや、誰が錢持つてたら、空き腹に酒なんかあふるもんか、米のめしがほんまに戀しうてならんわ――おとついも、飯食ふたんやあらしまへん、觀照寺で接待ある云ふよつてに、伊原つれて出かけたら、それが、うどんの接待だす、伊原に、お前、わいに半分殘しとけ云ふたのに、あの獵め、ちよつとも餘さんと食ふて了ひよる――なア且那、大體伊原に、觀照寺で接待あるよつてに行こか云ふて誘ふたのは、わいだつせ、知らんとゐたらうどん一すじも口に入らんとこや、なア、そやのに、恩知らずめが、どうだす、禮儀の知らんこと、後輩の癖にわいより先にお汁をかけて、ちよつと殘しといてと頼んどいたのに、どんぶり鉢のはしも嘗る位綺麗に食ふて了ひやがんね、

「――それからと云ふものは、まる二日、仕事もないし！」

彼の後輩である伊原が何ものであるかも、また彼の仕事がどんなものであるかも、酔拂ひは説明しなかつたが、そのたどたどしい獨白は、この店の中で、强い燒酎に痺れた頭をかゝへたものたちは、ひそかに白い吐息をして、耳を傾けたのである。

「わいは、何のはなししてたんやつたかいな、――そやそや、旦那は酒飲む金で飯食へと説教してくれはつたんやつたな、どうも、おほきに」と皮肉に口を歪め、「そやけど、ほんまのことを云ふとやな」と、語り出した。――彼らはどんなに空き腹を抱へてゐても、人にめしを食はせてくれ、とは云へないのであつた。何故ならば、誰も彼も自分だけが食ふのが精一ぱいで餘裕は更にないので、しかも頼まれたら、すぐに、足りないものも半分は分けてやらねばならず、――だから、そんな人の豫定を狂はし迷惑かけるやうな依頼心を起すのは道徳的ではないと、されてゐる。そして、もしも誰かが景氣よくて（景氣よくて！）すつかり氣が大きくなり「おい、酒のませたろか」と誘はれた時にも「酒の代りに飯をおごつてくれ」とは云へないものだ、と外套はしみじみ述懐した。それは一つには、虚榮心もあつたし、また折角相手が酒で愉快になつてゐる氣分をぶちこはすに忍びないからであつた。――だから、今夜のやうに酒だけで腹をこしらへてゐる時もある！

「兄貴、酒おごらんか、は云へます、そやけど、云へまつか、めし一ぱい頼むとは」と、彼が云へば、夜更けの酔拂ひたちは口々に、「さう云へん、云へん、云へんもんぢや」と、首を振るのであつた。――小説家は、そこに浮浪者につきものの、さやうな貴族精神を見て、悲しく思ひ――さう云ふはなしを俺にするからには、俺にめしをねだつてゐるのだらう、と云ふと、

「あたりました」と答へ、「なんでや、見榮があるやろ」とからかふと、「あんたは、旦那やよつてに、かめへん」と、尚

も小説家を悲しませるのである。

それから暖簾中に、のれんを排して出た女装の男は、頬に雨滴をあてゝ、「おお、冷こ、ええ氣持やこと！」と叫び、酒に委せて外套の浮浪者にしなだれかゝると——「ちつ！　わいは女はきらひや」と、彼は忌々しげに舌打ちし、その手を拂つて、どんどん先に立つて行くのであつた。

「上等の店、おごつて貰ひまつせ」と、彼は云つて木賃宿の裏手の狹い道を——そこから、薄暗い部屋に親子夫婦たちがくるまるやうにして寢てゐるのが煤けた格子窓越しにのぞかれ、また、戸締りしてない裏木戸からは、列んだ便所の戸がどれも開いてゐるのが、陰氣臭く見えるのであつた。

めざす店はまだ起きてゐた。

「芋粥くれ、おつさん」と、外套は呶鳴つた。吹きながら、人々の手垢で黒くなり、塗りの剝げた箸で、煮込みのやうな粥を咽喉に通しながら——「なんやて、明日八十五日ニツキ　アヅキガイ二錢　モチ入アヅキガイ三錢——よし來た、おつさん、今晩は且那がついてる、餅入小豆粥一つ呉れ」と、壁に張つた紙ぎれを讀んで云ふのであつた。

絣の筒袖を着、汚れてはゐるが白の前掛をかけ、茶つぽい首卷きをした主人は、煤の垂れさがつてゐる釜の側で、煙管をくわへてゐたが、

「こら、あしたや、けふはあかん」と、ぶつきら棒に返事した。

「あしたやて、ふん、あしたと云ふ日があるならば」と浮浪者は節をつけて應酬をして、「こら、見い、もうぢき、十二時やぞ、そしたら、あしたや、待つてたろ」と、聲をあげて、棚に置かれてある、アラビア數字のいやに大きいニツケルの眼ざまし時計を、指すのであつた。主人は冷く、相手にしなかつたので、彼はまた呶鳴りちらした。

「こら、わいの云ふことが分らんか、こら、人殺しめ！」

「なに云ひなはんねん、そんなこと」と、女裝が驚いて制止すると、

「うるさい、女は默つとれ」と、彼は邪見に唸つた。それでも、主人は身動きもせず、白い眼で見るだけで――その眼が「このルンペンめ、そんなこと云ふと、もう、うちの粥食はさんぞ」と云つてゐるやうに見えたので、外套は、がくりと首を垂れ、

「いや、ほんなら、芋粥お代り」とおとなしく云つて、うまさうに、かぶりつくのであつた。――

彼が粥屋の主人に向つて、人殺しと罵つたのは、何も理由のないことではなかつた。その店を出ると、そんなことを云ふなと止めたくせに女裝の男が先に立つて、問ひもせぬに小說家に語つた所によると、――もう二年にもなるが、その秋、ちやうど夕飯頃、あの店が粥を食ふ零落者で混んでゐた時、ある男が（外套は、あら、田邊音松や、やつぱり、わいの友だちや、と云つた）――その田邊が二錢拂つて出ようとすると、主人は三錢置いて行けと請求し、何故かと聞けば、一錢の漬物を食つたから、と云ふので、田邊は驚き、いや、そんな覺えはない、と云ひ張り、この漬物皿は横にゐたやつが平げたのやと、述べたが、主人は更に聞き入れず「食つた」「食はぬ」と爭ひになり、果ては、田邊がどんと胸をつかれると、悪いことに空き腹がつづいて、力の拔けてゐた彼は、そのまま仰向けに倒れて敷石で頭を打ち――そして、もう二度と動かなかつたのである。調べた結果、頭蓋骨が折れたのが死因と分つた。もちろん傷害致死で主人は行つたが、それも三四ケ月すると、もう店を開いてゐたと云ふ。――外套は力んで「今に仇をとつたる」と云ひ、そやけど、あすこの芋粥はほんまにうまい」とほめて、そんな店を潰すに忍びないと云ふやうな顏をした。

話が終ると、突然、外套は「おほきに、御馳走さん」と云ふなり、眠つた低い家々の間を、そこには雨の中に傘をさして淫賣婦たちが辻々に立つてゐるのであつたが――駈け出したのである。

「待て！」と、小說家は怒鳴つた。寢るところがあるか、と心配したのである。

「今夜は、腹も張つたし、酒ものんで、ええ按配やよつてに、その勢ひで野宿する」と、相手は答へ、尚も走りつづけようとした。

「待て！」と再び小説家は云つて、幸ひこの「女」がすすめるから、「しよに第二愛知屋に泊らう」と誘ふのであつた。すると、不思議なことが起つた。——今まで、いやに辛く女裝に當つてゐた外套は急に可憐な言葉づかひになり、「姉ちやん、えらい、すんまへんな、屋根代もなしに、厄介になつたりしまして」と、挨拶するのである。——思ふに彼は彼の逃げた妻君以來、女にはよからぬ感情を抱いてゐたので、自然、女裝に對しても冷かな態度を取つてゐたが、今は彼（女）は部屋主になつたので、その點から禮儀をつくしたのである。

その證據には、彼が彼女の「ホーム」に行きついてからは——大戸をガラリとあけて女裝が帳場に坐つてゐるヤナ臭い中年の男に「頼んまつせ」と申入れた時も、うしろについて彼はぺこぺこと頭をさげたし、また廣い階段の途中ですれちがひ、彼（女）から「今晩は」と、呼びかけた、赤い顔に鬚の蓄へた、しかし、口のあたりに何やら卑しい腫物の出てゐる、袴をはいた男にも、外套は腰を折らんばかりにお辭儀するのであつた。その袴の男を、あれが、辯護士だす、と女裝は云つてきかせた。——

彼（女）の部屋では、浮浪者は益々小さくなつて隅の方に坐り、しきりとボタンのない破れ外套の前を合せ、卷いた繩をはづかしさうに觸つて見るのである。そして、すでに寢てゐる弟や（なるほど、その髮の毛は最近に散切りにされたあとがあつたが、少し延びかかつてゐ、ちやんと女風の長襦袢の肩を見せて眠り、日頃のたしなみを見せてゐた）また母親に（彼女は二人の外來者を無言のままぢろぢろと觀察した）——突然夜半に訪れたことを、幾度も繰りかへして謝するのであつた。——

それほどだつたから、朝になり、みんなが眼さめた時、すでに遠慮深い彼の姿は消えて、見られなかつたが、誰も不思議にも思はず、眠つてゐる者たちを驚かさないやうにと、跫音を忍んで、部屋を出、やうやく白んで來た空を仰ぎながら、その「仕事」に出かけた彼を想像するのであつた。

――それは三疊に足らぬ部屋であつた。押入はなく、埃で白い二三の風呂敷包み、バスケット、土釜、鍋鉢の炊事道具の類、それに小さな置き鏡、化粧水の瓶などが、棚を吊つて載せられてあり、壁にはりつけられ、一方の隅の破れてゐる新聞附錄ものらしい美人畫に、彼ら兄弟の扮裝のモデルであらう。

彼らと雖も勞働者の子供たちであつた。「田舍から來た政治屋だ」と、小說家の問ひに對して答へ、父親の働いてゐた日の出鑄物工場は今でもこの近くにあるが、彼は早く火傷で倒れ、母親も白粉工場に永年つとめ、そのために中毒を起して片手はきかず動かぬ、と云ふ。――地方から都會に出て來た勞働者が、すでにその二代目に於て、貧窮と不衛生と無智とによつて腐つて了ひ、かうした人間の破產狀態のうちに生活してゐるわけである。――

朝になると、小說家にはまづ彼らと別れを告ぐべきであると思ひ、猫みたいに荒い銀色のヒゲの二三本生えてゐる老婆の顏を見ながら、女裝の男に、昨夜の部屋代の一部を負擔しようと申出た。すると、彼(女)は、手を振り、口を押へ、「笑ひながら、

「それはもう、ちやんと、兄さんがお寢みのうちに、もろときました」と、云つた。ひよつとして、小說家がそのことに氣が附かずに歸られては、と彼(女)は恐れたのであらう。

「いくら拔いた」ときけば、「五十錢」と返事した。

母親に、御飯でも食べて行つとくなはれ、と、お世辭を云つたが、それは嘘であらう。

雨はあがつた、しかし、陽の光りは射さなかつた。――小說家は表へ出ると、昨夜の出來事や、逢つた人々を思ひ出さうとしたのだが、何だか、ぼんやりとしか浮びあがらなかつた。電車の狹いガード下で、そこには誰彼となしに小便す

ると見え、コンクリイトは濕氣で壊れ、白い黴やうのものがひろがつてゐるが、烈しい臭氣に彼らは、そのことに氣がついで、小口貸金手輕に御用立てます、と云ふ廣告を讀みながら、排泄するのであつた。そこを抜けると無料宿泊所があり、そのあたりには、午前中からもう夜の宿の心配をしなければならぬ浮浪者たちが、いつでも事務員が出て來て受附けるならば、すぐ列を作つてならべるやうに支度をして——蹲つて考へたり、立ち話をわいわいやつてゐた。小説家は、そのあたりが葱畑であつた時のことを、思ひ出してゐた。——

それらの浮浪者相手に僅かの商賣をする露店が立つてゐる——魚の骨や頭を、野菜の切れ屑なぞと一しよに鹽で煮込んだのやら——それは暖かさうに泡を立て、灰汁やうのものを鍋の表面に浮かべてゐたし、また、すし屋の塵芥箱から、集めて來たらしい、赤い生薑の色がどぎつく染まつた種々雜多の形の崩れたすしやら——すべて、異臭を放ち、しかしその臭ひが宿なしたちには誘惑である食べ物を一錢二錢で賣つてゐるのである。それらにまじつて、古道具屋が二三軒、店を——店と云ふならば、小さな薄べりを敷いて、庖丁、釘拔、茶碗、ヅボン下なぞをならべ、浮浪者の拾得物なぞも買入れてゐた。中には一昨年の運勢暦が講談の雜誌と一しよに立てかけてあるのもあつた。さうした古道具屋の一軒では、主人が仔細らしく老眼鏡をかけて、背の低い女が持つて來た風呂敷包みを開いて、品物の値ぶみをはじめたので、要もない浮浪者たちは、その店先をかこんで、何や彼やと品物の批評をしたり、おつさん、もつと出したれ、なぞと云つて、女は少し上氣し、兩掌を頬にあてるのであつた。——風呂敷の中からは、佛壇の掛軸やら、浮浪者はそれについては、こら、眞宗のもんには持つて來いや、と云つたが、道具屋はふんと鼻であしらひ、それから、男物の着物、さらし木綿の肌襦袢、軍手なぞが出、最後に、使ひかけの石鹼や褐色のハトロン紙の封筒が十枚ばかり出た時には、無一物の浮浪者たちも——「こんなもんまで賣らんならんとは、よくよくや」と、さすが低聲で囁きあつたのである。家にあるもの、金になると思はれるもの殘らず、總ざらへして、女は持つて來たのであらう。——

彼女が金を受取つて歸ると、道具屋にもう一度、今の品物を一つ一つ手に取つて調べてゐたが、滿足して、それを、すぐ陳列するのであつた。それから、まだ立つてゐる小說家の方を、眼がね越しに見て、少し考へた後、

「その傘はもういらん、けふは天氣になる、どや、買うたろか」と、云つた。小說家は、この親爺がコーモリ傘だけを賣れと云ひ、高齒の下駄のことについては言及しなかつたことに、雨はあがつたが、このあたりの深い泥濘を顧みて、苦笑せざるを得なかつた。何か返事をしてやらうとした時に、ふいに、また彼を引張るものが——女であつたが、煮込屋の前まで連れて行くのであつた。——

見ると、それは大きな肩掛けをし、片一方の眼のいやに小さな、萎びた女であつた。小聲で——「兄さん、電車に乗りはりますやろ」と云ふのである。小說家は、その質問の眞意を捉えかね、横で煮込屋の釜の下の火にあたつてゐる宿なしたちがこちらを見てゐるのを意識しながら——「そりや、乗らんこともない」と云ふ風な返事をした。と、その言葉の終らぬうちに、荒れた皮膚の女は、短い指の中に握つてゐた電車の切符を、彼に押しつけて、六錢で買ふとくなはれ、と云ふのであつた。

小說家はどうしたものかと思つたが、取りあへず、あすこの古道具屋に賣つては如何か、と云ふ旨を彼女に傳へると「あいつら、無茶苦茶に値切りよりますがな」と云つて、きかなかつた。そこで、彼は仕方なく、十錢白銅を出すと、彼女はおしもおもたとして困つた様子であつたが、相手が面倒臭くなつて、全部與れはせぬか、と期待してゐるやうでもあつた。

——だが、邪魔者が入つた——「兩替したろか、赤錢やつたら、なんぼでもあるわ、重うてならん」と云ふ聲が——れいの煮込鍋の下の火に身體を暖め、時々いい氣持にそこへ坐つたまま居眠りしてゐた。髪の毛の薄い少年であつたが、腹卷の中から、新聞紙に包んだ銅貨を出すのである。もちろん、彼は重いほど持ち合せてゐるわけではなかつた。——

店掛けの女に六錢握ると、おほきに、と禮を云ひ、添へて、少し離れた、角のすし屋で買ひ物をし、小説家の方をちらと見てから、小走りにガードのあちらへ、駈け去るのであつた。

少年も亦、それを見送り、小説家の手に殘つた、よれよれの市電切符を指して、

「ガゼビリめ、パス一枚でヤチギリやがつたな、——ほんまに不景氣なはなしや」と、説明するのであつた。

「ふむ」と、小説家は咽喉をつまらせて、今の女の一生を思ひ、それから、少年を——その顏は、腫れあがつて赤味を帶び、眼も細く、破れた紺の着物の下には襯衣があるが、身體中の瘡蓋のつぶれから出る血や膿にところどころ堅く皮膚にくつついてゐた、銅錢の紙包みと一しよにボール紙を持つてゐて、——それには、この子は兩親も身寄もなく、しかも遺傳の病氣で困つてゐるから、どうかめぐんでやつてほしい、と云ふ意味の文句が、同縣人より　お客さま（！）と書き副へて記されてあつたのを見ると、彼は繁華な通りに出て號泣し、前に置いた箱の中へ、一錢の喜捨を乞ふ少年にちがひなかつた。

彼は今の女に、不景氣な、と嘲つた手前、自分が如何に景氣がよいかを、語り出すのであつた。——「こないだもなアイノリ（二圓）になつた日があつたんやぞ——みんなオッチョコチョイで、オケテしもたけどな」

オッチョコチョイとは、あすこで、ラッコの襟卷きをし、金縁眼鏡をかけた冷い眼の男が開いてゐるやうな、路上の賭博であると、彼はつけ加へた。

「へえ」と、小説家は感心してやらねばならなかつた。

「五十圓もウヮネッテたまつたら、病院に入つてこまそと思ふんやけど」

「どこが病氣や」

「どこが、惡いのかなア」と他人事のやうに少年は云ふと、

「ほんまに、はよ、治しときや、手おくれになつてしもたら、あかんさかいな」と、氣がよささうな煮込屋の主人は、橫から忠告するのである。

「うん、さう思うてんねけどな、」と、少年は、一錢ばくちで五十圓を勝ち貯める日がなかなか來ぬことを考へてゐるやうな眼つきをし、それから――「おつさん、モヤ一本賴む」と云ふと、

「おいな」と、主人は四散の大きな罐の中から、吸ひ口をちやんとつけたバットを取り出して、一錢で賣つてやるのであつた。

小說家はその夜、難波で、新聞記者某氏に出逢ひ、釜ヶ崎のはなしをすると、某氏は、先日もこんなことがあつた、と語るのであつた。――夜更けて、あすこの側にある警察署へ、女の行路病者が擔ぎ込まれて來た、醫者に見せると重い肋膜で、すでに手おくれになつてゐ、遂に死亡して了つたが、その次の日、彼女を扶けて連れて來た男が來て、一度面會させてくれと云ふので、すでに、こと切れたと云ふと、わつと男泣きに泣き、餘りの愁嘆に、どうしてそんなに悲しむか怪しまれ、それでは何か知合のものでもあつたかとの訊問に對して、實は、それは彼の女房であつた、と告白したのである、彼は釜ヶ崎の木賃宿に住んで磨き砂賣りをやつてゐるが、もちろん、稼ぎは思ふやうには行かず、それに女房が病氣になつて寢て了ひ、日に日に重ることが眼に見えつつも、施す手がなく、醫者も相手にしてくれず、瀕死の彼女は苦悶するし――遂に思ひ餘つて、女房を行路病者にしたてたと云ふわけであつた。

新聞記者某氏は、ルンペンの夫は悲し、と云ふ物語や、どや、小說にならんか」と云つた。

小說家は狡猾に笑つて何とも答へず、家へ戻つたが、それと彼の昨夜來の經驗とを織りまぜ、小說に作りあげて見ようと、決心した。そこで、手許を探して、市役所から出てゐる「大阪市不良住宅地區沿革」と云ふのを參考に讀みはじ

めたのである。

——現在の釜ヶ崎密集地域も明治三十五年頃までは、僅かに紀州街道に沿ふて、旅人相手の八軒長屋が存在したるに過ぎない。

その後、東區の野田某氏が始めて、勞働者向きの、低廉なる住宅を建設して、勞働者を收容したるが、尚當時に於いても依然として、百軒足らずの一寒村に過ぎなかつた。

以後、大阪市の發展に伴ひて、下寺町廣田町方面に巣食つてゐた細民は次第に追ひ出されて南下し、安住の地を求め、期せずして、集團したるが、現在の釜ヶ崎にして、そこに純長町細民部落を形成するに到り、下級勞働者、無賴の徒、無職者は激增し、街道筋に存在する木賃宿は各地より集まる各種の行商人遊藝人等の巣窟となり、附近一帶の住民の生活に甚だしい惡影響を與へつつある。

兒童の大半は就學せず、すでに就學せるものも、三四年の課程を終へれば登校せず、金錢を賭して遊ぶ子供を所々に見受ける。

下水の施設なく不潔なること言語を絶するものがある。表側に於ては左程にも思はれぬとも、裏側に於ては、甚だしいものがある。上水の施設もないところ多く、井戸水を使用してゐる。——云々。

(二月七日、朝)

資料集　昭和期の都市労働者 2
［大阪：釜ヶ崎・日雇］《図書資料編》　第1回配本【全8巻】-1
4　昭和7年・8年・9年①
揃定価（本体 72,000 円+税）

2017 年 9 月 30 日発行
監　修：吉村智博
企画編集：近現代資料刊行会

発行者：北舘正公
発行所：有限会社　近現代資料刊行会
東京都新宿区四谷 3-1
電話 03-5369-3832 E-mail:mail@kingendai.com
印刷：㈱三進社　製本：㈲青木製本

（セット1・全4冊分売不可セットコード ISBN978-4-86364-498-4）
（第4巻　ISBN978-4-86364-503-5）